O HOMEM INOCENTE

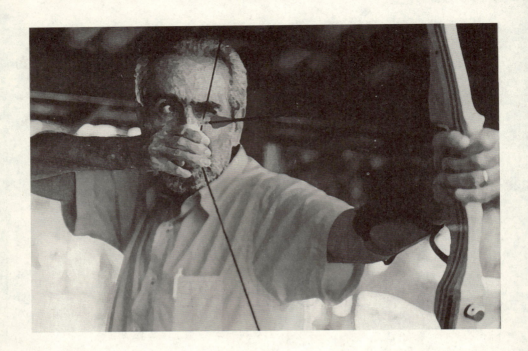

O Arqueiro

GERALDO JORDÃO PEREIRA (1938-2008) começou sua carreira aos 17 anos, quando foi trabalhar com seu pai, o célebre editor José Olympio, publicando obras marcantes como *O menino do dedo verde*, de Maurice Druon, e *Minha vida*, de Charles Chaplin.

Em 1976, fundou a Editora Salamandra com o propósito de formar uma nova geração de leitores e acabou criando um dos catálogos infantis mais premiados do Brasil. Em 1992, fugindo de sua linha editorial, lançou *Muitas vidas, muitos mestres*, de Brian Weiss, livro que deu origem à Editora Sextante.

Fã de histórias de suspense, Geraldo descobriu *O Código Da Vinci* antes mesmo de ele ser lançado nos Estados Unidos. A aposta em ficção, que não era o foco da Sextante, foi certeira: o título se transformou em um dos maiores fenômenos editoriais de todos os tempos.

Mas não foi só aos livros que se dedicou. Com seu desejo de ajudar o próximo, Geraldo desenvolveu diversos projetos sociais que se tornaram sua grande paixão.

Com a missão de publicar histórias empolgantes, tornar os livros cada vez mais acessíveis e despertar o amor pela leitura, a Editora Arqueiro é uma homenagem a esta figura extraordinária, capaz de enxergar mais além, mirar nas coisas verdadeiramente importantes e não perder o idealismo e a esperança diante dos desafios e contratempos da vida.

JOHN GRISHAM

O HOMEM INOCENTE

ARQUEIRO

Título original: *The Innocent Man*

Copyright © 2006 por Bennington Press, LLC
Copyright da tradução © 2019 por Editora Arqueiro Ltda.

Todos os direitos reservados. Nenhuma parte deste livro pode ser utilizada ou
reproduzida sob quaisquer meios existentes sem autorização por escrito dos editores.

tradução: Ivanir Calado

preparo de originais: Bruno Fiuza

revisão: Suelen Lopes e Taís Monteiro

diagramação: Abreu's System

capa: Raul Fernandes

impressão e acabamento: Cromosete Gráfica e Editora Ltda.

CIP-BRASIL. CATALOGAÇÃO NA PUBLICAÇÃO
SINDICATO NACIONAL DOS EDITORES DE LIVROS, RJ

G888h	Grisham, John
	O homem inocente/ John Grisham; tradução de Ivanir Calado. São Paulo: Arqueiro, 2019.
	336 p.; 16 x 23 cm.
	Tradução de: The innocent man
	ISBN 978-85-8041-934-4
	1. Ficção americana. I. Calado, Ivanir. II. Título.
19-54726	CDD: 813
	CDU: 82-3(73)

Todos os direitos reservados, no Brasil, por
Editora Arqueiro Ltda.
Rua Funchal, 538 – conjuntos 52 e 54 – Vila Olímpia
04551-060 – São Paulo – SP
Tel.: (11) 3868-4492 – Fax: (11) 3862-5818
E-mail: atendimento@editoraarqueiro.com.br
www.editoraarqueiro.com.br

Dedicado a
Annette Hudson e Renee Simmons,
e à memória de seu irmão

1

As colinas onduladas no sudeste de Oklahoma se estendem desde Norman até o Arkansas e exibem poucas evidências dos enormes depósitos de petróleo cru que um dia estiveram sob elas. Algumas velhas estruturas de extração de petróleo salpicam a zona rural; as ativas se movimentam, bombeando poucos litros a cada giro vagaroso e fazendo com que algum passante pergunte se o esforço vale mesmo a pena. Muitas simplesmente desistiram e permanecem imóveis na paisagem, como lembranças corroídas dos gloriosos dias de poços jorrando, especuladores e fortunas instantâneas.

Há estruturas espalhadas pelas áreas agrícolas ao redor de Ada, uma velha cidade petrolífera de dezesseis mil habitantes, com uma faculdade e um tribunal de condado. Mas elas estão paradas: o petróleo acabou. Atualmente ganha-se dinheiro em Ada por hora, em fábricas, moinhos de ração e fazendas de noz-pecã.

O centro da cidade é um lugar movimentado. Na Main Street não há prédios vazios nem com janelas cobertas por tábuas. Os comerciantes sobrevivem, ainda que boa parte dos negócios tenha se mudado para os arredores da cidade. Os restaurantes ficam lotados na hora do almoço.

O Tribunal do Condado de Pontotoc é velho, apertado, abarrotado de advogados com seus clientes. Ao redor fica o amontoado usual de prédios oficiais e escritórios de advocacia. A cadeia – um abrigo antibombas atarracado e sem janelas –, por algum motivo, foi construída no gramado do tribunal. O flagelo da metanfetamina a mantém cheia.

A Main Street termina no campus da East Central University, lar de quatro mil estudantes, e muitos deles se deslocam diariamente para ir e voltar da universidade. A instituição injeta vida no local com o novo suprimento de jovens e um corpo docente que acrescenta diversidade ao sudeste de Oklahoma.

Poucas coisas escapam do *Ada Evening News*, uma publicação vigorosa que cobre a região e se esforça muito para competir com o *The Oklahoman*, o maior jornal do estado. Geralmente saem notícias nacionais e internacionais na primeira página, em seguida vêm as estaduais e regionais, e depois competições esportivas do ensino médio, política local, eventos comunitários e obituários.

A população de Ada e do Condado de Pontotoc é uma mistura agradável de sulistas de cidade pequena e pessoas independentes vindas do oeste. O sotaque poderia ser do leste do Texas ou de Arkansas. É a região dos Chickasaw. Oklahoma tem mais nativos americanos do que qualquer outro estado, e depois de cem anos de mestiçagem muitos brancos têm sangue indígena. O estigma está sumindo rapidamente; na verdade, agora as pessoas têm orgulho dessa herança.

O Cinturão da Bíblia corta Ada em cheio. A cidade tem cinquenta igrejas de uma dezena de ramos do cristianismo. São locais ativos, e não somente aos domingos. Há uma igreja católica e uma para os episcopais, mas nem uma única sinagoga. A maioria das pessoas é cristã ou diz que é, e espera-se que todos pertençam a alguma igreja. O status pessoal costuma ser definido pela afiliação religiosa.

Com seus dezesseis mil habitantes, Ada é considerada grande para a área rural de Oklahoma e atrai fábricas e lojas *outlet*. Trabalhadores e consumidores chegam de vários condados. Fica 130 quilômetros ao sul de Oklahoma City e três horas ao norte de Dallas. Todo mundo conhece alguém que trabalha ou mora no Texas.

A maior fonte de orgulho local são os negócios com cavalos quarto de milha. Alguns dos melhores animais são criados por fazendeiros de Ada. E quando os High Cougars de Ada ganham mais um título estadual no futebol americano, a cidade se vangloria disso durante anos.

É um lugar amigável, cheio de gente que fala com desconhecidos e sempre uns com os outros, ansiosa para ajudar qualquer um que precise. As crianças brincam em quintais à sombra. As portas ficam abertas durante o dia. Os adolescentes andam de carro durante a noite causando poucos problemas.

Não fossem dois assassinatos famosos no início da década de 1980, Ada passaria despercebida pelo mundo. E isso teria sido ótimo para o bom povo do Condado de Pontotoc.

COMO SE POR algum regulamento não escrito da prefeitura, a maioria das boates e dos bares de Ada ficava na periferia, banidos para as bordas da cidade com o objetivo de manter a gentalha e suas ofensas longe das pessoas distintas. A Coachlight era um desses lugares, uma enorme construção de metal com iluminação ruim, cerveja barata, jukeboxes, uma banda nos fins de semana, pista de dança e, do lado de fora, um amplo estacionamento com chão de cascalho onde havia muito mais picapes empoeiradas do que sedãs. Os fregueses eram o esperado: operários das fábricas atrás de uma bebida antes de ir para casa, rapazes do interior em busca de diversão, jovens no fim de noite e o pessoal que gostava de dançar e se divertir, que ia para escutar música ao vivo. Vince Gill e Randy Travis tinham passado por ali no início da carreira.

Era um local popular e movimentado, e empregava em meio expediente muitos barmen, seguranças e garçonetes. Uma delas era Debbie Carter, de 21 anos, uma garota da cidade que havia terminado o ensino médio na Ada High School alguns anos antes e estava aproveitando a vida de solteira. Tinha outros dois empregos de meio expediente e, de vez em quando, também trabalhava como babá. Debbie tinha seu próprio carro e morava sozinha num apartamento em cima de uma garagem na 8th Street, perto da East Central University. Era uma garota bonita, de cabelos escuros, magra, atlética, popular com os rapazes e muito independente.

A mãe dela, Peggy Stillwell, se preocupava com o fato de Debbie passar tempo demais na Coachlight e em outras boates. Não tinha criado a filha para viver assim; na verdade, Debbie tinha crescido na igreja. Mas depois do ensino médio começou a querer ficar na rua até tarde. Peggy era contra isso e, de vez em quando, as duas brigavam por causa do novo estilo de vida da jovem. Debbie decidiu ser independente. Encontrou um apartamento, saiu de casa, mas continuou muito próxima da mãe.

Na noite de 7 de dezembro de 1982, Debbie estava trabalhando na

Coachlight, servindo bebidas e olhando o relógio. A noite estava pouco movimentada e ela perguntou ao chefe se poderia encerrar o expediente mais cedo para sair com amigos. Ele não negou, e logo ela estava sentada a uma mesa, bebendo com Gina Vietta, uma amiga íntima da época de escola, e mais algumas pessoas. Outro amigo de escola, Glen Gore, passou e chamou Debbie para dançar. Ela foi, mas no meio da música parou de repente e se afastou de Gore com raiva. Mais tarde, no banheiro feminino, disse que se sentiria mais segura se uma amiga passasse a noite em sua casa, mas não contou o que a preocupava.

A Coachlight ia fechar cedo, por volta de meia-noite e meia, e Gina Vietta convidou várias pessoas do grupo para tomar mais uma bebida em seu apartamento. A maioria concordou, mas Debbie estava cansada, com fome, e só queria ir para casa. Todos saíram da boate sem muita pressa.

Várias pessoas viram Debbie no estacionamento conversando com Glen Gore enquanto a Coachlight estava fechando. Tommy Glover a conhecia bem, porque trabalhava com ela numa fábrica de vidros da cidade. Também conhecia Gore. Enquanto Glover estava entrando em sua picape para ir embora, viu Debbie abrir a porta do motorista de seu carro. Gore apareceu do nada, os dois se falaram durante alguns segundos, e em seguida ela o empurrou.

Mike e Terri Carpenter trabalhavam na Coachlight, ele como segurança e ela como garçonete. Enquanto iam até seu carro, passaram pelo de Debbie. Ela estava sentada diante do volante, falando com Glen Gore, que se encontrava de pé ao lado da porta do carona. Os Carpenters acenaram e continuaram andando. Um mês antes, Debbie tinha dito a Mike que sentia medo de Gore por causa do temperamento dele.

Toni Ramsey trabalhava na boate engraxando sapatos. Em 1982, a indústria do petróleo ainda era forte em Oklahoma. Muitas botas de qualidade caminhavam por Ada. Alguém precisava engraxá-las, e com isso Toni ganhava um dinheiro do qual precisava muito. Ela conhecia Gore muito bem. Quando saiu naquela noite, viu Debbie sentada diante do volante. Gore estava fora do carro, do lado do carona, agachado junto à porta. Os dois conversavam de um modo aparentemente civilizado. Nada parecia estranho.

Gore não tinha carro, havia ido de carona para a Coachlight com um conhecido chamado Ron West, e chegara por volta das onze e meia. West pediu cervejas e se acomodou para relaxar, enquanto Gore circulava. Ele parecia conhecer todo mundo. Quando foi anunciado que a boate iria fechar, West foi falar com Gore e perguntou se ele ainda precisava de carona. Preciso, disse Gore, por isso West foi até o estacionamento e ficou esperando. Alguns minutos se passaram, então Gore apareceu apressado e entrou.

Os dois chegaram à conclusão de que estavam com fome, por isso West foi até um lugar no centro da cidade chamado Waffler, onde os dois pediram um lanche rápido. West pagou pela refeição, assim como tinha pagado pelas bebidas na Coachlight. Havia começado a noite na Harold's, outra boate, aonde fora procurar alguns colegas de negócios. Em vez disso tinha encontrado Gore, que trabalhava lá ocasionalmente como barman e DJ. Os dois mal se conheciam, mas quando Gore pediu uma carona até a Coachlight, West não pôde negar.

West era bem casado, pai de duas meninas pequenas, e normalmente não ficava até tarde em bares. Queria ir para casa, mas estava preso com Gore, que ia ficando mais caro á cada hora. Quando os dois saíram da lanchonete, West perguntou aonde o carona queria ir. Para a casa da mãe, disse Gore, na Oak Street, alguns quarteirões ao norte. West conhecia bem a cidade e foi naquela direção, mas antes de chegarem à Oak Street Gore mudou de ideia subitamente. Depois de ficar com West durante várias horas, Gore queria conversar. A temperatura estava gélida e continuava a cair, com um vento cortante. Uma frente fria se aproximava.

Pararam perto da Igreja Batista da Oak Avenue, não longe de onde Gore disse que sua mãe morava. Ele desceu do carro, agradeceu por tudo e começou a andar em sentido oeste.

A Igreja Batista da Oak Avenue ficava a cerca de um quilômetro e meio do apartamento de Debbie Carter.

Na verdade, a mãe de Gore morava do outro lado da cidade, muito longe da igreja.

Por volta de duas e meia da manhã, Gina Vietta estava em seu apartamento com alguns amigos quando recebeu dois telefonemas incomuns, ambos de Debbie Carter. No primeiro, Debbie pediu para Gina ir buscá-la porque alguém, uma visita, estava em seu apartamento e deixando-a desconfortável. Gina perguntou quem era, quem estava lá. A conversa foi interrompida por vozes abafadas, sons de uma briga para pegar o telefone. Gina ficou preocupada e achou o pedido estranho. Debbie tinha carro, um Oldsmobile 1975, e certamente poderia ir sozinha a qualquer lugar. Enquanto Gina saía apressada do apartamento, o telefone tocou de novo. Era Debbie, dizendo que tinha mudado de ideia, que as coisas estavam bem, para não se incomodar. Gina perguntou de novo quem era a visita, mas Debbie mudou de assunto e não quis dizer seu nome. Pediu para Gina ligar para ela de manhã, acordá-la para que ela não chegasse tarde no trabalho. Era um pedido estranho, que Debbie nunca tinha feito.

Gina chegou a pegar o carro, mas hesitou. Tinha convidados no apartamento. Era muito tarde. Debbie Carter podia cuidar de si mesma. E, além disso, se ela estava com um cara no quarto, Gina não queria se intrometer. Gina foi para a cama e se esqueceu de ligar para Debbie algumas horas mais tarde.

Por volta das onze horas do dia 8 de dezembro, Donna Johnson passou na casa de Debbie para dar um oi. As duas tinham sido amigas no ensino médio antes de Donna se mudar para Shawnee, a uma hora de distância. Ia passar o dia na cidade para ver os pais e se encontrar com alguns amigos. Enquanto subia rapidamente pela estreita escada externa do apartamento em cima da garagem, diminuiu a velocidade ao perceber que estava pisando em cacos de vidro. A janelinha da porta estava quebrada. Por algum motivo, seu primeiro pensamento foi que Debbie trancara as chaves dentro de casa e fora obrigada a quebrar uma janela para entrar. Donna bateu à porta. Não houve resposta. Depois ouviu música vindo do rádio lá dentro. Quando girou a maçaneta, percebeu que a porta não estava trancada. Bastou dar um passo para dentro para perceber que havia algo errado.

A pequena sala estava uma bagunça: almofadas do sofá jogadas no chão, roupas espalhadas. Na parede da direita alguém havia escrito com algum tipo de líquido avermelhado as palavras "Jim Smith próximo morrer".

Donna gritou o nome de Debbie; não houve resposta. Ela já estivera no apartamento uma vez, por isso foi rapidamente até o quarto, ainda chamando a amiga. A cama tinha sido empurrada, todas as cobertas haviam sido arrancadas. Viu um pé. Depois, no chão do outro lado da cama, viu Debbie – de rosto para baixo, nua, cheia de sangue, com alguma coisa escrita nas costas.

O pavor deixou Donna paralisada, incapaz de dar um passo; em vez disso, ficou olhando a amiga e esperando que ela respirasse. Talvez fosse só um sonho, pensou.

Recuou e entrou na cozinha, onde, numa mesinha branca, viu mais palavras escritas pelo assassino. Ele ainda podia estar ali, pensou de repente, então saiu correndo do apartamento para o carro. Partiu em alta velocidade até uma loja de conveniência, onde encontrou um telefone e ligou para a mãe de Debbie.

Peggy Stillwell ouviu as palavras, mas não pôde acreditar. Sua filha estava caída no chão, nua, ensanguentada, sem se mexer. Fez Donna repetir o que havia dito e depois correu até o carro. A bateria estava arriada. Entorpecida de medo, correu de volta para dentro e ligou para Charlie Carter, pai de Debbie e seu ex-marido. O divórcio, alguns anos antes, não tinha sido amistoso, e os dois raramente se falavam.

Ninguém atendeu na casa de Charlie. Uma amiga chamada Carol Edwards morava em frente ao apartamento de Debbie, do outro lado da rua. Peggy ligou para ela, disse que alguma coisa estava assustadoramente errada e pediu que Carol fosse olhar sua filha. Peggy ficou esperando, esperando. Por fim, ligou de novo para Charlie e ele atendeu.

Carol Edwards atravessou a rua correndo até o apartamento, notou os mesmos cacos de vidro e a porta da frente aberta. Entrou e viu o corpo.

Charlie Carter era um pedreiro de peitoral largo que trabalhava ocasionalmente como segurança na Coachlight. Ele pulou na picape e foi para o apartamento da filha, com todos os pensamentos horríveis que um pai poderia ter. A cena era pior do que qualquer coisa que ele seria capaz de imaginar.

Quando viu o corpo, chamou o nome dela duas vezes. Ajoelhou-se a seu lado, levantou gentilmente o ombro de Debbie para ver seu rosto. Havia uma toalhinha ensanguentada enfiada em sua boca. Ele teve certeza de que a filha estava morta, mas mesmo assim aguardou, esperando por algum sinal de vida. Quando isso não aconteceu, levantou-se devagar e olhou em volta. A cama tinha sido tirada do lugar, empurrada para longe da parede, estava sem as cobertas, o quarto uma verdadeira bagunça. Obviamente tinha havido uma luta. Ele foi até a sala e viu as palavras na parede, depois foi até a cozinha e olhou ao redor. Agora o lugar era cena de um crime. Charlie enfiou as mãos nos bolsos e saiu.

Donna Johnson e Carol Edwards estavam no patamar do lado de fora da porta, chorando e esperando. Ouviram Charlie dizer adeus à filha e que lamentava o que havia acontecido. Ao sair, cambaleando, ele também chorava.

– Devo chamar uma ambulância? – perguntou Donna.

– Não – respondeu ele. – Uma ambulância não vai adiantar. Ligue para a polícia.

OS PARAMÉDICOS CHEGARAM primeiro. Eram dois. Subiram rapidamente a escada, entraram no apartamento e depois de alguns segundos um deles saiu de novo e estava no patamar, vomitando.

Quando o detetive Dennis Smith chegou, a rua estava movimentada com policiais, paramédicos, curiosos e até dois promotores da cidade. Ao perceber que provavelmente se tratava de um homicídio, ele isolou a área e proibiu a entrada de vizinhos.

Capitão, veterano de dezessete anos no Departamento de Polícia de Ada, Smith sabia o que fazer. Tirou todo mundo do apartamento, ficando apenas ele próprio e outro detetive, e em seguida mandou os outros policiais para a vizinhança, bater às portas, procurar testemunhas. Smith estava enfurecido e lutando contra as próprias emoções. Conhecia bem Debbie; sua filha e a irmã mais nova de Debbie eram amigas. Conhecia Charlie Carter e Peggy Stillwell, e não conseguia acreditar que a filha deles estava morta no chão do próprio quarto. Quando a cena do crime ficou sob controle, ele começou a examinar o apartamento.

Os vidros no patamar da escada eram de uma janelinha quebrada na porta da frente, e os cacos tinham caído tanto para dentro quanto para fora. Na sala havia um sofá à esquerda, cujas almofadas tinham sido espalhadas. Na frente encontrou uma camisola de flanela, nova, ainda com a etiqueta do Walmart. Na parede do outro lado do cômodo, analisou a mensagem e soube imediatamente que ela fora escrita com esmalte de unha. "Jim Smith próximo morrer".

Ele conhecia Jim Smith.

Na cozinha, numa mesinha quadrada, viu outra mensagem, aparentemente escrita com ketchup: "Não procura nós senão". No piso perto da mesa viu uma calça jeans e um par de botas. Logo ficaria sabendo que Debbie tinha usado aquela roupa na noite anterior, na Coachlight.

Foi até o quarto, onde a cama bloqueava parcialmente a porta. A janela estava aberta, as cortinas puxadas, e o cômodo muito frio. Uma luta violenta havia precedido a morte; o chão estava cheio de roupas, lençóis, cobertas, bichos de pelúcia. Nada parecia no lugar. Quando se ajoelhou ao lado do corpo de Debbie, o detetive Smith notou a terceira mensagem deixada pelo assassino. Nas costas dela, com o que parecia ser ketchup seco, estavam as palavras "Duke Gram".

Ele conhecia Duke Gram.

Embaixo do corpo dela havia um cabo de eletricidade e um cinto estilo caubói com uma grande fivela prateada. O nome "Debbie" estava gravado no centro da fivela.

Enquanto o policial Mike Kieswetter, também do Departamento de Polícia de Ada, fotografava a cena, Smith começou a recolher provas. Encontrou fios de cabelo e pelos no corpo, no chão, na cama, nos bichos de pelúcia. Pegou metodicamente cada fio, colocou numa folha de papel dobrada e anotou exatamente onde os havia encontrado.

Removeu, etiquetou e ensacou os lençóis, as fronhas, os cobertores, o cabo de eletricidade e o cinto, uma calcinha rasgada que encontrou no chão do banheiro, alguns bichos de pelúcia, um maço de Marlboro, uma lata de 7-Up vazia, um frasco de xampu, guimbas de cigarro, um copo da cozinha, o telefone e alguns pelos encontrados embaixo do corpo. Enrolado num lençol perto de Debbie estava um frasco de ketchup Del Monte. Ele também foi cuidadosamente ensacado para ser examinado no laboratório de criminologia do estado. Faltava a tampa, porém mais tarde ela seria encontrada pelo médico-legista.

Quando terminou de recolher as provas, o detetive Smith começou a coletar digitais, algo que tinha feito diversas vezes em muitas cenas de crime. Borrifou o pó nos dois lados da porta da frente, nos caixilhos das janelas, em todas as superfícies de madeira do quarto, na mesa da cozinha, nos cacos de vidro maiores, no telefone, nas esquadrias pintadas das portas e janelas, e até no carro de Debbie estacionado do lado de fora.

Gary Rogers era um agente do Departamento de Investigações do Estado de Oklahoma, ou DIEO, que morava em Ada. Quando chegou ao apartamento, por volta de meio-dia e meia, foi posto a par de tudo por Dennis Smith. Os dois eram amigos e tinham trabalhado juntos em muitos casos.

No quarto, Rogers notou o que parecia uma pequena mancha de sangue perto da base da parede sul, logo acima do rodapé e junto a uma tomada. Mais tarde, depois de o corpo ser removido, ele pediu que o policial Rick

Carson cortasse uma seção de 10 centímetros do *drywall* e preservasse a impressão digital de sangue.

Dennis Smith e Gary Rogers compartilharam a sensação inicial de que havia mais de um assassino. O caos do lugar, a ausência de marcas de amarração nos tornozelos e pulsos de Debbie, o enorme trauma na cabeça, a toalhinha enfiada na boca, os hematomas no corpo e nos braços, o uso provável do cabo de eletricidade e do cinto – simplesmente parecia violência demais para apenas um assassino. Debbie não era pequena: media 1,72 metro e pesava 59 quilos. Era voluntariosa e sem dúvida lutaria corajosamente para salvar sua vida.

O Dr. Larry Cartmell, médico-legista local, chegou para uma breve inspeção. Sua opinião inicial foi de que a causa da morte tinha sido estrangulamento. Autorizou a remoção do corpo e o liberou para Tom Criswell, dono da funerária local. O corpo foi levado para o instituto médico legal em Oklahoma City num carro fúnebre de Criswell, onde chegou às 18h25 e foi posto numa unidade refrigerada.

O DETETIVE SMITH e o agente Rogers voltaram ao Departamento de Polícia de Ada e passaram algum tempo com a família de Debbie Carter. Enquanto tentavam consolar os pais, também anotaram nomes. Amigos, namorados, colegas de trabalho, inimigos, ex-chefes, qualquer pessoa que conhecesse Debbie e pudesse saber alguma coisa sobre a morte. À medida que a lista crescia, Smith e Rogers começaram a telefonar para os homens que Debbie conhecia. O pedido era simples: por favor venha ao departamento de polícia e forneça digitais e amostras de saliva, cabelo e pelos pubianos.

Ninguém se recusou. Mike Carpenter, o segurança da Coachlight que tinha visto Debbie no estacionamento com Glen Gore por volta de meia-noite e meia, foi um dos primeiros a se oferecer para dar informações. Tommy Glover, outra testemunha do encontro de Debbie com Gore, foi rápido em fornecer amostras.

Por volta das sete e meia da noite do dia 8 de dezembro, Glen Gore apareceu no Harold's Club, onde estava escalado para ser DJ e servir bebidas no bar. O local estava praticamente vazio, e quando ele perguntou por que havia tão pouca gente alguém contou sobre o assassinato. Muitos fregueses, e até alguns funcionários do Harold's, estavam na delegacia respondendo a perguntas e tendo as digitais coletadas.

Gore correu até a delegacia, onde foi interrogado por Gary Rogers e D. W. Barrett, um policial de Ada. Contou a eles que conhecia Debbie Carter desde o ensino médio e a tinha visto na Coachlight na noite anterior.

O relatório do interrogatório de Gore na polícia é o seguinte:

Glen Gore trabalha no Harold's Club como DJ. Susie Johnson contou a Glen sobre Debbie no Harold's Club por volta das 19h30 de 8/12/82. Glen estudou com Debbie. Glen a viu na segunda-feira, 6 de dezembro, no Harold's Club. Glen a viu em 7/12/82 na Coachlight. Os dois falaram sobre pintar o carro de Debbie. Ela não disse nada a Glen sobre ter problemas com alguém. Glen foi com Ron West até a Coachlight por volta das 22h30. Saiu com Ron por volta de 1h15. Glen nunca esteve no apartamento de Debbie.

O relatório foi preparado por D. W. Barrett, testemunhado por Gary Rogers e arquivado junto com dezenas de outros.

Mais tarde, Gore mudaria sua história dizendo que tinha visto um homem chamado Ron Williamson importunando Debbie na boate na noite de 7 de dezembro. Essa nova versão não seria comprovada por ninguém. Muitos dos presentes conheciam Ron Williamson, um beberrão um tanto famoso e falastrão. Ninguém se lembrava de tê-lo visto na Coachlight; na verdade, a maioria dos interrogados declarou enfaticamente que ele não estava lá.

Quando Ron Williamson ia a um bar, todo mundo ficava sabendo.

Estranhamente, no meio de todas as coletas de digitais e fios de cabelo em 8 de dezembro, Gore conseguiu se esquivar. Escapou, foi convenientemente ignorado, ou simplesmente negligenciado. Qualquer que tenha sido o motivo, não coletaram suas digitais e ele não forneceu saliva nem amostras de cabelo ou pelos.

Mais de três anos e meio iriam se passar até que a polícia de Ada finalmente coletasse amostras de Gore, a última pessoa vista com Debbie Carter antes do assassinato.

* * *

ÀS TRÊS DA TARDE do dia seguinte, 9 de dezembro, o Dr. Fred Jordan, médico-legista e patologista forense do estado, realizou a autópsia. Estavam presentes o agente Gary Rogers e Jerry Peters, também do DIEO.

O Dr. Jordan, veterano de mil autópsias, notou, em primeiro lugar, que era o corpo de uma jovem branca, nua a não ser por um par de meias brancas. O *rigor mortis* era completo, o que significava que ela estava morta havia pelo menos 24 horas. No peito, com o que parecia ser esmalte vermelho, estava escrito "morra". Outra substância vermelha, provavelmente ketchup, estava espalhada sobre o corpo. Nas costas, também com ketchup, estava escrito "Duke Gram".

Havia vários hematomas pequenos nos braços, no peito e no rosto. Ele notou pequenos cortes na parte interna dos lábios, e, enfiada até o fundo da garganta e saindo pela boca, havia uma toalhinha esverdeada e suja de sangue, que ele removeu cuidadosamente. Havia abrasões e hematomas no pescoço, num semicírculo. A vagina estava machucada. O reto estava bastante dilatado. Depois de examiná-lo, o Dr. Jordan encontrou e tirou uma pequena tampa de metal, de algum frasco de plástico.

O exame interno não revelou nada inesperado: pulmões colapsados, coração dilatado, alguns pequenos hematomas no couro cabeludo, mas nenhum ferimento no cérebro.

Todos os ferimentos tinham sido infligidos enquanto ela ainda estava viva.

Não havia qualquer indicação de amarração nos pulsos e nos tornozelos. Vários hematomas pequenos nos antebraços eram provavelmente ferimentos de defesa. O volume de álcool no sangue na hora da morte era baixo, 0,04. Foi recolhido material da boca, da vagina e do ânus. Exames microscópicos revelariam mais tarde a presença de espermatozoides na vagina e no ânus, mas não na boca.

Para preservar as provas, o Dr. Jordan cortou as unhas dela, raspou amostras do ketchup e do esmalte, recolheu pelos pubianos soltos e também cortou um tufo de cabelo.

A causa da morte era asfixia, provocada por uma combinação da toalhinha sufocando-a com o cinto ou o fio de eletricidade a estrangulando.

Quando o Dr. Jordan terminou a autópsia, Jerry Peters fotografou o corpo e coletou um conjunto completo de impressões digitais e palmares.

* * *

PEGGY STILLWELL ESTAVA perturbada a ponto de não conseguir raciocinar nem tomar decisões. Não se importou com quem planejaria o velório nem com o que seria planejado, porque não compareceria. Não conseguia comer nem tomar banho, e certamente não conseguia aceitar que a filha estivesse morta. Uma de suas irmãs, Glenna Lucas, ficou com ela e assumiu o controle aos poucos. O velório foi organizado, e a família informou educadamente a Peggy que esperava que ela comparecesse.

O funeral de Debbie aconteceu no sábado, 11 de dezembro, na capela da funerária Criswell. Glenna deu banho em Peggy e a vestiu, depois a levou ao velório e segurou sua mão o tempo todo.

Na área rural de Oklahoma, praticamente todos os velórios aconteciam com o caixão aberto e posicionado logo abaixo do púlpito, de modo que o falecido ficasse à vista dos enlutados. Os motivos para isso não eram claros e foram esquecidos, mas o efeito é acrescentar mais uma camada de agonia para os que sofrem.

Com o caixão aberto, ficou óbvio que Debbie tinha sido espancada. Seu rosto estava machucado e inchado, mas uma blusa de renda com gola alta escondia as marcas do estrangulamento. Além disso, ela foi enterrada com sua calça jeans e botas prediletas, com um cinto de caubói de fivela grande e um anel de diamante em forma de ferradura, que sua mãe já havia comprado para lhe dar no Natal.

O reverendo Rick Summers conduziu a cerimônia diante de um grande número de pessoas. Depois, com uma fraca neve caindo, Debbie foi enterrada no cemitério Rosedale. Deixou pais, duas irmãs, dois dos quatro avós e dois sobrinhos. Ela fazia parte de uma pequena igreja batista, onde fora batizada aos 6 anos.

O assassinato abalou Ada. Ainda que a cidade tivesse uma rica história de violência e mortes, em geral as vítimas eram caubóis, andarilhos e pessoas do tipo, homens que, se não tivessem recebido uma bala, provavelmente disparariam alguma no devido tempo. Mas o estupro e o assassinato tão brutais de uma jovem eram algo aterrorizante, e a cidade fervilhou com fofocas, especulações e medo. Janelas e portas foram trancadas à noite. Foram estabelecidos rígidos toques de recolher para os adolescentes. Jovens mães ficavam perto dos filhos enquanto eles brincavam à sombra nos gramados na frente de suas casas.

E nos bares de música country se falava de pouca coisa além disso. Como

Debbie circulava bastante, muitos fregueses a conheciam. Ela tivera vários namorados, e nos dias que se seguiram à morte a polícia os interrogou. Nomes foram citados, mais amigos, mais conhecidos, mais namorados. Dezenas de entrevistas trouxeram mais nomes, porém nenhum suspeito de verdade. Ela era uma garota muito popular, querida e sociável, e era difícil acreditar que alguém quisesse lhe fazer mal.

A polícia elaborou uma lista de 23 pessoas que estavam na Coachlight na noite de 7 de dezembro e interrogou a maioria. Ninguém se lembrava de ter visto Ron Williamson, ainda que a maioria o conhecesse.

Dicas, histórias e lembranças de personagens estranhos jorravam no departamento de polícia. Uma jovem chamada Angelia Nail contatou Dennis Smith e contou sobre um encontro com Glen Gore. Ela e Debbie Carter eram amigas íntimas, e Debbie estava convencida de que Gore tinha roubado os limpadores de para-brisa do seu carro. A situação virou uma disputa. Ela conhecia Gore desde o ensino médio e tinha medo dele. Cerca de uma semana antes do assassinato, Angelia levou Debbie de carro até a casa onde Gore morava, para confrontá-lo. Debbie desapareceu dentro da casa e conversou com Gore. Quando voltou ao carro, estava com raiva e convencida de que ele tinha pegado os limpadores. As duas foram até a delegacia e falaram com um policial, mas não foi feita nenhuma denúncia formal.

DUKE GRAHAM E Jim Smith eram bem conhecidos pela polícia de Ada. Graham, junto com sua mulher, Johnnie, tinha uma boate, um lugar razoavelmente civilizado onde eles toleravam pouca encrenca. As brigas eram raras, mas tinha acontecido uma particularmente feia com Jim Smith, um bandidinho local. Smith estava bêbado e causando problemas e, quando se recusou a ir embora, Duke pegou uma espingarda e o expulsou. Os dois trocaram ameaças, e durante alguns dias as coisas ficaram tensas na boate. Smith era do tipo que poderia voltar com sua própria espingarda e começar a atirar.

Glen Gore tinha sido frequentador da boate de Duke, até que passou tempo demais flertando com Johnnie. Quando ficou agressivo além da conta, ela lhe deu uma chave de braço e Duke assumiu o controle. Gore foi banido do lugar.

Quem matou Debbie tentou desajeitadamente culpar Duke Graham e ao mesmo tempo amedrontar Jim Smith, que já estava longe: cumpria pena numa prisão estadual. Duke Graham foi até a delegacia e forneceu um álibi consistente.

A FAMÍLIA DE Debbie foi informada de que o apartamento que ela alugava precisava ser esvaziado. Sua mãe ainda não estava em condições de fazer nada. Sua tia, Glenna Lucas, se ofereceu para a tarefa desagradável.

Um policial destrancou o apartamento e Glenna entrou lentamente. Nada fora mexido desde o assassinato, e a primeira reação dela foi de raiva. Obviamente havia acontecido uma briga. Sua sobrinha tinha lutado desesperadamente pela vida. Como alguém era capaz de infligir tanta violência contra uma garota tão doce e bonita?

O apartamento estava frio, com um cheiro ofensivo que ela não conseguiu identificar. As palavras "Jim Smith próximo morrer" ainda estavam na parede. Glenna olhou incrédula a mensagem mal escrita. Aquilo demorou para ser feito, pensou. Ele ficou ali por muito tempo. Sua sobrinha havia acabado de morrer depois de um sofrimento brutal. No quarto, o colchão estava encostado na parede e nada se encontrava no lugar. No armário, nenhum vestido ou blusa nos cabides. Por que o assassino arrancaria todas as roupas dela dos cabides?

A pequena cozinha estava desarrumada, mas não havia sinais de luta. A última refeição de Debbie tinha incluído batatas congeladas – Tater Tots –, e os restos estavam intocados num prato de papel com ketchup. Havia um saleiro ao lado do prato, numa mesinha branca que ela usava para as refeições. Perto do prato havia outra mensagem grosseira: "Não procura nós senão". Glenna sabia que o assassino tinha usado ketchup para escrever algumas daquelas coisas. Ficou impressionada com os erros gramaticais.

Glenna conseguiu bloquear os pensamentos terríveis e começou a juntar as coisas. Demorou duas horas para reunir e encaixotar as roupas, os pratos, as toalhas e outras coisas. A colcha suja de sangue não tinha sido levada pela polícia. Ainda havia sangue no chão.

Ela não tinha planejado limpar o apartamento, só pegar os pertences de Debbie e sair o quanto antes. Mas era estranho deixar para trás as palavras do assassino escritas com o esmalte de Debbie. E havia algo errado em deixar as manchas de sangue dela no chão, para outra pessoa limpar.

Pensou em lavar o local, cada centímetro, remover cada traço do assassinato. Mas Glenna já tinha visto o bastante. Estava mais perto da morte do que gostaria.

O INTERROGATÓRIO DOS suspeitos de sempre continuou nos dias seguintes ao assassinato. Um total de 21 homens forneceu impressões digitais e amostras de cabelo, pelos ou saliva. Em 16 de dezembro, o detetive Smith e o agente Rogers foram até o laboratório de criminologia do DIEO, em Oklahoma City, e entregaram as provas recolhidas da cena do crime, junto com amostras coletadas de dezessete homens.

O pedaço de *drywall* de 10 centímetros era a prova mais promissora. Se a impressão de sangue tinha sido mesmo deixada na parede durante a luta e o assassinato, e se não fosse de Debbie Carter, a polícia teria uma pista sólida que finalmente levaria ao assassino. O agente Jerry Peters, do DIEO, examinou o pedaço de *drywall*, e comparou cuidadosamente as marcas com as impressões tiradas de Debbie durante a autópsia. Seu primeiro palpite foi de que as impressões não pertenciam a ela, mas queria rever a análise.

Em 4 de janeiro de 1983, Dennis Smith forneceu mais digitais. No mesmo dia as amostras de cabelo e pelos de Debbie Carter e da cena do crime foram entregues a Susan Land, analista de cabelos e pelos do DIEO. Duas semanas depois, mais amostras da cena do crime chegaram à mesa dela. Foram catalogadas, acrescentadas às outras e postas numa longa fila para algum dia serem examinadas e analisadas por Land, que estava com excesso de trabalho e lutando com casos atrasados. Como a maioria dos laboratórios de criminologia, o de Oklahoma tinha pouca verba, poucos funcionários, e sofria uma pressão enorme para solucionar crimes.

Enquanto esperavam os resultados do DIEO, Smith e Rogers continuaram procurando pistas. O assassinato ainda era a notícia mais comentada em Ada, e as pessoas queriam que fosse resolvido. Mas depois de falar com todos os barmen, seguranças, namorados e frequentadores da noite, a investigação estava rapidamente virando algo enfadonho. Não havia um suspeito claro; não havia pistas claras.

Em 7 de março de 1983, Gary Rogers interrogou Robert Gene Deatherage, morador da cidade. Deatherage tinha acabado de cumprir uma pena curta na cadeia do condado de Pontotoc por dirigir embriagado. Havia dividido uma cela com um tal de Ron Williamson, preso pelo mesmo delito. As conversas sobre o assassinato de Debbie corriam soltas na cadeia, com uma enorme quantidade de teorias loucas sobre o que teria acontecido, e não faltavam alegações de que pessoas de dentro sabiam de algo. Os colegas de cela conversaram sobre o assassinato em várias ocasiões e, segundo Deatherage, essas conversas pareciam incomodar Williamson. Eles discutiam com frequência e até trocavam socos. Logo Williamson foi transferido para outra cela. Deatherage passou a ter a vaga impressão de que Ron tinha alguma participação no assassinato e sugeriu a Gary Rogers que a polícia se concentrasse em Williamson como suspeito.

Era a primeira vez que o nome de Ron Williamson era mencionado na investigação.

Dois dias depois a polícia interrogou Noel Clement, um dos primeiros homens a fornecer digitais e amostras de cabelos e pelos. Clement contou que Ron Williamson tinha visitado seu apartamento pouco tempo antes, supostamente procurando outra pessoa. Williamson entrou sem bater, viu um violão, pegou-o e começou a conversar com Clement sobre o assassinato de Debbie Carter. Durante a conversa, Williamson disse que quando viu os carros da polícia no bairro, na manhã do assassinato, achou que os policiais estavam atrás dele. Disse que tivera problemas em Tulsa e estava tentando evitar mais encrencas em Ada.

ERA INEVITÁVEL QUE a polícia chegasse a Ron Williamson. Na verdade, era estranho que tivessem levado três meses para interrogá-lo. Uns poucos policiais, inclusive Rick Carson, tinham crescido com ele, e a maioria se lembrava de Ron dos tempos do beisebol no ensino médio. Em 1983 ele ainda era o atleta mais importante que Ada havia produzido. Quando assinou um contrato com os Oakland A's em 1971, muitas pessoas, inclusive o próprio Williamson, sem dúvida achavam que ele poderia ser o próximo Mickey Mantle, o próximo grande jogador saído de Oklahoma.

Mas o beisebol havia ficado para trás havia muito tempo, e agora a polícia o conhecia como alguém desempregado, que tocava violão, morava com a mãe, bebia demais e agia de modo estranho.

Ele tinha algumas condenações por dirigir embriagado, uma por embriaguez em público, e má reputação vinda de Tulsa.

2

Ron Williamson nasceu em Ada em 3 de fevereiro de 1953, filho mais novo de Juanita e Roy Williamson, o único do sexo masculino. Roy trabalhava como vendedor de porta em porta para a Rawleigh, uma empresa de utilidades domésticas. Era conhecido em Ada, andando sempre pelas calçadas de paletó e gravata e com a pesada mala de amostras cheia de suplementos alimentares, temperos e produtos para cozinha. Tinha sempre um bolso cheio de balas para as crianças, que o recebiam ansiosamente. Era um modo difícil de ganhar a vida, fisicamente exaustivo e com longas horas de trabalho com a papelada à noite. Suas comissões eram modestas, e logo depois de Ronnie nascer Juanita arranjou um emprego no hospital em Ada.

Com os pais trabalhando, Ronnie caiu naturalmente no colo de sua irmã de 12 anos, Annette, e ela não podia ter ficado mais feliz. Ela o alimentava, limpava, brincava com ele, lhe fazia carinho e mimava. Ele era um brinquedinho maravilhoso que ela tivera a sorte de herdar. Quando não estava na escola, Annette cuidava do irmão, além de limpar a casa e preparar o jantar.

Renee, a filha do meio, tinha 5 anos quando Ron nasceu e, apesar de não ter vontade de cuidar dele, logo virou colega de brincadeiras. Annette também dava ordens a ela, e à medida que iam crescendo Renee e Ronnie costumavam se unir contra a guardiã maternal.

Juanita era cristã devota, uma mulher forte que levava a família à igreja aos domingos, às quartas-feiras e sempre que aconteciam outras cerimônias. As crianças jamais perdiam a escola dominical, a escola de Bíblia nas férias, a colônia de verão, as reuniões sociais da igreja e até alguns casamentos e velórios. Roy era menos devoto, mas mesmo assim tinha uma vida disciplinada – comparecimento fiel à igreja, absolutamente nada de álcool, apostas, palavrões, baralho ou danças – e uma dedicação completa à família. Era rígido com suas regras e não hesitava em tirar o cinto e fazer ameaças ou dar uma ou duas correadas, em geral nas nádegas do filho.

A família frequentava a Primeira Igreja Pentecostal da Santidade, uma enérgica congregação evangélica. Como pentecostais, acreditavam numa vida de orações fervorosas, em manter um relacionamento próximo com Cristo, em ser fiel à igreja e a todos os aspectos de suas obras, no estudo diligente da Bíblia e em um relacionamento amoroso com os outros crentes. O culto não era para tímidos, com música vibrante, sermões fervorosos e envolvimento emocional por parte da congregação, o que frequentemente incluía falar línguas desconhecidas, rituais de cura ou a "imposição de mãos", e uma abertura geral para expressar em voz alta qualquer emoção que o Espírito Santo provocasse.

As crianças pequenas aprendiam as histórias pitorescas do Antigo Testamento e eram instigadas a decorar os versículos mais populares da Bíblia. Eram encorajadas a "aceitar Cristo" ainda novas – confessar os pecados, pedir que o Espírito Santo entrasse em sua vida por toda a eternidade e seguir o exemplo de Cristo com o batismo público. Ronnie aceitou Cristo aos 6 anos e foi batizado no Blue River, ao sul da cidade, no final de um longo culto de renascimento na primavera.

Os Williamsons viviam discretamente numa casinha na 4th Street, no lado leste de Ada, perto da faculdade. Como lazer, visitavam parentes da região, ocupavam-se com obras da igreja e acampavam ocasionalmente num parque estadual próximo. Tinham pouco interesse por esportes, mas isso mudou drasticamente quando Ronnie descobriu o beisebol. Ele começou a praticar com os outros garotos na rua, partidas improvisadas com intermináveis mudanças de regras. Desde o início ficou óbvio que seu braço era forte e as mãos muito rápidas. Ele girava o bastão a partir do lado esquerdo da base. Ficou fascinado pelo jogo desde o primeiro dia, e logo começou a insistir com o pai para comprar uma luva e um taco. Em casa não costumava sobrar dinheiro, mas Roy levou o garoto às compras. Um rito anual nasceu: a ida à Haynes Hardware no início da primavera para a escolha de uma luva nova. E em geral era a mais cara da loja.

Quando não estava usando a luva, Ron a guardava num canto do quarto, onde montou um altar para Mickey Mantle, o maior jogador do Yankees e o maior jogador de Oklahoma nas ligas principais. Ele era idolatrado por garotos de todo o país, mas em Oklahoma era como um deus. Todo menino da liga infantojuvenil do estado sonhava em ser o próximo Mickey, inclusive Ronnie, que colava fotos e cartões de beisebol do astro numa folha de cartolina no canto do quarto. Aos 6 anos, era capaz de recitar todas as estatísticas de Mantle, além das de muitos outros jogadores.

Quando não estava jogando na rua, Ronnie ficava na sala de casa, girando o bastão com toda a força que conseguia. A casa era muito pequena, os móveis modestos, mas insubstituíveis, e sempre que sua mãe o pegava dando tacadas e errando por pouco um abajur ou uma poltrona, o colocava para fora. Minutos depois ele estava de volta. Para Juanita, seu menininho era especial. Apesar de um tanto mimado, ele não era capaz de fazer nada de mal.

Além disso, ele confundia as pessoas. Podia ser doce e sensível, sem medo de demonstrar afeto à mãe e às irmãs, e, instantes depois, tornar-se malcriado e egoísta, fazendo exigências a toda a família. Suas oscilações de humor foram notadas logo no início da vida, mas não provocavam alarde significativo. Ronnie era simplesmente uma criança difícil, às vezes. Talvez por ser o caçula e ter uma casa cheia de mulheres o paparicando.

EM TODA CIDADE pequena há um técnico da liga infantojuvenil que adora tanto o jogo que está sempre à caça de novos talentos, mesmo que este seja um menino de 8 anos. Em Ada esse sujeito era Dewayne Sanders, técnico do Police Eagles. Trabalhava num posto de gasolina, não longe da casa dos Williamson na 4th Street. O técnico Sanders ficou sabendo do menino dos Williamsons, e ele logo foi contratado.

Mesmo com tão pouca idade, ficou óbvio que Ronnie jogava bem. E isso era estranho, porque seu pai entendia muito pouco de beisebol. Ronnie tinha aprendido na rua.

Nos meses de verão o beisebol começava de manhã cedo, à medida que os meninos se reuniam e falavam sobre o jogo do Yankees do dia anterior. Só do Yankees. Estudavam as estatísticas, falavam sobre Mickey Mantle, jogavam a bola de um lado para outro enquanto esperavam mais jogadores chegarem. Um pequeno grupo significava uma partida na rua, desviando de algum carro que passasse, quebrando uma ou outra janela. Quando apareciam mais garotos, deixavam a rua e iam para um terreno baldio para partidas sérias que duravam o dia inteiro. No fim da tarde voltavam para casa a tempo de tomar banho, comer alguma coisa, vestir o uniforme e correr até o Kiwanis Park para ver um jogo de verdade.

Em geral, o Police Eagles ficava em primeiro lugar, sinal da dedicação de Dewayne Sanders. O astro do time era Ronnie Williamson. Seu nome apareceu pela primeira vez no *Ada Evening News* quando ele tinha apenas 9 anos: "O Police Eagles usou doze rebatidas, inclusive dois *home runs* por Ron Williamson, que também fez duas duplas."

Roy Williamson estava em todos os jogos, assistindo silenciosamente na arquibancada. Nunca gritava para um juiz ou um técnico, nem para o próprio filho. De vez em quando, depois de um jogo ruim, dava algum conselho paterno, normalmente sobre a vida em geral. Roy jamais havia jogado beisebol e ainda estava aprendendo as regras do jogo. Seu filho estava anos à frente.

Aos 11 anos, Ronnie passou para a Liga Infantil de Ada e foi o destaque dentre as escolhas feitas pelo Yankees, patrocinado pelo Banco do Estado de Oklahoma. Ele comandou o time numa temporada invicta.

Quando tinha 12 anos, ainda jogando pelo Yankees, o jornal de Ada acompanhou a temporada do time: "O Banco do Estado de Oklahoma marcou catorze *runs* no final da primeira entrada (…). Ronnie Williamson fez duas triplas" (9 de junho de 1965); "O Yankees foi rebater apenas três vezes (…), mas as fantásticas rebatidas de Roy Haney, Ron Williamson e James Lamb marcaram a partida. Williamson triplicou" (11 de junho de 1965); "O Yankees do Banco do Estado de Oklahoma marcou duas vezes na primeira entrada. (…) Ron Williamson e Carl Tilley fizeram duas das quatro rebatidas (…), cada uma delas dupla" (13 de julho de 1965); "Enquanto isso, o time do Banco saltou para o segundo lugar. (…) Ronnie Williamson fez duas duplas e uma simples" (15 de julho de 1965).

NA DÉCADA DE 1960, a Byng High School ficava pouco mais de 10 quilômetros a noroeste dos arredores de Ada. Era considerada uma escola rural, muito menor do que a enorme Ada High School. Apesar de as crianças do bairro poderem estudar na Ada High se quisessem, e se estivessem dispostas a enfrentar o deslocamento, praticamente todas optavam pela escola menor, principalmente porque o ônibus da Byng passava pelo lado leste da cidade e o da Ada não. A maioria das crianças da rua de Ron iam para a Byng.

Na Byng Junior High School, Ronnie foi eleito representante da turma do oitavo ano e, no ano seguinte, presidente e favorito da turma do nono ano do fundamental.

Passou para o primeiro ano da Byng High School em 1967, um dos sessenta calouros do ensino médio.

A Byng não tinha equipe de futebol americano: esse esporte era reservado, extraoficialmente, para a Ada, cujos poderosos times competiam todo ano pelo título estadual. A Byng era uma escola do basquete, e Ronnie aprendeu o esporte em seu primeiro ano, dominando-o tão rapidamente quanto tinha feito com o beisebol.

Apesar de jamais ter sido um nerd, ele gostava de ler e tirava notas altas. Matemática era sua matéria preferida. Quando ficava entediado com os livros didáticos, folheava dicionários e enciclopédias. Ficou obcecado por determinados assuntos. No meio da fase de interesse pelos dicionários, ficava bombardeando os amigos com palavras que eles nunca tinham ouvido, zombando deles se não sabiam o significado. Estudou todos os presidentes dos Estados Unidos, memorizando detalhes incontáveis sobre cada um, e não falou de outra coisa durante meses. Apesar de ter ido se afastando cada vez mais da igreja, ainda sabia dezenas de versículos das Escrituras, que frequentemente usava em proveito próprio, e mais frequentemente para desafiar quem estivesse por perto. Às vezes suas obsessões acabavam com a paciência dos amigos e familiares.

Mas Ronnie era um atleta talentoso e por isso também era muito popular na escola. Foi eleito vice-presidente da turma no primeiro ano do ensino médio. As garotas o notavam, gostavam dele, queriam namorá-lo, e Ronnie definitivamente não era tímido. Tornou-se muito meticuloso com a aparência e o guarda-roupa. Queria peças melhores do que os pais podiam pagar, e as exigia apesar disso. Roy começou discretamente a comprar roupas de segunda mão para si, de modo que o filho pudesse usar coisas melhores.

Annette tinha se casado e estava morando em Ada. Em 1969, ela e sua mãe abriram o Beauty Casa, um salão de beleza no térreo do velho Hotel

Julienne, no centro de Ada. Trabalhavam duro e logo o negócio passou a ter bastante movimento, atendendo inclusive várias garotas de programa que usavam os andares de cima do hotel. Essas belas da tarde eram conhecidas na cidade havia décadas, e tinham destruído alguns casamentos. Juanita as tolerava a muito custo.

A eterna incapacidade de dizer não ao irmão mais novo voltava para assombrar Annette, já que ele vivia pedindo dinheiro para gastar com roupas e garotas. Quando descobriu que ela tinha conta numa loja de roupas da cidade, Ron começou a usá-la. E nunca comprava coisas baratas. Às vezes pedia permissão; frequentemente, não pedia. Annete explodia, os dois discutiam, depois ele a enrolava para que ela pagasse as compras. Ela o adorava demais para recusar e queria que o irmão tivesse o melhor de tudo. No meio de cada briga, ele sempre dava um jeito de dizer o quanto a amava. E não havia dúvida disso.

Renee e Annette tinham receio de que o irmão estivesse ficando mimado demais e abusando dos pais. Às vezes, elas brigavam com ele; algumas brigas eram memoráveis, mas Ronnie vencia. Chorava, pedia desculpas, fazia todo mundo sorrir e gargalhar. As irmãs frequentemente se pegavam dando dinheiro escondido a ele, para ajudar a comprar coisas com que os pais não podiam arcar. Ele podia ser egoísta, exigente, egocêntrico, absolutamente infantil – o bebê da família – e depois, com uma manifestação de sua fortíssima personalidade, deixava todos comendo na sua mão.

A família o amava tremendamente, e ele os amava também. Mesmo em meio a tantas brigas, eles sabiam que Ron sempre teria tudo que quisesse.

NO VERÃO SEGUINTE ao que Ronnie cursou o primeiro ano, alguns dos garotos mais afortunados planejaram participar de uma colônia de férias de beisebol numa faculdade próxima. Ronnie também queria ir, mas Roy e Juanita simplesmente não podiam pagar. Ele insistiu; era uma oportunidade única para melhorar suas habilidades e talvez ser notado por técnicos universitários. Durante semanas, não falou de outra coisa, e ficava emburrado quando parecia que não haveria jeito. Finalmente, Roy cedeu e pegou dinheiro emprestado no banco.

O plano seguinte de Ron foi a compra de uma motocicleta, à qual Roy e Juanita se opuseram. Esgotaram toda a série habitual de negativas, sermões e objeções, dizendo que simplesmente não podiam pagar e que de qualquer modo era perigoso demais, por isso Ronnie anunciou que ele mesmo pagaria por ela. Arranjou seu primeiro emprego, entregando jornais à tarde, e começou a economizar cada centavo. Quando tinha o suficiente para a entrada, comprou a moto e acertou prestações mensais com o vendedor.

O plano de financiamento desandou quando um encontro de reavivamento chegou à cidade. A Cruzada Bud Chambers tomou conta de Ada: grandes multidões, muita música, sermões carismáticos, algo para fazer à noite. Ronnie foi ao primeiro culto, ficou tremendamente emocionado e voltou na noite seguinte com a maior parte das suas economias. Quando passaram a cesta para doações, ele esvaziou os bolsos. Mas o Irmão Bud precisava de mais, por isso Ronnie voltou na noite seguinte com o restante do seu dinheiro. No outro dia, juntou todos os trocados que conseguiu encontrar ou pegar emprestado e voltou para a tenda à noite, para mais um culto barulhento e outra doação de dinheiro ganho com dificuldade. Durante toda a semana, Ronnie deu um jeito de fazer várias doações, e quando a cruzada finalmente deixou a cidade ele estava completamente falido.

Depois disso largou a entrega de jornais, porque ela atrapalhava a dedicação ao beisebol. Roy juntou todo o dinheiro que tinha e pagou o restante das prestações da moto.

Com as duas irmãs fora de casa, Ronnie exigia toda a atenção. Um filho menos sedutor teria sido intolerável, mas ele havia desenvolvido um enorme talento para encantar. Caloroso, expansivo e generoso, não tinha problema algum em esperar uma manifestação de generosidade não merecida por parte da família.

Quando Ronnie estava entrando no segundo ano, o técnico de futebol da Ada High se aproximou de Roy e sugeriu que seu filho se matriculasse na escola maior. O garoto era um atleta nato; a essa altura, todo mundo na cidade sabia que Ronnie era um excelente jogador de basquete e de beisebol. Mas Oklahoma é um território do futebol americano, e o técnico garantiu a Ron que os holofotes brilhavam mais para quem jogava no Ada Cougars. Com o tamanho, a velocidade e a força no braço de Ron, ele poderia rapidamente se tornar um ótimo jogador, talvez ser recrutado por um time importante. O técnico se ofereceu para passar na casa deles todo dia de manhã e dar carona ao garoto até a escola.

A decisão era de Ronnie, e ele preferiu permanecer na Byng, pelo menos durante mais dois anos.

A COMUNIDADE RURAL de Asher passa quase despercebida na Autoestrada 177,30 quilômetros ao norte de Ada. Tem poucas pessoas – menos de quinhentas –, nada que se assemelhe a um centro urbano, algumas igrejas, uma torre de caixa d'água e algumas ruas pavimentadas, com casas velhas aqui e acolá. Seu maior orgulho é um lindo campo de beisebol, logo depois da minúscula escola de ensino médio, na Division Street.

Como a maioria das cidades pequenas, Asher parecia um local improvável para haver qualquer coisa digna de sair no noticiário, mas durante quarenta anos teve o time de beisebol do ensino médio mais vitorioso do país. Na verdade, nenhuma escola do ensino médio, pública ou particular, ganhou tantos jogos quanto o Asher Indians.

Tudo começou em 1959, quando um jovem técnico chamado Murl Bowen chegou e herdou um programa que vinha sendo negligenciado havia muito tempo – o time de 1958 não ganhou um jogo sequer. As coisas mudaram rapidamente. Em três anos, Asher tinha seu primeiro título estadual. Dezenas de outros viriam em seguida.

Por motivos que provavelmente jamais ficarão claros, em Oklahoma realizava-se um campeonato estudantil de beisebol no outono, mas só entre as escolas pequenas, que não competiam no futebol americano. Durante sua carreira em Asher, não era incomum que os times do técnico Bowen ganhassem um título estudantil no outono, depois outro na primavera. Durante um período considerável, Asher chegou às finais do estadual sessenta vezes consecutivas – trinta anos ininterruptos, no outono e na primavera.

Em quarenta anos, os times do técnico Bowen ganharam 2.115 jogos, perderam apenas 349, levaram para casa 42 troféus do campeonato estadual e mandaram dezenas de jogadores para o beisebol universitário e para as ligas menores. Em 1975, Bowen foi eleito o melhor técnico do país no ensino médio, e a cidade o recompensou reformando o Campo Bowen. Em 1995, ele recebeu o mesmo prêmio mais uma vez.

– Não fui eu – diz ele com modéstia, olhando para trás. – Foram os garotos. Eu nunca marquei um *run*.

Talvez não, mas certamente gerou muitos resultados. Todo ano, a partir agosto, quando as temperaturas em Oklahoma costumam chegar aos 38 graus, o técnico Bowen reunia seu pequeno grupo de jogadores e planejava o próximo ataque nos *play-offs* estaduais. Seus novatos eram sempre poucos – cada turma que se formava em Asher tinha uns vinte alunos, e metade era de meninas –, e não era incomum ter um time de apenas uma dúzia de jogadores, inclusive algum aluno promissor do nono ano. Para garantir que ninguém desistisse, sua primeira atitude era entregar os uniformes. Todos os garotos entravam no time.

Então ele os fazia se esforçar, começando com treinos três vezes ao dia. Os exercícios eram mais do que rigorosos: horas dedicadas a condicionamento físico, tiros de corrida, circuitos pelas bases, educativos. Ele pregava trabalho duro, pernas fortes, dedicação e, acima de tudo, espírito esportivo. Nenhum jogador da Asher jamais discutia com um juiz, arremessava longe um capacete por frustração nem fazia qualquer coisa para irritar um adversário. Na medida do possível, em partidas já ganhas contra uma escola mais fraca, os times da Asher procuravam não continuar pontuando.

O técnico Bowen tentava evitar adversários fracos, em especial na primavera, quando a temporada era mais longa e ele tinha maior flexibilidade com a programação. A Asher ficou famosa por enfrentar as escolas grandes e vencê-las. Constantemente davam surras na Ada, na Norman e nos gigantes 4A e 5A, de Oklahoma City e Tulsa. À medida que a lenda crescia, esses times preferiam viajar até Asher, jogar no campo impecável que o próprio técnico Bowen mantinha. Na maior parte das vezes iam embora num ônibus silencioso.

Seus times eram altamente disciplinados e, segundo alguns críticos, muito bem recrutados. A Asher se tornou um ímã para jogadores de beisebol sérios com grandes sonhos, e não havia dúvidas de que Ronnie Williamson acabaria indo parar nessa escola. Durante os campeonatos de verão ele conheceu e ficou amigo de Bruce Leba, um garoto de Asher e provavelmente o segundo melhor jogador da região, um ou dois passos atrás de Ronnie. Eles se tornaram inseparáveis e logo estavam falando em jogar juntos na Asher, no último ano do ensino médio. Havia mais olheiros, tanto universitários quanto profissionais, transitando pelo Campo Bowen. E havia uma grande chance de vencer os títulos estaduais no outono de

1970 e na primavera de 1971. A visibilidade de Ron seria muito maior se ele pegasse a estrada.

Mudar de escola implicava alugar uma casa em Asher, um sacrifício enorme para seus pais. O dinheiro era sempre apertado, e Roy e Juanita precisariam ir e voltar de Ada todos os dias para trabalhar. Mas Ronnie estava determinado. Assim como ele, a maioria dos técnicos de beisebol e os olheiros da região estava convencida de que Ronnie poderia ser escolhido por um time importante no verão seguinte ao seu último ano na escola. Seu sonho de jogar profissionalmente estava próximo; só precisava de um empurrão a mais.

Corriam boatos de que ele poderia ser o próximo Mickey Mantle, e Ronnie os ouviu.

Com a ajuda secreta de alguns apoiadores do beisebol, os Williamsons alugaram uma casinha a dois quarteirões da Asher High School e Ronnie se apresentou em agosto no centro de treinamento do técnico Bowen. A princípio, ficou sobrecarregado com o nível de condicionamento exigido, com o tempo que dispendia correndo, correndo e correndo. O técnico precisou explicar várias vezes ao seu novo astro que pernas de ferro são cruciais para rebater, arremessar, correr pelas bases, fazer arremessos longos do *outfield* e sobreviver às últimas entradas do segundo jogo de uma partida dupla com poucos jogadores no time. Ronnie demorou para ver as coisas desse modo, mas logo foi influenciado pela ética de trabalho vigorosa de seu colega Bruce Leba e dos outros jogadores da Asher. Entrou na linha e logo estava em ótima forma. Sendo um dos quatro únicos jogadores veteranos, logo se tornou o capitão não oficial e, junto com Leba, um líder.

Murl Bowen adorava seu tamanho, sua velocidade e as bombas que arremessava do centro do campo. Seu braço era um canhão e ele tinha uma rebatida poderosa pelo lado esquerdo. Durante os treinos, algumas de suas rebatidas por cima do campo direito eram fora do comum. Quando a temporada de outono teve início, os olheiros voltaram e logo começaram a fazer anotações sérias sobre Ron Williamson e Bruce Leba. Com sua tabela de jogos cheia de escolas pequenas que não tinham time de futebol, a Asher perdeu apenas uma partida e seguiu pelos *play-offs* em direção a mais um título. Ron rebateu .468 com seis *home runs*. Bruce, seu rival amistoso, rebateu .444 com seis *home runs*. Um pressionava o outro, ambos certos de que estavam destinados às ligas principais.

E começaram a pegar pesado fora do campo também. Bebiam cerveja nos fins de semana e descobriram a maconha. Estavam sempre atrás das garotas, que eram fáceis de pegar porque Asher adorava seus heróis. As festas se tornaram rotina e as boates e bares ao redor de Ada se mostraram irresistíveis. Quando bebiam demais e tinham medo de voltar de carro para Asher, acabavam indo para a casa de Annette, a acordavam e geralmente queriam alguma coisa para comer, pedindo desculpas o tempo inteiro. Ronnie implorava que ela não contasse aos seus pais.

Eles tomavam cuidado, contudo, e conseguiam evitar problemas com a polícia. Viviam com medo de Murl Bowen, e, além disso, a primavera de 1971 guardava uma enorme promessa.

O basquete na Asher era basicamente uma forma de o time de beisebol ficar em forma. Ron começou como ala e foi cestinha do time. Houve interesse por parte de algumas faculdades pequenas, mas nenhum por parte dele. À medida que a temporada ia terminando ele começou a receber cartas de olheiros de beisebol profissional fazendo contato, prometendo observá-lo dali a algumas semanas, tentando agendar horários, convidando-o para participar de acampamentos que selecionam atletas durante o verão. Bruce Leba também estava recebendo cartas, e os dois se divertiam bastante comparando-as. Phillies e Cubs numa semana, Angels e Athletics na outra.

Quando a temporada de basquete terminou no fim de fevereiro, era hora do show em Asher.

O time foi pegando um bom ritmo, com algumas vitórias por WO, depois atingiu força total quando as escolas grandes vieram para a cidade. Ron começou com rebatidas poderosas e não esfriou em momento algum. Os olheiros estavam agitados, o time estava ganhando, a vida era boa na escola Aster. Como geralmente enfrentavam os melhores atletas dos times adversários, os jogadores do técnico Bowen viam grandes arremessos toda semana. Com mais olheiros nas arquibancadas, a cada jogo Ron provava que podia rebater os arremessos de qualquer um. Rebateu .500 na temporada, com cinco *home runs* e 46 RBIs. Raramente errava e andava bastante, porque os times tentavam arremessar para fora da zona de *strike*. Os olheiros gostavam de sua força e disciplina na base principal, de sua velocidade até a primeira base e, claro, da potência de seu braço.

No final de abril, ele foi indicado para o Prêmio Jim Thorpe, como melhor atleta do ensino médio no estado de Oklahoma.

A Asher venceu 26 jogos, perdeu cinco, e em 1º de maio de 1971 derrotou a Glenpool por 5 a 0, ganhando mais um campeonato estadual.

O técnico Bowen indicou Ron e Bruce Leba para os prêmios de melhores do estado. Eles certamente mereciam, mas quase perderam a indicação.

Alguns dias antes da formatura, com uma mudança drástica em suas vidas pela frente, os dois perceberam que o beisebol de Asher em breve ficaria para trás. Jamais estariam tão próximos quanto no último ano. Era preciso comemorar, uma noite de farra particularmente inesquecível.

Na época, Oklahoma City tinha três boates de striptease. Eles escolheram uma das melhores, chamada Red Dog, e, antes de saírem, pegaram uma garrafa de uísque e seis latas de cerveja na cozinha de Bruce. Partiram de Asher com as bebidas e, quando chegaram ao Red Dog, estavam bêbados. Pediram mais cerveja e olharam as strippers, que ficavam mais bonitas a cada minuto. Os dois rapazes pediram que elas fizessem uma *lap dance* e começaram a torrar o dinheiro que tinham. O pai de Bruce havia determinado um rígido toque de recolher à uma da manhã, mas as danças sensuais e a bebida foram adiando isso. Finalmente saíram cambaleando à meia-noite e meia, a duas horas de casa. Bruce, dirigindo seu novo Camaro envenenado, pisou fundo, mas parou de repente quando Ron disse algo que o chateou. Os dois começaram a se xingar e decidiram resolver a questão ali mesmo. Saíram do Camaro e começaram a trocar socos no meio da 10th Street.

Depois de alguns minutos de socos e chutes, os dois ficaram cansados e concordaram com uma trégua rápida. Voltaram ao carro e retomaram a viagem para casa. Nenhum dos dois conseguia se lembrar do motivo da briga; foi apenas um dos detalhes da noite que se perderam para sempre na névoa.

Bruce deixou de pegar uma saída da rodovia, fez uma curva errada e depois, muito perdido, decidiu dar uma longa volta por algumas estradas de terra desconhecidas, achando que voltava na direção de Asher. Tendo estourado o toque de recolher, passava voando pela zona rural. Seu colega estava desmaiado no banco de trás. Tudo parecia muito escuro até que Bruce viu luzes vermelhas se aproximando em alta velocidade da traseira do carro.

Lembrou-se de ter parado na frente da empresa Williams Meat Packing, mas não tinha certeza de qual cidade ficava perto. Também não tinha certeza de qual era o condado.

Bruce saiu do carro. O policial foi muito gentil e perguntou se ele havia bebido. Sim, senhor.

Você percebeu que estava acima da velocidade permitida?

Sim, senhor.

Eles conversaram um pouco e o policial pareceu ter pouco interesse em multá-lo ou prendê-lo. Bruce o havia convencido de que era capaz de chegar em casa em segurança, quando de repente Ron enfiou a cabeça pela janela traseira e gritou alguma coisa incompreensível com uma voz arrastada, enrolada. Quem é esse aí?, perguntou o policial.

Só um amigo.

O amigo gritou mais alguma coisa e o policial mandou Ron sair do carro. Por algum motivo, Ron abriu a porta que dava para fora da estrada e, quando fez isso, caiu numa vala profunda.

Os dois foram presos e levados para a cadeia, um lugar frio e úmido onde faltavam camas. Um carcereiro jogou dois colchões no chão de uma cela minúscula e eles passaram a noite ali, tremendo, aterrorizados, ainda bêbados. Sabiam que não deveriam ligar para os pais.

Para Ron, foi a primeira de muitas noites atrás das grades.

Na manhã seguinte, o carcereiro trouxe café e bacon e os aconselhou a ligar para casa. Os dois fizeram isso com grande hesitação, e duas horas depois foram soltos. Bruce foi para casa em seu Camaro, sozinho, enquanto Ron, por algum motivo, foi obrigado a ir no carro do Sr. Leba, junto com o Sr. Williamson. Foi uma viagem de duas horas muito longa, que se tornou ainda mais demorada diante da possibilidade de ter que enfrentar o técnico Bowen.

Os pais insistiram que os rapazes fossem direto falar com o técnico e contassem a verdade, o que eles fizeram. Murl deu um gelo nos dois, mas não retirou as indicações para os prêmios pós-temporada.

Bruce e Ron chegaram à formatura sem nenhum outro incidente. Bruce, o orador da turma, fez um bom discurso. O paraninfo foi o magistrado Frank H. Seay, um juiz popular do Condado de Seminole, próximo dali.

A turma de formatura na escola Asher em 1971 tinha dezessete alunos, e para todos eles aquele foi um evento importante, um marco comemorado pelas famílias orgulhosas. Muito poucos pais tinham tido a oportunidade de cursar uma faculdade; alguns não tinham nem terminado o ensino médio. Mas para Ron e Bruce a cerimônia não significou muita coisa. Ainda estavam desfrutando a glória dos títulos estaduais e, muito mais importante que isso, sonhando em serem chamados para a liga principal. A vida deles não terminaria numa região rural de Oklahoma.

Um mês depois, ambos foram premiados na seleção de estrelas do estado, e Ron foi eleito jogador do ano em Oklahoma. Na partida anual das estrelas do estado, eles jogaram diante de um estádio lotado, com olheiros de todos os times da liga principal e de muitas universidades. Depois do jogo, dois olheiros, um do Phillies e um do Oakland A's, puxaram os dois de lado e lhes fizeram ofertas extraoficiais. Se eles concordassem com um bônus de 18 mil dólares cada, o Phillies faria uma oferta a Bruce e o A's ficaria com Ron. Ron achou a oferta muito baixa e recusou. Bruce estava começando a se preocupar com seus joelhos e também achou que era pouco dinheiro. Ele tentou pressionar o olheiro dizendo que estava planejando jogar na Seminole Junior College por dois anos. Mais dinheiro poderia convencê-lo, mas a oferta foi mantida.

Um mês depois, Ron foi selecionado pelo Oakland Athletics na segunda rodada de convocações de atletas sem agentes, o 41º jogador escolhido em oitocentos, e o primeiro de Oklahoma. O Phillies não selecionou Bruce, mas lhe ofereceu sim um contrato. De novo ele recusou e foi para a faculdade. O sonho dos dois, de jogar juntos profissionalmente, começou a esmaecer.

A primeira oferta oficial de Oakland foi ofensiva. Os Williamsons não tinham empresário nem advogado, mas sabiam que o A's estava tentando levar Ron pagando pouco.

Ele viajou sozinho para Oakland e se encontrou com os dirigentes do time. As conversas não foram produtivas e Ron voltou a Ada sem contrato. Logo eles o chamaram de volta, e na segunda visita ele conheceu Dick Williams, o gerente, e vários dos jogadores. O jardineiro da segunda base do A's era Dick Green, um sujeito amigável que lhe mostrou o clube e o campo. Os dois esbarraram com Reggie Jackson, o inabalável astro, o próprio Sr. Oakland, e quando Reggie ficou sabendo que Ron tinha sido escolhido na segunda rodada da convocação do time, perguntou em que posição ele jogava.

Dick Green cutucou Reggie respondendo:

– Ron é campista direito.

Reggie, claro, era o dono do campo direito.

– Cara, você vai morrer nas ligas menores – disse ele se afastando.

E com isso a conversa terminou.

Oakland relutava em pagar um bônus alto porque pensava em Ron como receptor, mas o pessoal do time ainda não o tinha visto jogar nessa posição. As negociações se arrastavam, com pouco dinheiro sendo oferecido.

Havia discussões à mesa do jantar a respeito de sua ida para a faculdade. Ron tinha se comprometido verbalmente em aceitar uma bolsa da Universidade de Oklahoma, e seus pais o pressionavam a considerar essa opção. Era sua única chance de cursar uma faculdade, algo que jamais poderia ser tirado dele. Ron sabia disso, mas argumentava que poderia fazer faculdade mais tarde. Quando de repente Oakland lhe ofereceu 50 mil dólares como bônus contratual, Ron pegou o dinheiro e esqueceu a faculdade.

Foi uma notícia importante em Asher e Ada. Ron foi o jogador da região com o contrato mais valorizado de todos os tempos, e por um breve período a atenção teve o efeito de deixá-lo modesto. Seu sonho estava se tornando realidade. Agora ele era um jogador de beisebol profissional. Os sacrifícios de sua família estavam sendo recompensados. Ele se sentiu guiado pelo Espírito Santo para acertar as contas com Deus. Voltou à igreja e, num culto de domingo à noite, foi até o altar e rezou com o pastor. Depois se dirigiu à congregação e agradeceu aos irmãos e irmãs em Cristo pelo amor e pelo apoio. Deus o havia abençoado; ele sentia que tinha sorte. Enquanto lutava para conter as lágrimas, prometeu usar seu dinheiro e talento somente para a glória do Senhor.

Comprou um carro Cutlass Supreme e algumas roupas. Comprou uma TV em cores nova para os pais. Depois perdeu o resto do dinheiro num jogo de pôquer.

EM 1971, O dono do Oakland Athletics era Charlie Finley, um sujeito pouco ortodoxo que tinha transferido o time de Kansas City em 1968. Ele se considerava um visionário, mas agia mais como palhaço. Adorava agitar o mundo do beisebol com inovações como uniformes multicoloridos, mulheres na posição de gandulas, bolas cor de laranja (uma ideia que teve vida curta) e um coelho mecânico que levava bolas novas para o árbitro da base principal. Qualquer coisa para chamar mais atenção. Comprou uma mula e a batizou como Charley O., e a fazia desfilar pelo campo e até dentro de saguões de hotéis.

Mas ao mesmo tempo que ocupava as manchetes com suas excentricidades, ele também criava uma dinastia. Contratou um bom gerente, Dick Williams, e montou um time no qual jogavam Reggie Jackson, Joe Rudi, Sal Bando, Bert Campaneris, Rick Monday, Vida Blue, Catfish Hunter, Rollie Fingers e Tony LaRussa.

O A's do início da década de 1970 era sem dúvida o time mais bacana do beisebol. Os jogadores usavam chuteiras brancas – o primeiro e único time a fazer isso – e tinham uma variedade impressionante de uniformes, diferentes combinações de verde, dourado, branco e cinza. Eram descolados, estilo Califórnia, com cabelos mais compridos, barba e um ar de inadequação. Para um esporte que naquela época tinha mais de cem anos e exigia que as tradições fossem cultuadas, o A's era extravagante. Tinha atitude. O país ainda estava de ressaca dos anos 1960. Quem precisava de autoridade? Todas as regras podiam ser violadas, até num lugar tão tacanho quanto o beisebol profissional.

No fim de agosto de 1971, Ron fez sua terceira viagem para Oklahoma, desta vez como membro do clube Athletics, um dos rapazes, uma estrela do futuro, apesar de ainda não ter jogado nenhuma vez como profissional. Foi bem recebido, ganhou tapinhas nas costas e palavras de encorajamento. Tinha 18 anos, mas, com um rosto redondo de bebê e franja até os olhos, não parecia ter mais de 15. Os veteranos sabiam que as circunstâncias não estavam a seu favor, como acontecia com cada garoto que assinava um contrato, mas mesmo assim fizeram com que ele se sentisse bem-vindo. Todos haviam passado pela mesma coisa.

Menos de 10% dos que assinam contratos profissionais chegam às grandes ligas para um jogo que seja, mas nenhum rapaz de 18 anos quer ouvir isso.

Ron ficou enrolando pelo banco e pelo campo, passou tempo com os jogadores, participou dos treinos de rebatidas pré-jogo, viu o público relativamente pequeno entrar no Oakland Alameda County Coliseum. Muito antes do primeiro *pitch*, foi levado ao melhor lugar atrás do banco do A's, de onde assistiu ao seu novo time jogar. No dia seguinte, voltou a Ada, mais do que nunca decidido a passar rapidamente pelas ligas menores e chegar às maiores aos 20 anos. Talvez 21. Tinha visto, sentido, absorvido a atmosfera eletrizante de um campo da liga principal. E nunca mais seria o mesmo.

Seu cabelo ficou mais comprido, depois tentou deixar o bigode crescer, mas a natureza não cooperou. Seus amigos achavam que ele era rico, e Ron certamente se esforçava para dar essa impressão. Era diferente, mais descolado do que a maioria das pessoas de Ada. Tinha estado na Califórnia!

Durante todo o mês de setembro, assistiu divertidamente ao A's vencer 101 jogos e ganhar a American League West. Logo estaria lá, com eles, como receptor ou campista central, usando os uniformes coloridos, com cabelo comprido e tudo, fazendo parte do time mais descolado do esporte.

Em novembro, assinou um contrato com a Topps Chewing Gum, dando à fábrica de chicletes o direito exclusivo de exibir, imprimir e reproduzir seu nome, seu rosto, sua foto e sua assinatura num cartão de beisebol.

Como todo garoto de Ada, tinha colecionado milhares de cartões de beisebol; guardado, trocado, emoldurado, carregado numa caixa de sapatos e economizado moedas para comprar mais. Mickey Mantle, Whitey Ford, Yogi Berra, Roger Maris, Willie Mays, Hank Aaron, todos os grandes jogadores nos cartões valiosos. Agora ele teria o seu!

O sonho estava se realizando.

MAS SUA PRIMEIRA designação foi para Coos Bay, Oregon, Classe A na Liga Noroeste, longe de Oakland. Seu treino durante a primavera de 1972 em Mesa, Arizona, não havia sido notável. Não tinha atraído a atenção de ninguém, e Oakland ainda estava tentando descobrir em que posição colocá-lo. Puseram-no atrás da base principal, uma posição que ele não conhecia. Puseram-no no montinho simplesmente porque ele era capaz de arremessar com muita força.

A falta de sorte chegou uma tarde no treino de primavera. Seu apêndice se rompeu e ele voltou a Ada para fazer uma cirurgia. Enquanto esperava impacientemente que o corpo se curasse, começou a beber muito para passar o tempo. A cerveja era barata no Pizza Hut da cidade, e quando ele se cansou do lugar seguiu em seu novo Cutlass para o Elks Lodge, passando a beber uísque com Coca-Cola para ajudar a comida a descer. Estava entediado e ansioso para ir a algum campo de beisebol e, por algum motivo, não sabia exatamente qual, encontrou refúgio na bebida. Por fim, recebeu o chamado e partiu para Oregon.

Jogando em tempo parcial para o Coos Bay-North Bend Athletics, fez 41 rebatidas em 155 tentativas, uma média pouco impressionante de .265.

Atuou como receptor em 46 jogos e jogou em algumas entradas como campista central. Mais tarde foi emprestado para Burlington, Iowa, na Liga do Meio-Oeste, ainda jogos Classe A, mas um degrau acima e muito mais perto de casa. Disputou apenas sete jogos por Burlington, depois voltou a Ada para a intertemporada.

Cada passagem pelas ligas menores é temporária e preocupante. Os jogadores ganham muito pouco e vivem de migalhas e de qualquer generosidade que o clube anfitrião possa oferecer. Em "casa" ele vivem em hotéis baratos que cobram menos por aluguéis mensais ou se amontoam em pequenos apartamentos. Na estrada, ao longo dos trajetos de ônibus, são mais hotéis de quinta categoria. E bares, boates e espeluncas de striptease. Os jogadores são jovens, raramente casados, estão longe da família e de qualquer suporte emocional, por isso costumam ficar acordados até tarde. A maioria mal saiu da adolescência, é imatura, foi mimada durante a maior parte de sua curta vida, e todos estão convencidos de que logo vão ganhar uma fortuna jogando nos grandes estádios.

Farreavam muito. Os jogos começavam às sete da noite. Terminavam às dez. Uma chuveirada rápida e era hora de partir para os bares. Ficar acordado a noite toda, dormir o dia inteiro, em casa ou no ônibus. Beber muito, correr atrás de mulheres, jogar pôquer, fumar maconha – tudo fazia parte do lado decadente das ligas menores. E Ron abraçou isso com entusiasmo.

COMO QUALQUER PAI, Roy Williamson acompanhava a temporada do filho com grande curiosidade e orgulho. Ronnie ligava de vez em quando e escrevia menos ainda, mas Roy conseguia acompanhar as estatísticas. Por duas vezes, ele e Juanita foram de carro até Oregon assistir ao filho jogar. Ronnie estava sofrendo ao longo de ano de calouro, tentando se ajustar a fortes *sliders* e a bolas de curva fechada.

Em Ada, Roy recebeu um telefonema do técnico do A's. Os hábitos de Ron fora do campo causavam alguma preocupação: muita farra, bebedeiras, noites em claro, ressacas. O garoto estava exagerando, o que não era incomum para um jogador de 19 anos na primeira temporada longe de casa, mas talvez uma palavra firme do pai pudesse ajudá-lo a tomar jeito.

Ron também estava fazendo ligações. À medida que o verão ia passando e seu tempo em campo continuava escasso, ele se frustrou com o gerente e a equipe técnica e sentia que estava sendo subutilizado. Como poderia melhorar se era sempre deixado no banco?

Ele optou pela estratégia arriscada e incomum de passar por cima dos técnicos. Começou a ligar para a sede do A's com uma lista de reclamações. A vida era péssima na Classe A, ele simplesmente não estava jogando o suficiente e queria que os figurões que o haviam contratado soubessem de tudo o que estava passando.

O clube mostrou pouca simpatia. Com centenas de jogadores nas ligas menores, e a maioria quilômetros à frente de Ron Williamson, telefonemas e reclamações como esses não levavam a nada. Eles conheciam o desempenho de Ron e sabiam que ele estava com dificuldade.

Veio de cima a ordem de que o garoto precisava calar a boca e jogar.

QUANDO VOLTOU A Ada no início do outono de 1972, ele ainda era o herói local, agora com alguns trejeitos e hábitos da Califórnia. Continuou com a rotina noturna. Quando o Oakland A's ganhou a Série Mundial pela primeira vez no fim de outubro, ele organizou uma comemoração barulhenta num bar de música country da cidade. "Esse é o meu time!", gritava incessantemente para a televisão enquanto seus colegas de bar o admiravam.

Mas os hábitos de Ron mudaram de repente quando ele conheceu e começou a namorar Patty O'Brien, uma linda jovem que havia sido Miss Ada. Rapidamente os dois levaram a relação a sério e se encontravam com frequência. Ela era uma batista devota, não bebia e não tolerava os maus hábitos de Ron. Ele ficou mais do que feliz em parar de beber e mudar de vida.

EM 1973, ELE não estava mais perto das grandes ligas. Depois de mais uma primavera medíocre em Mesa, foi emprestado para o Burlington Bees, onde participou de apenas cinco jogos antes de ser transferido para o Key West Conchs, da Liga Estadual da Flórida. Classe A. Em 59 jogos, marcou ridículos .137.

Pela primeira vez na vida estava começando a se perguntar se chegaria às grandes ligas. Com duas temporadas muito pouco impressionantes na bagagem, tinha aprendido rapidamente que um arremesso profissional, mesmo no nível da Classe A, era muito mais difícil de rebater do que qualquer coisa que ele tinha visto na escola Asher. Todos os arremessadores jogavam com força, todas as bolas de curva faziam uma curva mais fechada. Todo jogador em campo era bom, só alguns chegariam às grandes ligas. Seu bônus contratual tinha sido gasto e desperdiçado havia bastante tempo. Seu rosto sorridente num cartão de beisebol não era tão empolgante quanto fora apenas dois anos antes.

E, no entanto, sentia que todo mundo o observava. Todos os seus amigos e os cidadãos de bem de Ada e Asher esperavam que Ron realizasse os sonhos deles, que os colocasse no mapa. Ele era o próximo grande jogador vindo de Oklahoma. Mickey tinha elevado na liga principal aos 19 anos. Ron já estava atrasado.

Voltou para Ada e para Patty, que sugeriu fortemente que ele arranjasse um emprego de verdade na intertemporada. Um tio conhecia alguém no Texas, e Ron foi de carro até Victoria e trabalhou vários meses com um construtor de telhados.

Em 3 de novembro de 1973, Ron e Patty se casaram num grande evento na Primeira Igreja Batista de Ada, que ela sempre frequentou. Ron tinha 20 anos e, até onde ele ele sabia, ainda era uma promessa.

Ada considerava Ron Williamson seu maior herói. Agora ele havia se casado com uma rainha de concurso de beleza vinda de uma boa família. Sua vida era um conto de fadas.

OS RECÉM-CASADOS FORAM para Mesa para o treino de primavera em fevereiro de 1974. Uma esposa aumentou a pressão para finalmente subir na carreira – talvez não para a triplo A, mas pelo menos para a duplo A. Seu contrato para 1974 era com Burlington, mas ele não tinha planos de voltar para lá. Estava cansado de Burlington e de Key West, e se o A's o mandasse de volta para aqueles lugares, a mensagem estaria clara: eles não o consideravam mais uma promessa.

Esforçou-se mais nos treinos, correu mais, participou de treinos extra de rebatidas, dedicou-se tanto quanto em Asher. Então, durante um treino rotineiro no *infield*, fez um arremesso forte para a segunda base e uma dor forte subiu pelo cotovelo. Tentou ignorá-la, dizendo a si mesmo, como fazem todos os jogadores, que simplesmente poderia continuar jogando. Aquilo iria passar, era só uma dorzinha de treino. Ela voltou no dia seguinte e depois disso piorou. No fim de março, Ron mal conseguia jogar uma bola no *infield*.

Em 31 de março, o A's o cortou, e ele e Patty fizeram a longa viagem de volta para Oklahoma.

Evitando Ada, estabeleceram-se em Tulsa, onde Ron arranjou um emprego como representante da Bell Telephone. Não era uma nova carreira, mas sim um salário enquanto seu braço se recuperava e ele esperava que alguém ligado ao beisebol, alguém que realmente o conhecesse, telefonasse. Mas depois de alguns meses era ele que estava telefonando, e não havia interesse.

Patty arranjou um emprego num hospital e eles continuaram a fazer o que era necessário para se estabilizarem. Annette começou a lhes mandar algum dinheiro por semana, só para o caso de precisarem de ajuda com as contas. Os pequenos envios pararam quando Patty ligou e explicou que Ron estava usando o dinheiro para comprar cerveja, algo que ela não aprovava.

Havia atritos. Annette estava preocupada porque ele estava bebendo de novo. Mas ela sabia pouco sobre o que acontecia no casamento. Patty era muito reservada e tímida por natureza, e jamais relaxava perto dos Williamsons. Annette e seu marido visitavam o casal uma vez por ano.

Quando Ron teve uma promoção recusada, saiu da Bell e começou a vender seguros de vida para a Equitable. Era 1975 e ele ainda não tinha contrato para jogar beisebol, ainda não havia sido procurado por times que buscavam talentos negligenciados.

Mas com sua confiança atlética e sua personalidade expansiva ele vendia muitos seguros de vida. Vender era algo natural, e ele se pegou gostando do sucesso e do dinheiro. Além disso, estava gostando de ficar até tarde em bares e boates. Patty odiava que ele bebesse e não conseguia tolerar as farras. A maconha havia se tornado um vício, algo que ela detestava. Suas oscilações de humor estavam ficando mais radicais. O bom moço com quem ela havia se casado estava mudando.

Ron ligou para os pais numa noite da primavera de 1976 chorando histericamente, com a notícia de que ele e Patty haviam brigado feio e se separado. Roy e Juanita, bem como Annette e Renee, ficaram chocados com a notícia e esperançosos de que o casamento pudesse ser salvo. Todos os casais jovens passam por momentos turbulentos. Qualquer dia desses Ronnie receberia o telefonema, voltaria a usar um uniforme e retomaria a carreira. Suas vidas voltariam aos eixos; o casamento sobreviveria a alguns dias sombrios.

Mas não havia mais conserto. Quaisquer que fossem os problemas, Ron e Patty optavam por não falar sobre eles. Discretamente entraram com um pedido de divórcio com base em diferenças irreconciliáveis. A separação estava concluída. O casamento durou menos de três anos.

ROY WILLIAMSON TINHA um amigo de infância chamado Harry Brecheen, ou "Harry, o Gato", como era conhecido nos tempos do beisebol. Os dois tinham crescido em Francis, Oklahoma. Harry estava atuando como olheiro para os Yankees. Roy descobriu seu número de telefone e o passou para o filho.

Os poderes de persuasão de Ron tiveram resultado em 1976, quando convenceu o Yankees de que seu braço estava totalmente curado e melhor do que nunca. Depois de ter visto uma quantidade suficiente de bons arremessos para perceber que não seria capaz de rebatê-los, decidiu explorar seu ponto forte: o braço direito. Esse braço sempre havia atraído a atenção dos olheiros. Oakland vivia falando em transformá-lo em arremessador.

Ron assinou um contrato com o Oneonta Yankees da Liga New York-Penn, Classe A, e mal podia esperar para sair de Tulsa. O sonho tinha renascido.

Sem dúvida era capaz de arremessar com força, mas frequentemente não tinha muita ideia de para onde a bola ia. Sua técnica não era apurada; ele simplesmente não tinha experiência suficiente. Arremessando forte demais e depressa demais, a dor voltou, a princípio aos poucos, depois praticamente causando total incapacitação. Os dois anos parado custaram caro, e quando a temporada acabou ele foi cortado de novo.

Outra vez evitando Ada, voltou a Tulsa e também a vender seguros. Annette aparecia para ver como ele estava, e quando a conversa chegava ao beisebol e a seus fracassos, Ron começava a chorar histericamente e não conseguia parar. Admitiu que tinha longas e profundas crises de depressão.

Uma vez acostumado à vida nas ligas menores, caiu nos velhos hábitos, frequentando bares, correndo atrás de mulheres e bebendo muita cerveja. Para passar o tempo, entrou para um time de *softball* e gostava de ser a grande estrela num palco pequeno. Durante um jogo, numa noite fria, fez um arremesso para a primeira base e algo estalou em seu ombro. Largou o time e desistiu do *softball*, mas o estrago estava feito. Procurou um médico e fez um extenuante trabalho de fisioterapia, mas sentiu pouca melhora.

Então manteve a lesão quieta, esperando de novo que um bom repouso fizesse com que tudo se resolvesse até a primavera.

A última tentativa de Ron no beisebol profissional chegou na primavera seguinte, em 1977. De novo conseguiu vestir um uniforme do Yankees. Sobreviveu ao treino de primavera, ainda como arremessador, e foi designado para Fort Lauderdale na Liga do Estado da Flórida. Lá resistiu à sua última temporada, todos os 140 jogos, metade deles viajando, nos ônibus, à medida que os meses se arrastavam e ele era usado o mínimo possível. Arremessou em apenas catorze jogos, 33 entradas. Estava com 24 anos e tinha um ombro lesionado, que não se recuperava. A glória de Asher e os dias de Murl Bowen tinham ficado para trás.

A maioria dos jogadores acaba se dando conta do inevitável, mas não Ron. Em sua cidade havia muitas pessoas contando com ele. Sua família tinha se sacrificado demais. Ele havia deixado de lado a faculdade e uma formação para se tornar jogador de uma liga principal, de modo que desistir não era uma opção. Havia fracassado no casamento e não estava acostumado ao fracasso. Além disso, estava usando um uniforme do Yankees, símbolo fulgurante que mantinha o sonho vivo diariamente.

Manteve-se firme até o fim da temporada, e então seu amado Yankees o cortou de novo.

3

Alguns meses depois do fim da temporada, Bruce Leba estava andando casualmente pelo Southroads Mall, em Tulsa, quando viu um rosto familiar e imediatamente parou. Na entrada da Toppers Menswear estava seu velho amigo Ron Williamson, usando roupas muito boas e vendendo outras da mesma qualidade aos fregueses. Os dois trocaram um abraço apertado e passaram um bom tempo colocando os assuntos em dia. Para dois rapazes que tinham sido praticamente irmãos, ficaram surpresos ao ver como haviam se afastado tão drasticamente.

Depois de se formarem em Asher, seguiram caminhos diferentes e perderam contato. Bruce jogou beisebol durante dois anos numa faculdade e parou quando seus joelhos o deixaram na mão de vez. A carreira de Ron não tinha sido muito melhor. Cada um acumulava um divórcio; nenhum dos dois sabia que o outro havia se casado. Nenhum dos dois ficou surpreso ao descobrir que o outro continuava gostando da vida noturna.

Eram jovens, bonitos, estavam solteiros de novo, trabalhando arduamente, com dinheiro no bolso, e começaram imediatamente a frequentar boates e correr atrás de mulheres juntos. Ron sempre tinha amado as garotas, mas algumas temporadas nas ligas menores haviam trazido à tona uma intensidade ainda maior na perseguição aos rabos de saia.

Bruce estava morando em Ada, e sempre que ia a Tulsa passava uma noite inteira em claro com Ron e os amigos dele.

Ainda que tivesse partido seus corações, o beisebol continuava sendo o assunto predileto deles: os bons tempos em Asher, o técnico Bowen, os sonhos que haviam compartilhado um dia e antigos colegas de time que tinham tentado e fracassado como eles. Graças principalmente aos joelhos ruins, Bruce acabou se afastando completamente do esporte, ou pelo menos dos sonhos de glória numa liga maior. O mesmo não aconteceu com Ron. Ele estava convencido de que ainda podia jogar, que um dia alguma coisa mudaria, seu braço iria se curar milagrosamente, alguém telefonaria. A vida seria boa de novo. A princípio Bruce não deu importância a isso; era só o resíduo de uma fama que se esvaía. Como tinha aprendido, nenhuma estrela se apaga mais depressa do que a de um atleta do ensino médio. Alguns enfrentam isso, aceitam e vão em frente. Outros continuam sonhando durante décadas.

Ron praticamente delirava em sua crença de que ainda era capaz de jogar. E ficava tremendamente perturbado, até mesmo consumido, por seus fracassos. Perguntava constantemente a Bruce o que as pessoas diziam sobre ele em Ada. Estavam desapontadas porque não tinha se tornado o próximo Mickey Mantle? Estavam falando dele nos restaurantes? Não, garantiu Bruce, não estavam.

Mas isso não importava. Ron tinha se convencido de que sua cidade natal o via como um fracasso, e a única maneira de mudar o pensamento das pessoas era conseguir um último contrato e tentar pavimentar seu caminho até as ligas maiores.

Relaxa, cara, dizia Bruce. Deixa o beisebol pra lá. O sonho acabou.

A FAMÍLIA DE Ron começou a notar mudanças drásticas na sua personalidade. Às vezes ele ficava nervoso, agitado, incapaz de se concentrar num assunto antes de ricochetear para outro. Nas reuniões familiares ficava sentado em silêncio por alguns minutos, como se fosse mudo, depois mergulhava na conversa com comentários apenas sobre si mesmo. Quando falava, insistia em dominar a conversa, e todos os assuntos precisavam ter a ver com sua vida. Tinha dificuldade para ficar parado, fumava compulsivamente e desenvolveu o hábito estranho de simplesmente sumir dos ambientes. No Dia de Ação de Graças de 1977, Annette recebeu toda a família e cobriu a mesa com o tradicional banquete. Assim que todos estavam sentados, Ron, sem dizer uma palavra, saiu abruptamente da sala e atravessou Ada até a casa de sua mãe. Não deu nenhuma explicação.

Em outras reuniões familiares ele se recolhia num quarto, trancava a porta e ficava sozinho, o que, apesar de inquietante para o resto da família, lhes dava algum tempo para uma conversa agradável. Então ele irrompia na sala, falando sem parar sobre alguma coisa que estivesse na sua cabeça, sempre um assunto completamente desconectado daquele sobre o qual todas as outras pessoas estavam falando. Ficava de pé no meio da sala e tagarelava feito um louco até se cansar, depois partia de volta para o quarto e trancava a porta de novo.

Uma vez sua entrada espalhafatosa incluiu um violão, que ele começou a tocar furiosamente enquanto cantava mal e exigia que o resto da família cantasse junto. Depois de algumas canções desagradáveis, ele desistiu e foi para o quarto batendo pé. As pessoas respiraram fundo, reviraram os olhos e as coisas voltaram ao normal. Infelizmente a família tinha se acostumado com esse tipo de comportamento.

Ron podia ficar recolhido e emburrado, chateado durante dias por causa de nada ou de tudo, depois um interruptor era acionado e a personalidade sociável retornava. Sua carreira no beisebol o deprimia e ele preferia não falar sobre ela. Em um telefonema poderiam encontrá-lo arrasado e digno de pena, mas no próximo era possível que estivesse animado e alegre.

A família sabia que ele estava bebendo e havia fortes boatos a respeito do uso de drogas. Talvez o álcool e as substâncias químicas estivessem provocando um desequilíbrio e contribuindo para as violentas oscilações de humor. Annette e Juanita o sondavam do modo mais delicado possível e eram recebidas com hostilidade.

Então Roy Williamson foi diagnosticado com câncer e os problemas de Ron se tornaram menos importantes. Os tumores eram no cólon e progrediram rapidamente. Ainda que sempre tivesse sido um filhinho da mamãe, Ronnie amava e respeitava o pai. E sentiu-se culpado por seu comportamento. Não ia mais à igreja e tinha problemas sérios com a vida cristã, mas se agarrava à crença pentecostal de que os pecados são castigados. Seu pai, que tinha levado uma vida correta, estava sendo punido por causa da longa lista de iniquidades do filho.

A saúde fraca de Roy agravou a depressão de Ron. Ele ficava remoendo o próprio egoísmo: as exigências que tinha feito aos pais – roupas boas, equipamentos esportivos caros, colônias de férias e viagens para jogar beisebol, a mudança temporária para Asher –, todas pagas de modo glorioso com uma única televisão em cores oriunda do bônus contratual que o A's lhe deu. Lembrou-se de Roy comprando discretamente roupas de segunda mão para que o filho mimado pudesse se vestir com o melhor que havia na época do ensino médio. Lembrava-se do pai andando pelas calçadas quentes de Ada com as volumosas malas de amostras, vendendo baunilha e temperos. E se lembrava do pai nas arquibancadas, jamais perdendo um jogo.

No início de 1978, Roy passou por uma cirurgia em Oklahoma City. O câncer estava avançado e se espalhando, e os cirurgiões não podiam fazer nada. Ele voltou a Ada, rejeitou a quimioterapia e começou a ficar dolorosamente debilitado. Nos últimos dias de Roy, Ron foi de Tulsa para Ada e ficou perto do pai, aflito e choroso. Pedia desculpas incessantemente e implorava que o pai o perdoasse.

Num determinado ponto Roy ficou cansado de ouvi-lo. É hora de crescer, filho, disse ele. Seja homem. Pare com o choro e a histeria. Siga com a sua vida.

Roy morreu em 1º de abril de 1978.

EM 1978 RON ainda estava em Tulsa, dividindo um apartamento com Stan Wilkins, um metalúrgico quatro anos mais novo. Os dois gostavam de violões e música popular, e passavam horas tocando e cantando. Ron tinha uma voz forte, sem treino, e um talento promissor com o violão, um modelo caro da Fender. Era capaz de ficar sentado tocando durante horas.

A cena disco era movimentada em Tulsa e os dois colegas saíam juntos com frequência. Depois do trabalho bebiam alguma coisa e iam para as boates, onde Ron era bem conhecido. Ele amava as mulheres e era absolutamente destemido ao ir atrás delas. Examinava a multidão, escolhia a mulher mais bonita e a chamava para dançar. Se ela concordasse em dançar, em geral ele a levava para casa. Seu objetivo era uma mulher diferente a cada noite.

Mesmo adorando beber, tinha cuidado quando estava na caça. Bebida demais poderia comprometer seu desempenho. Mas certas substâncias químicas não faziam isso. A cocaína estava correndo solta pelo país e era encontrada por toda parte nas boates de Tulsa. Não se pensava muito a respeito de doenças sexualmente transmissíveis. A maior preocupação era herpes; a Aids ainda não tinha aparecido. Para os que gostavam desse estilo de vida, o final dos anos 1970 foram loucos e hedonistas. E Ron Williamson estava fora de controle.

Em 30 de abril de 1978, a polícia de Tulsa foi chamada ao apartamento de Lyza Lentzch. Quando chegou, ela contou que Ron Williamson a havia estuprado. Ele foi preso em 5 de maio, pagou uma fiança de 10 mil dólares e foi solto.

Ron contratou John Tanner, um advogado criminalista experiente, e admitiu ter transado com Lentzch. Jurou que foi consensual; os dois tinham se conhecido numa boate e ela o convidou para ir ao seu apartamento, onde acabaram indo para a cama. Tanner acreditou no cliente, um acontecimento raro.

Para os amigos de Ron a ideia do estupro era ridícula. As mulheres praticamente se jogavam em cima dele. Ele podia escolher quem quisesse em qualquer bar, e não estava exatamente perseguindo jovens donzelas na igreja. As mulheres que ele conhecia nas boates estavam em busca de aventura.

Apesar de se sentir humilhado pelas acusações, estava decidido a agir como se nada o incomodasse. Divertia-se como sempre e ria de qualquer sugestão de que estava com problemas. Tinha um bom advogado. Que venha o julgamento!

No fundo, contudo, sentia medo do processo, e por bons motivos. Ser acusado de um crime tão sério era suficientemente preocupante, mas enfrentar um júri que poderia mandá-lo para a cadeia por muitos anos era uma perspectiva terrível.

Ele manteve a maior parte dos detalhes escondida da família – Ada estava a duas horas de distância –, mas eles logo notaram em Ron um comportamento ainda mais fechado. E oscilações de humor ainda mais bruscas.

À medida que seu mundo ficava mais soturno, Ron lutava com as únicas armas que tinha. Bebia mais, ficava acordado até mais tarde, procurava mais garotas, tudo isso num esforço para levar uma vida boa e escapar das preocupações. Mas o álcool alimentava a depressão, ou talvez a depressão exigisse mais álcool. Qualquer que fosse a combinação, ele ficou mais temperamental e desanimado. E menos previsível.

* * *

EM 9 DE setembro a polícia de Tulsa recebeu outro telefonema sobre mais um suposto estupro. Uma mulher de 18 anos chamada Amy Dell Ferneyhough voltou ao seu apartamento por volta das quatro da manhã depois de uma longa noite numa boate. Ela estava brigada com o namorado, que dormia no apartamento com a porta trancada. Não conseguiu encontrar a chave, e, como realmente precisava ir ao banheiro, voltou pelo quarteirão até uma loja de conveniência 24 horas. Lá encontrou Ron Williamson, também curtindo mais um fim de noite. Os dois não se conheciam mas começaram a conversar, depois desapareceram atrás da loja e foram para um matagal, onde transaram.

Segundo Ferneyhough, Ron lhe deu um soco, rasgou a maior parte de suas roupas e a estuprou.

Segundo Ron, Ferneyhough estava furiosa com o namorado por tê-la trancado fora do apartamento e concordou com uma rapidinha no matagal.

Pela segunda vez em cinco meses, Ron pagou fiança e ligou para John Tanner. Com dois estupros pairando sobre ele, finalmente deu uma freada na vida noturna, em seguida se tornou recluso. Estava morando sozinho e não falava com praticamente ninguém. Annette sabia de alguns detalhes porque estava lhe mandando dinheiro. Bruce Leba sabia muito pouco sobre o que estava acontecendo.

O estupro de Ferneyhough foi a julgamento primeiro, em fevereiro de 1979. Ron testemunhou e explicou ao júri que sim, eles tinham transado, mas que havia sido consensual. Estranhamente os dois tinham concordado com a relação sexual atrás de uma loja de conveniência às quatro da manhã. O júri deliberou durante uma hora, acreditou nele e chegou à conclusão de que ele era inocente.

Em maio, outro júri foi escalado para ouvir as acusações de estupro por parte de Lyza Lentzch. De novo, Ron deu uma explicação completa ao júri. Tinha conhecido Lentzch numa boate, dançado com ela, gostado dela, e ela evidentemente gostou dele, porque o convidou para o seu apartamento, onde fizeram sexo consensual. A vítima disse ao júri que decidiu que não queria transar, que tentou parar muito antes de ter começado, mas sentiu medo de Ron Williamson e finalmente cedeu para não ser machucada. Mais uma vez, o júri acreditou em Ron e o considerou inocente.

* * *

SER CHAMADO DE estuprador da primeira vez o havia humilhado, e ele sabia que o rótulo permaneceria durante muitos anos. Mas poucas pessoas eram acusadas disso duas vezes e em menos de cinco meses. Como ele, o grande Ron Williamson, poderia ser rotulado de estuprador? Independentemente do que os júris tinham dito, as pessoas iriam cochichar, fofocar e manter as histórias vivas. Iriam apontar o dedo quando ele passasse.

Tinha 26 anos e durante a maior parte da vida fora a estrela do beisebol, o convencido atleta destinado à glória das grandes ligas. Ainda era o jogador confiante com braço machucado que poderia se curar. As pessoas de Ada e Asher não tinham se esquecido. Ele era jovem; o talento continuava ali. Todo mundo conhecia seu nome.

Tudo isso mudou com as acusações de estupro. Ron soube que seria esquecido como jogador e seria conhecido apenas como um homem acusado de estupro. Ficava isolado, recolhendo-se mais a cada dia em seu próprio mundo sombrio e confuso. Começou a faltar ao trabalho, depois largou o emprego na Toppers Menswear. Em seguida veio a falência, e quando perdeu tudo fez as malas e saiu discretamente de Tulsa. Estava desmoronando, afundando em um mundo de depressão, bebida e drogas.

Juanita o esperava e estava profundamente preocupada. Tinha poucas informações sobre os problemas em Tulsa, mas ela e Annette sabiam o suficiente para se preocuparem. Ron estava obviamente desorientado: a bebida, as terríveis e bruscas oscilações de humor, o comportamento cada vez mais bizarro. Sua aparência era medonha: cabelo comprido, rosto barbado, roupas sujas. E esse era o mesmo Ron Williamson que gostava de estar tão elegante e alinhado, que vendia roupas finas e sempre fora rápido em perceber que uma determinada gravata não combinava com um paletó.

Ele se enfiava no sofá da sala da mãe e dormia. Não se passou muito tempo até que estivesse dormindo vinte horas por dia, sempre no sofá. Seu quarto estava disponível, mas ele se recusava a entrar nele depois do anoitecer. Havia algo lá, algo que o amedrontava. Apesar de dormir profundamente, às vezes pulava gritando que o chão estava coberto de cobras e que havia aranhas nas paredes.

Começou a escutar vozes, mas não contava à mãe o que elas diziam. Então começou a respondê-las.

Tudo o deixava cansado – comer e tomar banho eram tarefas exaustivas, sempre seguidas por longos cochilos. Estava letárgico, desmotivado, até mesmo durante curtos períodos de sobriedade. Juanita nunca havia tolerado o álcool em casa – odiava bebidas e cigarro. Uma espécie de trégua foi alcançada quando Ron se mudou para um apertado apartamento em cima da garagem, ao lado da cozinha. Ali ele podia fumar, beber, tocar seu violão e não incomodar a mãe. Quando queria dormir, voltava para a sala e despencava no sofá, e quando estava acordado ficava no seu apartamento.

Eventualmente o humor mudava, a energia voltava e ele precisava de novo da vida noturna. Bebida e drogas, correr atrás de mulheres, ainda que com um pouco mais de cautela. Sumia durante dias, ficando na casa de amigos, pedindo dinheiro a qualquer conhecido que encontrasse. Depois o vento soprava diferente e ele voltava ao sofá, morto para o mundo.

Juanita esperava e se preocupava o tempo todo. Não havia histórico de doença mental na família, e ela não tinha ideia de como lidar com isso. Rezava muito. Era muito reservada e se esforçava para manter os problemas de Ron escondidos de Annette e Renee. As duas estavam casadas e felizes, e Ronnie era um fardo dela, não das irmãs.

Às vezes Ron falava em arranjar um emprego. Sentia-se péssimo por não trabalhar e se sustentar. Um amigo conhecia alguém na Califórnia que precisava de funcionários, então, para grande alívio de sua família, Ron foi para o oeste. Alguns dias depois ligou para a mãe, chorando, dizendo que estava vivendo com alguns adoradores do diabo que o aterrorizavam e não deixavam que ele fosse embora. Juanita enviou-lhe uma passagem aérea e ele deu um jeito de escapar.

Foi para a Flórida, o Novo México e o Texas, procurando trabalho, mas nunca durava mais de um mês. Cada viagem curta o deixava exaurido, e ele despencava com mais força ainda no sofá.

Com o tempo, Juanita o convenceu a procurar um terapeuta, que o diagnosticou como maníaco-depressivo. Foi-lhe prescrito o uso de lítio, mas ele não tomava o medicamento regularmente. Trabalhava meio expediente aqui e ali, jamais conseguindo manter o emprego. Seu único talento havia sido em vendas, mas em seu estado atual não tinha condições de conhecer e cativar ninguém. Ainda se referia a si mesmo como jogador de beisebol profissional, amigo íntimo de Reggie Jackson, mas nesse ponto os moradores de Ada sabiam da verdade.

No fim de 1979, Annette marcou uma reunião com o juiz distrital Ronald Jones no Tribunal do Condado de Pontotoc. Explicou a situação do irmão e perguntou se o Estado ou o judiciário poderia fazer alguma coisa para ajudar. Não, respondeu o juiz Jones, a não ser que Ron se tornasse um perigo para si mesmo ou para os outros.

NUM DIA PARTICULARMENTE bom, Ron se inscreveu para orientação em um centro de reabilitação vocacional em Ada. O terapeuta do local ficou alarmado com sua condição e falou a seu respeito com o Dr. M. P. Prosser, do hospital St. Anthony em Oklahoma City, onde ele foi internado em 3 de dezembro de 1979.

Os problemas começaram assim que Ron exigiu privilégios que os funcionários não podiam proporcionar. Ele queria uma parte maior do tempo e da atenção deles, e agia como se fosse o único paciente. Na medida em que eles não cederam aos seus desejos, ele deixou o hospital, voltando algumas horas depois e pedindo para ser readmitido.

Em 8 de janeiro de 1980, o Dr. Prosser anotou: "Esse rapaz demonstrou comportamento bastante bizarro e às vezes psicopático, e talvez jamais seja determinado se ele tem personalidade maníaca, como achava o terapeuta em Ada, ou esquizoide com tendências sociopatas, ou o contrário, se estamos diante de um sociopata com tendências esquizoides, talvez seja necessário um tratamento de longo prazo, mas ele não parece sentir que precisa de tratamento para a esquizofrenia."

Ron estivera vivendo num sonho desde o início da adolescência, desde seus dias de glória no campo de beisebol, e nunca havia aceitado a realidade de que sua carreira estava encerrada. Ainda acreditava que "eles" – os poderosos do beisebol – viriam pegá-lo, convocá-lo para o time e torná-lo famoso. "Esta é a verdadeira parte esquizofrênica do distúrbio dele", escreveu o Dr. Prosser. "Ele só quer entrar em campo, e de preferência como uma das estrelas do time."

Foi sugerido um tratamento de longo prazo para esquizofrenia, mas Ron não cogitou realizá-lo. Um exame físico completo jamais foi terminado, porque ele não cooperava, mas o Dr. Prosser o classificou como "um rapaz saudável, musculoso, ativo, em condições de se movimentar... em melhor forma do que a maioria das pessoas de sua idade".

Quando conseguia ser funcional, Ron vendia utensílios domésticos da Rawleigh de porta em porta, nos mesmos bairros de Ada onde seu pai havia trabalhado. Mas era um trabalho monótono, as comissões eram baixas, ele tinha pouca paciência com a papelada necessária e, além disso, ele era Ron Williamson, a grande estrela do beisebol, agora vendendo utensílios de cozinha de porta em porta!

Sem tratamento, sem medicação e bebendo, Ron se tornou frequentador assíduo dos bares nos arredores de Ada. Era um bêbado mal-educado, que falava alto, se gabava da carreira no beisebol e incomodava mulheres. Amedrontava muita gente, e os garçons e seguranças o conheciam bem. Se Ron Williamson aparecia para beber, todo mundo ficava sabendo. Uma das suas boates prediletas era a Coachlight, e os seguranças de lá o observavam com atenção.

Não demorou muito até que as duas acusações de estupro em Tulsa o alcançassem. A polícia começou a vigiá-lo, às vezes seguindo-o pela cidade. Uma noite, ele e Bruce Leba estavam indo de bar em bar, e pararam para pôr gasolina no carro. Um policial os seguiu por alguns quarteirões, depois os parou e os acusou de roubar gasolina. Embora não fosse nada além de intimidação, ainda assim eles quase foram presos.

Mas as detenções logo começaram. Em abril de 1980, dois anos depois da morte do pai, Ron foi preso por sua primeira acusação de dirigir bêbado.

Em novembro, Juanita Williamson convenceu o filho a procurar ajuda por causa da bebida. Por incentivo dela, Ron entrou na sede do Serviço de Saúde Mental do Sul de Oklahoma em Ada e foi atendido por Duane Logue, um terapeuta especialista em uso excessivo de álcool e outras drogas. Espontaneamente admitiu seus problemas, disse que havia onze anos que bebia e que vinha fazendo uso de outras drogas há pelo menos sete, e que as bebedeiras tinham aumentado drasticamente depois que o Yankees o cortou. Não mencionou as duas acusações de estupro em Tulsa.

Logue indicou uma unidade chamada Bridge House, em Ardmore, Oklahoma, a 100 quilômetros dali. No dia seguinte, Ron se apresentou na Bridge House e concordou com vinte dias de tratamento para o vício em álcool num ambiente trancado. Estava muito nervoso e ficava dizendo ao terapeuta que tinha feito "coisas terríveis". Em dois dias se tornou um solitário, dormindo longas horas e pulando refeições. Depois de uma semana, foi flagrado fumando no quarto, uma nítida violação das regras, e anunciou que estava de saco cheio daquele lugar. Foi embora com Annette, que por acaso estava em Ardmore para visitá-lo, mas voltou no dia seguinte, pedindo para ser readmitido. Disseram-lhe para retornar a Ada e se inscrever de novo dali a duas semanas. Temendo a ira da mãe, optou por não ir para casa e, em vez disso, ficou perambulando por algumas semanas sem dizer a ninguém onde estava.

Em 25 de novembro, Duane Logue mandou uma carta para Ron marcando uma consulta para 4 de dezembro. Logue disse, em uma parte: "Estou preocupado com seu bem-estar e espero vê-lo nesse dia."

Em 4 de dezembro, Juanita informou ao Serviço de Saúde Mental que Ron estava trabalhando e morando em Ardmore. Tinha feito alguns novos amigos, havia se envolvido com uma igreja, aceitado Cristo outra vez e não precisava mais da ajuda do serviço de saúde mental. Seu caso estava encerrado.

Foi reaberto dez dias mais tarde, quando ele foi atendido de novo por Duane Logue. Ron precisava de um tratamento de longo prazo, mas não concordava em fazê-lo. E não tomava regularmente os medicamentos prescritos, principalmente o lítio. Às vezes admitia espontaneamente que abusava da bebida e de drogas, depois negava enfaticamente. Só umas cervejas, respondia quando perguntavam o quanto bebia.

Como não conseguia manter um emprego, estava sempre duro. Quando Juanita se recusava a lhe "emprestar" dinheiro, ele perambulava por Ada procurando outra fonte. De modo pouco surpreendente, seu círculo de amizades estava diminuindo; a maioria das pessoas o evitava. Por várias vezes foi de carro até Asher, onde sempre podia encontrar Murl Bowen no campo de beisebol. Os dois conversavam, Ron contava outra história de azar qualquer e seu antigo técnico, a contragosto, lhe dava mais vinte dólares. Enquanto Ron prometia devolver o dinheiro, Murl era ríspido ao lhe fazer um sermão sobre dar um jeito em sua vida.

O refúgio de Ron era Bruce Leba, que tinha se casado de novo e levava uma vida muito mais calma em sua casa a poucos quilômetros da cidade. Cerca de duas vezes por mês, Ron cambaleava até a porta dele, bêbado e desgrenhado, e implorava que Bruce lhe arranjasse um lugar para dormir. Bruce sempre o recebia, fazia com que ele ficasse sóbrio, dava-lhe algo para comer e geralmente lhe emprestava dez dólares.

Em fevereiro de 1981, Ron foi preso novamente por dirigir bêbado e assumiu a culpa. Depois de alguns dias na cadeia foi a Chickasha ver sua irmã Renee e o marido dela, Gary. Num domingo, ao voltar da igreja, eles o encontraram no quintal. Ron explicou que estivera morando numa barraca atrás da cerca dos fundos, e, pela aparência dele, isso parecia verdade. Além disso, tinha acabado de escapar de alguns homens do Exército na estrada, em Lawton. Os soldados tinham estocado armas e explosivos em casa e estavam planejando atacar a base. Por sorte ele havia escapado a tempo e agora precisava de um lugar para morar.

Renee e Gary deixaram que ele ficasse no quarto do filho deles. Gary arranjou um trabalho para ele, transportando feno numa fazenda, um bico que durou dois dias até que Ron se demitiu, porque disse que tinha encontrado um time de *softball* que precisava dele. Mais tarde o fazendeiro telefonou e disse a Gary que Ron não era bem-vindo de volta e que, em sua opinião, ele tinha sérios problemas emocionais.

O interesse de Ron pelos presidentes americanos subitamente se reacendeu, e durante dias ele não falava de outra coisa. Não somente era capaz de citá-los rapidamente de frente para trás e de trás para a frente, mas sabia tudo sobre eles – datas e locais de nascimento, mandatos, vice-presidentes, esposas e filhos, pontos altos das administrações, e assim por diante. Toda conversa na casa dos Simmons precisava ser focada num presidente americano. Nada mais podia ser discutido enquanto Ron estivesse presente.

Ele era absolutamente notívago. Apesar de desejar dormir à noite, não conseguia. Além do mais, gostava dos programas de TV exibidos à noite, com o som nas alturas. Com os primeiros raios do sol ficava sonolento e apagava. Os Simmons, cansados e com os olhos vermelhos, desfrutavam de um café da manhã silencioso antes de ir para o trabalho.

Ele reclamava frequentemente de dores de cabeça. Uma noite Gary ouviu ruídos e encontrou Ron revirando o armário de remédios, procurando alguma coisa para atenuar a dor.

Quando todos já estavam com os nervos suficientemente à flor da pele, Gary fez com que Ron se sentasse para a séria e inevitável conversa. Explicou que Ron era bem-vindo, mas precisava se ajustar aos horários deles. Ron não mostrou qualquer sinal de ter entendido que tinha problemas. Saiu silenciosamente e voltou para a casa da mãe, onde ficava apagado no sofá ou entocado em seu apartamento, com 28 anos e incapaz de admitir que precisava de ajuda.

* * *

ANNETTE E RENEE estavam preocupadas com o irmão, mas não havia muito que pudessem fazer. Ele era cabeça-dura e parecia satisfeito em levar a vida de andarilho. Seu comportamento ia ficando ainda mais estranho; não havia dúvidas de que ele estava piorando psicologicamente. Mas esse assunto era proibido; elas tinham cometido o erro de abordá-lo com ele. Juanita conseguiu convencê-lo a se consultar com um terapeuta ou a procurar tratamento para a bebida, mas Ron nunca ia em frente com a terapia a longo prazo. Cada breve período de sobriedade era seguido por semanas de incerteza sobre onde ele estava ou o que estava fazendo.

Para se divertir, se é que conseguia se divertir, Ron tocava seu violão, em geral na varanda da frente da casa da mãe. Era capaz de se sentar, tocar e cantar para os pássaros durante horas, e, quando se entediava com a varanda, fazia seu show na rua. Quase sempre sem carro ou sem dinheiro para comprar gasolina, simplesmente andava por Ada e podia ser visto em vários lugares e a qualquer hora com o violão.

Rick Carson, seu amigo de infância, era policial em Ada. Quando trabalhava de madrugada, frequentemente via Ron andando pelas calçadas, até entre casas, tocando acordes no violão e cantando, muito depois da meia-noite. Rick perguntava aonde ele estava indo. Nenhum lugar específico. Rick oferecia uma carona para casa. Às vezes Ron concordava; outras vezes preferia continuar andando.

Em 4 de julho de 1981, foi preso por se embebedar em público e assumiu a culpa. Juanita ficou furiosa e insistiu que ele procurasse ajuda. Ron foi internado no Hospital Central do Estado em Norman, onde foi atendido por um psiquiatra, o Dr. Sambajon. A única queixa de Ron foi de que queria "obter ajuda". Sua autoestima e sua energia estavam muito baixas, e ele era assolado por ideias de inutilidade, desesperança e até suicídio. Disse: "Não posso fazer o bem para mim nem para as pessoas à minha volta. Não consigo me manter num emprego e tenho um comportamento negativo." Contou ao Dr. Sambajon que seu primeiro episódio sério de depressão havia ocorrido quatro anos antes, quando sua carreira no beisebol foi encerrada, mais ou menos na época em que seu casamento desmoronou. Admitiu que abusava de álcool e drogas mas acreditava que esse comportamento não contribuía para seus problemas.

O Dr. Sambajon disse que ele estava "desalinhado, sujo, malvestido... descuidado com a própria aparência". A capacidade de julgamento do paciente não estava prejudicada em excesso, e ele tinha ideia de sua situação atual. O diagnóstico foi de transtorno depressivo persistente, ou distimia, uma espécie crônica de depressão leve. O Dr. Sambajon recomendou medicamentos, assim como terapia individual, terapia de grupo e apoio continuado da família.

Depois de três dias no Hospital Central, Ron exigiu alta e foi liberado. Uma semana depois, voltou à clínica de saúde mental em Ada, onde foi atendido por Charles Amos, psicólogo-assistente. Ron se descreveu como um ex-jogador profissional de beisebol que estava deprimido desde o fim da carreira. Também culpou a religião pela depressão. Amos o encaminhou à Dra. Marie Snow, a única psiquiatra de Ada, e ela começou a atendê-lo semanalmente. Ela lhe receitou amoxapina, um antidepressivo usado corriqueiramente, e Ron demonstrou uma leve melhora. A Dra. Snow tentou convencer o paciente de que uma psicoterapia mais intensiva era necessária, mas depois de três meses Ron tinha abandonado qualquer tratamento.

Em 30 de setembro de 1982, foi novamente acusado de dirigir um veículo sob o efeito de álcool. Foi detido, preso e admitiu a culpa.

4

Três meses depois do assassinato de Debbie Carter, os detetives Dennis Smith e Mike Kieswetter foram à casa dos Williamsons e interrogaram Ron pela primeira vez. Juanita estava presente e participou do encontro. Quando perguntaram onde ele estava na noite de 7 de dezembro, Ron disse que não lembrava – tinha sido três meses atrás. Sim, ele frequentava a Coachlight, além de outras boates nos arredores de Ada. Juanita foi até sua agenda, verificou a data e informou aos detetives que o filho tinha chegado em casa às dez da noite. Mostrou a anotação feita em 7 de dezembro.

Perguntaram se Ron conhecia Debbie Carter. Ele disse que não tinha certeza. Conhecia aquele nome, sem dúvida, porque desde o assassinato todo mundo na cidade só falava nisso. Smith mostrou uma foto da vítima e Ron a examinou atentamente. Talvez a tivesse conhecido, talvez não. Mais tarde, pediu para ver a foto de novo. Ela era vagamente familiar. Ele negou com veemência saber qualquer coisa sobre o assassinato, mas lançou o palpite de que o assassino era provavelmente um psicopata que a seguiu até em casa, a atacou e fugiu da cidade logo após o crime.

Depois de uns trinta minutos, a polícia perguntou se Ron forneceria impressões digitais e amostras de cabelo. Ele concordou e os acompanhou até a delegacia quando o interrogatório terminou.

Três dias depois, em 17 de março, eles voltaram com as mesmas perguntas. Ron declarou de novo que não tinha nada a ver com o assassinato e que estava em casa na noite de 7 de dezembro.

Os policiais também interrogaram um homem chamado Dennis Fritz, cuja única ligação possível com a investigação do assassinato era a amizade com Ron Williamson. Segundo um relatório preliminar da polícia, Fritz era "suspeito ou pelo menos conhecido de um suspeito no caso do assassinato de Debbie Carter".

Dennis raramente ia à Coachlight, e quando do assassinato fazia meses que estivera lá pela última vez. Nenhuma testemunha mencionou a presença dele no lugar; na verdade, em março de 1983 ninguém havia mencionado nem mesmo seu nome. Ele era novo na área e pouco conhecido na cidade. Nunca tinha levado Ron Williamson de carro à Coachlight. Não conhecia Debbie Carter, não tinha certeza se já a vira antes e não fazia ideia de onde ela morava. Mas como agora os investigadores estavam atrás de Ron Williamson, e aparentemente trabalhavam com a teoria banal e previsível de que havia dois assassinos, precisavam de mais um suspeito. Fritz foi o escolhido.

DENNIS FRITZ CRESCEU perto de Kansas City, terminou o ensino médio lá e se formou em biologia na Universidade Estadual do Sul de Oklahoma em 1971. Em 1973 sua mulher, Mary, deu à luz sua única filha, Elizabeth. Na época eles moravam em Durant, Oklahoma. Mary trabalhava numa faculdade ali perto e Dennis tinha um emprego bom na ferrovia.

No Natal de 1975, enquanto Dennis trabalhava fora da cidade, Mary foi assassinada por um vizinho de 17 anos com um tiro na cabeça, enquanto estava sentada numa cadeira de balanço na sala de casa.

Por dois anos depois disso, Dennis foi incapaz de trabalhar. Estava abalado emocionalmente e não fazia nada além de cuidar de Elizabeth. Quando ela começou a frequentar a escola, em 1981, ele conseguiu se organizar e arranjou um emprego dando aulas de ciências no ensino fundamental, na cidade de Konawa. Depois de alguns meses, mudou-se para uma casa alugada em Ada, não longe dos Williamsons, e não longe do apartamento que Debbie Carter alugaria. Sua mãe, Wanda, foi morar com ele para ajudar a criar Elizabeth.

Dennis arranjou outro emprego dando aulas de biologia para o primeiro ano do ensino médio e como treinador de basquete na cidade de Noble, a uma hora de distância. A diretoria permitia que ele morasse num pequeno trailer no terreno da escola, e nos fins de semana ele ia passar o tempo com Elizabeth e sua mãe. Noble não tinha vida noturna, e ocasionalmente

Dennis ia a Ada à noite durante a semana para ver a filha, depois tomar um drinque e talvez conhecer alguma garota.

Numa noite em novembro de 1981, Dennis estava em Ada. Entediado, queria uma cerveja, por isso foi até uma loja de conveniência. Do lado de fora, sentado no banco da frente do velho Buick de sua mãe, estava Ron Williamson, tocando violão e vendo o tempo passar. Dennis também tocava violão e, por acaso, estava com o seu no banco de trás. Os dois começaram a conversar sobre música. Ron disse que morava a alguns quarteirões dali e convidou Dennis para tocarem juntos. Os dois estavam à procura de amigos.

O apartamento era apertado e sujo, um lugarzinho triste, pensou Dennis. Ron explicou que morava com a mãe, que não tolerava fumo nem álcool. Não tinha emprego, e quando Dennis perguntou o que ele fazia o dia inteiro, Ron respondeu que geralmente dormia. Foi bastante amistoso, com uma conversa fácil e riso solto, mas Dennis notou um ar distraído. Ele ficava olhando para o nada durante um longo tempo, depois olhava para Dennis como se ele não estivesse ali. Era um cara estranho, pensou Dennis.

Mas os dois gostavam de tocar violão e falar de música. Depois de algumas visitas, Dennis começou a notar a bebedeira em excesso e as oscilações de humor de Ron. Ele adorava cerveja e vodca, e sua rotina era começar a beber no fim da tarde, quando estava completamente desperto e longe da mãe. Ficava enfastiado e deprimido até a bebida começar a fazer efeito, e então sua personalidade vinha à tona. Eles passaram a frequentar os bares e as boates da cidade.

Numa tarde, Dennis apareceu mais cedo do que o habitual, antes de Ron começar a beber. Conversou com Juanita, uma alma agradável mas sofrida, que falou pouco mas parecia cansada do filho. Ela foi embora e Dennis encontrou Ron no quarto, encarando as paredes. Aquele ambiente deixava Ron apreensivo, e ele raramente entrava ali.

Havia grandes fotos coloridas de Patty, sua ex-mulher, e do próprio Ron, com diferentes uniformes de beisebol.

– Ela era linda – disse Dennis, olhando para Patty.

– Em algum momento eu já tive tudo – retrucou Ron com tristeza e amargura.

Tinha 28 anos e já havia jogado a toalha por completo.

* * *

PERCORRER OS BARES era sempre uma aventura. Ron jamais entrava numa boate discretamente, e, uma vez lá dentro, esperava ser o centro das atenções. Um dos seus ardis favoritos era usar um belo terno e dizer que era um advogado rico de Dallas. Em 1981 já havia passado tempo suficiente em tribunais para conhecer o jargão e os maneirismos da profissão, e seu "número" era representado em bares por toda Norman e em Oklahoma City.

Dennis ficava de fora e desfrutava do show. Dava espaço suficiente a Ron. Além disso, estava ficando cansado das aventuras. Em geral, uma noite com Ron incluía algum tipo de conflito e um final inesperado.

No verão de 1982, os dois estavam voltando para Ada depois de passarem uma noite indo de bar em bar quando Ron anunciou que queria ir a Galveston. Dennis tinha cometido o erro de contar uma história sobre pesca submarina em Galveston, e Ron disse que sempre quisera fazer isso. Eles estavam bêbados, e uma viagem inesperada de oito horas não pareceu completamente absurda. Estavam na picape de Dennis. Como sempre, Ron não tinha carro, carteira de motorista nem dinheiro para a gasolina.

A escola estava de férias, Dennis tinha algum dinheiro no bolso, então por que não irem pescar? Compraram mais cerveja e rumaram para o sul.

Em algum lugar do Texas, Dennis precisou tirar um cochilo, por isso Ron assumiu o volante. Quando Dennis acordou havia um homem negro de aparência estranha na caçamba da picape. "Peguei um cara que queria carona", disse Ron, com orgulho. Em algum lugar de Houston, logo antes do amanhecer, eles pararam numa loja de conveniência para comprar cerveja e comida. Quando voltaram, a picape havia sumido, tendo sido roubada pelo desconhecido. Ron disse que se esqueceu e deixou a chave na ignição, e depois de refletir mais um pouco admitiu que não somente havia deixado a chave na ignição, mas provavelmente tinha deixado o motor ligado também. Eles tomaram algumas cervejas e pensaram no azar que haviam dado. Dennis insistiu em ligar para a polícia, mas Ron não tinha muita certeza disso. Os dois discutiram e Dennis ligou mesmo assim. Quando o policial ouviu a história, riu na cara deles.

Estavam numa parte muito precária da cidade, mas encontraram um Pizza Hut. Comeram pizza e tomaram várias jarras de cerveja, e em seguida começaram a andar pela cidade, totalmente perdidos. No crepúsculo, encontraram um inferninho frequentado apenas por negros, e Ron decidiu entrar e se divertir. Era uma ideia insana, mas logo Dennis percebeu que as coisas provavelmente estavam mais seguras lá dentro do que fora. No bar, Dennis bebericou sua cerveja e rezou para que ninguém os notasse. Ron, como sempre, começou a falar alto e chamar a atenção. Estava usando terno e agora era o advogado figurão de Dallas. Dennis estava lamentando pela picape e torcendo para que não fossem esfaqueados, enquanto o colega contava histórias sobre seu melhor amigo, Reggie Jackson.

O homem mais conhecido na boate era um cara chamado Cortez, e logo ele e Ron ficaram amigos. Quando Ron contou a história da picape roubada, Cortez morreu de rir. Quando a boate fechou, Ron e Dennis foram embora com Cortez, cujo apartamento ficava próximo e não tinha camas suficientes para todos. Os dois rapazes brancos dormiram no chão. Ao acordar, Dennis estava de ressaca, com raiva por causa da picape e decidido a voltar são e salvo para Ada. Sacudiu Ron, arrancando-o do sono profundo, e juntos convenceram Cortez a levá-los, por um pequeno valor, a um banco, onde Dennis talvez pudesse sacar algum dinheiro. No banco, Cortez esperou no carro enquanto Ron e Dennis entraram. Dennis sacou o dinheiro. Quando estavam saindo, mais de dez carros de polícia surgiram, vindo de todas as direções e com as sirenes ligadas, e cercaram Cortez. Policiais fortemente armados o arrancaram do carro e o jogaram no banco de trás de uma das viaturas.

Ron e Dennis voltaram para dentro do banco, espiaram rapidamente a batida ocorrida no estacionamento e saíram apressados pelo lado oposto. Compraram passagens de ônibus. A viagem para casa foi longa e dolorosa. Dennis estava farto de Ron e com raiva por ele ter deixado que a picape fosse roubada. Jurou que iria evitá-lo por um bom tempo.

Um mês depois, Ron ligou para Dennis querendo dar uma volta. Desde a aventura em Houston a amizade dos dois havia esfriado consideravelmente. Dennis gostava de sair para tomar umas cervejas e dançar um pouco, mas manteve as coisas sob controle. Ron era agradável enquanto estavam bebendo e tocando violão em seu apartamento, mas assim que chegava a um bar, tudo podia acontecer.

Dennis o buscou e eles saíram para beber. Dennis explicou que seria uma noite curta, porque tinha programado um encontro mais tarde com uma mulher. Estava buscando ativamente um novo amor. Sua mulher tinha morrido sete anos antes e ele ansiava por um relacionamento estável. Ron não queria aquilo. As mulheres serviam para transar e nada mais.

Mas, naquela noite, estava difícil se livrar de Ron, e quando Dennis foi visitar sua amiga, Ron foi junto. Quando finalmente percebeu que não era bem-vindo, ficou furioso e foi embora, mas não a pé. Roubou o carro de Dennis e dirigiu até a casa de Bruce Leba. Fritz ficou com a mulher, e quando acordou na manhã seguinte percebeu que seu carro havia sumido. Ligou para a polícia, preencheu um boletim de ocorrência, depois ligou para Bruce Leba e perguntou se ele tinha visto Ron. Bruce concordou em levar Ron e o carro roubado de volta para Ada. Quando chegaram, os dois foram parados pela polícia. A acusação foi retirada, mas Dennis e Ron ficaram meses sem se falar.

DENNIS ESTAVA EM casa, em Ada, quando recebeu um telefonema do detetive Smith. A polícia queria que ele fosse até a delegacia para responder a algumas perguntas. Que tipo de perguntas?, quis saber Fritz. Vamos dizer quando você chegar aqui, respondeu Smith.

Dennis foi relutante até a delegacia. Não tinha nada a esconder, mas qualquer contato desse tipo com a polícia era apreensivo. Smith e Gary Rogers perguntaram sobre seu relacionamento com Ron Williamson, um velho amigo que fazia meses que não via. A princípio as perguntas eram casuais, mas aos poucos ficaram acusatórias. "Onde você estava na noite de 7 de dezembro?" No momento Dennis não teve certeza; precisaria de algum tempo para pensar. "Você conhecia Debbie Carter?" Não. E assim por diante. Depois de uma hora Dennis saiu da delegacia, ligeiramente preocupado por estar de algum modo envolvido na investigação.

O detetive Smith ligou de novo e perguntou se Dennis faria um teste com um polígrafo. Com sua formação em ciências, Dennis sabia que polígrafos não são nada confiáveis, e não queria fazer o teste. Ao mesmo tempo, jamais havia visto Debbie Carter e queria provar isso a Smith e Rogers. Concordou a contragosto, e um teste foi marcado na sede do DIEO em Oklahoma City. À medida que o dia se aproximava, Dennis ficou cada vez mais nervoso, e para se acalmar tomou um Valium pouco antes do teste.

O teste foi administrado pelo agente Rusty Featherstone, do DIEO, com Dennis Smith e Gary Rogers à espreita. Quando terminou, os policiais se debruçaram sobre os gráficos, balançando a cabeça em reprimenda diante da má notícia.

Dennis foi informado de que tinha sido "seriamente reprovado" no teste.

– Impossível – foi sua primeira reação.

– Você está escondendo alguma coisa – disseram eles.

Dennis admitiu que estava nervoso, e finalmente confessou que havia tomado um Valium. Isso incomodou os policiais, e eles insistiram para que ele fizesse um novo teste. Ele sentiu que não tinha escolha.

Uma semana depois, Featherstone levou sua máquina para Ada e a montou no porão do departamento de polícia. Dennis estava mais nervoso do que antes, mas respondeu às perguntas com sinceridade e facilidade.

Ele foi "seriamente reprovado" outra vez, só que agora havia sido ainda pior, segundo Featherstone, Smith e Rogers. O interrogatório pós-polígrafo começou com os ânimos acirrados. Rogers, bancando o policial mau, começou a xingar, ameaçar e dizer insistentemente:

– Você está escondendo alguma coisa, Fritz.

Smith tentou fazer o papel de amigo de Dennis, mas era uma representação pueril e batida.

Rogers estava vestido de caubói, com botas e tudo, e seu estilo era ficar andando emproado pela sala, indignado, xingando, ameaçando, falando da pena de morte e de injeções letais. De repente pulava na direção de Dennis, lhe dava um soco no peito e dizia que ele iria confessar. A representação era bastante assustadora, mas não muito eficaz. Dennis repetia sem parar: "Me deixe em paz!"

Finalmente Rogers o acusou do estupro e do assassinato. Estava enfurecido, e sua linguagem se tornou ainda mais abusiva enquanto descrevia como Dennis e seu colega, Ron Williamson, tinham atacado a jovem, a estuprado e a matado, e que agora ele, Rogers, exigia uma confissão.

Sem provas, apenas uma confissão poderia solucionar o caso, e os policiais estavam desesperados para arrancar uma de Dennis Fritz. No entanto, ele não cedia. Não tinha nada a confessar, mas depois de duas horas de abusos verbais queria dar alguma coisa aos policiais. Contou a história de uma viagem que ele e Ron tinham feito a Norman no verão anterior, uma noite turbulenta em bares atrás de garotas, e que uma delas entrou no carro de Dennis, no banco de trás, e ficou histérica quando ele não quis deixá-la sair. Ela conseguiu pular do carro, fugiu e ligou para a delegacia, enquanto Ron e Dennis dormiram no carro, num estacionamento, escondendo-se dos policiais. Não foi registrada ocorrência.

Essa história pareceu acalmar os policiais, pelo menos por alguns minutos. O foco nítido deles estavam em Ron, e agora eles tinham mais provas de que ele e Dennis eram amigos e bebiam juntos. A relevância disso para o assassinato de Debbie Carter não ficou clara para Dennis, mas a maior parte do que os policiais dizia não fazia mesmo muito sentido. Dennis sabia que era inocente, e se Smith e Rogers estavam atrás dele, o verdadeiro assassino não tinha muito com que se preocupar.

Depois de insistirem por três horas, os policiais finalmente desistiram. Estavam convencidos da participação de Dennis, mas o caso não seria solucionado com uma confissão. Era necessário um bom trabalho policial, por isso começaram a vigiar Dennis, seguindo-o pela cidade, parando-o sem motivo. Por várias vezes, Dennis acordou e viu um carro da polícia estacionado em frente a sua casa.

Ele forneceu voluntariamente amostras de pelos pubianos, fios de cabelo, sangue e saliva. Por que não dar tudo a eles? Não havia o que temer. A ideia de falar com um advogado lhe passou brevemente pela cabeça, mas por que se preocupar? Ele era totalmente inocente, e logo os policiais perceberiam isso.

O detetive Smith pesquisou o passado de Fritz e descobriu uma condenação em 1973 por cultivo de maconha na cidade de Durant. Armado dessa informação, um policial de Ada contatou a escola de Norman onde Dennis dava aulas e informou à diretoria que Dennis Fritz não somente estava sendo investigado por assassinato, mas também tinha uma condenação relacionada a entorpecentes que ele não revelou ao se candidatar ao cargo de professor. Dennis foi demitido imediatamente.

EM 17 DE MARÇO, Susan Land, do DIEO, recebeu de Dennis Smith "os cabelos e pelos pubianos identificados de Dennis Fritz e Ron Williamson".

Em 21 de março, Ron foi à delegacia e se submeteu voluntariamente a um teste de polígrafo administrado por B. G. Jones, outro examinador do DIEO. Jones declarou que o teste foi inconclusivo. Além disso, Ron forneceu uma amostra de saliva. Uma semana depois esse material foi submetido ao DIEO, junto com uma amostra fornecida por Dennis Fritz.

Em 28 de março, Jerry Peters, do DIEO, concluiu sua análise de impressões digitais. No relatório, declarou, sem restrição, dúvida ou ambiguidade, que a impressão palmar na amostra de *drywall* não pertencia a Debbie Carter, Dennis Fritz nem a Ron Williamson. Essa notícia deveria ser boa para a polícia. Bastaria descobrir de quem era essa impressão e eles teriam o assassino.

EM VEZ DISSO, os policiais informaram discretamente à família Carter que Ron Williamson era seu principal suspeito. Apesar de não terem provas suficientes, estavam seguindo todas as pistas e, aos poucos, metodicamente, foram montando um caso contra ele. Ron sem dúvida parecia suspeito; agia de modo estranho, mantinha uma rotina esquisita, morava com a mãe, não tinha emprego, era conhecido por importunar mulheres, frequentava bares de música country e, o pior de tudo, morava perto do local do assassinato. Andando por um beco ele poderia chegar em minutos ao apartamento de Debbie Carter!

Além disso, tinha tido aqueles dois problemas em Tulsa. O sujeito só podia ser um estuprador, independentemente do que os júris tinham decidido.

Pouco depois do assassinato, Glenna Lucas, a tia de Debbie, recebeu um telefonema anônimo em que uma voz masculina disse: "Debbie está morta e você é a próxima que vai morrer." Glenna se lembrou, com horror, das palavras escritas com esmalte: "Jim Smith próximo morrer". A semelhança a deixou em pânico, mas, em vez de informar à polícia, ela ligou para o promotor distrital.

Bill Peterson, um rapaz de uma família importante de Ada, era promotor havia três anos. Seu distrito abarcava três condados – Pontotoc, Seminole e Hughes –, e seu escritório ficava no Tribunal do Condado de Pontotoc. Ele conhecia a família Carter e, como qualquer promotor de cidade pequena, estava ansioso para encontrar um suspeito e solucionar o crime. Dennis Smith e Gary Rogers atualizavam Peterson regularmente sobre a investigação.

Glenna descreveu o telefonema anônimo a Bill Peterson. Os dois concordaram que provavelmente era Ron Williamson quem tinha ligado, e portanto era o assassino. Andando alguns passos de seu apartamento na garagem até o beco, ele poderia ver a casa de Debbie, e, mais alguns passos adiante, até a entrada de carros da casa de sua mãe, poderia ver a casa de Glenna. Ele estava bem no centro de tudo, o homem esquisito, sem emprego e com horários estranhos, só olhando o bairro a sua volta.

Bill Peterson conseguiu que um gravador fosse instalado no telefone de Glenna, mas não houve mais nenhum telefonema.

A filha dela, Christy, tinha 8 anos e plena consciência do sofrimento da família. Glenna a mantinha por perto, jamais permitia que ficasse sozinha ou que usasse o telefone, e se certificava de que fosse muito bem vigiada na escola.

Havia boatos na casa e na família sobre Williamson. Por que teria matado Debbie? O que a polícia estava esperando?

Os boatos continuaram. O medo se espalhou rapidamente pelo bairro e por toda a cidade. O assassino estava à solta, para que todos vissem, e todo mundo sabia o nome dele. Por que a polícia não o tirava das ruas?

UM ANO E meio depois da última sessão com a Dra. Snow, Ron precisava, sem dúvida, ser retirado das ruas. Precisava desesperadamente de um tratamento de longo prazo numa instituição psiquiátrica. Em junho de 1983, de novo por insistência da mãe, ele fez a familiar caminhada a pé até a clínica de saúde mental de Ada. Pediu ajuda, mais uma vez dizendo que estava deprimido e incapaz de fazer qualquer coisa. Foi encaminhado para outra instituição, em Cushing, e lá foi avaliado por Al Roberts, um conselheiro de reabilitação. Roberts notou que o QI de Ron era 114, "entre 'inteligente' e 'normal' na escala das funções intelectuais", mas alertou que ele podia sofrer de alguma sequela mental devido ao uso abusivo de álcool.

Roberts escreveu: "Esse homem pode estar fazendo um pedido desesperado por socorro." Ron estava inseguro, tenso, preocupado, nervoso e deprimido.

Ele é uma pessoa muito fora dos padrões e se ressente da autoridade. Seu comportamento tende a ser errático e imprevisível. Ele tem problemas para controlar impulsos. Suspeita e desconfia muito dos que estão ao redor. Carece de habilidades sociais e fica muito desconfortável em situações sociais. Esse indivíduo é uma pessoa que aceitaria pouca responsabilidade pelo próprio comportamento e provavelmente retrucaria com raiva ou hostilidade como defesa contra ser magoado. Ele enxerga o mundo como um lugar muito assustador e perigoso e se defende sendo hostil ou se retraindo. Ron parece muito imaturo e pode apresentar uma imagem de indiferença.

Ron se candidatou a um programa de orientação vocacional na East Central University em Ada, declarando que desejava se formar em química ou, uma outra possibilidade, em educação física, para atuar como treinador. Concordou em fazer uma avaliação psicológica mais detalhada por meio de uma série de testes. O examinador era Melvin Brooking, psicólogo-assistente da Reabilitação Vocacional.

Brooking conhecia bem Ron e a família Williamson, talvez bem demais. Suas observações comportamentais estavam cheias de historietas, e se referiu a ele como "Ronnie".

Com relação à carreira atlética, Brooking escreveu: "Não sei que tipo de aluno Ronnie foi no ensino médio, mas sei que foi um atleta notável, porém sempre prejudicado por crises de birra dentro e fora do campo e por um comportamento geralmente grosseiro, imaturo, e uma atitude muito autocentrada e arrogante. Sua atitude de prima-dona, sua incapacidade de se dar bem com as pessoas e seu desprezo pelas normas e pelos regulamentos o tornavam um jogador que não se adaptava a praticamente lugar algum."

Sobre a família, ele disse: "A mãe de Ronnie tem trabalhado arduamente a vida inteira. Foi dona de um salão de beleza no centro da cidade durante muitos anos. A mãe e o pai de Ronnie o apoiaram em muitas, muitas crises, e a mãe evidentemente ainda fornece apoio, apesar de estar exaurida emocional, física e financeiramente."

Quanto ao casamento fracassado, escreveu: "Ele se casou com uma jovem muito bonita, ex-Miss Ada, mas no fim das contas ela não conseguiu tolerar as oscilações de humor e a incapacidade de Ron para ganhar a vida, por isso se divorciou."

Evidentemente, Ron era sincero com relação ao abuso de álcool e drogas. Brooking observou: "Ronnie teve problemas sérios de abuso de álcool e drogas. (…) Tomava muitos comprimidos. A maior parte do uso de drogas parece ser uma tentativa de se medicar para sair da depressão severa. Ele diz que não está mais bebendo nem usando drogas."

Brooking começou seu diagnóstico falando de distúrbio bipolar, e o descreveu do seguinte modo:

Distúrbio bipolar significa que esse rapaz sofre de terríveis oscilações de humor, passando de euforias maníacas para momentos de depressão que chegam ao estupor. Prefiro classificá-lo como depressivo, porque é tipicamente o humor que ele apresenta a maior parte do tempo. Suas fases maníacas são geralmente induzidas por medicamentos e têm vida curta. Nos últimos três ou quatro anos Ronnie esteve severamente deprimido, morando nos fundos da casa da mãe, dormindo a maior parte do tempo, trabalhando muito pouco e sendo totalmente dependente de quem está em volta para sustentá-lo. Saiu de casa três ou quatro vezes e fez grandes esforços para se recuperar, mas nunca deram certo.

Brooking também diagnosticou um distúrbio de personalidade paranoide por causa de "suspeita e desconfiança difusas e sem motivos com relação às pessoas, hipersensibilidade e afetividade restrita".

E, para completar, acrescentou a dependência de álcool e outras substâncias. Seu prognóstico era "cauteloso" e ele concluiu dizendo: "Esse rapaz jamais se estabilizou desde que saiu de casa, há mais de dez anos. Sua vida tem sido uma série de problemas e de crises devastadoras. Ele continua a tentar pôr os pés em terreno sólido, mas até hoje jamais conseguiu."

O trabalho de Brooking era avaliar Ron, não tratá-lo. No fim do verão de 1983 a condição mental de Ron estava piorando, e ele não recebia a ajuda necessária. Era preciso psicoterapia institucionalizada, de longo prazo, mas a família não podia pagar, o Estado não podia fornecer e, de todo modo, Ron não concordava com o tratamento.

Sua matrícula na East Central University incluía um pedido de auxílio financeiro. A ajuda foi concedida e Ron foi informado de que o cheque estava à disposição na secretaria da instituição. Ele chegou para pegá-lo, desalinhado como sempre, de cabelo comprido e bigode, acompanhado por outras duas figuras estranhas, ambas parecendo muito interessadas na perspectiva de Ron ganhar algum dinheiro. O cheque era nominal a Ron, mas também a um funcionário da universidade. Ron estava com pressa, mas lhe disseram para esperar numa longa fila. Ele achava que o dinheiro era seu por direito e não queria esperar. Seus dois colegas estavam ansiosos para pegar a grana, por isso Ron falsificou rapidamente o nome do funcionário. Saiu com 300 dólares.

A falsificação foi testemunhada por Nancy Carson, mulher de Rick

Carson, amigo de infância de Ron que era policial em Ada. Fazia anos que a Sra. Carson trabalhava na secretaria e ficou pasma com o que tinha visto, por isso ligou para o marido.

Um membro da diretoria da universidade conhecia a família Williamson. Ele foi direto ao salão de beleza de Juanita e contou sobre a falsificação feita por Ron. Se ela reembolsasse os 300 dólares, a escola não faria registro da ocorrência. Juanita preencheu rapidamente um cheque com o valor e foi procurar o filho.

No dia seguinte, Ron foi detido por falsificação, um crime que poderia ter sentença máxima de oito anos. Foi levado para a cadeia do condado de Pontotoc. O delito não era passível de fiança e sua família não podia ajudá-lo.

A INVESTIGAÇÃO DE assassinato prosseguia lentamente. Ainda não havia notícias do laboratório do DIEO sobre as amostras de digitais, cabelo, pelos e saliva. Amostras de 31 homens de Ada, inclusive Ron Williamson e Dennis Fritz, estavam sendo analisadas. A polícia ainda não tinha pedido que Glen Gore fornecesse pelos e saliva.

Em setembro de 1983, todas as amostras de pelos estavam na mesa atulhada de Melvin Hett, um analista de cabelos e pelos do DIEO.

Em 9 de novembro, na cadeia, Ron foi submetido a outro teste de polígrafo, este também administrado pelo agente Rusty Featherstone, do DIEO. Foi um encontro de duas horas, com um monte de perguntas feitas antes de Ron ser ligado ao polígrafo. Ele negou contínua e enfaticamente qualquer participação ou conhecimento sobre o assassinato. O teste foi considerado inconclusivo mais uma vez, e toda a entrevista foi gravada em vídeo.

Ron se acostumou com a vida atrás das grades. Largou a bebida e os remédios, por falta de opção, e conseguiu manter o hábito de dormir vinte horas por dia. Mas, sem medicação ou qualquer tipo de tratamento, seu lento declínio mental continuou.

Mais tarde, em novembro, outra presa, Vicki Michelle Owens Smith, contou ao detetive Dennis Smith uma estranha história sobre Ron. Smith escreveu o seguinte relatório:

Às três ou quatro horas da manhã de sábado, Ron Williamson olhou pela janela e viu Vicki. Ele gritou que ela era uma bruxa e que foi Vicki que o havia levado à casa de Debbie Carter, e que agora ela havia trazido para a cela dele o espírito de Debbie, que o estava assombrando. Williamson também gritou pedindo perdão para sua mãe.

Em dezembro, um ano depois do assassinato, Glen Gore foi chamado à delegacia para prestar depoimento. Ele negou qualquer participação na morte de Debbie Carter. Disse que a tinha visto na Coachlight algumas horas antes de ser morta, e acrescentou a inesperada novidade de que Debbie havia pedido para que ele dançasse com ela, porque Ron Williamson a estava deixando desconfortável. Aparentemente, o fato de mais ninguém na Coachlight ter dito que vira Ron foi insignificante.

Mas por mais que os policiais estivessem ansiosos para montar um caso contra ele, a prova era simplesmente muito fraca. Não havia uma única digital encontrada no apartamento de Debbie que batesse com a de Ron ou de Dennis Fritz, um furo gigantesco na teoria de que os dois tinham estado lá durante o longo e violento ataque. Não havia testemunhas oculares; ninguém tinha ouvido nenhum som naquela noite. A análise de cabelos e pelos, que na melhor das hipóteses é sempre dúbia, ainda estava estagnada na sala de Melvin Hett, no DIEO.

O caso contra Ron consistia de dois testes de polígrafo "inconclusivos", uma reputação ruim, a residência não muito longe da casa da vítima e a identificação testemunhal tardia e precária feita por Glen Gore.

O caso contra Dennis Fritz era mais fraco ainda. Um ano depois do assassinato, o único resultado tangível da investigação tinha sido a demissão de um professor de ciências do primeiro ano do ensino médio.

EM JANEIRO DE 1984, Ron se declarou culpado do crime de falsificação e foi condenado a três anos de prisão. Foi mandado para unidade prisional perto de Tulsa, e não levou muito tempo até que seu comportamento peculiar chamasse a atenção dos funcionários. Foi transferido para uma unidade intermediária de saúde mental, para observação. O Dr. Robert Briody o entrevistou na manhã de 13 de fevereiro e anotou: "Ele geralmente fica retraído, e parece estar no controle das próprias ações." Mas, durante uma conversa naquela tarde, o Dr. Briody viu uma pessoa diferente. Ron estava "hipomaníaco, barulhento, irritável, se agitando com facilidade, com associações frouxas, ideias confusas, pensamentos irracionais e algumas concepções paranoicas". Sugeriu que fossem feitas mais avaliações.

A segurança não era muito rígida na unidade intermediária. Ron encontrou um campo de beisebol ali perto e gostava de ir até lá à noite, escondido, para ficar sozinho. Uma vez um policial o encontrou dormindo no campo e o conduziu de volta à unidade. Os carcereiros lhe deram um castigo brando e o fizeram redigir um relatório. Nele está escrito:

Numa noite dessas eu estava me sentindo para baixo e precisava de um tempo para pensar. Sempre me senti em paz no campo de beisebol. Fui até o canto sudeste do campo, e meio como um cachorro velho me aninhei debaixo da árvore. Alguns minutos depois, um policial pediu que eu voltasse ao centro. Encontrei o Brents no meio do campo e entramos juntos, pela porta da frente. Ele disse que, depois de garantir que eu não estava aprontando nada de mau, iria esquecer daquilo. Mas, como atesta esta carta, eu recebi uma reprimenda por escrito.

Com o principal suspeito atrás das grades, a investigação do assassinato de Debbie Carter praticamente parou. Passaram-se semanas em que pouca coisa aconteceu. Dennis Fritz trabalhou por um breve período num lar de idosos, depois numa fábrica. A polícia de Ada o incomodava ocasionalmente, mas acabou perdendo o interesse nele. Glen Gore ainda estava na cidade, mas pouco interessava aos policiais.

A polícia estava frustrada, o nível de tensão era alto, e a pressão ainda iria aumentar drasticamente.

Em abril de 1984, outra jovem foi assassinada em Ada, e, ainda que sua morte não tivesse qualquer relação com a de Debbie Carter, acabaria tendo um impacto profundo na vida de Ron Williamson e Dennis Fritz.

DENICE HARAWAY ERA uma estudante de 24 anos da East Central, que trabalhava em meio expediente na loja de conveniência McAnally's, na ponta leste de Ada. Era casada havia oito meses com Steve Haraway, também aluno da East Central e filho de um importante dentista da cidade. Os recém-casados moravam num pequeno apartamento de propriedade do Dr. Haraway e continuavam a cursar a faculdade.

Na noite de sábado, 28 de abril, por volta das oito e meia, um cliente estava se aproximando da entrada da McAnally's quando cruzou com uma jovem atraente que saía da loja. Ela estava acompanhada por um rapaz. Ele estava com o braço na cintura dela; os dois pareciam ser apenas um casal de namorados. Foram até uma picape, onde a mulher entrou primeiro, no lado do carona. Então o rapaz entrou e bateu a porta, e alguns segundos depois o motor foi ligado. Eles foram no sentido leste, para fora da cidade. A picape era uma velha Chevrolet com a pintura manchada de *primer* cinza em algumas áreas.

Dentro da loja, o cliente não viu ninguém. A gaveta do caixa estava aberta e tinha sido esvaziada. Um cigarro ainda queimava no cinzeiro. Ao lado havia uma garrafa de cerveja aberta, e atrás do balcão uma bolsa marrom e um livro didático aberto. O cliente tentou encontrar algum funcionário, mas a loja estava vazia. Então ele percebeu que talvez houvesse acontecido um assalto, por isso ligou para a polícia.

Na bolsa marrom um policial encontrou uma carteira de motorista que pertencia a Denice Haraway. O cliente olhou a foto na carteira e confirmou a identidade. Era a moça por quem ele havia passado ao entrar na loja, menos de uma hora antes. Sim, ele tinha certeza de que era Denice Haraway, porque passava na McAnally's com frequência e conhecia o rosto dela.

O detetive Dennis Smith já estava na cama quando recebeu o telefonema. "Trate o lugar como uma cena de crime", disse, depois voltou a dormir. Mas suas ordens não foram seguidas. O gerente da loja morava perto e chegou logo. Verificou o cofre; não tinha sido aberto. Encontrou 400 dólares em dinheiro embaixo do balcão, esperando serem transferidos para o cofre, e mais 150 em outra gaveta do caixa. Enquanto esperavam por um detetive, o gerente arrumou o lugar. Esvaziou o cinzeiro com uma única guimba de cigarro e jogou a lata de cerveja fora. A polícia não o impediu. Se havia digitais, tinham desaparecido.

Steve Haraway estava estudando e esperando que a mulher voltasse para casa depois do fechamento da McAnally's, às onze horas. Um telefonema da polícia o deixou atônito, e logo ele estava na loja, identificando o carro, os livros e a bolsa da mulher. Deu uma descrição à polícia e tentou se lembrar do que ela estava usando: jeans, tênis e uma blusa que ele não conseguia se lembrar qual era.

No início da manhã de domingo, todos os 33 policiais de Ada estavam se apresentando para o serviço. Policiais estaduais chegaram, vindos de distritos próximos. Dezenas de grupos de moradores, inclusive os membros da fraternidade universitária de Steve, se ofereceram para ajudar na busca. O agente do DIEO Gary Rogers foi designado para comandar a investigação no âmbito estadual, e de novo Dennis Smith comandaria a polícia de Ada. Eles dividiram o condado em seções e montaram equipes para procurar em cada rua, rodovia, estrada, rio, vala e campo.

Uma funcionária da JP's, outra loja de conveniência que ficava a menos de um quilômetro da McAnally's, se apresentou e contou à polícia sobre dois rapazes estranhos que tinham aparecido e a deixado assustada pouco antes do desaparecimento de Denice. Ambos tinham 20 e poucos anos, cabelo comprido e comportamento incomum. Eles jogaram sinuca antes de ir embora numa picape velha.

O cliente na McAnally's tinha visto apenas um homem saindo com Denice, e ela não parecia ter medo dele. Sua descrição geral combinava um pouco com a descrição geral dos dois rapazes estranhos na JP's, por isso a polícia teve o primeiro indício de um caminho investigativo. Os policiais estavam procurando por dois homens brancos, entre 22 e 24 anos, um medindo entre 1,72 e 1,77, com cabelos louros abaixo das orelhas e pele clara, o outro esguio e com cabelos castanhos até os ombros.

A intensa caçada aos suspeitos no domingo não rendeu nada, nem uma única pista. Dennis Smith e Gary Rogers a cancelaram depois do anoitecer e fizeram planos para recomeçar na manhã seguinte.

Na segunda-feira, obtiveram com a faculdade uma foto de Denice e imprimiram folhetos com seu belo rosto e a descrição geral: 1,65 metro de altura, 50 quilos, olhos castanhos, cabelo louro-escuro, pele clara. O folheto também tinha uma descrição dos dois homens vistos na JP's, além da picape velha. Policiais e voluntários colaram os impressos na vitrine de cada estabelecimento comercial em Ada e nos arredores.

Um retratista da polícia trabalhou com a funcionária da JP's e fez dois esboços. Quando os desenhos foram mostrados ao freguês da McAnally's, ele disse que um era pelo menos "aproximado". Os dois desenhos foram entregues à emissora de TV local, e, quando a cidade deu a primeira olhada nos possíveis suspeitos, telefonemas jorraram na delegacia.

Na época Ada tinha quatro detetives: Dennis Smith, Mike Baskin, D. W. Barrett e James Fox – e logo eles ficaram sobrecarregados pelo número de ligações. Mais de cem, com cerca de 25 nomes fornecidos para potenciais suspeitos.

Dois nomes se destacavam. Billy Charley foi mencionado por umas trinta pessoas que ligaram, por isso ele foi chamado para um interrogatório. Chegou à delegacia com os pais, que disseram que ele estivera em casa durante toda a noite de sábado.

Outro nome dado por cerca de trinta cidadãos preocupados foi o de Tommy Ward, um rapaz que a polícia conhecia bem. Tommy tinha sido preso várias vezes por pequenos delitos – embriaguez em público, roubos insignificantes –, mas nada violento. Tinha parentes em toda Ada, e os Wards eram conhecidos como pessoas decentes, que trabalhavam muito e cuidavam da própria vida. Tommy tinha 24 anos, era o segundo mais novo de oito filhos e havia largado o ensino médio.

Ele se apresentou voluntariamente para ser interrogado. Os detetives Smith e Baskin perguntaram sobre a noite de sábado. Ele havia ido pescar com um amigo, Karl Fontenot, depois foram a uma festa, ficaram até as quatro da manhã e voltaram para casa. Tommy não tinha carro. Os detetives notaram que o cabelo louro de Ward estava cortado muito curto, um serviço malfeito e obviamente pouco profissional. Tiraram uma foto Polaroid de sua nuca e dataram de 1º de maio.

Os dois suspeitos nos retratos falados tinham cabelo comprido e claro.

O detetive Baskin encontrou Karl Fontenot, um homem que ele não conhecia, e pediu que ele passasse na delegacia para responder a algumas perguntas. Fontenot concordou, mas não foi. Baskin não insistiu. Fontenot tinha cabelo comprido e escuro.

À medida que a busca prosseguia com grande urgência no condado de Pontotoc e arredores, o nome e a descrição de Denice Haraway foram transmitidos para polícias de todo o país. Chegavam telefonemas de toda parte, mas nenhum resultou em nada. Denice tinha simplesmente desaparecido, sem deixar uma única pista.

Quando Steve Haraway não estava distribuindo panfletos nem percorrendo estradas rurais, ficava trancado no apartamento com alguns amigos. O telefone tocava constantemente, e a cada ligação havia um momento de esperança.

Não havia motivo para Denice fugir. Os dois estavam casados havia menos de um ano e ainda eram muito apaixonados. Estavam no final do curso na East Central, ansiosos pela formatura e para sair de Ada em busca de uma vida em outro lugar. Ela fora levada à força, ele tinha certeza.

A cada dia que passava, ia ficando mais provável que Denice não seria encontrada viva. Se tivesse sido levada por um estuprador, seria solta depois do ataque. Se tivesse sido sequestrada, alguém teria cobrado o resgate. Havia boatos sobre um antigo namorado no Texas, mas eram descartados tão logo surgiam. E havia boatos sobre traficantes de drogas e coisas do tipo, mas a maioria dos crimes bizarros sempre tinha histórias assim.

De novo Ada estava chocada com um crime. Debbie Carter fora assassinada dezessete meses antes e a cidade tinha acabado de se assentar depois do pesadelo. Agora as portas estavam trancadas com mais de uma fechadura, o toque de recolher para os adolescentes era mais rígido e tinha havido um aumento na venda de armas nas lojas de penhores. O que estava acontecendo com a bela cidade universitária com duas igrejas a cada esquina?

Semanas se passaram e a vida retornou lentamente ao normal para a maioria da população de Ada. Logo era verão e as crianças estavam de férias. Os boatos diminuíram, mas não pararam completamente. Um suspeito no Texas alardeou ter matado dez mulheres, e a polícia de Ada partiu para interrogá-lo. O corpo de uma mulher foi encontrado no Missouri, com tatuagens nas pernas. Denice não tinha tatuagens.

E assim se passou o verão, até chegar o outono. Não surgiu nenhuma pista que levasse a polícia ao corpo de Denice Haraway.

E não havia progresso na investigação sobre a morte de Debbie Carter. Com dois assassinatos sensacionalistas ainda sem solução, o clima no departamento de polícia era pesado e tenso. Trabalhavam-se longas horas, sem nada que pudesse ser apresentado. A vida de Dennis Smith e Gary Rogers era consumida pelos dois assassinatos.

Para Rogers, a pressão era ainda pior. Um ano antes do desaparecimento de Denice Haraway, um crime semelhante tinha acontecido em Seminole, 50 quilômetros ao norte de Ada. Uma jovem de 18 anos chamada Patty Hamilton estava trabalhando numa loja de conveniência 24 horas quando desapareceu. Um freguês entrou e encontrou a loja vazia, o caixa limpo, duas latas de refrigerante no balcão e nenhum sinal de briga. O carro dela foi encontrado do lado de fora da loja, trancado. Patty sumiu sem deixar pistas, e durante um ano a polícia tinha presumido que ela fora sequestrada e morta.

O agente do DIEO encarregado do caso de Patty Hamilton era Gary Rogers. Debbie Carter, Denice Haraway, Patty Hamilton – o agente Rogers tinha na mesa os assassinatos não solucionados de três mulheres jovens.

QUANDO OKLAHOMA AINDA era apenas um território, Ada possuía uma reputação pitoresca e altamente merecida de ser um porto seguro para pistoleiros e foras da lei. Disputas eram resolvidas com revólveres, e o mais rápido a sacar ia embora sem medo de punição por parte das autoridades civis. Assaltantes de banco e ladrões de gado iam para Ada porque ali ainda era território indígena, e não fazia parte dos Estados Unidos. Os xerifes, se fossem encontrados, não eram páreo para os criminosos profissionais que se estabeleciam em Ada e arredores.

A reputação da cidade como um local sem lei mudou drasticamente em 1909, quando finalmente os moradores ficaram fartos de viver com medo. Um respeitado fazendeiro chamado Gus Bobbitt foi morto por um pistoleiro contratado por um dono de terras rival. O assassino e três conspiradores foram presos, e uma epidemia de enforcamentos varreu a cidade. Comandada pelos maçons – os membros mais importantes da sociedade de Ada –, formou-se uma multidão de linchadores na manhã de 19 de abril de 1909. Quarenta membros saíram solenemente da Loja Maçônica na esquina da 12th Street com a Broadway, no centro de Ada, e chegaram à cadeia alguns minutos depois. Dominaram o xerife, tiraram os quatro bandidos das celas e os arrastaram pela rua até um estábulo que fora escolhido para a ocasião. Cada um dos quatro teve os pulsos e os tornozelos amarrados com arame de enfardar, depois cada um foi enforcado cerimoniosamente.

Na manhã seguinte, um fotógrafo posicionou sua máquina no celeiro e tirou algumas fotos. Uma delas sobreviveu ao passar dos anos, uma imagem desbotada, em preto e branco, mostrando claramente os quatro homens suspensos pelas cordas, imóveis, quase pacíficos, mortos. Anos depois, a foto foi reproduzida num cartão-postal distribuído na Câmara de Comércio.

Durante décadas os linchamentos foram o momento de maior orgulho para Ada.

5

No caso de Debbie Carter, Dennis Smith e Gary Rogers não somente tinham uma autópsia, amostras de cabelo e pelos, e testes de polígrafo "suspeitos", mas também confiavam que tinham o assassino. Ron Williamson estava fora por um tempo cumprindo pena, mas voltaria em algum momento. Eles o pegariam mais cedo ou mais tarde.

No caso de Denice Haraway eles não tinham nada: nem corpo, nem testemunhas, nem uma única pista sólida. Os retratos falados feitos pelo retratista da polícia podiam facilmente se encaixar em metade dos rapazes de Ada. Os policiais precisavam de uma trégua.

Ela veio do nada no início de outubro de 1984, quando um homem chamado Jeff Miller entrou no Departamento de Polícia de Ada e pediu para falar com o detetive Dennis Smith. Disse que tinha informações sobre o caso Haraway.

Miller era um rapaz da cidade, sem ficha criminal, mas a polícia o conhecia vagamente como um dos muitos jovens inquietos que ficavam na rua até tarde e pulavam de um emprego para outro, geralmente em fábricas. Miller puxou uma cadeira e começou a contar sua história.

Na noite em que Denice Haraway desapareceu tinha havido uma festa perto do Blue River, num local a cerca de 40 quilômetros de Ada. Jeff Miller não tinha ido à festa, mas conhecia duas mulheres que haviam estado lá. Essas duas mulheres – e ele deu o nome delas a Smith – lhe disseram mais tarde que Tommy Ward estava lá, e que num determinado momento, no início da festa, acabou a bebida. Ward, que não tinha carro, se ofereceu para ir buscar umas cervejas e pegou emprestada uma picape com uma tal de Janette Roberts. Saiu sozinho na picape, ficou fora por algumas horas e quando voltou, sem as cervejas, estava aflito e chorando. Quando perguntaram por que ele estava chorando, ele disse que tinha feito uma coisa terrível. O que você fez?, perguntaram todos na festa. Bom, por algum motivo ele tinha dirigido de volta até Ada, passando por muitas lojas que vendiam cerveja pelo caminho, e foi parar na McAnally's, a leste da cidade, onde atacou uma jovem atendente, estuprou-a, matou-a, livrou-se de seu corpo e agora estava se sentindo péssimo por causa disso.

Confessar tudo isso a um grupo aleatório de alcóolatras e maconheiros parecia a coisa lógica a se fazer.

Miller não deu a menor pista do motivo pelo qual as duas mulheres contaram isso a ele e não à polícia, nem sugeriu qualquer motivo para elas terem esperado cinco meses.

Por mais absurda que fosse a história, Dennis Smith a investigou rapidamente. Tentou encontrar as mulheres, mas elas já haviam se mudado de Ada. Quando finalmente as achou, um mês depois, elas negaram ter estado na festa, negaram ter visto Tommy Ward lá ou em qualquer outra festa, disseram jamais ter ouvido a história de uma jovem atendente de uma loja sendo sequestrada e morta, ou qualquer outra jovem, por sinal, e negaram tudo que Jeff Miller havia incluído em seu depoimento.

Dennis Smith localizou Janette Roberts. Ela morava com o marido, Mike Roberts, em Norman, a 110 quilômetros de distância. No dia 12 de outubro, Smith e o detetive Mike Baskin foram até Norman e visitaram Janette sem avisá-la previamente. Pediram que ela os acompanhasse até a delegacia para responder a algumas perguntas, o que ela fez com relutância.

Durante o interrogatório, Janette admitiu que ela, Mike, Tommy Ward e Karl Fontenot, dentre muitos outros, frequentemente faziam festas próximo ao Blue River, mas tinha quase certeza de que isso não havia ocorrido na noite de sábado em que Denice Haraway desapareceu. Ela costumava emprestar a picape a Tommy Ward, mas ele nunca havia saído com o veículo de uma festa no rio (nem em qualquer outro lugar), ela nunca o tinha visto chorando e transtornado, nem jamais o vira abrir a boca para dizer que tinha estuprado e assassinado uma jovem. Não, senhor, isso jamais aconteceu. Tinha certeza.

Os investigadores tiveram uma surpresa agradável ao saber que Tommy Ward morava com os Roberts e trabalhava com Mike. Os dois eram funcionários de um empreiteiro e trabalhavam por muitas horas, em geral do nascer do sol até o anoitecer. Smith e Baskin decidiram ficar em Norman até que Ward voltasse para casa do trabalho, e então lhe fazer algumas perguntas.

Tommy e Mike pararam para comprar cerveja no caminho para casa, e o fato de terem bebido foi um motivo para não irem conversar com os policiais. Ainda mais importante, Tommy não gostava deles. Estava relutante em ir à delegacia de polícia em Norman. Os policiais de Ada tinham interrogado Tommy sobre o assassinato meses antes, e ele achava que o assunto estava encerrado. Um motivo para ter saído de Ada era que muita gente comentava sobre como ele se parecia com um dos suspeitos dos retratos falados, e estava cansado disso. Tinha olhado os desenhos muitas vezes e não conseguia ver qualquer semelhança. Era só mais um retrato falado feito por uma pessoa que nunca tinha visto o suspeito e que nunca o veria, depois divulgado para cidadãos bastante ansiosos para vincular o rosto a alguém que morasse em Ada. Todo mundo queria ajudar a polícia a solucionar o crime. Era uma cidade pequena. O desaparecimento era uma notícia importante. Em algum momento, todo mundo que Tommy conhecia tinha sugerido a provável identidade dos suspeitos.

Tommy tivera vários desentendimentos com os policiais de Ada ao longo dos anos, nada sério ou violento, mas eles o conheciam e ele os conhecia, e Tommy preferia evitar Smith e Rogers se fosse possível.

Na opinião de Janette, se Tommy não tinha nada a esconder, era seguro ir à delegacia falar com Dennis Smith e Mike Baskin. Tommy não tinha nada a ver com a tal Haraway, mas não confiava na polícia. Depois de lutar contra a situação durante uma hora, pediu para Mike levá-lo ao Departamento de Polícia de Norman.

Smith e Baskin o conduziram a uma sala do andar de baixo, onde havia um equipamento de vídeo, e explicaram que queriam gravar o interrogatório. Tommy estava nervoso, mas concordou. A câmera foi ligada e eles leram os Direitos de Miranda, dos quais ele abriu mão.

Os investigadores começaram de modo bastante educado; era apenas mais uma oitiva de rotina, nada importante. Perguntaram se Tommy se lembrava da última oitiva, realizada cinco meses antes. Claro que se lembrava. Ele tinha dito a verdade naquela ocasião? Sim. Estava dizendo a verdade agora? Sim.

Avançando e recuando com as perguntas, em minutos Smith e Baskin fizeram com que Tommy se confundisse em relação aos dias da semana do mês de abril. No dia do desaparecimento de Denice Haraway, Tommy tinha trabalhado no encanamento da casa de sua mãe, depois tomado banho e ido a uma festa na casa dos Roberts em Ada. Tinha saído às quatro da manhã e ido a pé para casa. Cinco meses antes, dissera que isso havia acontecido na véspera do desaparecimento. "Só confundi os dias", tentou explicar, mas os policiais não se convenceram.

As reações dos investigadores foram: "Quando você percebeu que não tinha contado a verdade?", "Você está dizendo a verdade agora?" e "Você está se metendo em problemas cada vez maiores".

O tom ficou ríspido e acusador. Smith e Baskin mentiram e alegaram que várias testemunhas afirmaram que Tommy estava numa festa perto do Blue River naquela noite de sábado, tinha pegado uma picape emprestada e saído.

Dia errado, disse Tommy, atendo-se à sua versão. Ele tinha ido pescar na sexta-feira, foi à festa na casa dos Roberts no sábado e a uma festa no rio no domingo.

Por que os policiais estavam mentindo?, perguntou-se Tommy. Ele sabia qual era a verdade.

As mentiras continuaram:

– Não é verdade que você ia roubar o McAnally's? Nós temos pessoas que vão testemunhar isso.

Tommy balançou a cabeça e manteve-se firme, mas estava profundamente confuso. Se os policiais estavam dispostos a mentir de modo tão natural, o que mais poderiam fazer?

Então Dennis Smith pegou uma foto grande de Denice Haraway e segurou-a perto do rosto de Tommy.

– Você conhece essa garota?

– Não a conheço. Já a vi.

– Você matou essa garota?

– Não, não matei. Eu não tiraria a vida de alguém.

– Quem a matou?

– Não sei.

Smith continuou a segurar a foto enquanto perguntava se ela era bonita.

– A família gostaria de enterrá-la. Gostariam de saber onde ela está, para que possam enterrá-la.

– Não sei onde ela está – disse Tommy, olhando para a foto e imaginando por que estava sendo acusado.

– Vai me dizer onde ela está, para que a família possa enterrá-la?

– Não sei onde ela está.

– Use a imaginação – sugeriu Smith. – Dois caras a pegaram, a colocaram numa picape e a levaram embora. O que você acha que eles fizeram com o corpo?

– Não sei dizer.

– Use a imaginação. O que você acha?

– Pelo que sei, pelo que vocês sabem, pelo que todo mundo sabe, ela pode estar viva.

Smith continuou a segurar a foto enquanto fazia perguntas. Toda resposta de Tommy era imediatamente desconsiderada, tratada como se não fosse verdade ou como se não fosse ouvida pelos investigadores. Eles perguntaram reiteradamente se ele a achava bonita. Ele achava que ela havia gritado durante o ataque? Você não acha que a família deveria ter o direito de enterrá-la?

– Tommy, você rezou por isso? – perguntou Smith.

Em seguida, finalmente pôs a foto de lado e perguntou a Tommy sobre sua saúde mental, sobre os retratos falados, sobre seus estudos. Depois pegou a foto de novo, colocou perto do rosto de Tommy e recomeçou com perguntas sobre ter matado a jovem, enterrado o corpo e se ela não era uma garota bonita.

Mike Baskin tentou fazer drama quando falou sobre o suplício enfrentado pela família de Denice:

– Para acabar com o sofrimento deles bastaria dizer onde ela está.

Tommy concordou, mas disse que não tinha ideia de onde a jovem estava.

A câmera foi finalmente desligada. O interrogatório durou uma hora e 45 minutos, e Tommy Ward jamais se afastou de sua declaração original – não sabia nada sobre o desaparecimento de Denice Haraway. Estava bastante abalado com o procedimento, mas concordou em passar por um detector de mentiras alguns dias depois.

Os Roberts moravam a apenas alguns quarteirões da delegacia de Norman, e Tommy decidiu ir a pé para casa. A sensação do ar puro era boa, mas ele estava com raiva por ter sido tratado tão duramente pelos policiais. Eles o haviam acusado de matar a garota. Tinham mentido sistematicamente na tentativa de enganá-lo.

Enquanto voltavam de carro para Ada, Smith e Baskin estavam convencidos de ter encontrado o assassino. Tommy Ward se parecia com o retrato falado de um dos rapazes de comportamento estranho que haviam passado pela loja JP's naquela noite de sábado. Ele tinha mudado a história sobre onde estivera na noite do desaparecimento de Denice. E parecia nervoso durante o interrogatório que eles tinham acabado de realizar.

A PRINCÍPIO TOMMY ficou aliviado porque passaria por um teste com polígrafo. Contaria a verdade, o teste provaria isso e os policiais finalmente parariam de incomodá-lo. Então começou a ter pesadelos relacionados ao assassinato; às acusações da polícia; aos comentários sobre sua semelhança com o homem do retrato falado; ao rosto bonito de Denice Haraway e à angústia da família dela. Por que estava sendo acusado?

A polícia acreditava que ele era culpado. Queriam que ele fosse culpado! Por que deveria confiar neles ou em um teste com um detector de mentiras? Será que ele deveria falar com um advogado?

Ligou para a mãe e contou que estava com medo da polícia e do polígrafo. "Estou com medo de eles me fazerem dizer alguma coisa que eu não deveria", disse a ela. Conte a verdade, aconselhou a mãe, e tudo vai ficar bem.

Na manhã de quinta-feira, 18 de outubro, Mike Roberts levou Tommy à sede do DIEO em Oklahoma City, a vinte minutos de distância. O teste duraria cerca de uma hora. Mike esperaria no estacionamento, depois os dois iriam de carro para o trabalho. O chefe deles os havia liberado por duas horas. Enquanto olhava Tommy entrar no prédio, Mike Roberts não podia imaginar que o rapaz estava dando seus últimos passos em liberdade. Passaria o resto de sua vida atrás das grades.

Dennis Smith recebeu Tommy com um grande sorriso e um aperto de mão caloroso, depois o colocou numa sala onde ele esperou, sozinho, durante meia hora – um dos truques prediletos da polícia para deixar o suspeito ainda mais nervoso. Às dez e meia foi levado a outra sala, onde o agente Rusty Featherstone e seu confiável polígrafo o esperavam.

Smith desapareceu. Featherstone explicou como a máquina funcionava, ou como deveria funcionar, enquanto prendia Tommy na cadeira e conectava os eletrodos. Quando as perguntas começaram, Tommy já estava suando. As primeiras foram fáceis: família, estudos, emprego – todo mundo sabia a verdade e a máquina concordou. Isso vai ser moleza, Tommy começou a pensar.

Às 11h05, Featherstone leu os Direitos de Miranda e começou a sondar a questão de Denice Haraway. Durante duas horas e meia de interrogatório tortuoso, Tommy se agarrou resolutamente à verdade – não sabia nada sobre a questão de Denice Haraway.

Sem nem uma única pausa, o teste continuou até uma e meia da tarde, quando Featherstone desconectou tudo e saiu da sala. Tommy ficou aliviado, até mesmo empolgado, porque o sofrimento tinha chegado ao fim. Havia passado no teste; finalmente os policiais iriam deixá-lo em paz.

Featherstone voltou após cinco minutos, examinando os gráficos no papel, estudando os resultados. Perguntou a Tommy o que ele achava. Tommy disse que sabia que tinha passado no teste, a questão estava encerrada, e realmente precisava voltar para o trabalho.

Não tão rápido, disse Featherstone. Você não passou.

Tommy estava incrédulo, mas Featherstone disse que era óbvio que ele estava mentindo e estava claro que tinha participação no sequestro de Denice. Gostaria de falar sobre isso?

Falar sobre o quê?!

O polígrafo não mente, disse Featherstone, apontando para os resultados no papel. Você sabe alguma coisa sobre o assassinato, disse repetidas vezes. As coisas seriam muito mais fáceis para Tommy se ele falasse sobre o que aconteceu, se contasse a verdade. Featherstone, o policial bonzinho, estava ansioso para ajudar Tommy, mas, se Tommy recusasse sua gentileza, ele seria obrigado a entregá-lo a Smith e Rogers, os policiais malvados, que estavam esperando, prontos para atacar.

Vamos falar sobre isso, instigou Featherstone.

Não há nada que falar, insistiu Tommy. Repetiu várias vezes que o polígrafo tinha sido alterado ou alguma coisa assim, porque ele estava dizendo a verdade, mas Featherstone não engoliu a história.

Tommy admitiu que estava nervoso antes e que estivera ansioso durante o teste porque estava atrasado para o trabalho. Também admitiu que a oitiva realizada seis dias antes por Smith e Rogers o havia incomodado e feito com que ele tivesse um sonho.

Que tipo de sonho?, quis saber Featherstone.

Tommy descreveu o sonho: ele estava numa festa cheia de barris de cerveja, depois estava sentado numa picape com outros dois homens e uma garota, junto à antiga usina de eletricidade perto de Ada, onde tinha crescido. Um dos homens tentou beijar a garota, ela recusou, e Tommy disse para o homem deixá-la em paz. Então ele disse que queria ir para casa. "Você já está em casa", disse um dos homens. Tommy olhou pela janela e de repente estava em casa. Pouco antes de acordar estava parado junto a uma pia, tentando em vão lavar um líquido preto das mãos. Ele não conseguia identificar a garota, nem os dois homens.

Esse sonho não faz sentido, disse Featherstone.

A maioria dos sonhos não faz, retrucou Tommy.

Featherstone manteve-se calmo, mas continuou a pressionar Tommy para ele abrir o jogo, contar tudo sobre o crime e, principalmente, onde o corpo estava. E ameaçou de novo entregar Tommy àqueles "dois policiais" que esperavam na outra sala, como se uma longa sessão de tortura pudesse estar sendo preparada.

Tommy estava atônito, confuso e muito assustado. Quando se recusou a confessar a Featherstone, o policial bonzinho o entregou a Smith e Rogers, que já estavam com raiva e pareciam prontos para socá-lo. Featherstone ficou na sala e, assim que a porta se fechou, Smith partiu para cima de Tommy, gritando:

– Você, Karl Fontenot e Odell Titsworth agarraram aquela garota, levaram-na até a usina, depois a estupraram e a mataram, não foi?

– Não – disse Tommy, tentando pensar com clareza e não entrar em pânico.

– Conta pra gente, seu filho da puta mentiroso – rosnou Smith. – Você não passou no teste com o polígrafo, a gente sabe que você está mentindo e que matou aquela garota!

Tommy estava tentando situar Odell Titsworth, um nome que tinha ouvido, mas uma pessoa com quem nunca havia encontrado. Odell morava em algum lugar nos arredores de Ada, pensou, e tinha uma péssima reputação, mas Tommy não se lembrava de tê-lo conhecido. Talvez o tivesse visto uma ou duas vezes, mas no momento não conseguia lembrar, porque Smith estava gritando, apontando-lhe o dedo e pronto para lhe dar um soco.

Smith repetiu a teoria sobre os três homens terem pegado a jovem, e Tommy negou. Não, eu não tive nada a ver com isso. "Nem conheço Odell Titsworth."

Conhece sim, corrigiu Smith. Pare de mentir.

A presença de Karl Fontenot na teoria dos policiais era mais fácil de entender, porque ele e Tommy eram amigos havia alguns anos, embora tivessem se afastado diversas vezes. Mas Tommy estava perplexo com as acusações e aterrorizado com a presunçosa convicção de Smith e Rogers. Eles avançavam e recuavam com as ameaças e o abuso verbal. O linguajar piorou e logo incluía todos os palavrões e obscenidades possíveis.

Tommy estava suando, tonto, e tentando desesperadamente pensar racionalmente. Manteve as respostas curtas. Não, não fiz isso. Não, não estava envolvido nisso. Algumas vezes queria atacá-los com comentários sarcásticos, mas sentiu medo. Smith e Rogers estavam cheios de ódio e armados, e Tommy estava trancado numa sala com eles e Featherstone. Não havia sinais de que aquele interrogatório terminaria tão cedo.

Depois de suar por três horas com Featherstone e de sofrer uma hora de tormento com Smith e Rogers, Tommy realmente precisava de uma pausa. Precisava achar um banheiro, fumar um cigarro e clarear a mente. Precisava de ajuda, falar com alguém que pudesse lhe dizer o que estava acontecendo.

Posso fazer uma pausa?, perguntou.

Só mais uns minutos, responderam eles.

Tommy notou uma câmera de vídeo numa mesa ao lado, desligada e ignorando as agressões verbais em curso. Sem dúvida, pensou, isso não pode ser procedimento padrão da polícia.

Smith e Rogers lembravam a Tommy continuamente que Oklahoma usava injeção letal para matar seus assassinos. Ele iria enfrentar a morte, a morte certa, mas poderia haver um modo de evitá-la. Se ele abrisse o jogo, contasse o que aconteceu, os levasse até o corpo, eles usariam sua influência para lhe conseguir um acordo.

"Eu não matei ninguém", continuou dizendo Tommy.

Ele teve um sonho, informou Featherstone aos colegas.

Tommy repetiu o sonho, e de novo foi recebido com reprovação. Os três policiais concordaram que o sonho não fazia muito sentido, e Tommy repetiu: "A maioria dos sonhos não faz sentido."

Mas o sonho deu aos policiais algo com que trabalhar, e eles começaram a usá-lo. Os outros homens na picape eram Odell Titsworth e Karl Fontenot, não é?

Não, insistiu Tommy. Ele não identificou os homens em seu sonho. Não havia nomes.

Mentira. A garota era Denice Haraway, não é?

Não, ele não identificou a garota do sonho.

Mentira.

Durante mais uma hora os policiais acrescentaram os detalhes necessários ao sonho de Tommy, e cada fato novo era negado por ele. Era só um sonho, repetiu diversas vezes.

Só um sonho.

Mentira, diziam os policiais.

DEPOIS DE DUAS horas martelando Tommy sem parar, ele finalmente cedeu. A pressão veio do medo – Smith e Rogers estavam com raiva e pareciam perfeitamente capazes e dispostos a espancá-lo, quem sabe até a lhe dar um tiro –, mas também do pânico de definhar no corredor da morte antes de ser finalmente executado.

E para Tommy estava óbvio que não teria permissão para ir embora se não desse alguma coisa aos policiais. Depois de cinco horas na sala, estava exausto, confuso, quase paralisado de medo.

E cometeu um erro, um erro que iria mandá-lo para o corredor da morte e finalmente custaria sua liberdade pelo resto da vida.

Tommy decidiu entrar no jogo. Como era completamente inocente, e presumia que Karl Fontenot e Odell Titsworth também eram, podia dar aos policiais o que eles queriam. Entrar no jogo deles. A verdade seria descoberta rapidamente. No dia seguinte, ou depois desse, os policiais perceberiam que a história não batia. Falariam com Karl, que contaria a verdade. Encontrariam Odell Titsworth, que riria deles.

Entre no jogo. Um bom trabalho policial irá descobrir a verdade.

Se sua confissão de sonho fosse suficientemente ridícula, como alguém poderia acreditar nela?

Odell não foi o primeiro a entrar na loja?

Claro, por que não?, disse Tommy. Foi só um sonho.

Agora os policiais estavam chegando a algum lugar. O garoto finalmente estava cedendo às suas táticas engenhosas.

O motivo era roubo, não é?

Claro, tanto faz, foi só um sonho.

Durante toda a tarde Smith e Rogers acrescentaram mais e mais ficção ao sonho, e Tommy entrou no jogo.

Era só um sonho.

AO MESMO TEMPO que a grotesca "confissão" acontecia, os policiais deveriam ter percebido que tinham sérios problemas. O investigador Mike Baskin estava esperando no departamento de polícia de Ada, sentado perto do telefone e desejando estar no DIEO, onde tudo acontecia. Por volta das três da tarde, Gary Rogers ligou com uma ótima notícia: Tommy Ward estava falando! Entre no carro, vá à usina de eletricidade a oeste da cidade e procure o corpo. Baskin partiu correndo, certo de que a busca terminaria logo.

Não encontrou nada e percebeu que precisaria de vários homens para uma busca detalhada. Voltou à delegacia. O telefone tocou de novo. A história mudara. Havia uma antiga casa incendiada do lado direito, à medida que você se aproximava da usina. É lá que o corpo está!

Baskin partiu de novo, encontrou a casa, procurou no meio dos ecombros, não encontrou nada e voltou para a cidade.

Sua busca inútil continuou com o terceiro telefonema de Rogers. A história havia mudado mais uma vez. Em algum lugar nos arredores da usina e da casa incendiada havia um bunker de concreto. Foi lá que eles puseram o corpo.

Baskin pegou mais dois policiais e alguns refletores e partiu de novo. Encontraram o bunker de concreto e ainda estavam procurando quando a noite caiu.

Não encontraram nada.

A cada telefonema de Baskin, Smith e Rogers alteravam o sonho de Tommy. As horas se arrastavam, o suspeito estava exausto. Eles faziam um trabalho de equipe, trocando de funções, policial bonzinho, policial malvado, falando baixo e sendo quase compreensivos, depois surtos de gritos, xingamentos, ameaças. "Seu filho da puta mentiroso!" era o preferido deles. Tommy os ouviu gritarem isso mil vezes.

– Você tem que ficar feliz por Mike Baskin não estar aqui – disse Smith. – Caso contrário ele estouraria os seus miolos!

Uma bala na cabeça não deixaria Tommy surpreso.

Depois que anoiteceu, quando perceberam que o corpo não seria encontrado naquele dia, Smith e Rogers decidiram encerrar a confissão. Com a câmera de vídeo ainda desligada, fizeram Tommy repassar a história, começando com os três assassinos rodando na picape de Odell Titsworth, planejando o roubo, se dando conta de que Denice iria identificá-los, e por isso a agarraram e depois decidiram estuprá-la e matá-la. Os detalhes da localização do corpo eram vagos, mas os investigadores tinham certeza de que ele estava escondido em algum lugar perto da usina.

Tommy não conseguia mais raciocinar e sua voz mal saía. Tentou contar a história deles, mas continuava confundindo os fatos. Smith e Rogers faziam com que ele parasse, repetiam sua narrativa e o faziam recomeçar. Por fim, depois de quatro ensaios com pouco progresso e o astro da cena apagando depressa, os policiais decidiram ligar a câmera.

– Faça isso agora – disseram a Tommy. – Faça direito, e sem aquela babaquice de sonho.

– Mas a história não é verdade – disse Tommy.

– Só conte – insistiram os policiais. – Depois vamos ajudar você a provar que não é verdade.

E sem aquela babaquice de sonho.

ÀS 18H58, TOMMY Ward olhou para a câmera e declarou seu nome. Tinha sido interrogado por oito horas e meia e estava arrasado física e emocionalmente.

Estava fumando um cigarro, o primeiro da tarde, e à sua frente havia uma lata de refrigerante, como se os policiais estivessem acabando de ter uma conversa amigável, tudo muito gentil e civilizado.

Tommy contou sua história. Ele, Karl Fontenot e Odell Titsworth sequestraram Denice Haraway na loja, foram até a usina de eletricidade no lado oeste da cidade, a estupraram, mataram e jogaram seu corpo em algum lugar perto de um bunker de concreto junto ao Sandy Creek. A arma do crime era o canivete de Titsworth.

Foi tudo um sonho, disse ele. Ou quis dizer. Ou pensou ter dito.

Por várias vezes usou o nome "Titsdale". Os detetives o fizeram parar e, solícitos, sugeriram o nome "Titsworth". Tommy se corrigiu e foi em frente. Continuou pensando: "Um policial cego poderia ver que estou mentindo."

Trinta e um minutos depois a câmera foi desligada. Tommy foi algemado, levado de volta a Ada e jogado na cadeia. Mike Roberts ainda estava esperando no estacionamento do DIEO. Estivera ali durante quase nove horas e meia.

Na manhã seguinte, Smith e Rogers convocaram uma entrevista coletiva e anunciaram que tinham solucionado o caso. Tommy Ward, 24 anos, da cidade de Ada, tinha confessado e envolvido dois outros homens que ainda não estavam sob custódia. Os policiais pediram para a imprensa segurar a história durante alguns dias, até que conseguissem pegar os outros suspeitos. O jornal concordou, mas um canal de TV não fez isso. Logo a notícia foi transmitida para todo o sudeste de Oklahoma.

Algumas horas depois, Karl Fontenot foi preso perto de Tulsa e levado de volta a Ada. Depois do sucesso com Tommy Ward, Smith e Rogers conduziram o interrogatório. Apesar de haver um gravador de vídeo a postos, não foi feita nenhuma gravação do procedimento.

Karl tinha 20 anos e morava sozinho desde os 16. Cresceu em Ada, em situação de pobreza extrema – seu pai era alcoólatra e Karl tinha testemunhado a morte da mãe num acidente de carro. Era um garoto influenciável, com poucos amigos e praticamente nenhum parente.

Insistiu que era inocente e que não sabia nada sobre o desaparecimento de Denice Haraway.

Karl se mostrou muito mais fácil de ser convencido do que Tommy, e em menos de duas horas Smith e Rogers tinham outra confissão gravada, questionavelmente parecida com a de Ward.

Karl negou sua confissão imediatamente após ser posto na cadeia, e mais tarde declararia: "Nunca estive na cadeia, não tive ficha criminal em toda a minha vida nem ninguém me forçando a afirmar que eu havia matado uma mulher bonita, dizendo que vou ser condenado à morte, por isso contei a história, esperando que me deixassem em paz. E eles deixaram, depois de eu gravar a declaração. Eles disseram que eu tinha a opção de escrever ou gravar. Eu nem sabia o que significava a palavra declaração ou confissão, até que eles disseram que eu tinha confessado. Foi por este motivo que fiz uma declaração falsa, para que eles me deixassem em paz."

A polícia se certificou de que a história fosse parar na mídia. Ward e Fontenot tinham concedido confissões completas. O mistério de Denice Haraway estava solucionado, pelo menos em grande parte, de alguma forma. Eles estavam atrás de Titsworth e esperavam acusar os três de assassinato em questão de dias.

A área da casa incendiada foi localizada e a polícia encontrou os restos do que parecia ser uma mandíbula. Isso foi noticiado imediatamente no *Ada Evening News*.

APESAR DAS ORIENTAÇÕES cuidadosas, a confissão de Karl era caótica. Havia enormes discrepâncias entre a versão dele e a de Tommy. Os dois entraram em contradição em detalhes como a ordem em que os três estupraram Denice, se ela fora esfaqueada ou não durante o estupro, a localização e o número de facadas, se ela conseguiu ou não se soltar e correr alguns passos antes de ser apanhada, e quando finalmente morreu. A discrepância mais evidente era como eles a haviam matado e o que fizeram com o corpo.

Tommy Ward disse que ela recebeu múltiplas facadas enquanto estava deitada na caçamba da picape de Odell durante o estupro coletivo. Que ela morreu ali e eles jogaram o corpo numa vala perto de um bunker de concreto. Fontenot não se lembrava do crime assim. Em sua versão, eles a levaram para uma casa abandonada onde Odell Titsworth a esfaqueou, a enfiou embaixo do assoalho, depois jogou gasolina em cima dela e pôs fogo na casa.

Mas os dois concordavam quase completamente em relação a Odell Titsworth. Ele havia pensado em tudo, foi a mente criminosa que reuniu Ward e Fontenot para dar uma volta em sua picape, tomar umas cervejas, fumar maconha e, num determinado momento, roubar o McAnally's. Assim que o grupo decidiu qual loja iria roubar, Odell entrou e roubou o dinheiro, agarrou a garota e disse aos colegas que eles precisariam matá-la para que ela não os identificasse. Ele dirigiu a picape até a usina. Conduziu o estupro coletivo, sendo o primeiro a agir. Pegou a arma, um canivete de 15 centímetros. Esfaqueou-a, matou-a e pode ou não ter queimado seu corpo.

Apesar de admitirem a participação no crime, o verdadeiro culpado era Odell Titsworth, ou Titsdale, ou qualquer que fosse seu nome.

NO FIM DA tarde de sexta-feira, 19 de outubro, a polícia prendeu Titsworth e o interrogou. Ele tinha quatro condenações, uma péssima postura diante dos policiais e muito mais experiência com suas táticas de interrogatório. Não recuou nem um centímetro. Não sabia nada sobre o caso Haraway, não dava a mínima para o que Ward e Fontenot haviam dito, gravado ou não. Nunca havia visto nenhum dos dois cavalheiros.

Nenhum vídeo de seu interrogatório foi feito. Titsworth foi jogado na cadeia, onde logo se lembrou de que em 26 de abril tinha quebrado o braço numa briga com a polícia. Dois dias depois, quando Denice desapareceu, ele estivera na casa da namorada, usando um gesso pesado e sentindo muita dor.

Nas duas confissões ele fora descrito usando uma camiseta, com tatuagens cobrindo os braços. Na verdade, seu braço esquerdo estava coberto com gesso e ele não estivera nem perto do McAnally's. Quando Dennis Smith investigou isso, encontrou registros hospitalares e policiais que confirmavam claramente a história de Odell. Smith falou com o médico que o atendeu, que descreveu o ferimento como uma fratura espiral entre o cotovelo e o ombro, muito dolorosa. Teria sido impossível para Titsworth carregar um cadáver ou cometer um ataque violento apenas dois dias depois da fratura. Seu braço estava engessado e o gesso numa tipoia. Impossível.

As confissões continuaram a se desenrolar. Enquanto a polícia revirava os escombros da casa incendiada, o proprietário apareceu e perguntou o que eles estavam fazendo. Quando disseram que estavam procurando os restos mortais de Denice Haraway, e que um dos suspeitos tinha confessado que a haviam queimado junto com a casa, o dono disse que isso não era possível. Ele próprio havia queimado a casa em junho de 1983, dez meses antes do desaparecimento da jovem.

O legista completou a análise da mandíbula e concluiu que era de um gambá. Isso foi revelado à imprensa.

No entanto, a imprensa não foi informada a respeito da casa incendiada ou do braço quebrado de Titsworth, nem do fato de que Ward e Fontenot tinham imediatamente negado suas confissões.

Na cadeia, Ward e Fontenot foram enfáticos quanto à própria inocência e contavam a quem quisesse ouvir que as confissões tinham sido obtidas por meio de ameaças e promessas. A família de Ward juntou dinheiro para contratar um bom advogado e Tommy lhe descreveu, com riqueza de detalhes, os truques usados por Smith e Rogers durante o interrogatório. Era só um sonho, ele disse milhares de vezes.

Karl Fontenot não tinha família.

A busca pelos restos mortais de Denice Haraway continuou. A pergunta óbvia, feita por muitas pessoas, era: "Se aqueles dois confessaram, por que a polícia não sabe onde o corpo está enterrado?"

A QUINTA EMENDA da Constituição dos Estados Unidos garante a proteção contra a autoincriminação, e como o modo mais fácil de solucionar um crime é obter uma confissão, há um extenso e farto conjunto de leis que regulam a conduta policial durante interrogatórios. Boa parte dessas leis foi promulgada antes de 1984.

Cem anos antes, no caso Hopt versus Utah, a Suprema Corte decidiu que uma confissão não é admissível se for obtida do acusado a partir de ameaças ou falsas promessas, e que, nesse caso, ela o privaria do livre-arbítrio ou do autocontrole necessários para que um depoimento fosse prestado voluntariamente.

Em 1987, a Suprema Corte, no caso Bram versus Estados Unidos, disse que um depoimento deve ser livre e voluntário, não extraído por meio de qualquer tipo de ameaça, violência ou promessa, por menor que seja. Uma confissão obtida de um acusado que sofreu ameaças é considerada inadmissível.

Em 1960, no caso Blackburn versus Alabama, a Suprema Corte disse: "A coerção pode ser mental, além de física." Ao se examinar a hipótese de uma confissão ser resultado de coerção psicológica realizada pela polícia, os seguintes fatores são fundamentais: (1) a duração do interrogatório, (2) se extrapolou seu escopo, (3) quando foi realizado, pela manhã ou à noite, havendo fortes suspeitas em relação às confissões obtidas durante a noite, e (4) a configuração psicológica do suspeito – inteligência, sofisticação, formação e assim por diante.

E no caso Miranda versus Arizona, o mais famoso caso de autoincriminação, a Suprema Corte impôs salvaguardas processuais para proteger os direitos do acusado. O suspeito tem o direito constitucional de *não* ser obrigado a falar, e qualquer declaração feita durante um interrogatório *não pode* ser usada no tribunal, a não ser que a polícia e o promotor possam provar que o suspeito entendia claramente (1) que ele tinha o direito de permanecer calado, (2) que qualquer declaração poderia ser usada contra ele no tribunal, e (3) que ele tinha o direito a um advogado, podendo pagar ou não por seus serviços. Se, durante um interrogatório, o acusado solicitar um advogado, o interrogatório é interrompido imediatamente.

O caso Miranda foi julgado em 1966 e ficou famoso instantaneamente. Muitos departamentos de polícia ignoraram a decisão, pelo menos até que criminosos culpados por seus delitos fossem soltos por não terem sido adequadamente avisados sobre seus direitos. Essa situação foi duramente criticada por aqueles que eram a favor do Movimento de Lei e Ordem, que acusaram a Suprema Corte de ficar a favor dos bandidos. A advertência passou a fazer parte da nossa cultura, com cada policial na TV cuspindo as palavras "Você tem o direito de permanecer calado", enquanto realiza a prisão.

Rogers, Smith e Featherstone sabiam da importância disso, porque se certificaram de que a leitura dos Direitos de Miranda a Tommy fosse devidamente gravada. O que não foi visto no vídeo foram as cinco horas e meia de ameaças ininterruptas e abuso verbal.

As confissões de Tommy Ward e Karl Fontenot foram desastres em termos constitucionais, mas na época, em outubro de 1984, os policiais ainda acreditavam que iriam encontrar o corpo, e assim teriam alguma prova confiável. Faltavam meses para qualquer julgamento. Ainda tinham tempo suficiente para montar um caso consistente contra Ward e Fontenot, ou pelo menos era o que eles pensavam.

Mas Denice não foi encontrada. Tommy e Karl não faziam ideia de onde ela estava e diziam isso à polícia reiteradamente. Os meses se arrastaram sem qualquer prova, nem uma pista sequer. As confissões se tornaram cada vez mais importantes; de fato, elas se tornariam a única prova do Estado durante o julgamento.

6

Ron conhecia bem o caso Haraway. Ele tinha o melhor lugar na plateia: a cadeia do condado de Pontotoc. Depois de cumprir dez meses da pena de três anos, saiu sob condicional, voltou para Ada e foi posto em prisão domiciliar, um arranjo que restringia severamente seus movimentos. Como era de se esperar, não funcionou. Ron não estava medicado e era incapaz de ter noção da hora, data ou de qualquer outra coisa.

Em novembro, enquanto morava na casa da mãe, foi acusado de "voluntariamente, depois de ser condenado à reclusão pelo Departamento Penitenciário por crime de Falsificação de Documento, enquanto estava sob o status de prisão domiciliar, escapar desse status e desse confinamento, saindo de casa em hora não consentida pelo Departamento Penitenciário".

A versão de Ron foi que saiu para comprar cigarro e voltou meia hora depois do limite. Foi preso, e quatro dias depois acusado de fugir de uma instituição penal. Fez juramento de pobreza e pediu um defensor público.

A cadeia estava agitada com o caso Haraway. Tommy Ward e Karl Fontenot já estavam lá. Os presos, sem ter absolutamente nada para fazer, falavam sem parar. Ward e Fontenot tinham o centro do palco, porque seu crime era o mais recente e sem dúvida o mais sensacionalista. Tommy descreveu a confissão de sonho e as táticas usadas por Smith, Rogers e Featherstone. Os detetives eram bastante conhecidos pela plateia.

Tommy insistiu repetidas vezes que não tinha nada a ver com Denice

Haraway, que os verdadeiros assassinos estavam por aí, rindo dos dois garotos idiotas que tinham confessado e dos policiais que os haviam enganado.

SEM O CORPO de Denice Haraway, Bill Peterson tinha um enorme desafio em termos jurídicos. Sua hipótese se baseava nas duas confissões gravadas, sem nenhuma prova física que as fundamentasse. De fato, a verdade contradizia quase tudo que estava nas fitas, e as confissões claramente se contradiziam. Peterson tinha os dois retratos falados dos suspeitos, mas até eles eram problemáticos. Um era parecido com Tommy Ward, mas o outro não era nem remotamente parecido com Karl Fontenot.

O Dia de Ação de Graças chegou e passou sem que o corpo aparecesse. Depois veio o Natal. Em janeiro de 1985, Bill Peterson convenceu um juiz de que havia provas suficientes de que Denice Haraway estava morta. Durante uma audiência preliminar, as confissões foram mostradas a um tribunal apinhado. A reação geral foi de choque, mas muitos notaram as discrepâncias gritantes entre o relato de Ward e o de Fontenot. Mesmo assim, estava na hora de um julgamento, com ou sem corpo.

Porém, a disputa legal continuou. Dois juízes recusaram o caso. A busca perdeu fôlego, e foi encerrada um ano depois do desaparecimento de Denice. A maior parte de Ada estava convencida de que Ward e Fontenot eram culpados – ou por que confessariam? –, mas também havia especulações sobre a falta de provas. Por que o julgamento estava demorando tanto?

Em abril de 1985, um ano depois do desaparecimento de Denice Haraway, o *Ada Evening News* publicou uma matéria de Dorothy Hogue sobre a frustração da cidade com o ritmo das investigações. A manchete era: "Crimes Violentos e Não Solucionados Assombram Ada", e Hogue resumiu os dois. Sobre Haraway, ela escreveu: "Ainda que as autoridades tenham procurado em muitos locais da região, tanto antes quanto depois da prisão de Ward e Fontenot, jamais foi encontrado qualquer traço de Denice Haraway. Mas o detetive Dennis Smith diz que está convencido de que o caso foi solucionado." As supostas confissões não foram mencionadas.

Sobre o caso Carter, Hogue escreveu: "Evidências relativas ao suspeito encontradas no local do assassinato foram mandadas ao laboratório do Departamento de Investigações do Estado de Oklahoma há menos de dois anos, e a polícia disse que ainda está aguardando os resultados." O excesso de trabalho no DIEO foi citado. Dennis Smith declarou: "A polícia ajustou o foco para um suspeito do caso, mas nenhuma prisão com relação ao crime foi feita."

EM FEVEREIRO DE 1985, Ron estava no tribunal para responder pela acusação de fuga. O defensor nomeado pelo tribunal era David Morris, que conhecia bem a família Williamson. Ron se declarou culpado e recebeu uma sentença de dois anos, a maior parte da qual seria suspensa se Ron (1) passasse por aconselhamento de saúde mental, (2) ficasse longe de problemas, (3) permanecesse no condado de Pontotoc e (4) não fizesse uso de álcool.

Alguns meses depois, foi preso por embriaguez em público no condado de Pottawatomie. Bill Peterson apresentou um pedido para revogar a suspensão da sentença e exigir que ele cumprisse o restante em regime fechado. David Morris foi nomeado mais uma vez pelo tribunal para defendê-lo. Uma audiência de revogação aconteceu em 26 de julho, diante do juiz distrital especial John David Miller; ou, pelo menos, houve uma tentativa de audiência. Ron, sem medicação, não calava a boca. Discutiu com Morris, com o juiz Miller e os agentes de segurança, e ficou tão agitado que a audiência foi adiada.

Três dias depois, houve nova tentativa. O juiz Miller pediu que os carcereiros e agentes advertissem Ron quanto a seu comportamento, mas ele entrou no tribunal gritando e xingando. O juiz o advertiu diversas vezes, e por diversas vezes ele rebateu o juiz. Exigiu um novo advogado, mas quando o juiz pediu um motivo ele não soube dizer.

Sua conduta era ofensiva, mas mesmo assim era óbvio que ele precisava de ajuda. Às vezes parecia atento ao que se passava, e logo depois suas falas eram incoerentes. Estava com raiva, amargo e atacando o mundo.

Depois de várias advertências, o juiz ordenou que ele fosse levado de volta à cadeia e a audiência foi adiada mais uma vez. No dia seguinte, Morris apresentou uma petição pedindo um exame sobre a capacidade mental de Ron. Também apresentou uma petição para deixar de ser seu defensor.

Em seu mundo deturpado, Ron via a si mesmo como uma pessoa completamente normal. Sentia-se insultado porque o defensor questionava seu equilíbrio mental, por isso parou de falar com ele. Morris estava farto.

A petição para o exame de capacidade foi concedida, e para deixar de ser o defensor, negada.

Duas semanas depois a audiência foi reiniciada e logo interrompida.

Ron estava mais desatinado do que antes. O juiz ordenou uma avaliação psiquiátrica.

NO INÍCIO DE 1985, Juanita Williamson foi diagnosticada com câncer no ovário, que progrediu rapidamente. Durante dois anos e meio ela vivera com os boatos constantes de que seu filho tinha matado Debbie Carter, e queria resolver a questão antes de morrer.

Juanita era meticulosa com a papelada. Tinha mantido um diário detalhado durante décadas. Seus registros da empresa eram perfeitos; bastava lhe dar um minuto e ela poderia dizer a qualquer cliente as datas de suas cinco últimas idas ao salão. Não jogava nada fora: contas pagas, cheques sustados, recibos, os boletins dos filhos e outras lembranças.

Tinha verificado seu diário uma centena de vezes e sabia que na noite de 7 de dezembro de 1982 Ron estava em casa com ela. Havia contado isso aos policiais em mais de uma ocasião. A teoria deles era de que Ron poderia ter se esgueirado, cometido o crime e voltado. Esqueça a motivação e as mentiras de Glen Gore sobre ter visto Ron assediando Debbie Carter na Coachlight. Eram pontos pouco importantes; os policiais tinham o assassino.

Mas também sabiam que Juanita era muito respeitada. Era devota na fé cristã e conhecida nas igrejas pentecostais. Tinha centenas de clientes em seu salão de beleza e tratava todas como amigas íntimas. Se Juanita testemunhasse e dissesse que Ronnie estava em casa na noite do assassinato, o júri acreditaria. Talvez seu filho estivesse tendo problemas, mas certamente fora bem criado.

Agora Juanita se lembrara de outra coisa. Em 1982, o aluguel de videocassetes estava ficando popular. Uma loja na rua tinha descoberto esse negócio. Em 7 de dezembro, ela alugou um aparelho de videocassete e cinco de seus filmes prediletos, aos quais ela e Ron assistiram até de madrugada. Ele estava em casa naquela noite, na sala, assistindo a filmes antigos com a mãe. E Juanita tinha o recibo do aluguel.

David Morris sempre cuidava das questões jurídicas menores quando Juanita precisava. Ele a admirava enormemente, e como gentileza defendia Ron ocasionalmente em algumas de suas leviandades, mesmo sendo um cliente nem um pouco ideal. Morris ouviu a história dela, olhou o recibo e não teve dúvida de que ela dizia a verdade. Além disso, ficou aliviado porque, assim como a maioria das pessoas em Ada, tinha ouvido os boatos recorrentes da participação de Ron no assassinato de Debbie Carter.

A maior parte do trabalho de Morris era em advocacia criminal, e ele tinha pouco respeito pelos policiais de Ada. Mas os conhecia, e marcou um encontro entre Dennis Smith e Juanita. Até a levou à delegacia e sentou a seu lado enquanto ela explicava tudo a Dennis Smith. O detetive escutou com atenção, examinou o registro da locação e perguntou se ela faria uma declaração em vídeo. Sem dúvida.

Morris assistiu por detrás de um vidro enquanto Juanita era posta numa cadeira, virada para a câmera, e respondia às perguntas de Smith. Na volta para casa, ela estava aliviada e com a certeza de que tinha resolvido a questão.

Se a câmera estava com fita, esta jamais foi vista. Se Smith fez um relatório da conversa, este jamais foi apresentado no processo legal que veio a seguir.

SENTADO NA CADEIA, matando os dias e semanas, Ron pensava na mãe. Em agosto, ela estava à beira da morte no hospital e ele não teve permissão para vê-la.

Naquele mês, por ordem judicial, ele foi novamente examinado pelo Dr. Charles Amos, que planejou fazer alguns testes. Mas logo durante o primeiro ele notou que Ron estava simplesmente marcando "Verdadeiro" para todas as respostas. Quando Amos o questionou, ele respondeu: "O que é mais importante, este teste ou minha mãe?" A avaliação foi interrompida, mas Amos registrou: "Deve ser observado que esta entrevista com o Sr. Williamson mostra uma nítida deterioração da função emocional desde nosso último encontro, em 1982."

Ron implorou para que a polícia o deixasse ver a mãe antes de ela morrer. Annette também implorou. Com o passar dos anos, ela havia passado a conhecer os policiais da cadeia. Quando levava biscoitos e bolo para Ronnie, levava o suficiente para os presos e todos os carcereiros. Até preparava refeições inteiras para eles na cozinha da cadeia.

O hospital não ficava longe, argumentou. Era uma cidade pequena; todo mundo conhecia Ron e sua família. Era improvável que ele conseguisse uma arma e machucasse alguém. Por fim, houve um acordo e Ron foi tirado da cadeia depois de meia-noite, algemado e acorrentado, cercado por policiais fortemente armados, e levado ao hospital, onde foi posto numa cadeira de rodas e empurrado pelo corredor.

Juanita tinha sido enfática ao dizer que não queria ver o filho com algemas. Annette havia implorado para que a polícia cedesse, e eles tinham concordado com relutância. Mas em algum ponto do caminho o acordo foi esquecido. As algemas e as correntes não foram retiradas. Ron implorou aos policiais – pediu que tirassem as algemas só por alguns minutos enquanto ele via a mãe pela última vez. Isso não podia ser feito. Ordenaram que ele permanecesse sentado na cadeira de rodas.

Ron pediu um cobertor para esconder as algemas e correntes. Os policiais hesitaram – poderia ser um risco de segurança –, depois cederam. Empurraram-no até o quarto e insistiram que Annette e Renee saíssem. Elas pediram para ficar, de modo que a família estivesse junta uma última vez. Era arriscado demais, disseram os policiais. Esperem no corredor.

Ron disse à mãe o quanto a amava, como lamentava o estrago que tinha feito na vida, lamentava todas as decepções. Chorou e pediu que ela o perdoasse, e claro que ela perdoou. Ele citou alguns trechos da Bíblia. Mas era difícil ter intimidade, porque os policiais ficaram no quarto, perto de Ron, para que ele não pudesse pular por uma janela nem machucar alguém.

A despedida foi breve. Os policiais a interromperam depois de alguns minutos, dizendo que precisavam retornar à cadeia. Annette e Renee ouviram o irmão chorar enquanto era levado de volta.

Juanita morreu em 3 de agosto de 1985. Inicialmente, a polícia recusou o pedido da família de permitir que Ron fosse ao enterro. Só cedeu quando o marido de Annette se ofereceu para pagar a dois ex-policiais, seus primos, para ajudar a vigiar Ron durante o velório.

Para efeito dramático, os policiais trataram a presença dele no enterro como um grande evento de segurança. Insistiram que todos estivessem sentados antes que o criminoso pudesse entrar. E se recusaram a tirar suas algemas.

Essas precauções eram obviamente necessárias para um criminoso que tinha falsificado um cheque de 300 dólares.

O templo estava apinhado. O caixão aberto fora posto frente ao altar, para que todos pudessem ver o perfil magro de Juanita. A porta dos fundos se abriu, e seu filho foi escoltado pelos guardas através do corredor. Os tornozelos dele estavam acorrentados, assim como os pulsos, com as duas correntes presas a uma outra em volta da cintura. Enquanto ele arrastava os pés em passos curtos, o tilintar do metal esgarçava o que restara dos nervos dos presentes. Quando viu a mãe no caixão aberto, Ron começou a soluçar e dizer: "Desculpe, mãe. Desculpe." Os soluços se transformaram em choro quando ele se aproximou do caixão.

Acomodaram-no em seu lugar, com guardas dos dois lados, as correntes tilintando a cada movimento. Ele estava nervoso, perturbado, maníaco e incapaz de ficar parado e em silêncio.

Depois do velório, foi servido um almoço no salão da irmandade da igreja. Ron foi arrastando os pés, com os guardas a uma distância segura. Ele estava vivendo de comida da cadeia havia quase um ano, e as iguarias espalhadas diante dele eram um banquete. Annette pediu que o policial encarregado tirasse as algemas, de modo que ele pudesse comer. O pedido foi recusado. Ela implorou baixinho. Não, foi a resposta.

Familiares e amigos olhavam com pena enquanto as irmãs dele, Annette e Renee, se revezavam para dar-lhe comida na boca.

No cemitério, depois de algumas leituras da Bíblia e orações, os enluta-dos passaram diante de Annette, Renee e Ron, oferecendo pêsames e pala-vras gentis. Houve abraços polidos e calorosos, mas não por parte de Ron. Incapaz de levantar os braços, era obrigado a reagir com beijos desajeitados no rosto das mulheres e apertos incômodos nas mãos dos homens, com as correntes chacoalhando. Era setembro, ainda estava muito quente. O suor escorria pela testa dele e pingava nas bochechas. Ron não podia enxugar o rosto, e Annette e Renee faziam isso por ele.

O DR. CHARLES Amos entregou ao tribunal um relatório declarando que Ron Williamson era doente mental segundo a definição das leis de Oklahoma, que não podia avaliar a natureza das acusações contra ele, que não podia ajudar o advogado a defendê-lo e que só poderia ser declarado mentalmente capaz depois de um tratamento. Declarou que, se Ron fosse solto sem tratamento, representaria um perigo para si mesmo e os demais.

O juiz Miller aceitou a avaliação do Dr. Amos e emitiu uma ordem de-clarando Ron mentalmente incapaz. Ele foi transferido para o Eastern State Hospital em Vinita para mais avaliações e tratamento. Lá, foi atendido pelo Dr. R. D. Garcia, que prescreveu Dalmane e Restoril para a insônia, Mellaril para os delírios e alucinações, e clorpromazina para a esquizofrenia, a hipe-ratividade, a combatividade e a fase de hiperenergia da depressão maníaca.

Os medicamentos foram ajustados depois de alguns dias e Ron se acalmou e começou a melhorar.

Depois de duas semanas, o Dr. Garcia concluiu: "Ele é sociopata e tem histórico de abuso de álcool. Deve continuar a tomar clorpromazina, 100mg, quatro vezes ao dia. Não apresenta risco de fuga."

Isso era um tanto irônico, visto que a sentença de prisão fora revogada devido a uma fuga.

Respondendo a perguntas por escrito enviadas pelo tribunal, o Dr. Garcia afirmou que: "(1) Ele é uma pessoa capaz de avaliar a natureza das acusações feitas, (2) (…) é capaz de se consultar com seu advogado e ajudá-lo racionalmente na preparação da defesa, (3) (…) não mais se enquadra como doente mental e (4) (…) mesmo se for solto sem tratamento, terapia ou acompanhamento, provavelmente não representará uma ameaça significativa à vida ou à segurança de si próprio ou de terceiros, a não ser que se torne mais sociopata e possa ser considerado potencialmente perigoso, sobretudo quando beber muito."

Ron foi levado de volta a Ada, onde seu processo de revogação seria retomado. Mas, em vez de requerer uma avaliação complementar de sua capacidade, o juiz Miller simplesmente acatou de pronto as declarações do Dr. Garcia. Ron, mentalmente incapaz por determinação judicial, jamais foi declarado capaz.

Baseado nas conclusões do Dr. Garcia, a sentença suspensa foi revogada e Ron foi mandado de volta à prisão pelos dois anos restantes de pena. Quando saiu do Eastern State Hospital, recebeu um suprimento de clorpromazina para duas semanas.

EM SETEMBRO, TOMMY Ward e Karl Fontenot foram julgados em Ada. Os advogados tinham argumentado enfaticamente pedindo que os processos fossem separados e, mais importante, que fossem retirados do condado de Pontotoc. Denice Haraway ainda estava desaparecida e não deixara de ser assunto, e centenas de pessoas da cidade tinham ajudado a procurá-la. Seu sogro era um dentista extremamente respeitado. Ward e Fontenot estavam na cadeia havia onze meses. As confissões deles tinham sido o assunto do momento nos cafés e salões de beleza desde outubro, quando foram anunciadas pela primeira vez no jornal.

Como os réus poderiam esperar um júri imparcial? Julgamentos famosos são transferidos todos os dias para outros foros.

Os pedidos de transferência de foro foram negados.

O outro embate travado antes do julgamento era relacionado às confissões. Os advogados de Ward e Fontenot atacaram as declarações, e especialmente os métodos usados pelos detetives Smith e Rogers para obtê-las. As histórias contadas pelos acusados eram obviamente inverídicas; nenhum fiapo de prova física sustentava qualquer coisa dita por eles.

Peterson contra-atacou violentamente. Sem as fitas, ele não teria um caso. Depois de discussões longas e acaloradas, o juiz declarou que as confissões poderiam ser vistas pelo júri.

O Estado chamou 51 testemunhas, e poucas delas disseram algo significativo. Muitas eram amigas de Denice Haraway, levadas ao banco para ajudar a provar que ela estava de fato desaparecida e supostamente morta. O julgamento só teve uma surpresa. Uma criminosa de carreira chamada Terri Holland foi convocada como testemunha. Ela disse ao júri que estava na cadeia do condado em outubro, quando Karl Fontenot havia sido levado. Os dois conversaram ocasionalmente, e Karl admitiu que ele, Tommy Ward e Odell Titsworth tinham sequestrado, estuprado e matado a garota.

Fontenot negou que sequer conhecesse a mulher.

Terri Holland não foi a única dedo-duro da cadeia a testemunhar. Um criminoso insignificante chamado Leonard Martin também estava atrás das grades. A promotoria o convocou e, no julgamento, ele disse ao júri que tinha entreouvido Karl em sua cela falando sozinho, dizendo: "Eu sabia que íamos ser apanhados. Sabia que íamos ser apanhados."

Essas eram as provas do Estado – oferecidas para convencer um júri para além de qualquer dúvida razoável.

Sem prova física, as confissões gravadas foram cruciais, mas estavam cheias de discrepâncias e mentiras patentes. A promotoria foi obrigada a assumir a posição bizarra de admitir que Ward e Fontenot estavam mentindo, ao mesmo tempo que pedia aos jurados para acreditar neles.

Por favor, desconsiderem toda essa história sobre o Titsworth, porque ele não estava de fato envolvido.

Por favor, desconsiderem questões insignificantes como a casa incendiada com o corpo, porque a casa tinha sido incendiada dez meses antes.

Os monitores foram trazidos. A iluminação foi reduzida. As gravações em vídeo foram apresentadas. Os detalhes medonhos emergiram, e Ward e Fontenot foram mandados para o corredor da morte.

Durante sua argumentação final, a primeira em um caso de assassinato, o assistente da promotoria Chris Ross recorreu à dramaticidade. Numa narrativa explícita, lembrou dos detalhes cruentos expostos nas gravações: as facadas, o sangue e as entranhas, o estupro brutal e o assassinato de uma jovem tão bonita, e depois a horrível queima do corpo.

Os jurados ficaram furiosos como esperado. Depois de breves deliberações, voltaram com vereditos de culpa e penas de morte.

MAS A VERDADE era que o corpo não tinha sido esfaqueado nem queimado, independentemente do que Ward e Fontenot haviam dito em suas confissões fajutas e do que Bill Peterson e Chris Ross contaram ao júri.

Denice Haraway foi morta com um único tiro na cabeça. Seus restos mortais foram encontrados no mês de janeiro seguinte por um caçador na floresta perto do povoado de Gerty, no condado de Hughes, a 43 quilômetros de Ada e longe de qualquer lugar onde haviam procurado.

A verdadeira causa da morte deveria ter convencido todos os envolvidos de que Ward e Fontenot haviam mesmo sonhado com suas histórias ridículas e tinham sido coagidos a confessar. Isso não aconteceu.

A verdadeira causa da morte deveria ter levado as autoridades a admitir que estavam erradas e a começar a procurar o verdadeiro assassino. Isso não aconteceu.

DEPOIS DO JULGAMENTO, mas antes de o corpo ser encontrado, Tommy Ward estava esperando para ser transferido para o corredor da morte na penitenciária de McAlester, uma prisão 90 quilômetros a leste de Ada. Ainda atônito com os acontecimentos que o tinham levado a esperar a morte por injeção letal, ele estava com medo, confuso e deprimido. Um ano antes, ele era um típico jovem de 20 e poucos anos em Ada, procurando um bom emprego, uma boa festa e uma garota bonita.

Os verdadeiros assassinos estavam à solta, ele pensava, rindo de nós. Rindo dos policiais. Ele se perguntou se os assassinos teriam sido ousados a ponto de assistir ao seu julgamento. Por que não? Eles estavam seguros.

Um dia, ele recebeu visitas, dois policiais de Ada. Agora eram seus amigos, colegas, muito preocupados com o que aconteceria assim que ele fosse para a McAlester. Estavam sérios, calmos e medindo as palavras: nada de ameaças, gritos, xingamentos, nada de promessas de morte por injeção letal. Queriam realmente achar o corpo de Denice Haraway; por isso, ofereceram um trato. Se Tommy contasse onde ela estava enterrada, eles trabalhariam com firmeza na promotoria e conseguiriam que a sentença de morte fosse convertida em prisão perpétua. Diziam ter essa autoridade, mas não tinham. O caso estava totalmente fora do controle deles.

Tommy não sabia onde o corpo estava. Repetiu o que vinha dizendo havia quase um ano: não tinha nada a ver com o crime. Agora, diante da morte, continuava não podendo dar o que os policiais queriam.

NÃO MUITO DEPOIS da prisão de Ward e Fontenot, a história deles chegou ao conhecimento de um respeitado jornalista de Nova York, Robert Mayer, que na época morava no Sudeste. Quem contou foi a mulher que ele estava namorando; o irmão dela era casado com uma das irmãs de Tommy Ward.

Mayer ficou intrigado com a confissão de sonho e o tumulto que ela estava criando. Por que alguém confessaria um crime terrível mas encheria a confissão de mentiras? Ele foi até Ada e começou a investigar a história. Durante todo o extenso processo anterior ao julgamento, e depois, durante o próprio julgamento, Mayer pesquisou diligentemente a cidade, seu povo, o crime, a polícia, os promotores e especialmente Ward e Fontenot.

Ada o observava com atenção. Era raro ter um escritor de verdade por ali, sondando, observando, a ponto de escrever Deus sabe o quê. Com o passar do tempo, Mayer ganhou a confiança da maioria dos personagens. Fez uma longa entrevista com Bill Peterson. Teve reuniões com os advogados de defesa. Passou horas com os policiais. Durante uma reunião, Dennis Smith falou sobre a pressão de ter dois assassinatos não solucionados numa cidade pequena. Ele pegou uma foto de Debbie Carter e mostrou a Mayer. "Nós sabemos que Ron Williamson a matou", disse Smith. "Só não podemos provar, por enquanto."

Quando começou o projeto, Mayer acreditava que havia 50% de chance de os rapazes serem culpados. Mas logo ficou pasmo com as ações de Smith e Rogers e pelos procedimentos legais contra Ward e Fontenot. Não havia provas além das confissões e, por mais chocantes que fossem, estavam tão cheias de contradições que não podiam ser dignas de crédito.

Mesmo assim, Mayer se esforçou para apresentar uma imagem equilibrada do crime e do julgamento. Seu livro *The Dreams of Ada* foi publicado pela Viking em abril de 1987, com grande expectativa por parte da cidade.

A reação foi rápida, mas previsível. Algumas pessoas desprezaram o livro devido à relação do autor com a família de Ward. Outros estavam convencidos de que os rapazes eram culpados, porque tinham confessado, e nada poderia mudar suas opiniões.

Também havia uma crença bem difundida de que a polícia e os promotores tinham estragado o caso, mandado os homens errados para a prisão e deixado os verdadeiros assassinos à solta.

RESSENTIDO PELA CRÍTICA – é raro um promotor de cidade pequena ter um livro escrito sobre um dos seus casos, e ainda mais um livro tão pouco lisonjeiro –, Bill Peterson partiu para a ação no caso Debbie Carter. Tinha algo a provar.

A investigação estava parada – a pobre jovem tinha morrido mais de quatro anos antes –, mas era hora de pegar alguém.

Durante anos, Peterson e a polícia acreditavam que o assassino era Ron Williamson. Talvez Dennis Fritz estivesse envolvido, talvez não, mas sabiam que Williamson estivera no apartamento de Debbie naquela noite. Não tinham provas, apenas intuição.

Ron tinha saído da cadeia e estava de volta em Ada. Quando sua mãe morreu, em agosto de 1985, ele estava preso aguardando uma audiência sobre sua capacidade mental e diante de mais dois anos de cárcere. Annette e Renee venderam com relutância a casinha onde tinham crescido. Quando Ron recebeu liberdade condicional, em outubro de 1986, não tinha onde viver. Foi para a casa em que Annette morava com o marido e o filho, e durantes alguns dias se esforçou para se adaptar. Mas os velhos hábitos retornaram: as refeições que ele preparava tarde da noite fazendo muito barulho, o hábito de ver televisão durante a noite toda e os cochilos o dia inteiro no sofá. Depois de um mês assim, com os nervos em frangalhos e a família no limite, Annette precisou pedir que ele fosse embora.

Os dois anos na prisão não tinham feito nenhum bem à sua saúde mental. Ele havia entrado e saído de vários hospitais do Estado, com diferentes médicos tentando diferentes combinações de remédios. Frequentemente, não recebia medicamento nenhum. Sobrevivia durante algum tempo em meio aos presos comuns, depois alguém notava seu comportamento bizarro e ele era levado a outra instituição mental.

Depois de Ron ser solto, o Departamento Penitenciário marcou uma consulta para ele com uma assistente social no Serviço de Saúde Mental de Ada. Em 15 de outubro, ele se encontrou com Norma Walker, que anotou que o paciente estava tomando lítio, Navane e Artane. Ela o achou agradável, controlado e um pouco estranho, "às vezes encarando-a sem dizer nada por até um minuto". Ele planejava frequentar uma faculdade bíblica e talvez se tornar pastor. Ou poderia abrir uma empresa de construção civil. Grandes planos, um tanto exagerados, pensou Walker.

Duas semanas depois, ainda medicado, Ron compareceu à consulta e parecia estar bem. Faltou às duas seguintes e, quando reapareceu, em 9 de dezembro, exigiu ver a Dra. Marie Snow. Tinha parado de tomar as medicações porque havia conhecido uma garota que não acreditava nelas. A Dra. Snow tentou convencê-lo a começar a tomar os comprimidos, mas ele respondeu que Deus tinha lhe dito para abrir mão da bebida e de todas as drogas.

Faltou às consultas de 18 de dezembro e 14 de janeiro. Em 16 de fevereiro, Annette ligou para Norma Walker e disse que o comportamento dele estava fora de controle. Ela o descreveu como "psicótico" e disse que ele tinha falado em se matar com um revólver. No dia seguinte, Ron apareceu, muito nervoso mas um tanto razoável. Exigiu uma mudança na medicação. Três dias depois, Norma Walker recebeu um telefonema da McCall's Chapel. Ron estava fazendo um escândalo, gritando e exigindo um emprego. Ela aconselhou as pessoas a tratá-lo com cautela e chamar a polícia, se necessário. Naquela tarde, Annette e o marido o levaram para ver a doutora. Estavam perturbados e desesperados para receber alguma ajuda.

Norma Walker notou que Ron estava sem medicação, confuso, desorientado, delirante, desconectado da realidade e completamente incapaz de cuidar da própria alimentação e abrigo. A solução era "a internação de longo prazo devido à capacidade mental reduzida e ao comportamento incontrolável".

Os três saíram sem planos e sem medicamentos. Ron ficou circulando por Ada e acabou desaparecendo. Numa noite, Gary Simmons estava em casa em Chickasha, com dois amigos, quando a campainha tocou. Ele atendeu, e seu cunhado entrou e desabou no chão da sala. "Preciso de ajuda", dizia Ron, repetidas vezes. "Estou maluco e preciso de ajuda." Com a barba por fazer, imundo, o cabelo sujo e embolado, estava desorientado, sem saber direito onde se encontrava. "Não aguento mais", confessou.

Os amigos de Gary não conheciam Ron, e ficaram chocados com sua aparência e seu desespero. Um deles foi embora, o outro ficou. Ron se acalmou, depois ficou letárgico. Gary prometeu que encontraria ajuda, e por fim eles o colocaram num carro. A primeira parada foi no hospital mais próximo, de onde foram mandados para o centro de saúde mental da cidade. Dali foram mandados ao Hospital Central do Estado, em Norman. Enquanto seguiam de carro, Ron ficou quase catatônico. Conseguiu dizer que estava morrendo de fome. Gary conhecia um restaurante que servia costelas e era famoso pelas grandes porções, mas quando pararam no estacionamento Ron perguntou:

– Onde a gente está?

– Vamos pegar alguma coisa para comer – respondeu Gary.

Ron jurou que não estava com fome, por isso eles foram embora, em direção a Norman.

– Por que a gente parou lá atrás? – perguntou Ron.

– Porque você disse que estava com fome.

– Não estava. – Ron ficou irritado com as atitudes de Gary.

Alguns quilômetros mais perto de Norman, Ron disse de novo que estava com fome. Gary viu um McDonald's e parou.

– O que a gente está fazendo aqui? – perguntou Ron.

– Vamos comer alguma coisa – respondeu Gary.

– Por quê?

– Porque você disse que estava com fome.

– Não estou com fome. Será que a gente pode ir logo para o hospital?

Saíram do McDonald's e finalmente chegaram a Norman, quando Ron anunciou que estava com fome. Gary pacientemente encontrou outro McDonald's e Ron, como era de se esperar, perguntou por que estavam parando.

A última parada antes do hospital foi para abastecer num posto Vickers, na Main Street. Gary voltou para o carro com duas grandes barras de chocolate, que Ron pegou e devorou em segundos. Gary e seu amigo ficaram pasmos com aquela rapidez.

No Hospital Central, Ron entrava e saía do estupor. O primeiro médico ficou frustrado quando ele não quis cooperar, e assim que ele saiu do quarto Gary admoestou seu cunhado.

Ron reagiu ficando de pé virado para uma parede vazia, contraindo os músculos numa pose idiota de fisiculturista e ficando imóvel por vários minutos. Gary tentou falar com ele, mas Ron estava fora do ar. Dez minutos se passaram e Ron não se mexeu. Ficou olhando o teto sem fazer nenhum som nem mover um músculo. Vinte minutos se passaram e Gary estava prestes a explodir. Depois de trinta longos minutos Ron saiu daquele estado, mas continuou sem querer falar com Gary.

Por sorte, os funcionários logo chegaram e levaram Ron para o quarto. Ele disse a um médico:

– Eu só queria vir aqui porque precisava de um lugar para ir a essa hora.

Deram-lhe lítio, para a depressão, e Navane, um antipsicótico usado para tratar esquizofrenia. Assim que ele estava estabilizado, saiu do hospital contra a orientação dos médicos, e depois de alguns dias estava de volta em Ada.

A viagem seguinte de Gary com o cunhado foi para Dallas, para um programa missionário cristão destinado a ex-presidiários e viciados. O pastor de Gary tinha conhecido Ron e queria ajudá-lo. Discretamente, o pastor confidenciou a Gary: "As luzes do Ron estão acesas, mas não há ninguém em casa."

Chegaram à missão em Dallas. Assim que Ron estava ambientado, Gary se despediu. Ao fazer isso, entregou cinquenta dólares a Ron, uma violação das regras, apesar de nenhum dos dois saber disso. Gary voltou a Oklahoma, e Ron também. Horas depois de dar entrada no programa, ele tinha usado o dinheiro para comprar uma passagem de ônibus de volta para Ada e chegou pouco depois de Gary.

Sua internação seguinte no Hospital Central não foi voluntária. Em 21 de março, nove dias depois de receber alta, Ron tentou suicídio tomando vinte comprimidos de Navane. O motivo, dito a uma enfermeira, era que estava deprimido porque não conseguia arranjar emprego. Foi estabilizado e passou a receber medicação adequada, que parou de tomar depois do terceiro dia. Seus médicos concluíram que ele era um perigo para si mesmo e para os outros e recomendaram um tratamento de 28 dias no Hospital Central. Em 24 de março ele recebeu alta.

* * *

DE VOLTA A Ada, Ron arranjou um quarto atrás de uma pequena casa na 12th Street, no lado oeste da cidade. Não tinha cozinha nem encanamento. Para tomar banho, usava uma mangueira atrás da casa. Annette levava comida e tentava cuidar dele. Durante uma das visitas, ela notou que os pulsos dele estavam sangrando. Ron disse que os havia cortado com uma gilete, para poder sofrer como todos os outros que tinham sofrido tanto por sua causa. Queria morrer e ir para junto dos pais, as duas pessoas que ele havia magoado tanto. Ela implorou para que ele se consultasse com um médico, mas ele se recusou. Também se recusou a receber ajuda no serviço de saúde mental, aonde havia ido inúmeras vezes.

Estava completamente sem medicação.

O velho dono da casa era gentil com Ron. O aluguel era barato, às vezes de graça. Na garagem havia um antigo cortador de grama sem uma das rodas. Ron o empurrava pelas ruas de Ada, aparando gramados por cinco dólares e dando o dinheiro ao senhorio.

Em 4 de abril, a polícia de Ada recebeu um telefonema de uma residência no lado oeste da 10th Street. O morador informou ao policial que precisava sair da cidade e temia pela segurança da sua família, porque Ron Williamson estivera percorrendo o bairro a altas horas da noite. Evidentemente, o dono da casa conhecia Ron e o estava vigiando atentamente. Disse ao policial que Ron tinha ido quatro vezes à loja de conveniência Circle K e duas ou três à loja de conveniência Love's, tudo isso numa noite.

O policial foi simpático – todo mundo sabia que Ron estava agindo de modo estranho –, mas não havia lei contra andar pela rua à noite. Ele prometeu patrulhar a área.

Em 10 de abril, às três da madrugada, a polícia recebeu um telefonema de um funcionário da Circle K. Ron Williamson tinha ido à loja várias vezes, agindo de modo realmente estranho. Enquanto o policial Jeff Smith fazia seu relatório, o suspeito apareceu de novo. Smith pediu para "Ronnie" ir embora, e ele foi.

Uma hora depois Ron foi até a cadeia, tocou a campainha e anunciou que queria confessar vários crimes que tinha cometido no passado. Recebeu um formulário de declaração voluntária e começou a escrever. Admitiu ter roubado uma bolsa quatro anos antes na Coachlight, ter roubado uma arma de uma casa, tocado as partes íntimas de duas garotas e de ter batido e quase estuprado uma garota em Asher. Mas abandonou as confissões e foi embora. O policial Rick Carson foi atrás dele e o alcançou alguns quarteirões adiante. Ron tentou explicar o que estava fazendo àquela hora, mas parecia muito confuso. Por fim, disse que estava procurando trabalho como cortador de grama. Carson recomendou que ele fosse para casa, e que talvez fosse mais fácil arranjar trabalho durante o dia.

Em 13 de abril, Ron foi para a clínica de saúde mental e deixou os funcionários apavorados. Um deles descreveu que ele estava "babando". Ele exigiu ver a Dra. Snow e foi andando por um corredor em direção à sala dela. Quando disseram que ela não estava, ele foi embora sem causar qualquer incidente.

Três dias depois, *The Dreams of Ada* foi lançado.

POR MAIS QUE a polícia quisesse acusar Ron Williamson do assassinato de Debbie Carter, simplesmente não havia provas suficientes. No fim da primavera de 1987, os policiais tinham poucas evidências a mais do que no verão de 1983. A análise de cabelos e pelos no DIEO finalmente tinha sido concluída, dois anos depois do assassinato. Algumas amostras providas por Ron e Dennis eram "microscopicamente compatíveis" com alguns dos pelos encontrados na cena do crime, mas as comparações de pelos eram pouquíssimo confiáveis.

A acusação tinha um obstáculo significativo: a impressão palmar com sangue no pequeno pedaço de *drywall* cortado da parede do quarto de Debbie Carter. No início de 1983, Jerry Peters, do DIEO, tinha examinado a impressão cuidadosamente e concluído que não era de Dennis Fritz nem de Ron Williamson. Também não era de Debbie Carter. Era uma impressão deixada pelo assassino.

Mas e se Jerry Peters estivesse errado, talvez com pressa, ou porventura simplesmente deixado de ver alguma coisa? Se a impressão fosse de Debbie Carter, Fritz e Williamson não poderiam ser excluídos como suspeitos.

Peterson se aferrou à ideia de exumar o corpo e examinar de novo as impressões palmares. Com sorte, as mãos ainda não estariam muito decompostas, e talvez um novo conjunto de impressões pudesse, se examinado de um ângulo diferente, revelar informações que amparassem vigorosamente a acusação e finalmente levassem os assassinos à justiça.

Peggy Stillwell recebeu um telefonema de Dennis Smith. Ele pediu que ela fosse à delegacia, mas se recusou a dizer o motivo. Ela pensou, como sempre, que talvez houvesse alguma novidade no caso. Quando chegou, Bill Peterson estava sentado atrás da mesa com um pedaço de papel. Explicou que queria exumar o corpo de Debbie e que precisava da assinatura dela para ter permissão. Charlie Carter já tinha ido lá e assinado.

Peggy ficou horrorizada. A ideia de perturbar sua filha era chocante. Disse que não, mas Peterson estava preparado para aquilo. Ele a pressionou, perguntando se Peggy queria ver o assassinato solucionado. Claro, mas não havia algum outro modo? Não. Se ela quisesse encontrar o assassino de Debbie e levá-lo à justiça, precisaria concordar com a exumação. Depois de alguns minutos, Peggy rabiscou sua assinatura, saiu correndo do departamento de polícia e foi de carro até a casa de sua irmã, Glenna Lucas.

Contou a Glenna o encontro com Bill Peterson e os planos de desenterrar o corpo. Agora ela estava verdadeiramente empolgada, ansiosa para ver a filha de novo. "Vou poder tocá-la e abraçá-la de novo", ficava dizendo.

Glenna não compartilhou de seu entusiasmo e não estava convencida de que um encontro assim seria saudável. E tinha dúvidas com relação às pessoas que conduziam a investigação. Nos quatro anos e meio desde o assassinato, ela fora obrigada a conversar várias vezes com Bill Peterson sobre o caso.

Peggy não era estável. Jamais havia aceitado o fato de que Debbie estava morta. Glenna tinha pedido diversas vezes para que Peterson e a polícia filtrassem qualquer notícia da investigação por meio dela ou de outro parente. Peggy não era capaz de lidar com informações repentinas, e precisava da proteção da família.

Glenna ligou imediatamente para Bill Peterson e exigiu saber o que ele estava planejando. Ele explicou que a exumação era necessária se a família quisesse que Ron Williamson e Dennis Fritz fossem julgados pelo assassinato. A impressão palmar com sangue estava no meio do caminho, e, se ela pertencesse mesmo a Debbie, ele e a polícia poderiam agir com rapidez contra Fritz e Williamson.

Glenna ficou confusa. Como Peterson sabia do resultado do novo trabalho com a impressão se o corpo ainda não fora exumado? Como ele podia ter tanta certeza de que a exumação incriminaria Fritz e Williamson?

Peggy estava obcecada por ver a filha de novo. Num determinado momento, ela disse a Glenna: "Eu me esqueci de como é a voz dela."

Bill Peterson prometeu a Glenna que a exumação seria feita rapidamente e que terminaria antes que qualquer um percebesse.

Peggy estava em seu posto de trabalho na Brockway Glass quando um colega passou por ela e perguntou o que estava acontecendo no cemitério Rosedale, perto do túmulo de Debbie. Ela saiu da fábrica, atravessou a cidade correndo, mas só encontrou uma sepultura vazia. Sua filha havia sido retirada.

O PRIMEIRO CONJUNTO de impressões palmares tinha sido feito pelo agente do DIEO Jerry Peters em 8 de dezembro de 1982, durante a autópsia. Na ocasião, as mãos estavam perfeitas, e Peter não teve dúvida de que tinha tirado um conjunto de digitais completo e detalhado. Quando apresentou seu relatório, três meses depois, tinha certeza de que a impressão de sangue no *drywall* não fora deixada por Fritz, por Williamson ou pela vítima.

Mas agora, quatro anos e meio depois, com o assassinato não solucionado e as autoridades em busca de uma saída, ele de repente teve dúvidas sobre seu trabalho anterior. Três dias depois da exumação, fez um relatório revisado concluindo que a impressão de sangue batia com a palma da mão de Debbie Carter. Pela primeira e única vez em 24 anos de carreira, Jerry Peters mudou de ideia.

Era justamente desse relatório que Bill Peterson precisava. Armado com a prova de que a impressão sangrenta não pertencia a nenhum assassino desconhecido, mas fora deixada por Debbie lutando por sua vida, estava livre para ir atrás dos principais suspeitos. E era importante alertar a população da cidade: os jurados em potencial.

Ainda que as autoridades afirmassem que a exumação e seus detalhes eram confidenciais, Peterson falou ao *Ada Evening News*. "O que descobrimos confirmou nossas suspeitas. Estávamos revendo algumas provas", teria dito.

O que, exatamente, foi encontrado? Peterson não quis dar detalhes, mas uma "fonte" estava disposta a contar tudo. A fonte disse: "O corpo foi exumado para que as impressões palmares da jovem pudessem ser tiradas e comparadas com uma impressão palmar de sangue encontrada na parede do apartamento."

A fonte prosseguia: "A eliminação da possibilidade de que a impressão de sangue fosse de alguém que não a vítima foi crucial para a investigação."

"Eu me sinto mais otimista em relação ao caso", disse Peterson.

Ele obteve mandados de prisão para Ron Williamson e Dennis Fritz.

NA MANHÃ DE sexta-feira, 8 de maio, Rick Carson viu Ron empurrando o cortador de grama com três rodas por uma rua no lado oeste da cidade. Os dois conversaram por algum tempo. Ron, de cabelo comprido, sem camisa, com jeans rasgados e tênis, estava com a péssima aparência de sempre. Queria arranjar um trabalho na prefeitura, e Rick prometeu passar lá e pedir uma ficha de inscrição. Ron disse que esperaria em casa naquela noite.

Então Carson informou ao seu tenente que sabia que o suspeito estaria em seu apartamento no lado oeste da 12th Street no fim da tarde. A prisão foi planejada, e Rick pediu para participar. Se Ron ficasse violento, Rick queria garantir que ninguém se machucasse. Em vez disso, foram enviados outros quatro policiais, entre eles o detetive Mike Baskin.

Ron foi preso sem qualquer incidente. Estava usando os mesmos jeans e tênis e continuava sem camisa. Na cadeia, Mike Baskin leu os Direitos de Miranda e perguntou se ele gostaria de falar. Claro, por que não? O detetive James Fox participou do interrogatório.

Ron disse repetidas vezes que nunca havia se encontrado com Debbie Carter, nunca estivera no apartamento dela e, pelo que sabia, jamais a tinha visto. Não hesitou em nenhum momento, apesar de alguns gritos e intimidações por parte dos policiais, que insistiam em afirmar que sabiam que ele era culpado.

Foi posto na cadeia do condado. Havia pelo menos um mês que ele tomara algum medicamento pela última vez.

DENNIS FRITZ ESTAVA morando com a mãe e uma tia em Kansas City, e trabalhava pintando casas. Tinha deixado Ada alguns meses antes. Sua amizade com Ron Williamson era uma lembrança distante. Fazia quatro anos que não falava com um detetive, e tinha praticamente se esquecido do assassinato de Debbie Carter.

Na noite de 8 de maio, estava assistindo televisão, sozinho. Tinha trabalhado o dia inteiro, e ainda usava o uniforme branco de pintor, sujo. A noite estava quente e as janelas, abertas. O telefone tocou e uma voz feminina perguntou:

– Dennis Fritz está?

– Dennis Fritz sou eu – respondeu ele, e ela desligou.

Talvez tivesse sido engano, ou talvez sua ex-mulher estivesse aprontando alguma coisa. Ele se acomodou de novo em frente à televisão. Sua mãe e a tia já estavam dormindo nos fundos da casa. Eram quase 11h30.

Quinze minutos depois, ouviu uma série de portas de carro batendo nas proximidades. Levantou-se, descalço, e estava indo até a porta da frente quando viu um pequeno exército de tropas prontas para combate, vestidas de preto e fortemente armadas, movendo-se pelo gramado. Que diabo é isso?, pensou. Por uma fração de segundo, considerou chamar a polícia.

A campainha tocou e, quando ele abriu a porta, dois policiais à paisana o agarraram, puxaram-no para fora e indagaram:

– Você é Dennis Fritz?

– Sou.

– Então está preso por homicídio qualificado – bradou um deles enquanto o outro o algemava.

– De que homicídio vocês estão falando? – perguntou Dennis.

Depois teve um pensamento rápido: quantos Dennis Fritz devem existir em Kansas City? Sem dúvida eles pegaram o errado.

Sua tia apareceu à porta, viu a equipe da SWAT avançando para cima de Dennis com submetralhadoras apontadas, e ficou histérica. A mãe dele saiu correndo do quarto enquanto os policiais entravam para "proteger" a casa, apesar de, quando questionados, não saberem dizer contra quem ou o quê queriam protegê-la. Dennis não tinha uma arma de fogo. Não havia outros assassinos conhecidos ou suspeitos ali, mas os rapazes da SWAT tinham seu protocolo.

Justo quando Dennis se convenceu de que seria abatido na porta de casa, levantou os olhos e viu um chapéu de caubói branco vindo em sua direção. Dois pesadelos de seu passado estavam se aproximando pela entrada de carros. Dennis Smith e Gary Rogers se juntaram animados à confusão, ambos com um sorriso de orelha a orelha de autocongratulação.

Ah, aquele homicídio, pensou Dennis. No auge de suas carreiras, os dois caubóis de cidade pequena tinham convencido a Unidade de Captura de Fugitivos de Kansas City a realizar aquela batida dramática, mas sem sentido.

– Posso pegar meus sapatos? – perguntou Dennis, e os policiais concordaram, a contragosto.

Fritz foi posto no banco de trás de um carro da polícia, acompanhado por um Dennis Smith em êxtase. Um dos detetives de Kansas City dirigia. Enquanto partiam, Fritz olhou os rapazes da SWAT fortemente armados e pensou: Que idiotice! Qualquer oficial de meio período poderia ter feito essa prisão na mercearia da esquina. Por mais perplexo que estivesse com a prisão, precisou rir ao ver como os policiais de Kansas City pareciam sem graça.

A última imagem que ficou em sua memória foi da mãe, parada junto à porta, com as mãos na boca.

Levaram-no até uma pequena sala de interrogatório numa delegacia em Kansas City. Smith e Rogers leram os Direitos de Miranda, depois anunciaram que pretendiam obter uma confissão. Dennis ficou pensando em Ward e Fontenot, e estava decidido a não lhes dar nada. Smith bancou o cara legal, um camarada que queria realmente ajudar. Rogers se tornou instantaneamente abusivo: xingava, ameaçava, cutucava o peito de Dennis repetidas vezes.

Quatro anos tinham se passado desde a última sessão com eles. Em junho de 1983, depois de Dennis ter sido "seriamente reprovado" no segundo teste com o detector de mentiras, Smith, Rogers e Featherstone o haviam mantido no porão do Departamento de Polícia de Ada durante três horas, sob pressão. Não conseguiram nada daquela vez, e não conseguiriam nada agora.

Rogers estava furioso. Havia anos os policiais sabiam que Dennis e Ron tinham assassinado Debbie Carter, e agora o crime fora solucionado. Só precisavam de uma confissão.

– Não tenho nada a confessar – disse Dennis diversas vezes. – Que provas vocês têm? Me mostrem a prova.

Uma das frases prediletas de Rogers era "Você está insultando minha inteligência". E toda vez Dennis ficava tentado a dizer: "Que inteligência?" Mas não queria levar um tapa.

Depois de duas horas de abusos, Dennis disse finalmente:

– Tudo bem, eu confesso.

Os policiais ficaram aliviados; já que não tinham provas, estavam prestes a resolver o caso com uma confissão. Smith correu para pegar um gravador. Rogers arrumou rapidamente seu bloco de anotações e as canetas. Vamos lá.

Quando tudo estava pronto, Dennis olhou direto para o gravador e disse:

– A verdade é a seguinte: eu não matei Debbie Carter e não sei nada sobre o assassinato.

Smith e Rogers saíram de si: mais ameaças, mais abusos verbais. Dennis estava abalado e com medo, mas permaneceu firme. Continuou afirmando sua inocência, e por fim eles encerraram o interrogatório. Ele se recusou a ser transferido para Oklahoma, e esperou na cadeia que o processo seguisse seu rumo.

MAIS TARDE, NAQUELE sábado, Ron foi levado da cadeia à delegacia para outro interrogatório. Smith e Rogers, recém-chegados da emocionante prisão de Dennis Fritz, o esperavam. O objetivo deles era fazê-lo falar.

O interrogatório vinha sendo planejado desde o dia anterior à prisão. *The Dreams of Ada* tinha acabado de ser lançado, e continha críticas aos métodos de Smith e Rogers. Eles decidiram que Smith, que morava em Ada, deveria ser substituído por Rusty Featherstone, morador de Oklahoma City. Também decidiram não usar vídeo.

Dennis Smith estava no departamento, mas ficou longe da sala de interrogatório. Mesmo depois de comandar a investigação por mais de quatro anos e acreditar por boa parte desse tempo que Ron era culpado, evitou o interrogatório crucial.

O Departamento de Polícia de Ada tinha bons equipamentos de áudio e vídeo, que eram usados com frequência. Os interrogatórios e especialmente as confissões eram quase sempre filmados. A polícia tinha plena consciência do impacto profundo de mostrar uma confissão a um júri. Basta perguntar a Ward e Fontenot. O segundo teste de polígrafo de Ron, quatro anos antes, tinha sido filmado por Featherstone no Departamento de Polícia de Ada.

Quando as confissões não eram registradas em vídeo, costumavam ser gravadas em áudio. A polícia tinha muitos gravadores.

E quando não eram usados áudio nem vídeo, em geral pedia-se que o suspeito escrevesse sua própria versão do ocorrido, se ele soubesse ler e escrever. Se por acaso o suspeito fosse analfabeto, um detetive escrevia a declaração, depois a lia para o réu e pedia que ele assinasse.

Nenhum desses métodos foi usado em 9 de maio. Ron, que sabia escrever e tinha um vocabulário muito maior do que seus dois interrogadores, ficou olhando enquanto Featherstone tomava notas. Disse que entendia seus Direitos de Miranda e concordou em falar.

Na versão da polícia, lê-se:

WILLIAMSON disse: "Certo, em 8 de dezembro de 1982 eu ia com frequência à Coachlight, e uma noite estava lá olhando uma garota, uma garota bonita, e achei que deveria segui-la até em casa."

WILLIAMSON fez uma pausa, agiu como se quisesse falar um palavrão, mas parou de novo. Então prosseguiu: "Pensei: e se alguma coisa ruim pudesse acontecer naquela noite? Então a acompanhei até em casa."

Então WILLIAMSON fez uma pausa e falou de quando roubou um aparelho de som. Depois disse: "Eu estava com DENNIS, e nós fomos ao Holiday Inn, e dissemos a uma garota que tínhamos um bar no carro, e ela pulou lá dentro."

WILLIAMSON falou frases soltas, e o agente ROGERS pediu para WILLIAMSON se concentrar e voltar a falar sobre o caso DEBBIE CARTER.

WILLIAMSON disse: "Certo, eu tive um sonho em que matei DEBBIE, fui para cima dela, enrolei um fio em volta do pescoço dela, a esfaqueei várias vezes, puxei a corda com força em volta do pescoço dela."

WILLIAMSON disse: "Estou preocupado com o que isso vai causar à minha família", e depois disse: "Minha mãe está morta."

O agente ROGERS perguntou a WILLIAMSON se ele e DENNIS estavam lá naquela noite e WILLIAMSON respondeu "sim". O agente FEATHERSTONE perguntou a WILLIAMSON: "Você foi lá com a intenção de matá-la?" WILLIAMSON respondeu: "É possível."

O agente FEATHERSONE perguntou: "Por quê?"

WILLIAMSON respondeu: "Ela me deixou louco."

O agente FEATHERSTONE perguntou: "Como assim? Ela foi má com você? Te sacaneou?"

WILLIAMSON respondeu: "Não."

WILLIAMSON fez uma breve pausa e disse: "Ah, meu Deus, vocês não podem esperar que eu confesse, eu tenho minha família, tenho meu sobrinho para proteger. Minha irmã, isso vai acabar com ela. Isso não tem como magoar minha mãe agora, já que ela está morta. Isso não sai da minha cabeça desde que aconteceu."

Mais ou menos às 19h38, WILLIAMSON disse: "Se vão me julgar por causa disso, quero TANNER, de Tulsa. Não, quero DAVID MORRIS."

A menção a um advogado assustou os detetives, e eles interromperam a confissão. Ligaram para David Morris, que os instruiu a parar de interrogar Ron imediatamente.

A declaração não foi assinada por Ron. Nunca foi mostrada a ele.

ARMADOS COM OUTRA confissão de sonho, o caso estava indo muito bem para os policiais e os promotores. Com Ward e Fontenot, eles tinham aprendido que a falta de prova física não deveria ficar no caminho de uma acusação urgente. O fato de Debbie Carter não ter sido esfaqueada tinha pouca importância. Júris condenam se ficarem suficientemente chocados.

Se uma confissão de sonho podia pôr Williamson na cadeia, outra poderia tirá-lo. Alguns dias depois, um carcereiro chamado John Christian passou pela cela de Ron. Ele e Ron haviam crescido no mesmo bairro. A casa dos Christians era cheia de meninos, um deles da mesma idade de Ron, que frequentemente era incluído no almoço e no jantar. Eles jogavam beisebol juntos na rua e nas ligas e estudavam na Byng Junior High.

Sem tratamento e medicação, Ron estava longe de ser um preso modelo. A cadeia do condado de Pontotoc é um bunker de concreto sem janelas, por alguma razão construído no lado oeste do gramado do tribunal. Os tetos são baixos, a atmosfera pesada e claustrofóbica, e, quando alguém grita, todo mundo escuta. Ron gritava com frequência. Quando não estava gritando, estava cantando, chorando, uivando, reclamando ou então declarando inocência ou falando sem parar sobre Debbie Carter. Foi posto numa das duas solitárias, o mais longe possível das celas lotadas, mas a cadeia era tão pequena que Ron podia causar incômodo de qualquer lugar.

Só John Christian era capaz de acalmá-lo, e os outros prisioneiros passaram a agradecer a mudança de guarda. Quando Christian chegava, ia imediatamente à cela de Ron e o acalmava. Os dois falavam sobre os velhos tempos, sobre a adolescência, o beisebol, os amigos da época. Falavam sobre o caso Carter e sobre como era injusto que Ron fosse acusado. Por oito horas, Ron ficava quieto. A solitária era um cubículo, mas ele conseguia dormir e ler. Antes de bater o cartão, Christian ia dar uma olhada nele, que geralmente estava andando de um lado para outro, fumando, se preparando para começar o estardalhaço assim que o novo guarda chegasse.

Na noite de 22 de maio, Ron estava acordado e sabia que Christian se encontrava na recepção. Ron o chamou, dizendo que queria falar sobre o assassinato. Tinha um exemplar de *The Dreams of Ada*, e falou que também poderia ter uma confissão de sonho. Segundo Christian, Ron disse:

– Imagine o seguinte: eu sonhei que foi isso que aconteceu. Imagine que eu estava morando em Tulsa e tinha bebido e tomado quaaludes o dia todo, e fui até a boate Buzzy's (Coachlight), e imagine que eu bebi um pouco mais e fiquei meio bêbado. Suponha que eu fui parar diante da porta de Debbie Carter, bati e ela disse só um minuto, eu estou no telefone. Imagine que eu arrebentei a porta, estuprei e matei ela.

Em seguida, Williamson disse:

– Você não acha que, se fosse eu que tivesse matado, eu teria pegado um dinheiro com meus amigos e saído da cidade?

Christian não levou a conversa muito a sério, mas a repetiu para um colega policial. Ela foi sendo repetida diversas vezes, e finalmente chegou a Gary Rogers. O detetive viu a oportunidade de ter uma prova a mais contra o assassino. Dois meses depois, pediu para Christian repetir o que Ron tinha dito. Rogers datilografou um relatório, acrescentou aspas onde achou necessário, e então a polícia e o promotor tinham sua segunda confissão de sonho. Nenhuma palavra foi incluída para refletir as muitas negativas de Ron quanto a qualquer participação no crime.

Como sempre, os fatos não eram importantes. Ron não morava em Tulsa na época do assassinato. Ele não tinha carro nem carteira de motorista.

7

Para Annette Hudson e Renee Simmons, a notícia de que seu irmão tinha sido preso, acusado de assassinato, foi avassaladora. Desde que ele tinha saído da prisão no mês de outubro anterior, elas haviam se preocupado profundamente com seu estado psicológico agravado e seu bem-estar físico, mas não faziam ideia de que acusações de assassinato estariam por vir. Os boatos corriam durante anos, mas tanto tempo havia passado que a família presumiu que a polícia estivesse ocupada com outros suspeitos e outros casos. Quando Juanita morreu, dois anos antes, tinha certeza de que dera a Dennis Smith uma prova clara de que Ron não estava envolvido. Annette e Renee também acreditavam nisso.

Ambas viviam de modo frugal: criando os filhos, trabalhando ocasionalmente, pagando as contas e economizando dinheiro quando possível. Não tinham dinheiro para contratar um advogado criminalista para defendê-lo. Annette falou com David Morris, mas ele não tinha interesse pelo caso. John Tanner estava em Tulsa, longe demais, e seus serviços eram muito caros.

Apesar de Ron tê-las arrastado para o sistema judicial muitas vezes, ainda sim não estavam prontas para sua súbita prisão e para a acusação de assassinato. Amigos se afastaram. Começaram os olhares e os cochichos. Uma conhecida disse a Annette:

– Não é culpa sua. Você não tinha como evitar o que seu irmão fez.

– Meu irmão não é culpado – revidou Annette.

Ela e Renee repetiam isso o tempo todo, mas poucas pessoas queriam ouvir. Esqueça a presunção de inocência. Os policiais tinham o culpado; por que prenderiam Ron se ele fosse inocente?

O filho de Annette, Michael, na época com 15 anos e no segundo ano do ensino médio, sofreu durante uma discussão em sala sobre os acontecimentos atuais na cidade, e o principal era a prisão de Ron Williamson e Dennis Fritz por assassinato. Como seu sobrenome era Hudson, nenhum dos colegas de turma sabia que o tio de Michael era o acusado do crime. A maior parte da turma via os dois homens com maus olhos. Annette foi à escola na manhã seguinte e resolveu a questão. O professor se desculpou profundamente e prometeu redirecionar as discussões em sala.

Renee e Gary Simmons moravam em Chickasha, a uns 150 quilômetros dali, e a distância lhes dava algum alívio. Annette, contudo, nunca havia se mudado de Ada, e, ainda que agora quisesse desesperadamente fugir, precisava ficar e apoiar seu irmão mais novo.

NO DOMINGO, 10 de maio, o *Ada Evening News* publicou uma matéria de primeira página sobre as prisões, com uma foto de Debbie Carter. Bill Peterson forneceu a maior parte dos detalhes. Confirmou que o corpo tinha sido exumado e que a impressão misteriosa na verdade pertencia à vítima. Disse que ambos, Dennis Fritz e Ron Williamson, eram suspeitos havia mais de um ano, mas não explicou por quê. Quanto à investigação propriamente dita, falou: "Nós chegamos ao fim da linha nesta investigação há uns seis meses, e começamos a decidir como abordar essas coisas."

De especial interesse foi a notícia de que o FBI tinha se envolvido no caso. Dois anos antes, a polícia de Ada havia pedido sua ajuda. O FBI estudou as provas e deu à polícia um perfil psicológico dos assassinos, mas Peterson não contou isso ao jornal.

No dia seguinte, saiu outra matéria de primeira página, dessa vez com as fotografias de Ron e Dennis tiradas na delegacia no dia da prisão. Mesmo segundo os padrões das fotos de registros policiais, as deles eram ameaçadoras o bastante para garantir condenações.

A matéria repetia os detalhes publicados no dia anterior, especificamente que os dois homens haviam sido presos e acusados de estupro qualificado, estupro com uso de objeto e homicídio qualificado. De modo bastante estranho, as "autoridades" se recusavam a comentar se os dois homens tinham feito declarações sobre o crime. Evidentemente os repórteres de Ada haviam se acostumado tanto com confissões que presumiam que essas declarações eram genéricas para todas as investigações criminais.

Apesar de não divulgarem notícias sobre a confissão de sonho realizada por Ron, as autoridades liberaram o depoimento usado para justificar os mandados de prisão. A matéria citava o depoimento, dizendo "que pelos pubianos e cabelos tinham sido encontrados no corpo e nas roupas de cama da Srta. Carter e eram perfeitamente compatíveis com os de Ronald Keith Williamson e Dennis Fritz".

E os dois homens tinham longas fichas criminais. O total de Ron era de quinze crimes de menor potencial ofensivo – dirigir embriagado e coisas do tipo –, além de uma condenação por falsificação que o mandou para a prisão. Dennis tinha duas prisões por dirigir sob o efeito de álcool, algumas multas de trânsito e a antiga condenação por cultivo de maconha.

Bill Peterson confirmou mais uma vez que o corpo fora exumado para realização de nova análise de uma impressão palmar, que, como foi descoberto, pertencia à vítima. Acrescentou que os dois homens "eram suspeitos do caso há mais de um ano".

A matéria concluía lembrando todo mundo de que "Debbie Carter morrera por asfixia quando uma toalhinha foi enfiada em sua garganta durante o estupro".

NAQUELA MESMA SEGUNDA-FEIRA, Ron foi levado de sua cela, atravessou o gramado até o tribunal, uns cinquenta passos, e fez sua primeira aparição diante do juiz John David Miller, o magistrado que cuidou das questões preliminares. Disse que não tinha advogado e que não sabia se poderia pagar por um. Foi levado de volta à cadeia.

Algumas horas depois, um preso chamado Mickey Wayne Harrell supostamente entreouviu Ron chorando, dizendo: "Sinto muito, Debbie." Isso foi informado imediatamente ao carcereiro. Então Ron supostamente perguntou se Harrell faria uma tatuagem em seu braço, dizendo "Ron Ama Debbie".

Com um novo crime polêmico na pauta de audiências, os boatos fervilhavam na cadeia. A deduragem – sempre presente no cotidiano da prisão, uma vez que os policiais estão sempre muito dispostos a participar – começou a rolar solta. O caminho mais rápido para a liberdade, ou pelo menos para uma redução de pena, era ouvir ou dizer que tinha ouvido um suspeito importante confessar o crime totalmente ou em parte, e depois oferecer isso ao promotor em troca de um acordo favorável. Na maioria dos presídios, dedurar não era uma prática frequente, porque os informantes tinham medo dos outros presos. Em Ada, a deduragem era amplamente praticada porque funcionava bem demais.

DOIS DIAS DEPOIS, Ron foi levado novamente ao tribunal para falar sobre seu representante legal. Apresentou-se diante do juiz John David Miller e as coisas não correram bem. Ainda sem a medicação, foi barulhento e agressivo, e começou gritando:

– Eu não cometi esse assassinato! Estou ficando muito cansado dessas malditas falsas acusações. Sinto muito pela família, mas...

O juiz Miller tentou fazer com que ele parasse, mas Ron queria falar.

– Eu não a matei. Não sei quem a matou. Minha mãe era viva na época e ela sabia onde eu estava.

O juiz Miller tentou explicar a Ron que aquela audiência não era designada para permitir que os réus se defendessem, mas Ron continuou:

– Eu quero que essas acusações sejam retiradas – disse sem parar. – Isso é ridículo.

O juiz Miller perguntou se ele entendia as acusações feitas, e Ron respondeu:

– Eu sou inocente, nunca estive com ela, nunca estive num carro com ela.

Quando seus direitos estavam sendo lidos em voz alta, Ron continuou a esbravejar:

– Estive na prisão três vezes e em todas elas tentaram dizer que eu tinha alguma coisa a ver com esse assassinato.

Quando o nome de Dennis Fritz foi lido em voz alta, Ron interrompeu:

– Esse cara não teve nada a ver com isso. Eu o conheci na época. Ele não foi à Coachlight.

O juiz por fim deu entrada em sua declaração de inocência. Ron foi levado, xingando violentamente. Annette assistia a tudo e chorava baixinho.

Ela ia à cadeia todos os dias, ocasionalmente duas vezes se os carcereiros permitissem. Conhecia a maioria deles e todos conheciam Ronnie, e as regras costumavam ser ligeiramente quebradas para permitir mais visitas.

Ele estava perturbado, ainda sem medicação e precisando de ajuda profissional. Estava irritado e amargurado por ser preso por um crime com o qual não tinha nada a ver. Também estava se sentindo humilhado. Durante quatro anos e meio tinha vivido sob a suspeita de ter cometido um crime indescritível. A suspeita já era ruim o bastante. Ada era seu lar, seu povo, seus amigos atuais e antigos, as pessoas que o viram crescer na igreja, os fãs que se lembravam dele como um grande atleta. Os cochichos e olhares eram dolorosos, mas os havia tolerado durante anos. Ele era inocente, e a verdade, se os policiais um dia a encontrassem, limparia seu nome.

Mas ser preso subitamente, jogado na cadeia e ter a foto de seu rosto publicada na primeira página era devastador.

Ele não tinha certeza se algum dia havia se encontrado com Debbie Carter.

SENTADO NUMA CELA em Kansas City esperando o processo de transferência para mandá-lo de volta a Ada, Dennis Fritz ficava pasmo com a ironia de sua prisão. Homicídio? Durante anos tinha lidado com as consequências do assassinato de sua mulher, e muitas vezes tinha se sentido como sendo ele a vítima em si.

Homicídio? Ele nunca tinha agredido ninguém fisicamente. Era pequeno, franzino, avesso a brigas e violência. Claro, já estivera em muitos bares e em alguns lugares violentos, mas sempre tinha dado um jeito de sair quando as brigas começavam. Quando Ron Williamson não começava a briga, certamente ficava e acabava com ela, mas Dennis não. Ele só era suspeito por conta de sua amizade com Ron.

Dennis escreveu uma longa carta ao *Ada Evening News* para explicar por que estava lutando contra a transferência. Disse que se recusou a voltar com Smith e Rogers porque não podia acreditar que tinha sido acusado do assassinato. Era inocente, não tinha nada a ver com o crime e precisava de um tempo para organizar as ideias. Estava tentando encontrar um bom advogado de defesa e sua família tentava juntar dinheiro.

Resumiu sua participação na investigação. Como não tinha nada a esconder e queria cooperar, fez tudo que a polícia pedia: deu amostras de saliva, digitais, caligrafia, cabelo e pelos (até um fio do bigode); fez dois testes de polígrafo em que, segundo Dennis Smith, ele foi "seriamente reprovado". Dennis Fritz disse que mais tarde descobriu que não havia sido reprovado nos testes de polígrafo.

Quanto à investigação, escreveu: "Durante três anos e meio eles tiveram acesso às minhas digitais, à minha caligrafia e a amostras de cabelo e pelos para comparar com as provas encontradas na cena do crime e a qualquer outra prova, se é que existia alguma, e poderiam já ter me prendido de fato há muito tempo. Mas, segundo seu jornal, seis meses atrás eles haviam chegado ao fim da linha e precisavam decidir como lidar com 'essas coisas'. Não sou idiota e sei que nenhum laboratório de criminologia precisa de três anos e meio para comparar com as evidências as amostras que entreguei voluntariamente."

Dennis, o ex-professor de ciências, havia estudado o uso de cabelo e pelos como prova antes de ter fornecido as suas amostras. Sua carta incluía o seguinte parágrafo: "Como posso ser acusado de estupro e assassinato a partir de provas frágeis como fios de cabelo que só podem distinguir grupos étnicos de pessoas e não características individuais dentro do mesmo grupo de pessoas do mesmo grupo étnico? Qualquer perito na área sabe que pode haver mais de meio milhão de pessoas com a mesma espessura de cabelos e pelos."

Ele concluía com uma desesperada declaração de inocência e fazia a seguinte pergunta: "Sou culpado até que se prove que sou inocente ou inocente até que se prove que sou culpado?"

O CONDADO DE Pontotoc não tinha um defensor público em tempo integral. Os acusados que não pudessem pagar por um advogado deveriam assinar uma declaração de hipossuficiência, e o juiz nomearia um advogado local como defensor dativo.

Como poucas pessoas de posses são acusadas de crimes de maior potencial ofensivo, a maioria dos crimes graves envolvia réus que não podiam pagar por um advogado. Roubos, lesões corporais e crimes relacionados a drogas eram os cometidos pelas classes mais baixas, e, como a maioria dos réus era culpada, os advogados indicados pelos tribunais podiam investigar, interrogar, propor acordos, resolver toda a papelada, arquivar um caso e receber um pagamento muito modesto.

Na verdade, esses honorários eram tão modestos que a maioria dos advogados preferia evitar os processos. O caótico sistema de defesa dativa era cheio de problemas. Os juízes costumavam designar casos para advogados com pouca ou nenhuma experiência em direito criminal. Não havia dinheiro para contratação de peritos e outras despesas.

Nada faz os advogados de uma cidade pequena se dispersarem mais rapidamente do que um caso de homicídio punível com pena de morte. A visibilidade garante que o advogado será observado com atenção enquanto ele luta para proteger os direitos de um réu de classe baixa acusado de algum crime hediondo. As horas exigidas são exaustivas e podem praticamente fechar um pequeno escritório de advocacia. Os honorários não são nada comparados ao trabalho. E as apelações se arrastam para sempre.

O maior medo é que ninguém concorde em representar o acusado, e que o juiz simplesmente atribua o caso a alguém. A maioria dos tribunais em geral está apinhada de advogados durante as sessões, mas se transforma em tumbas vazias quando um réu de homicídio é trazido junto com sua declaração de hipossuficiência. Os advogados fogem para seus escritórios, trancam as portas e desligam os telefones.

TALVEZ O FREQUENTADOR mais inusitado do tribunal de Ada fosse Barney Ward, um advogado cego conhecido por suas roupas elegantes, por viver sem moderações, suas histórias exageradas e a tendência a estar "envolvido" na maioria das fofocas jurídicas em Ada. Ele parecia saber tudo que acontecia no tribunal.

Barney perdeu a visão na adolescência, quando uma experiência de química no ensino médio deu errado. Ele tratou a tragédia como um revés temporário e terminou os estudos. Matriculou-se na East Central em Ada, onde sua mãe atuou como sua leitora. Depois de se formar, foi para Norman e estudou Direito na Universidade de Oklahoma, de novo com a mãe ao seu lado. Concluiu a graduação, passou no exame da ordem, voltou para Ada e se candidatou a promotor do condado. Ganhou e por vários anos atuou como promotor-chefe do condado. Em meados da década de 1950, abriu um escritório particular especializado em defesa criminal e logo ganhou a reputação de forte defensor de seus clientes. Extremamente sagaz, Barney era capaz de farejar pontos fracos nos argumentos da promotoria e atacava as testemunhas da acusação. Ele era um interrogador impetuoso e adorava um bom bate-boca.

Durante um encontro lendário, Barney chegou a dar um soco em outro advogado. Ele e David Morris estavam no tribunal discutindo acerca de evidências. Ambos se sentiam frustrados, as coisas estavam tensas e Morris cometeu o erro de dizer: "Olha, Excelência, até um cego pode enxergar isso." Barney foi para cima dele, ou mais ou menos em sua direção, deu um soco de direita e acertou praticamente em cheio. A ordem foi restaurada. Morris pediu desculpas, mas manteve distância.

Todo mundo conhecia Barney, e ele era visto frequentemente pelo tribunal com sua fiel assistente, Linda, que lia e anotava tudo para ele. De vez em quando usava um cão-guia para ajudá-lo a circular, embora preferisse uma mulher jovem. Os outros advogados o elegeram presidente da seccional da cidade, e não foi por pena. Barney era tão admirado que lhe pediram para participar de um clube de pôquer. Ele arranjou um baralho em braille, disse que só ele poderia distribuir as cartas e logo estava recolhendo todas as fichas. Os outros jogadores decidiram que talvez fosse melhor se Barney jogasse, mas nunca distribuísse as cartas. Seus ganhos diminuíram um pouco.

Todo ano os outros advogados convidavam Barney para o acampamento de caça, uma escapada de uma semana somente para homens, com muito uísque, pôquer, piadas sujas, cozidos encorpados e, se o tempo permitisse, um pouco de caça. O sonho de Barney era matar um cervo. Na floresta seus amigos encontraram um belo macho jovem e manobraram Barney silenciosamente até a posição certa, entregaram-lhe o rifle, ajustaram-no com cuidado e sussurraram: "Fogo." Barney puxou o gatilho e, apesar de ter errado feio, seus amigos disseram que o cervo escapou da morte por muito pouco. Barney contou essa história durante décadas.

Como a maior parte das pessoas que bebem muito, ele por fim precisou parar. Na época estava usando um cão-guia, e o animal teve de ser substituído quando não conseguiu perder o hábito de levar Barney até a loja de bebidas. É claro que ele frequentemente ia até lá, pois, de acordo com uma lenda que resistiu por muito tempo, a loja de uísque faliu quando Barney parou de beber.

Ele adorava ganhar dinheiro e tinha pouca paciência com clientes que não podiam pagar. Seu lema era "Inocente até que se prove falido". Na metade da década de 1980, entretanto, Barney havia passado um pouco do seu auge. Era conhecido por eventualmente deixar algo passar durante um julgamento porque estava dormindo. Usava óculos escuros e grossos que cobriam boa parte do rosto, e os juízes e advogados não conseguiam dizer se ele estava ouvindo ou cochilando. Seus adversários se aproveitavam disso, e a estratégia – sussurrada porque Barney ouvia tudo – era dar um jeito de arrastar um caso ou uma audiência até depois do almoço, entrando pela tarde, quando ele sempre cochilava. Se você conseguisse fazer passar das três da tarde, suas chances de vencer Barney cresciam drasticamente.

Dois anos antes, Barney tinha sido procurado pela família de Tommy Ward, que não era seu parente, mas dispensou o caso. Estava convencido de que Ward e Fontenot eram inocentes, mas preferia não cuidar de casos puníveis com pena de morte. A papelada a ser resolvida era esmagadora e esse não era um dos seus pontos fortes.

Agora ele foi procurado novamente. O juiz John David Miller pediu para Barney defender Ron Williamson. Barney era o advogado criminalista mais experiente do condado, e sua expertise era necessária. Depois de uma breve hesitação, ele concordou. Um advogado idôneo, que conhecia a constituição de trás para frente e acreditava veementemente que todo réu, independentemente de sua impopularidade, merecia uma defesa eficaz.

Em 1º de junho de 1987, Barney Ward foi nomeado pela corte defensor de Ron, seu primeiro cliente passível de ser punido com pena de morte. Annette e Renee ficaram satisfeitas. Elas o conheciam e conheciam sua reputação como um dos melhores criminalistas da cidade.

Advogado e cliente não começaram muito bem. Ron estava cansado da cadeia e a cadeia estava bem cansada dele. As reuniões aconteciam numa pequena sala de visitas perto da porta da frente, um lugar que Barney achava aconchegante demais para ficar com seu cliente indisciplinado. Ele deu um telefonema e marcou um exame para avaliar o estado mental de Ron. Um novo suprimento de clorpromazina foi prescrito, e para alívio de Barney e de todos na cadeia o medicamento funcionou perfeitamente. Na verdade, funcionou tão bem que os guardas lhe davam mais do que o necessário a fim de manter a paz. Ron estava dormindo como um bebê novamente.

Durante uma reunião, no entanto, ele mal conseguia falar. Barney se encontrou com os carcereiros, a dosagem foi reajustada, e Ron voltou à vida.

Em geral, ele não cooperava com o advogado. Oferecia pouca coisa além de um fluxo constante de negativas desconexas. Estava sendo injustamente arrastado para a condenação, exatamente como Ward e Fontenot. Barney estava frustrado desde o dia em que foi nomeado, mas seguiu em frente.

GLEN GORE ESTAVA na cadeia por acusações de sequestro e lesão corporal. Seu defensor – indicado pelo tribunal – era Greg Saunders, um jovem advogado que estava fazendo carreira em Ada. Durante uma reunião com o cliente na cadeia, ele e Gore quase saíram no tapa. Saunders foi até o tribunal, que ficava ao lado, e pediu que o juiz Miller o retirasse do caso. O juiz recusou, então Saunders disse que pegaria o próximo caso de homicídio se pudesse se livrar de Gore. Combinado, disse o juiz Miller, agora você está representando Dennis Fritz no assassinato de Debbie Carter.

Apesar de estar apreensivo por conta de seu novo caso, Greg Saunders estava também empolgado por trabalhar junto a Barney Ward. Quando era aluno da graduação na East Central, ele sonhava em atuar nos tribunais e frequentemente matava aula quando sabia que Barney estava em audiência. Tinha visto Barney estraçalhar testemunhas inconsistentes e intimidar promotores. Barney respeitava os juízes, mas não tinha medo deles, e era capaz de bater papo com os jurados. Jamais usava sua deficiência como muleta, mas em momentos cruciais era capaz de aproveitá-la para despertar compaixão. Para Greg Saunders, Barney era um audiencista brilhante.

Trabalhando de modo independente, mas também trabalhando juntos discretamente, eles apresentaram um caminhão de petições e logo deixaram a promotoria atolada. Em 11 de junho, o juiz Miller convocou uma audiência para discutir questões levantadas tanto pelo Estado quanto pela defesa. Barney estava exigindo uma lista dos nomes de todas as testemunhas que a promotoria esperava usar no caso. A lei de Oklahoma designava que ela fosse divulgada, mas Bill Peterson estava tendo dificuldades em compreendê-la. Barney explicou a lei para ele. O promotor só queria divulgar quais eram as testemunhas que pretendia usar durante a audiência preliminar. Assim, não, disse o juiz Miller, e ordenou que Peterson notificasse tempestivamente a defesa sobre o arrolamento de qualquer nova testemunha.

Barney estava determinado e a maior parte de seus pedidos foi reconhecida. Ele também estava mostrando sinais de frustração. Durante uma conversa, comentou que tinha sido nomeado pelo tribunal e que não queria perder tempo demais no caso. Prometeu fazer um bom trabalho, mas estava preocupado em ser consumido por seu primeiro julgamento de um crime capital.

No dia seguinte apresentou uma petição solicitando um advogado extra para Ron. A promotoria não foi contra, e, em 16 de junho, o juiz Miller nomeou Frank Barber para ajudar Barney. As disputas jurídicas e a enxurrada de petições e documentos continuaram à medida que os dois lados se preparavam para a audiência preliminar.

DENNIS FRITZ FOI posto numa cela não muito longe da de Ron Williamson. Não podia ver Ron, mas definitivamente podia ouvi-lo. Quando não estava medicado demais, Ron gritava constantemente. Durante horas, ficava junto das barras na porta da cela e gritava sem parar: "Sou inocente! Sou inocente!" Sua voz grave e rouca ecoava no prédio abarrotado. Era um animal ferido, numa jaula, precisando desesperadamente de ajuda. Os prisioneiros já estavam estressados de qualquer maneira, mas a voz esganiçada de Ron acrescentava uma camada a mais de ansiedade.

Outros prisioneiros gritavam de volta e o provocavam dizendo que ele tinha matado Debbie Carter. Às vezes, as provocações e os xingamentos eram engraçados, mas em geral davam nos nervos. Os carcereiros transferiram Ron da cela de isolamento para uma coletiva, com uma dúzia de outros presos, um arranjo que se mostrou desastroso. Os homens tinham pouca privacidade e praticamente viviam amontoados. Ron não respeitava o espaço de ninguém. Rapidamente foi feito um abaixo-assinado. Foi firmado pelos outros prisioneiros e requeria que os carcereiros levassem Ron de volta para o isolamento. Para impedir uma rebelião ou uma morte, os guardas concordaram.

Depois disso, houve longos períodos de silêncio, e todos eles, tanto os presos quanto os guardas, puderam respirar aliviados. Logo todo o presídio sabia que John Christian estava de serviço ou que os guardas tinham dado a Ron outra dose tóxica de clorpromazina.

A clorpromazina o acalmava, embora às vezes houvesse efeitos colaterais.

Frequentemente fazia suas pernas coçarem, e a "dança da clorpromazina" se tornou parte da rotina da cadeia, sempre que Ron se levantava junto à grade da cela e ficava se balançando de um lado para outro durante horas.

Dennis falava com ele e tentava acalmá-lo, mas isso não adiantava. Os lamentos de Ron dizendo que era inocente eram dolorosos de se ouvir, especialmente para Dennis, que o conhecia melhor. Era óbvio que Ron precisava de muito mais do que um frasco de comprimidos.

AS DROGAS NEUROLÉPTICAS são sinônimos de tranquilizantes e antipsicóticos, usadas principalmente em esquizofrênicos. A clorpromazina é um neuroléptico e tem uma história deturpada. Na década de 1950, começou a inundar os hospitais psiquiátricos públicos. É uma droga poderosa que reduz fortemente a consciência e a atenção. Os psiquiatras que são a favor do medicamento dizem que ele cura o paciente ao alterar ou reparar a química defeituosa do cérebro.

Mas os críticos, que são mais numerosos do que os apoiadores, citam diversos estudos que mostram que a droga produz uma longa e assustadora lista de efeitos colaterais. Sedação, sonolência, letargia, dificuldade de concentração, pesadelos, problemas emocionais, depressão, desespero, falta de interesse espontâneo em relação ao que está ao redor, embotamento da consciência do paciente e do controle motor. A clorpromazina é tóxica para a maioria das funções cerebrais e perturba quase todas elas.

Seus críticos mais ferozes a chamaram de "nada mais do que uma lobotomia química". Dizem que o único propósito real da clorpromazina é economizar dinheiro para os hospitais psiquiátricos e prisões, e tornar os pacientes e presos mais controláveis.

A clorpromazina de Ron era ministrada pelos carcereiros, às vezes com instruções de seu advogado. Quase sempre, contudo, não havia supervisão. Ele recebia um comprimido quando fazia barulho demais.

APESAR DE DENNIS Fritz ter permanecido em Ada durante quatro anos depois do assassinato, considerava-se que ele apresentava risco de fuga. Assim como a de Ron, sua fiança era exorbitante e estava fora de questão. Como todos os réus, presumia-se que fossem inocentes, mas eram mantidos na cadeia para não fugirem e não ficarem à solta nas ruas matando outras pessoas.

A presunção era de inocência, mas eles esperariam quase um ano até o julgamento.

ALGUNS DIAS DEPOIS de Dennis chegar à cadeia, um homem chamado Mike Tenney apareceu subitamente do lado de fora da sua cela. Tenney era gordo, careca e não falava bem, mas mesmo assim tinha um sorriso grande e um jeito amigável, e tratou Dennis como um velho amigo. E queria desesperadamente conversar sobre o assassinato de Debbie Carter.

Dennis estivera em Ada por tempo suficiente para saber que a cadeia era um esgoto de dedos-duros, mentirosos e gente gostava de apunhalar os outros pelas costas, e sabia que qualquer conversa com qualquer um poderia ser repetida num tribunal numa versão deturpada contra o réu. Todo prisioneiro, guarda, policial, curador, faxineiro, cozinheiro, todo mundo era um dedo-duro em potencial, ansioso para captar detalhes e depois vender as informações aos policiais.

Tenney disse que era novo no lugar e que era carcereiro, mas na verdade ainda não estava na folha de pagamento do condado. Mesmo sem ser solicitado e certamente não se baseando em conhecimento ou experiência, Tenney tinha muitos conselhos para Dennis. Na sua opinião, Dennis estava metido em sérios problemas, correndo o risco de ser condenado à morte, e a melhor forma de salvar sua pele era abrir o jogo, confessar, fazer um trato com Peterson, da promotoria, e jogar a culpa em Ron Williamson.

Peterson seria justo.

Dennis apenas ouvia.

Tenney não o deixava em paz. Voltava todo dia, balançando a cabeça de modo sério diante do sofrimento de Dennis, falando sem parar sobre o sistema e sobre como achava que ele funcionava, dando-lhe gratuitamente sábios conselhos.

Dennis apenas ouvia.

UMA AUDIÊNCIA PRELIMINAR foi marcada para 20 de julho, diante do juiz John David Miller. Como na maioria das jurisdições, essas audiências eram cruciais em Oklahoma, porque o Estado era obrigado a mostrar suas cartas, exibir ao tribunal e a todo mundo quem seriam suas testemunhas, e o que elas diriam.

Na audiência preliminar, o desafio para o promotor era apresentar provas suficientes para convencer o juiz de que havia bases razoáveis de que o réu era culpado, ao mesmo tempo que não revelava tudo para a defesa. Era uma espécie de blefe, uma jogada de risco.

No entanto, o promotor normalmente tinha pouca coisa com que se preocupar. Os juízes tinham dificuldades em ser reeleitos se recusassem acusações criminais.

Mas, com provas tão frágeis contra Dennis e Ron, Bill Peterson precisou se esforçar bastante na audiência preliminar. Tinha tão pouca coisa a oferecer que não podia deixar de apresentar nada. O jornal da cidade estaria lá, ansioso para reproduzir cada palavra. Três meses depois da publicação, *The Dreams of Ada* ainda provocava discussões acaloradas na cidade. A audiência preliminar seria o primeiro desempenho de Peterson num julgamento importante desde o lançamento do livro.

Um público razoável se reuniu no tribunal. A mãe de Dennis Fritz estava lá, assim como Annette Hudson e Renee Simmons. Peggy Stillwell, Charlie Carter e suas duas filhas chegaram cedo. Os frequentadores habituais – advogados entediados, fofoqueiros, funcionários à toa, aposentados sem ter o que fazer – aguardavam para dar a primeira boa olhada nos dois assassinos. Faltavam meses para o julgamento, mas os testemunhos preliminares estavam prestes a começar.

Antes da audiência, só por diversão, a polícia de Ada informou a Ron que Dennis Fritz tinha acabado de fazer uma confissão completa implicando os dois no estupro e no assassinato. Essa informação impactante deixou Ron fora de si.

Dennis estava sentado em silêncio com Greg Saunders junto à mesa da defesa, examinando alguns documentos, esperando o início da audiência. Ron estava sentado ali perto, ainda algemado e acorrentado, olhando para Dennis como se quisesse esganá-lo. De repente, sem aviso, Ron deu um pulo da cadeira e começou a gritar com Fritz, que estava a pouco mais de um metro de distância. Uma mesa voou pelos ares e caiu em cima da assistente de Barney, Linda. Dennis escapou rapidamente e foi para perto do banco das testemunhas, enquanto os guardas foram para cima de Ron.

– Dennis! Seu filho da puta imprestável! – gritou ele. – Nós vamos resolver isso agora mesmo! – Sua voz rouca e grave ressoou no tribunal.

Barney foi atingido e caiu da cadeira. Os guardas agarraram Ron, o derrubaram e tentaram dominá-lo. Ele estava chutando e se sacudindo feito louco, e os guardas estavam tendo dificuldade. Dennis, Greg Saunders e os funcionários do tribunal se afastaram na mesma hora, admirando incrédulos o amontoado de homens no meio da sala.

Demoraram um bom tempo para dominar Ron, que era maior do que qualquer um dos guardas. Enquanto o arrastavam para longe, ele despejou uma enxurrada de palavrões e ameaças para Dennis.

Quando a poeira baixou, as mesas e cadeiras foram rearrumadas e todos respiraram fundo. Barney não viu a confusão, mas soube que estivera no meio dela. Ele se levantou e disse:

– Quero que fique registrado que estou entrando com um pedido para ser retirado do caso. Esse rapaz não quer cooperar. Se ele estivesse me pagando, eu não estaria aqui. Não posso representá-lo, Excelência, simplesmente não posso. Não sei quem vai conseguir, mas eu não vou. E eu, se não for liberado aqui, vamos ver se não consigo no tribunal de apelação. Não vou mais tolerar isso. Estou velho demais, Excelência. Não quero ter nada a ver com ele, em nenhuma hipótese. Não faço ideia se ele é culpado, isso não tem nada a ver com a decisão, mas não vou mais tolerar isso. Quando a gente menos esperar ele vai partir para cima de mim; e, quando fizer isso, vai ter problemas, e eu provavelmente terei mais problemas ainda.

O juiz Miller respondeu de pronto:

– O pedido da defesa será negado.

ANNETTE E RENEE ficaram de coração partido ao testemunharem o irmão agir como louco e vê-lo todo cheio de correntes. Ele estava doente e precisava de ajuda, um bom período numa instituição mental com bons médicos que pudessem deixá-lo bem. Como o estado de Oklahoma podia levá-lo a julgamento quando era tão óbvio que ele estava doente?

Do outro lado do corredor, Peggy Stillwell observou aquele homem insano e estremeceu pensando na violência que ele infligira a sua filha.

* * *

ALGUNS MINUTOS DEPOIS de restaurada a ordem, o juiz Miller ordenou que Ron fosse trazido de novo. Na sala de custódia, os guardas tinham explicado a Ron que seu comportamento era inadequado para uma audiência judicial e que qualquer outra explosão seria encarada de forma severa. No entanto, quando o reconduziram ao tribunal e ele viu Dennis Fritz, começou a xingá-lo. O juiz o mandou de volta para a cadeia, tirou todos os espectadores do tribunal e esperou uma hora.

Na cadeia, os guardas intensificaram as advertências, mas Ron não se importou. Confissões falsas eram bastante comuns no condado de Pontotoc, e ele não podia acreditar que os guardas tinham arrancado uma de Dennis. Ron era inocente e estava decidido a não ser processado como Ward e Fontenot. Se pudesse pôr as mãos em Dennis, arrancaria a verdade dele.

Sua terceira entrada foi idêntica às duas primeiras. Enquanto pisava na sala, ele gritou:

– Fritz, a gente vai resolver isso agora. Eu e você, a gente vai resolver.

O juiz Miller o interrompeu, mas Ron não sossegou.

– Nós dois vamos resolver isso – gritou para Dennis. – Eu nunca matei ninguém.

– Segurem-no – disse o juiz aos guardas. – Sr. Williamson, se houver outra explosão de raiva esta audiência será feita sem sua presença.

– Por mim, tudo bem – contra-atacou Ron.

– Certo, o senhor entende…

– Prefiro não estar aqui. Se não se importa, prefiro voltar à minha cela.

– O senhor abre mão do direito de estar presente na audiência preliminar?

– Sim, abro.

– Ninguém o está ameaçando ou o forçando a fazer isso, essa decisão é pessoal…

– Eu sou a ameaça – disse Ron rispidamente, olhando para Dennis.

– Alguém ameaçou o senhor… esta é sua decisão pessoal de abrir mão dos seus…?

– Eu disse que eu sou a ameaça.

– Está bem. O senhor não quer participar desta audiência, correto?

– Correto.

– Está bem. Podem levá-lo de volta à cadeia do condado. Os registros do tribunal indicarão que o réu Ronald K. Williamson abre mão dos direitos de comparecer a este tribunal devido a seus rompantes de raiva e ao total descontrole. E o tribunal considera que esta audiência não pode ser feita com sua presença com base... com base nas declarações proferidas a esta corte e aos rompantes de raiva.

Ron foi para a sua cela e a audiência preliminar continuou.

EM 1956, A Suprema Corte dos Estados Unidos, num caso conhecido como Bishop versus Estados Unidos, determinou que a condenação de uma pessoa mentalmente incapaz era uma violação ao devido processo legal. Caso exista dúvida em relação à capacidade mental do réu, a ausência de exame adequado representa uma privação de seus direitos constitucionais.

Depois de Ron Williamson ter passado dois meses na cadeia, nenhum dos envolvidos em sua condenação ou em sua defesa questionou sua capacidade mental. As evidências eram gritantes. Seu histórico médico era amplo e estava à disposição do tribunal. Seus gritos na cadeia, ainda que às vezes regulados pela administração errática de medicamentos por parte do seu advogado e dos carcereiros, eram alertas claros. Sua reputação em Ada era bem conhecida, especialmente pela polícia.

E seu comportamento no tribunal já tinha sido visto. Dois anos antes, quando o Estado tentou revogar a suspensão da sentença pela acusação de fuga, ele perturbou tanto a audiência que foi mandado para avaliação numa instituição mental. A audiência era presidida por John David Miller, o mesmo juiz que agora comandava a audiência preliminar. Naquela ocasião, foi o juiz Miller que o considerou mentalmente incapaz.

Agora, dois anos depois e diante da possibilidade da pena de morte, o juiz Miller não via necessidade de questionar o estado mental de Ron.

O estatuto de Oklahoma permitia a um juiz, inclusive um juiz presidindo uma audiência preliminar, suspender o processo se a capacidade de um réu fosse questionada. Não era necessário nenhum pedido por parte da defesa. A maioria dos advogados argumentaria enfaticamente que seu cliente tinha um histórico de problemas mentais e deveria passar por uma avaliação, mas mesmo na ausência desse pedido o dever do juiz continuava a ser o de proteger os direitos constitucionais do réu.

* * *

O SILÊNCIO DO juiz Miller deveria ter sido quebrado por Barney Ward. Como advogado de defesa, ele poderia ter exigido uma avaliação psicológica completa do cliente. O passo seguinte seria buscar uma audiência de capacidade, o mesmo procedimento a que David Morris tinha recorrido dois anos antes. Um último passo seria uma alegação de insanidade mental.

Com Ron fora do tribunal, a audiência preliminar aconteceu de modo calmo e ordenado. Ela se estendeu por vários dias, e Ron jamais saiu de sua cela. Se ele tinha capacidade suficiente para colaborar com a própria defesa, isso já não importava mais.

O DR. FRED Jordan testemunhou primeiro e descreveu a autópsia e a causa da morte: asfixia provocada pelo cinto em volta do pescoço ou pela toalhinha enfiada na boca, provavelmente as duas coisas.

As mentiras começaram com a segunda testemunha, Glen Gore, que testemunhou que na noite de 7 de dezembro estava na Coachlight com alguns amigos, dentre eles Debbie Carter, uma garota com quem ele tinha estudado e que conhecia havia bastante tempo. Num determinado momento da noite, ela pediu para Gore "salvá-la" ou "resgatá-la", porque Ron Williamson estava lá, também, e a estava importunando.

Ele não viu Dennis Fritz na Coachlight em 7 de dezembro.

Respondendo às perguntas da defesa, Gore disse que contou à polícia sobre isso em 8 de dezembro, mas o relatório do interrogatório não menciona Ron Williamson. E o relatório policial não foi submetido à defesa, como estabeleciam as normas processuais.

Assim, Glen Gore se tornou a única testemunha com evidência direta contra Ron. Ao colocá-lo em contato e em conflito com Debbie Carter apenas algumas horas antes do assassinato, ele tecnicamente estabelecia o elo entre assassino e vítima. Todas as demais evidências se tornaram circunstanciais.

Apenas um promotor decidido como Bill Peterson teria a ousadia de permitir que um criminoso como Glen Gore chegasse perto de seu processo. Gore fora levado à audiência preliminar algemado e acorrentado. Estava cumprindo pena de quarenta anos por invasão de domicílio, sequestro e tentativa de homicídio contra um policial. Cinco meses antes Gore tinha invadido a casa de sua ex-mulher, Gwen, e a feito refém junto com sua filha pequena. Estava bêbado e as manteve sob a mira de uma arma por cinco horas. Quando um policial, Rick Carson, espiou por uma janela, Gore apontou, atirou e acertou Carson no rosto. Por sorte, o ferimento não foi grave. Antes de ficar sóbrio e se render, Gore também atirou em outro policial.

Não era sua primeira briga violenta com Gwen. Em 1986, já na reta final de um casamento conturbado, Gore foi acusado de invadir a casa de Gwen e furá-la diversas vezes com uma faca de açougueiro. Ela sobreviveu e o denunciou, e Gore foi acusado duas vezes por invasão de domicílio, uma por lesão corporal com arma branca.

Dois meses antes, tinha sido acusado de lesão corporal ao tentar estrangular Gwen.

Em 1981, fora acusado de invadir a casa de outra mulher. Além disso Gore tinha uma acusação por lesão corporal de seu tempo no Exército, e uma longa lista de condenações por pequenos delitos.

Uma semana depois de seu nome ser apresentado como testemunha adicional contra Ron Williamson, um pedido de acordo foi apresentado. De uma só vez, uma acusação por sequestro e outra por lesão corporal com arma branca foram retiradas. Quando Gore recebeu a sentença, os pais de sua ex-mulher mandaram uma carta para o tribunal implorando por uma longa sentença. Um trecho da carta dizia: "Queremos alertá-los do quanto esse homem é perigoso. Ele pretende matar nossa filha, nossa neta e a nós. Ele disse isso pessoalmente. Nós fizemos um esforço tremendo para tornar a casa da nossa filha à prova de invasão, mas tudo fracassou. Entrar em detalhes sobre todas as vezes que ele a atacou tornaria esta carta longa demais. Por favor, deem tempo suficiente à nossa filha para criar nossa neta antes que ele saia da prisão e o terror recomece, para que a menina jamais precise passar por isso outra vez."

Durante anos, Barney Ward tinha suspeitado de que Glen estava envolvido no assassinato de Debbie. Ele era um criminoso de carreira, com histórico de violência contra mulheres, e foi a última pessoa a ser vista com a vítima. Era incompreensível que a polícia mostrasse tão pouco interesse por ele.

As digitais de Gore jamais foram submetidas ao DIEO para análise. Foram submetidas digitais de 44 pessoas, mas não as dele. Em determinado momento, ele concordou em fazer um teste do polígrafo, o que jamais aconteceu. A polícia de Ada perdeu as primeiras amostras de cabelo e pelos fornecidas por Gore, cerca de dois anos depois do assassinato. Então ele forneceu outras, e talvez outras mais. Ninguém sabia ao certo.

Barney, com sua incrível capacidade de lembrar de fofocas de tribunal, acreditava firmemente que Gore, na verdade, deveria ter sido investigado pela polícia.

E sabia que seu garoto, Ronnie Williamson, era inocente.

O MISTÉRIO ENVOLVENDO Gore foi parcialmente explicado catorze anos depois da audiência preliminar. Ainda na prisão, Gore assinou uma declaração em que dizia que no início da década de 1980 vendia drogas em Ada. Mencionou metanfetamina. Policiais de Ada estavam envolvidos em algumas de suas transações, especificamente um tal de Dennis Corvin, que Gore descreveu como "fornecedor primário" e que frequentava o Harold's Club, onde Gore trabalhava.

Quando Gore lhes devia dinheiro, eles o detinham sob acusações falsas, mas na maior parte do tempo os policiais o deixavam em paz. Sob juramento, ele afirmou na declaração: "No entanto, durante a maior parte do tempo no início da década de 1980, eu sabia que estava recebendo tratamento privilegiado por parte dos policiais de Ada porque estava envolvido com eles na venda de drogas."

E mais, "que esse tratamento privilegiado terminou quando não me envolvi mais em vendas de drogas com a polícia de Ada".

Ele culpou o fato de "não estar mais repassando drogas para os policiais de Ada" por sua sentença de quarenta anos.

Com relação a Ron, em 2001 Gore disse que não sabia se ele estava na Coachlight na noite do assassinato. Os policiais lhe mostraram uma série de fotos, apontaram para Ron e explicaram que aquele era o homem em quem estavam interessados. "Em seguida, recomendaram explicitamente que eu identificasse o Sr. Williamson. Até hoje não sei se Ron Williamson estava no bar na noite em que Debbie Carter desapareceu. Fiz a identificação porque sabia que a polícia esperava por isso.

O depoimento de Gore foi preparado por um promotor e revisado por seu advogado antes de ele assinar.

A TESTEMUNHA SEGUINTE apresentada pelo Estado era Tommy Glover, frequentador da Coachlight e uma das últimas pessoas a ver Debbie viva.

Sua lembrança inicial era de que ela estava falando com Glen Gore no estacionamento, e que ela o havia empurrado antes de ir embora de carro.

Mas, quatro anos e sete meses depois, ele se lembrava das coisas de um modo um pouco diferente. Na audiência preliminar Glover testemunhou que viu Gore falar com Debbie e que ela entrou no carro e foi embora. Nada mais, nada menos.

Charlie Carter testemunhou em seguida e contou a história de como encontrou sua filha na manhã de 8 de dezembro de 1982.

O agente Jerry Peters, do DIEO, um "especialista em cenas de crime", foi chamado ao banco das testemunhas. Não demorou muito até se complicar. Barney farejou algo errado e pressionou Peters quanto às versões divergentes sobre a impressão palmar no *drywall*. Uma opinião firme em março de 1983 e depois, surpresa, uma virada de 180 graus em maio de 1987. O que levou Peters a repensar sua versão inicial de que a impressão palmar não pertencia a Debbie Carter, Ron Williamson ou Dennis Fritz? Poderia ser porque essa opinião não ajudava muito a acusação?

Peters admitiu que nada havia acontecido ao longo de quatro anos, mas então um telefonema de Bill Peterson no início de 1987 o levou a repensar a avaliação anterior. Depois da exumação e da coleta de uma nova impressão, de repente ele mudou de ideia e fez um relatório que era exatamente o que a promotoria desejava.

Greg Saunders se juntou ao ataque em nome de Dennis Fritz, e ficou óbvio que a prova fora remodelada. Mas era apenas uma audiência preliminar, e não um julgamento que exigisse evidências além de qualquer dúvida razoável.

Peters também testemunhou que, das 21 digitais encontradas no apartamento e no carro, dezenove pertenciam à própria Debbie Carter, uma a Mike Carpenter, uma a Smith e nenhuma a Dennis ou Ron.

A ESTRELA DA promotoria era a espantosa Terri Holland. De outubro de 1984 a janeiro de 1985 Holland estivera presa na cadeia de Pontotoc por falsificação de cheques. Da forma como estavam os assassinatos não solucionados em Oklahoma, foram quatro notáveis e produtivos meses.

Primeiro ela disse ter ouvido que Karl Fontenot admitiu tudo sobre o sequestro e assassinato de Denice Haraway. Ela testemunhou no primeiro julgamento de Ward e Fontenot, em setembro de 1985, e deu ao júri todos os detalhes sinistros que os detetives Smith e Rogers tinham fornecido a Tommy Ward durante a confissão dele. Depois de testemunhar, ela recebeu uma sentença leve pela acusação de falsificação, apesar de acumular duas condenações prévias. Ward e Fontenot foram para o corredor da morte; Terri Holland fugiu do condado.

Deixou para trás algumas fianças não pagas no tribunal e coisas assim, nada que as autoridades levariam a sério em circunstâncias normais. Mas eles a encontraram e a trouxeram de volta. Diante de novas acusações, de repente ela tinha algumas novidades sensacionais para os investigadores. Quando estava na cadeia ouvindo a história de Fontenot, também ouviu Ron Williamson fazer uma confissão completa.

Que sorte incrível dos policiais! Não só haviam gerado uma confissão de sonho – sua ferramenta de investigação predileta –, como agora tinham uma nova informante, sua segunda arma predileta.

Holland foi evasiva ao explicar por que não tinha contado a ninguém sobre a confissão de Ron até um belo dia na primavera de 1987. Mais de dois anos tinham se passado sem nenhuma palavra. Jamais foi questionada sobre a pressa em contar a Smith e Rogers sobre as confissões de Fontenot.

No banco das testemunhas, durante a audiência preliminar, ela pôde desenvolver muito bem sua narrativa. Na ausência de Ron, Terri estava livre para criar todo tipo de histórias. Contou um episódio em que ele gritou com a mãe pelo telefone e disse: "Eu mataria você, como matei Debbie Carter."

O único telefone na cadeia ficava numa parede na sala da frente. Nas raras ocasiões em que os presos tinham permissão de telefonar, eram obrigados a se debruçar por cima de um balcão, se esticar para pegar o fone e falar na presença de quem quer que estivesse trabalhando na recepção. Era improvável, se não impossível, que outro preso ouvisse a conversa.

Terri Holland testemunhou que Ron telefonou uma vez para uma igreja, pediu cigarro a alguém de lá e ameaçou queimar o local se eles não lhe arrumassem alguns.

De novo, ninguém podia confirmar essa declaração. E Terri não foi interrogada sobre a organização do espaço na cadeia e como, exatamente, uma prisioneira podia chegar tão perto dos homens.

Peter a orientou:

– Alguma vez você o ouviu dizer o que ele tinha feito com Debbie Carter?

– Sim, ele estava falando na área das celas coletivas. Foi logo depois que levaram Tommy Ward e Karl Fontenot.

– O que ele disse lá com relação ao que tinha feito com Debbie Carter?

– Ele só disse que… não sei como dizer. Ele disse que ela se achava melhor do que ele, e que ele tinha mostrado para aquela vagabunda que ela não era.

– Mais alguma coisa?

– Ele disse que a obrigou a fazer amor com ele, só que não foi assim que ele falou. Nem me lembro de como ele falou. Disse que enfiou um vidro de Coca… de ketchup no cu dela e a calcinha dela na garganta, e que deu uma lição nela.

Bill Peterson continuou fazendo perguntas sugestivas:

– Ele disse algo no sentido de que Debbie deveria ter cedido a ele?

– É, ele tinha tentado transar com ela, e ela não queria nada com ele, e ele disse que ela ficaria melhor se deixasse de frescura e desse para ele.

– E que ele não teria precisado fazer o quê? – perguntou Peterson, desesperado para instigar sua frágil testemunha.

– Não teria precisado matar a mulher.

Era notável que Bill Peterson, uma autoridade do tribunal, encarregado de buscar a verdade, pudesse produzir tamanho lixo.

Uma parte fundamental do serviço do dedo-duro é a contrapartida. Terri Holland conseguiu um acordo para escapar dos problemas e da cadeia. Ela se comprometeu com um plano mensal de restituição, mas logo deixou os pagamentos de lado.

NA ÉPOCA, POUCAS pessoas sabiam que Terri Holland tinha uma história com Ron Williamson. Anos antes, quando vendia produtos da Rawleigh em Ada, ele se deparou com uma oportunidade de sexo casual. Bateu a uma porta e uma voz feminina disse para ele entrar. Quando o fez, uma mulher chamada Marlene Keutel apareceu, completamente nua. Parecia não haver mais ninguém em casa, e uma coisa levou a outra.

Marlene Keutel era mentalmente instável, e uma semana depois desse episódio cometeu suicídio. Ron voltou várias vezes para lhe vender mais produtos, mas nunca a encontrou em casa. Não sabia que ela estava morta.

Terri Holland era irmã dela. Pouco depois do contato sexual, Marlene contou a história a Terri e disse que Ron a havia estuprado. Nenhuma ocorrência foi registrada; isso não foi sequer cogitado. Mesmo sabendo que a irmã era louca, Terri ainda acreditava que Ron era responsável pela morte de Marlene. Ron já havia se esquecido daquela rapidinha havia muito tempo, e não fazia ideia de quem era Terri Holland.

O PRIMEIRO DIA da audiência preliminar se arrastou com o penoso testemunho de Dennis Smith, que descreveu em detalhes a cena do crime e a investigação. A única surpresa veio quando Smith abordou os vários escritos deixados pelos assassinos: a mensagem rabiscada na parede com esmalte vermelho, o "Não procura nós senão" com ketchup na mesa da cozinha, e as palavras quase ilegíveis na barriga e nas costas de Debbie. Os detetives Smith e Rogers achavam que aquela grafia poderia ser identificável. Assim, quatro anos antes, pediram que Dennis Fritz e Ron Williamson escrevessem algo num cartão branco.

Os detetives não possuíam praticamente nenhuma experiência em análise grafotécnica, mas, de forma pouco surpreendentemente, sentiram que tinham identificado uma semelhança. As amostras fornecidas por Fritz e Williamson, palavras escritas a caneta num cartão, eram curiosamente parecidas com a mensagem em esmalte vermelho escrita numa parede e com o ketchup espalhado na cozinha.

Eles levaram as suspeitas a um agente não identificado do DIEO e, segundo Smith, esse agente corroborou e lhes deu uma confirmação "verbal".

Interrogado por Greg Saunders, Smith testemunhou:

– Bom, a letra, segundo a pessoa com quem falamos, era semelhante à que encontramos na parede do apartamento.

– E a da mesa?

– As duas eram semelhantes.

Alguns minutos depois Barney pressionou Smith sobre a análise grafotécnica. Perguntou se Smith tinha um relatório do DIEO sobre a letra de Ron.

– Não foram submetidas a análise – admitiu Smith.

Barney ficou incrédulo. Por que não foram submetidas ao DIEO? Eles têm especialistas. Talvez pudessem ter eliminado Ron e Dennis como suspeitos.

Smith ficou na defensiva:

– Havia similaridades nas letras, mas, sabe, isso foi baseado em nossas observações, e nada realmente científico. Quero dizer, nós estávamos... você sabe, nós vimos as semelhanças; mas, você sabe, comparar dois tipos de escrita assim é quase impossível. Você tem coisas escritas com um pincel, tem coisas escritas com um lápis, e são dois tipos diferentes de escrita.

Barney retrucou:

– Bom, o senhor não está tentando dizer a este tribunal que existe a possibilidade de esses dois rapazes, Dennis Fritz e Ronnie Williamson, terem se revezado com o pincel de unhas, ou pincel de esmalte, e terem escrito uma declaração sobre Jim Smith e o outro, o senhor sabe, um deles escreveu uma letra e simplesmente ficaram se alternando, ou alguma coisa dessa natureza, que faria o senhor chegar às mesmas conclusões, está?

– Não, mas acho que nossa opinião foi de que os dois participaram da escrita, não necessariamente no mesmo texto escrito, mas, você sabe, havia várias coisas diferentes escritas no apartamento.

Apesar de o testemunho da escrita ter sido feito na audiência preliminar para ajudar no avanço do processo, ele iria se mostrar frágil demais até mesmo para Bill Peterson usá-lo no julgamento.

NO FIM DO primeiro dia o juiz Miller estava preocupado com a ausência de Ron. Ele chamou os advogados e expressou suas preocupações.

– Fiz algumas leituras sobre a ausência do réu. Vou solicitar que o Sr. Williamson seja trazido de novo por volta das 8h45, e vou perguntar mais uma vez se ele quer estar presente ou não. Se ele quiser, vai retornar.

E o Dr. Barney acrescentou, solícito:

– O senhor quer que eu administre 100 miligramas de...

– Não estou lhe dizendo o que fazer – interrompeu o juiz Miller.

Às 8h45 da manhã seguinte, Ron foi escoltado até o tribunal. O juiz Miller se dirigiu a ele, dizendo:

– Sr. Williamson, ontem o senhor expressou o desejo de não estar presente na audiência preliminar.

– Eu nem queria estar aqui – disse Ron. – Não tenho nada a ver com esse assassinato. Nunca... não sei quem a matou. Não sei nada sobre esse assunto.

– Certo. Sua conduta e seu comportamento agressivo... o senhor pode reivindicar o direito de estar presente, se assim o desejar, mas terá de prometer e estar disposto a não causar tumultos. E terá de fazer isso para reivindicar esse direito. O senhor deseja estar presente?

– Não, não quero estar aqui.

– E o senhor entende que tem o direito de estar aqui e de ouvir todos os testemunhos?

– Não quero estar aqui. Não posso evitar o que quer que vocês façam. Estou cansado de ficar maluco com isso. Já sofri demais; eu simplesmente não quero estar aqui.

– Está bem, e essa é a sua decisão. O senhor não deseja estar presente?

– Correto.

– E está abrindo mão do direito de confrontar as testemunhas fazendo o que a Constituição permite?

– Sim, estou. Vocês todos podem me acusar de uma coisa que eu não fiz. Todos vocês podem fazer o que quiserem. – Então Ron olhou para Gary Rogers e disse: – Você me dá medo, Gary. Você pode me acusar depois de quatro anos me importunando, senhor, vocês todos podem fazer isso, porque vocês é que estão no controle, e não eu.

Ron foi levado de volta à cadeia e a audiência foi retomada com o testemunho de Dennis Smith. Gary Rogers veio em seguida, com uma narrativa tediosa sobre a investigação, depois os agentes do DIEO Melvin Hett e Mary Long testemunharam sobre a perícia relacionada ao caso: impressões digitais, análise de cabelos e pelos e componentes do sangue e da saliva.

Depois de o Estado encerrar sua participação, Barney convocou dez testemunhas: todos carcereiros ou antigos guardas. Nenhum se lembrava de ter ouvido nada vagamente parecido com o que Terri Holland disse ter escutado.

Quando os testemunhos acabaram, Barney e Greg Saunders pediram que o tribunal retirasse as acusações de estupro, porque elas não tinham sido feitas até três anos depois do crime, como era exigido pela lei de Oklahoma. O assassinato não tem nenhum estatuto que imponha limites, mas todos os outros crimes têm. O juiz Miller disse que decidiria sobre essa petição em outra data.

Dennis Fritz parecia sobrar em meio àquela confusão. O foco da acusação de Peterson era obviamente Ron Williamson, e as testemunhas principais – Gore, Terri Holland, Gary Rogers (com a confissão de sonho) – falaram contra Ron. A única prova que ligava Fritz remotamente ao assassinato era o testemunho da análise de cabelos e pelos dado por Melvin Hett.

Greg Saunders argumentou longa e enfaticamente que o Estado não tinha conseguido provar um motivo para que Dennis Fritz estivesse ligado ao assassinato. O juiz Miller disse que iria analisar o caso.

Barney se juntou ao embate com vigor, apresentando uma petição para retirar todas as acusações devido à fragilidade das provas, e Greg o acompanhou. Quando o juiz Miller não tomou uma decisão de imediato, quando ficou claro que ele estava avaliando o mérito das petições da defesa, a polícia e os promotores perceberam que precisavam de mais provas.

OS ESPECIALISTAS CIENTÍFICOS têm grande peso para os jurados, especialmente em cidades pequenas, e quando estes especialistas são funcionários do Estado e a promotoria os convoca para testemunhar contra os réus, suas opiniões são consideradas inquestionáveis.

Barney e Greg Saunders sabiam que o testemunho do pessoal do DIEO sobre pelos e impressões digitais era suspeito, mas precisavam de alguma ajuda para questioná-lo. Eles teriam permissão para interrogá-los e tentar desacreditá-los, mas também sabiam que raramente os advogados vencem essas batalhas. É difícil encurralar especialistas, e os jurados ficam confusos rapidamente. O que a defesa precisava era de um ou dois especialistas do seu lado.

Eles apresentaram uma petição requisitando esse tipo de ajuda. Essas petições eram apresentadas quase sempre, mas raramente eram concedidas. Especialistas custam dinheiro, e muitas autoridades locais, inclusive juízes, não gostavam da ideia de forçar os contribuintes a pagar a conta de uma defesa dativa que ficasse cara demais.

A petição foi negada. Ficou faltando dizer que Barney era cego. Se havia alguém que precisava de ajuda na análise de fios de cabelo, pelos e impressões digitais, esse alguém era Barney Ward.

8

A papelada correu de um lado para outro. A promotoria emendou as acusações e abandonou as de estupro. Os advogados de defesa atacaram com veemência o novo indiciamento. Outra audiência seria necessária.

O juiz do tribunal distrital era Ronald Jones, do condado de Pontotoc, que, junto com Seminole e Hughes, compunha o 22º Distrito Judicial. O juiz Jones foi eleito em 1982 e, como era de se esperar, era conhecido por ser a favor da promotoria e duro com os réus. Ele acreditava fortemente na pena de morte. Era um cristão devoto, diácono batista que tinha os apelidos, dentre outros, de Ron Batista e Jones da Bíblia. Mas tinha uma queda por conversões feitas na cadeia, e alguns advogados de defesa convenciam rapidamente os clientes de que um interesse súbito em encontrar o Senhor poderia ser benéfico quando se estava diante do juiz Jones.

Em 20 de agosto, Ron, impenitente, foi levado diante dele para um indiciamento. Era a primeira vez que os dois se encontravam num tribunal. O juiz Jones falou com Ron e perguntou como ele ia. Ouviu uma arenga interminável.

– Tenho uma coisa a dizer, senhor – começou Ron em voz muito alta. – É o seguinte: eu sinto muitíssimo pela família Carter, tanto quanto os parentes deles.

O juiz Jones pediu silêncio. Ron continuou:

– Senhor, sei que o senhor não quer... eu, eu não fiz isso, senhor.

Os guardas o espremeram e ele calou a boca. O indiciamento foi adiado para que o juiz Ronald Jones pudesse revisar a transcrição da audiência preliminar.

Duas semanas depois Ron estava de volta, com mais petições feitas por seus advogados. Os carcereiros tinham aprendido a usar a clorpromazina. Quando Ron estava em sua cela e eles queriam paz, enchiam-no do medicamento e todo mundo ficava feliz. Mas quando ele estava programado para ir ao tribunal, reduziam a dosagem de modo que ele parecesse mais barulhento, mais intenso, mais beligerante. Norma Walker, do Serviço de Saúde Mental, suspeitava de que os carcereiros estivessem manipulando Ron e fez uma anotação em sua ficha.

A segunda apresentação ao juiz Jones não correu bem. Ron falava sem parar. Professou a inocência, disse que as pessoas estavam contando mentiras sobre ele e num determinado ponto falou:

– Minha mãe sabia que eu estava em casa naquela noite.

Por fim, foi levado de volta à cadeia e a audiência continuou. Barney Ward e Greg Saunders tinham requisitado julgamentos separados e fizeram pressão com relação a isso. Saunders, especialmente, queria seu próprio júri, sem a bagagem de outro réu como Ron Williamson.

O juiz Jones concordou e ordenou que fossem feitos julgamentos separados. Também abordou a questão da capacidade mental de Ron, dizendo a Barney no tribunal que o assunto precisava ser resolvido antes do julgamento. Finalmente, Ron foi acusado, fez uma declaração formal de inocência e voltou à cadeia.

Agora o caso de Dennis Fritz estava num caminho diferente. O juiz Jones tinha ordenado uma nova audiência preliminar, porque na primeira o Estado havia apresentado pouquíssimas provas contra Dennis.

As autoridades não tinham testemunhas suficientes.

NORMALMENTE UMA ACUSAÇÃO sem provas fortes preocuparia a polícia, mas não em Ada. Ninguém entrou em pânico. A cadeia do condado de Pontotoc estava cheia de dedos-duros em potencial. O primeiro que eles encontraram para Dennis Fritz foi uma criminosa insignificante chamada Cindy McIntosh.

Dennis fora estrategicamente transferido para uma cela mais perto da de

Ron, de modo que os dois pudessem se falar. A rixa entre eles havia acabado; Dennis o convencera de que não tinha confessado.

Cindy McIntosh disse que chegou suficientemente perto para ouvir os dois conversando, depois informou à polícia que tinha o que elles queriam. Segundo McIntosh, Dennis e Ron falaram de algumas fotografias apresentadas durante a primeira audiência preliminar. Ron não havia presenciado a audiência, claro, e estava curioso com relação ao que Dennis tinha visto. As fotos eram da cena do crime, e Ron perguntou a Dennis: "Ela [Debbie Carter] estava na cama ou no chão?"

No chão, respondeu Dennis.

Para a polícia, isso era uma prova clara de que os dois tinham estado no apartamento e cometido o estupro e o assassinato.

Bill Peterson se convenceu rapidamente. Em 22 de setembro, apresentou uma petição para acrescentar Cindy McIntosh como testemunha do Estado.

O próximo dedo-duro foi James Riggins, mas sua carreira na função teve vida curta. Trazido de volta da prisão para enfrentar as acusações no condado de Pontotoc, Riggins estava sendo levado à sua cela uma noite quando passou por outra cela. De dentro, ouviu alguém, talvez Ron, admitindo que tinha matado Debbie Carter, que tinha duas acusações de estupro em Tulsa e que se livraria da acusação de assassinato como tinha se livrado das de estupro. Para Riggins não ficou claro para quem Ron estava fazendo essa confissão, mas no mundo dos dedos-duros esses detalhes não eram importantes.

Cerca de um mês depois Riggins mudou de ideia. Num interrogatório com a polícia, disse que estava equivocado com relação a Ron Williamson, que na verdade o homem que ele ouviu fazendo a confissão era Glen Gore.

AS CONFISSÕES ERAM contagiosas em Ada. Em 23 de setembro, um jovem viciado em drogas chamado Ricky Joe Simmons entrou no departamento de polícia e anunciou que tinha matado Debbie Carter e queria falar sobre isso. Dennis Smith e Gary Rogers não tiveram problema em encontrar um gravador de vídeo e Simmons começou a narrar sua história. Admitiu que usava drogas durante anos, e a predileta era um preparado doméstico chamado *crank*, que incluía, entre muitos ingredientes, ácido de bateria. Disse que finalmente havia largado as drogas, encontrado Deus e que estivera lendo sua Bíblia numa noite de dezembro de 1982 – ele achava que era 1982, mas não tinha certeza –, e por algum motivo começou a andar a pé por Ada. Encontrou uma jovem, presumivelmente Debbie Carter, mas não tinha certeza, e deu várias versões conflituosas de como ele e a jovem se juntaram. Ele podia tê-la estuprado, depois talvez não tivesse feito isso, e achava que a havia estrangulado com as mãos, e depois rezou e vomitou por todo o apartamento.

Vozes estranhas estavam lhe dizendo o que fazer. Os detalhes eram turvos e num determinado ponto Simmons disse:

– Parecia um sonho.

Estranhamente, nesse ponto Smith e Rogers não ficaram empolgados com a perspectiva de mais uma confissão de sonho.

Quando foi pressionado a dizer por que tinha esperado quase cinco anos para confessar, ele finalmente explicou que todos os boatos recentes na cidade o tinham levado a se lembrar daquela noite fatídica em 1982, ou talvez fosse em 1981. Mas não conseguia se lembrar de como tinha entrado no apartamento de Debbie, nem de quantos cômodos havia, nem em que cômodo a havia matado. Então, subitamente, se lembrou do frasco de ketchup e de ter escrito palavras na parede. Mais tarde, disse que um amigo do trabalho havia falado sobre os detalhes.

Simmons contou que não tinha usado drogas e que estava sóbrio durante a confissão, mas para Smith e Rogers ficou óbvio que o *crank* havia cobrado seu preço. Eles descartaram a história imediatamente. Apesar de ter tantas imprecisões quanto a de Tommy Ward, os detetives não se impressionaram. Por fim, Smith ficou farto e anunciou:

– Na minha opinião você não matou Debbie Carter.

Depois, se ofereceu para conseguir atendimento médico para Simmons. Simmons, mais confuso ainda, insistiu que a havia matado. Os dois detetives insistiram que não.

Eles agradeceram e o mandaram embora.

AS NOTÍCIAS BOAS eram raras na cadeia do condado de Pontotoc, mas no início de novembro Ron recebeu uma carta inesperada. Um juiz do tribunal administrativo lhe concedeu benefícios de invalidez, de acordo com a Lei do Seguro Social.

Um ano antes, Annette tinha entrado com o pedido de benefício em nome de Ron, dizendo que ele não pudera trabalhar desde 1979. O juiz, Howard O'Bryan, revisou o extenso histórico médico e ordenou uma audiência completa em 26 de outubro de 1987. Ron foi levado da cadeia.

Em sua decisão, o juiz O'Bryan observou: "Sem dúvida o requerente tem documentação médica adequada, mostrando uma história de alcoolismo, depressão que foi estabilizada com lítio, e foi classificado como tendo distúrbio bipolar atípico complicado por um distúrbio de personalidade atípico, provavelmente limítrofe, paranoico e antissocial. Está claro que sem medicação ele fica beligerante, abusivo, fisicamente violento, tem delírios religiosos e desordem mental."

E: "Até hoje existem repetidos episódios de desorientação, tempo de atenção comprometido, além de pensamento abstrato e nível de consciência comprometidos."

O juiz O'Bryan teve pouca dificuldade para chegar à conclusão de que Ron tinha "sério distúrbio bipolar, distúrbio de personalidade e distúrbio de abuso de drogas". Além disso, sua condição era suficientemente séria para impedi-lo de conseguir algum emprego significativo.

O período de invalidez começou em 31 de março de 1985 e continuou.

O serviço principal do juiz do tribunal administrativo era determinar se os requerentes eram inválidos, física ou mentalmente, para terem o direito a benefícios mensais. Eram casos importantes, mas não de vida ou morte. Os juízes Miller e Jones, por outro lado, tinham o dever de garantir que cada réu, especialmente os que poderiam receber pena de morte, tivesse um julgamento justo. Foi tristemente irônico que o juiz O'Bryan tenha podido ver os problemas óbvios de Ron, ao passo que os juízes Miller e Jones não.

BARNEY ESTAVA PREOCUPADO a ponto de pedir uma avaliação de Ron. Conseguiu um teste no Departamento de Saúde do Condado de Pontotoc. A diretora da clínica, Claudette Ray, administrou uma série de testes psicológicos e apresentou um relatório para Barney, terminando com: "Ron é conscientemente ansioso devido ao estresse situacional. Ele se sente impotente para alterar a própria situação ou melhorar. Pode se comportar de modo inadequado, por exemplo, não comparecendo às audiências preliminares que iriam beneficiá-lo, por causa do pânico e do pensamento confuso. A maioria dos indivíduos exigiria ouvir as informações e opiniões capazes de influenciar sua vida ou morte futura."

O relatório foi enfiado na pasta de Barney e deixado lá. Um pedido de audiência para avaliar a capacidade mental era questão rotineira, coisa que Barney já havia feito antes. Seu cliente estava na cadeia, a uns 30 metros do tribunal, um lugar que Barney visitava quase todo dia.

O caso estava implorando para que alguém levantasse a questão da incapacidade.

A ACUSAÇÃO DE Dennis Fritz recebeu um impulso enorme a partir do testemunho de um índio semianalfabeto chamado James C. Harjo. Com 22 anos, Harjo já estava na cadeia por invasão de domicílio – foi apanhado depois de invadir duas vezes a mesma casa. Em setembro e outubro, enquanto esperava a transferência para uma prisão estadual, seu colega de cela foi Dennis Fritz.

Os dois ficaram um tanto amigos. Dennis sentia pena de Harjo e escrevia cartas a pedido do rapaz, a maioria para a mulher dele. Também sabia exatamente o que os policiais tinham planejado. Dia sim, dia não, eles tiravam Harjo da cela sem motivo aparente – suas apresentações ao tribunal haviam terminado –, e assim que voltava ele começava a interrogar Dennis sobre o assassinato de Debbie Carter. Numa cadeia lotada de dedos-duros rematados, Harjo devia ser o pior.

O esquema era tão óbvio que Dennis preparou uma declaração de um parágrafo que fazia Harjo assinar sempre que os policiais o levavam. O texto dizia, em parte: "Dennis Fritz sempre diz que é inocente."

E Dennis se recusava peremptoriamente a falar sobre o caso com ele.

Isso não deteve Harjo. Em 19 de novembro, Peterson colocou James C. Harjo como testemunha do Estado. Na mesma data, a audiência preliminar de Dennis foi retomada diante do juiz John David Miller.

Quando Peterson anunciou que sua próxima testemunha seria Harjo, Dennis se encolheu. O que aquele garoto idiota poderia inventar?

Harjo, sob juramento e mentindo mal, explicou para um sério Bill Peterson que tinha sido companheiro de cela de Dennis, e ainda que a princípio as coisas tivessem sido amistosas, na noite do Dia das Bruxas uma conversa ficou feia. Harjo estava perguntando a Dennis sobre os detalhes do assassinato. Dennis estava tendo dificuldade com os detalhes, e Harjo conseguiu habilmente encontrar furos na sua história. Ele se convenceu de que Dennis era culpado, por isso o confrontou. Isso deixou Dennis muito nervoso. Ele começou a andar de um lado para outro na área coletiva, obviamente lutando com a própria culpa, e quando voltou à cela olhou para Harjo com lágrimas nos olhos e disse:

– A gente não queria fazer mal a ela.

No tribunal, Dennis não conseguiu ficar sentado ouvindo essa baboseira. Gritou para a testemunha:

– Você está mentindo! Você está mentindo!

O juiz Miller acalmou a situação. Harjo e Peterson foram em frente com suas histórias. Segundo o relato de Harjo, Dennis mostrou preocupação pela filha pequena.

– O que ela pensaria se o pai fosse um assassino? – perguntou.

Em seguida veio um testemunho realmente incrível. Dennis confessou a Harjo que ele e Ron tinham levado cerveja para o apartamento de Debbie, e quando terminaram com o estupro e o assassinato, pegaram as latas vazias, limparam o apartamento para remover as digitais e foram embora.

Na sua vez de fazer as perguntas, Greg Saunders perguntou a Harjo se Dennis explicou como ele e Ron limparam suas impressões invisíveis ao mesmo tempo que deixavam dezenas de digitais de outras pessoas. Harjo não fazia ideia. Admitiu que havia pelo menos seis outros prisioneiros perto quando Dennis fez a confissão no Dia das Bruxas, porém ninguém mais ouviu. Greg apresentou cópias das declarações preparadas por Dennis e assinadas por Harjo.

Harjo foi desacreditado quando fez o juramento, mas depois do interrogatório feito por Saunders ele pareceu completamente idiota. Isso não importava. O juiz Miller não tinha opção a não ser mandar Dennis a julgamento. Segundo a lei de Oklahoma, um juiz numa audiência preliminar não tinha permissão de determinar a credibilidade de uma testemunha.

AS DATAS DO julgamento foram marcadas e depois adiadas. O inverno de 1987-1988 se arrastou com Ron e Dennis suportando a vida na cadeia e esperando que o dia no tribunal chegasse logo. Depois de meses atrás das grades, ainda acreditavam na possibilidade de justiça e que a verdade seria revelada.

Nas escaramuças antes do julgamento, a única vitória significativa para a defesa fora a determinação do juiz Jones de que eles seriam julgados separadamente. Ainda que Bill Peterson tivesse lutado contra as petições para julgamentos separados, havia uma vantagem enorme em julgar um antes do outro. Coloque Dennis Fritz primeiro e deixe o jornal informar os detalhes para uma cidade ansiosa e muito curiosa.

Desde o dia do crime a polícia tinha insistido que existiam dois assassinos, e a primeira (e única) dupla da qual havia suspeitado era Dennis e Ron. Em todas as etapas – suspeita, investigação, acusação, prisão, indiciamento, audiência preliminar – os dois haviam sido correlacionados. As fotos deles foram publicadas lado a lado no jornal da cidade. As manchetes diziam incansavelmente: "Ron Williamson e Dennis Fritz..."

Se Bill Peterson conseguisse uma condenação para Dennis no primeiro julgamento, os jurados de Ron ocupariam seus assentos e começariam a procurar uma corda de forca.

Em Ada, a ideia de equidade era julgar Dennis Fritz primeiro e prosseguir imediatamente com Ron Williamson – o mesmo tribunal, o mesmo juiz, as mesmas testemunhas e o mesmo jornal informando tudo.

EM 1º DE abril, três semanas antes do começo do julgamento de Ron, seu coadvogado nomeado pelo tribunal, Frank Baber, apresentou uma petição para se retirar do processo. Baber tinha arranjado trabalho como promotor em outro distrito.

O juiz Jones aceitou o pedido. Baber foi embora. Barney ficou sem assistência – sem olhos jurídicos para ajudá-lo a examinar documentos, provas, fotografias e diagramas que seriam apresentados contra seu cliente.

EM 6 DE abril, cinco anos e meio depois do assassinato de Debbie Carter, Dennis Fritz foi acompanhado até a sala apinhada no segundo andar do Tribunal do Condado de Pontotoc. Estava barbeado e com o cabelo recém--cortado, e usava seu único terno, que a mãe havia comprado para o julgamento. Wanda Fritz estava sentada na primeira fila, o mais perto possível do filho. Sentada ao seu lado estava sua irmã, Wilma Foss. Elas não perderiam uma única palavra do julgamento.

Quando as algemas foram retiradas, Dennis olhou para o público e se perguntou quem, dos cerca de cem jurados em potencial, faria parte dos doze finais. Dentre aqueles eleitores registrados, sentados ali, quais iriam julgá-lo?

Sua longa espera estava terminada. Depois de suportar onze meses na cadeia sufocante, estava no tribunal. Tinha um bom advogado; presumia que o juiz garantiria um julgamento justo; doze de seus pares avaliariam cuidadosamente as evidências e perceberiam num instante que Peterson não tinha prova nenhuma.

O começo do julgamento foi um alívio, mas também foi aterrorizante. Afinal de contas, ali era o condado de Pontotoc, e Dennis sabia perfeitamente que pessoas inocentes poderiam ser enquadradas de modo injusto. As horas se arrastaram enquanto os velhos, surdos e doentes eram descartados. Então começaram as perguntas, algumas feitas pelos advogados, mas a maior parte pelo juiz Jones. Greg Saunders e Bill Peterson disputavam quais jurados manter e quais descartar.

Num determinado ponto do longo processo, o juiz Jones fez a seguinte pergunta a um possível jurado chamado Cecil Smith:

– Qual foi o seu emprego anterior?

– Na Comissão de Corporações de Oklahoma – respondeu Cecil Smith.

Mais nenhuma pergunta foi feita pelo juiz ou pelos advogados. O que Cecil Smith não incluiu em sua resposta breve foi que tivera uma carreira extensa na polícia.

Instantes depois, o juiz Jones perguntou a Cecil Smith se ele conhecia o detetive Dennis Smith ou se era parente dele.

– Não sou parente – disse Cecil Smith.

– E como o senhor o conhece?

– Ah, simplesmente o conheço, falei com ele várias vezes, tive alguns negócios com ele, talvez.

Horas mais tarde, um júri prestou juramento. Dennis estava particularmente preocupado com a presença de Cecil Smith. Quando ele ocupou seu lugar na área dos jurados, Smith deu um olhar duro para Dennis, o primeiro de muitos.

O verdadeiro julgamento começou no dia seguinte. Nancy Shew, assistente de promotoria, delineou para o júri quais seriam as provas. Em sua declaração de abertura, Greg Saunders retrucou dizendo que existiam muito poucas provas.

A primeira testemunha foi Glen Gore, que fora trazido da prisão. Sob interrogatório direto de Peterson, Gore apresentou o testemunho bastante estranho de que ele *não* viu Dennis Fritz com Debbie Carter na noite do assassinato.

A maioria dos promotores prefere começar com uma primeira testemunha forte, que possa colocar o assassino em algum lugar próximo da vítima, mais ou menos na mesma hora do assassinato. Peter optou por não fazer isso. Gore disse que podia ter visto Dennis na Coachlight em algum momento indeterminado do passado, ou talvez nunca o tivesse visto lá.

A estratégia do Estado se tornou aparente com a primeira testemunha. Gore falou mais sobre Ron Williamson do que sobre Dennis Fritz, e Peterson fez mais algumas perguntas sobre Ron. O esquema de culpa por associação foi acionado.

Antes que Greg Saunders tivesse a chance de contestar Gore devido a sua longa ficha criminal, Peterson decidiu desacreditar sua própria testemunha. Perguntou a Gore sobre sua carreira no crime. Havia muitas condenações, por crimes como sequestro, lesão corporal com agravantes e por atirar num policial.

Não somente a principal testemunha do Estado fracassou em implicar Dennis; foi revelado que ele era um criminoso empedernido, cumprindo uma pena de quarenta anos.

Depois de um início frágil, Peterson continuou com outra testemunha que não sabia de nada. Tommy Glover descreveu ao júri que viu Debbie Carter falando com Glen Gore antes de ir da Coachlight para casa. Depois de uma apresentação rápida no banco das testemunhas, Glover foi dispensado sem mencionar o nome de Dennis Fritz.

Gina Vietta contou sua história sobre os estranhos telefonemas de Debbie na madrugada de 8 de dezembro. Também testemunhou que tinha visto Dennis Fritz na Coachlight em várias ocasiões, mas não na noite do assassinato.

Em seguida, Charlie Carter contou a história comovente de como encontrou a filha morta, e depois o detetive Dennis Smith foi chamado ao banco. Smith foi guiado no longo processo de descrever a cena do crime e apresentar numerosas fotos como evidências. Falou da investigação que comandou, da coleta de amostras de saliva, cabelos e pelos, e assim por diante. Como era de se esperar, a primeira pergunta de Nancy Shew com relação a possíveis suspeitos não foi sobre Dennis Fritz.

– Os senhores interrogaram um homem chamado Ronald Keith Williamson em algum momento da investigação? – perguntou ela.

– Sim, interrogamos.

Sem interrupção ou objeção, Smith falou longamente da investigação policial sobre Ron Williamson e explicou como e por que ele se tornou suspeito. Finalmente, Nancy Shew lembrou quem estava sendo julgado e perguntou sobre uma amostra de saliva de Dennis Fritz.

Smith descreveu como coletou a saliva e a entregou ao laboratório do DIEO em Oklahoma City. Nesse ponto, Shew terminou o interrogatório direto e entregou a testemunha para as perguntas da defesa. Quando ela se sentou, o Estado não havia fornecido qualquer ideia do motivo para Dennis Fritz ter se tornado suspeito. Ele não tinha nenhuma história com a vítima. Ninguém o situou sequer remotamente próximo dela na ocasião do assassinato, apesar de Smith ter testemunhado que Dennis morava "perto" do apartamento de Debbie. Não houve menção alguma à motivação.

Finalmente, Dennis foi conectado ao assassinato através do testemunho de Gary Rogers, a testemunha seguinte, que disse:

– Foi através de nossa investigação sobre Ron Williamson que o nome do réu surgiu, como pessoa ligada a Ron Williamson.

Rogers explicou ao júri como ele e Dennis Smith concluíram astutamente que um crime assim tinha exigido dois assassinos. O crime parecia violento demais para apenas um homem, e além disso o(s) assassino(s) tinha(m) deixado uma pista quando escrevera(m) com ketchup: "Não procura nós senão". A palavra "nós" implicava mais de um assassino, e Smith e Rogers foram rápidos em perceber isso.

Através de um bom trabalho policial eles puderam descobrir que Ron e Dennis tinham sido amigos. Isso, segundo a teoria deles, ligava os dois assassinos.

GREG SAUNDERS TINHA instruído Dennis a ignorar o júri, mas ele achava isso impossível. Aquelas doze pessoas tinham o seu destino, talvez sua vida, nas mãos. E ele não conseguia deixar de olhá-las ocasionalmente. Cecil Smith estava sentado na primeira fila, e sempre que Dennis olhava para o júri Smith o estava encarando de volta.

Qual é o problema dele?, pensou Dennis. Logo descobriu.

Durante um recesso, Greg Saunders estava entrando no tribunal quando um velho advogado, um dos veteranos de Ada, lhe perguntou:

– Quem foi o filho da puta esperto que deixou Cecil Smith entrar para o júri?

– Bom, acho que fui eu – respondeu Greg. – Quem é Cecil Smith?

– Foi o chefe de polícia aqui de Ada, só isso.

Saunders ficou atônito. Entrou na sala do juiz Jones e exigiu a anulação do julgamento argumentando que o jurado não fora sincero durante o processo de seleção, e que obviamente era tendencioso a favor da polícia e da promotoria.

O pedido foi negado.

O DR. FRED Jordan testemunhou sobre a autópsia e o júri ouviu os detalhes medonhos. Fotos do corpo foram apresentadas e passadas pelas mãos dos jurados, provocando o choque e a indignação inerente a qualquer julgamento de assassinato. Vários jurados olharam com nojo para Dennis Fritz.

Com o depoimento sólido e impecável do Dr. Jordan ainda pairando no ar, a promotoria decidiu apresentar algumas das suas testemunhas bizarras. Um homem chamado Gary Allen prestou juramento e ocupou o banco. O envolvimento de Allen era bastante tênue. Ele contou ao júri que morava perto de Dennis Fritz e que, numa noite no início de dezembro de 1982, mais ou menos às três e meia da manhã, ouviu dois homens fazendo barulho do lado de fora do seu apartamento. Não tinha certeza da data exata, mas por algum motivo estava certo de que fora antes de 10 de dezembro. Os dois homens – ele não pôde ver claramente nenhum dos dois a ponto de identificá-los – estavam no quintal rindo, xingando e molhando um ao outro com uma mangueira de jardim. Fazia frio e eles estavam sem camisa. Ele conhecia Dennis Fritz havia algum tempo e achou ter reconhecido a voz dele. Mas não tinha certeza. Ouviu o barulho durante uns dez minutos e voltou para a cama.

Quando Allen foi dispensado como testemunha havia alguns olhares perplexos na sala do tribunal. Qual, exatamente, era o objetivo do seu depoimento? As coisas ficariam mais confusas ainda com a testemunha seguinte, Tony Vick.

Vick morava no pequeno apartamento embaixo do de Gary Allen e conhecia Dennis Fritz. Também conhecia Ron Williamson. Testemunhou que tinha visto Ron na varanda da casa de Dennis e que tinha certeza de que os dois tinham viajado juntos para o Texas no verão de 1982.

O que mais o júri poderia pedir?

As provas condenatórias continuaram a se empilhar com Donna Walker, vendedora de uma loja de conveniência que identificou Dennis no tribunal e disse que antigamente o conhecia bastante bem. Em 1982 Dennis era cliente assíduo da sua loja, um bebedor de café que gostava de conversar com ela de manhã cedo. Ron também era cliente, e ela tinha certeza de que ele e Dennis eram amigos. Então, de repente, depois do assassinato, os dois pararam de tomar café na sua loja. Sumiram, pelo que ela sabia. Mas depois de ficar algumas semanas sumidos eles reapareceram como se nada tivesse acontecido. Mas eles tinham mudado! Como?

– O jeito deles, o modo de se vestir. Antes eles sempre se vestiam bem e estavam barbeados, e simplesmente decaíram, com roupas sujas, barbados, o cabelo descuidado; o caráter deles havia mudado. Eles pareciam meio nervosos e paranoicos, acho.

Quando pressionada por Greg Saunders, Walker não conseguiu explicar por que esperou cinco anos antes de contar essa prova crucial à polícia. Ela admitiu que os policiais a procuraram no último mês de agosto, depois de Dennis e Ron serem presos.

O desfile continuou com Letha Caldwell, uma divorciada que tinha estudado com Ron na Byng. Ela contou ao júri que Dennis Fritz e Ron Williamson visitavam frequentemente sua casa tarde da noite, em horários irregulares, e que estavam sempre bebendo. Num determinado ponto ela sentiu medo deles e pediu para ficarem longe. Quando eles se recusaram, ela comprou uma arma e mostrou aos dois, e eles perceberam que ela estava falando sério.

Seu testemunho não tinha nada a ver com o assassinato de Debbie Carter, e em muitos tribunais seria contestado por se mostrar totalmente irrelevante para a questão.

O protesto só foi feito quando o agente do DIEO Rusty Featherstone testemunhou. Numa tentativa desajeitada de provar que Ron e Dennis estavam farreando em Norman quatro meses antes do assassinato, Peterson colocou Featherstone no banco de testemunhas. Featherstone tinha feito dois testes de polígrafo com Dennis em 1983, mas, por dezenas de bons motivos, os resultados não eram válidos. Durante os interrogatórios Dennis tinha contado sobre uma noite em Norman que envolveu bares e bebidas. Quando Peterson tentou fazer com que Featherstone contasse essa história, Greg Saunders protestou com veemência. O juiz Jones aceitou o protesto por considerar que a informação era irrelevante.

Durante a disputa, numa reunião entre o juiz, o advogado e o promotor, Peterson disse:

– Ele (Featherstone) situa Ron Williamson e Dennis Fritz como estando ligados em agosto de 1982.

– Diga qual é a relevância dessa declaração – quis saber o juiz Jones.

Peterson não conseguiu dizer, e Featherstone saiu rapidamente do tribunal. Foi mais uma apresentação de uma testemunha que não sabia nada sobre o assassinato de Debbie Carter.

A testemunha seguinte foi igualmente improdutiva, mas deu um depoimento um tanto interessante. William Martin era o diretor da escola em Noble onde Dennis deu aulas em 1982. Ele testemunhou que na manhã de 8 de dezembro, uma quarta-feira, Dennis telefonou dizendo que estava doente, e um professor substituto deu aula por ele. Segundo os registros de presença que Martin levou ao tribunal, Dennis faltou um total de sete dias durante os nove meses do ano letivo.

DEPOIS DE DOZE testemunhas, o Estado não tinha conseguido nada contra Dennis Fritz. A promotoria havia provado sem sombra de dúvida que ele bebia, andava com pessoas desagradáveis (Ron Williamson), dividia um apartamento com a mãe e a filha no mesmo bairro em que Debbie Carter morava e faltou ao trabalho no dia seguinte ao assassinato.

O estilo de Peterson era metódico. Ele acreditava ser necessário montar um caso lentamente, bloco por bloco, testemunha por testemunha, sem pompa nem excessos. Empilhar as evidências gradualmente e remover qualquer dúvida da mente dos jurados. Mas Dennis Fritz era um tremendo desafio, porque não havia provas contundentes.

Eram necessários dedos-duros.

O primeiro a testemunhar foi James Harjo, trazido da prisão, como Gore. Embotado e pouco inteligente, Harjo não apenas tinha roubado a mesma casa duas vezes como havia usado o mesmo meio para entrar: o mesmo quarto, a mesma janela. Quando foi apanhado, a polícia o interrogou. Usando uma caneta e um pedaço de papel, objetos estranhos para Harjo, os policiais utilizaram diagramas para fazer o rapaz contar a história e resolveram o crime. Evidentemente, isso tinha deixado Harjo muito impressionado. Quando estava na cadeia com Dennis, a pedido da polícia, ele decidiu solucionar o assassinato de Debbie Carter rabiscando num pedaço de papel.

Explicou essa estratégia astuta ao júri. Na apinhada área coletiva da cadeia, ele havia interrogado Dennis sobre o assassinato. Num determinado ponto, quando seu diagrama atingiu o ponto alto, ele disse a Dennis:

– Bom, parece que você é culpado.

Dominado pelo peso da lógica hábil de Harjo, Dennis murchou sob o fardo e disse, lacrimoso:

– A gente não queria machucar ela.

Quando Harjo teceu essa trama durante a audiência preliminar, Dennis pulou e gritou:

– Você está mentindo! Você está mentindo!

Mas com um júri olhando atentamente, ele precisou suportar aquilo tudo mais uma vez sem demonstrar qualquer emoção. Mesmo sendo difícil, ganhou coragem ao ver vários jurados contendo um risinho diante da história idiota de Harjo.

Durante suas perguntas, Greg Saunders estabeleceu que Dennis e Harjo foram postos em uma das duas áreas coletivas da cadeia: áreas pequenas e abertas, acessíveis a quatro celas com duas camas cada. Cada área comum era projetada para oito homens, mas frequentemente ficava mais apinhada do que isso. Mesmo na área comum os homens praticamente respiravam em cima uns dos outros. Surpreendentemente, na cadeia do condado de Pontotoc ninguém mais ouviu a confissão dramática de Dennis.

Harjo testemunhou que gostava de contar mentiras a Ron sobre Dennis e vice-versa. Greg Saunders perguntou:

– Por que você mentia para Dennis e Ron Williamson? Por que ficava indo de um para o outro, contando mentiras?

– Só para ver qual seria a reação deles. Parecia que um queria cortar o pescoço do outro.

– E você estava mentindo a Ron sobre Dennis ou mentindo a Dennis sobre Ron, o que seja, só para fazer com que um pulasse no pescoço do outro?

– É, só para ver o que... ver o que eles iriam dizer.

Mais tarde, Harjo admitiu que não sabia o significado da palavra "perjúrio".

O PRÓXIMO INFORMANTE era Mike Tenney, o estagiário de carcereiro que tinha sido usado pela polícia para descobrir alguma coisa podre sobre Dennis. Com pouca experiência ou treinamento na polícia, Tenney começou sua carreira na cadeia, e sua primeira tarefa foi vigiar Dennis Fritz. Ansioso para impressionar os que poderiam contratá-lo de modo permanente, passava muito tempo do lado de fora da cela de Dennis, conversando sobre tudo, mas especialmente sobre o assassinato de Debbie Carter. Tinha muitos conselhos a dar. Em sua opinião abalizada, a situação de Dennis parecia séria, por isso a melhor coisa seria fazer um acordo, negociar uma barganha, salvar a própria pele e testemunhar contra Ron Williamson. Peterson seria justo.

Dennis tinha fingido entrar no jogo, com o cuidado de não dizer nada que pudesse ser repetido no tribunal.

Sendo novato, Tenney não havia testemunhado muitas vezes e não tinha ensaiado direito as falas. Começou tentando lembrar de uma história sobre Dennis e Ron indo de bar em bar em Oklahoma City, uma história que não tinha ligação nem mesmo remota com o assassinato de Debbie Carter. Saunders protestou. O juiz Jones aceitou o protesto.

Então Tenney entrou em terreno pantanoso quando testemunhou que ele e Dennis falaram sobre um acordo com a justiça. Ele o havia mencionado duas vezes, uma questão extremamente prejudicial, porque dava fortes indícios de que Dennis tinha pensado em se declarar culpado.

Greg Saunders protestou enfaticamente e pediu anulação do julgamento. O juiz Jones negou.

Ao final, Tenney conseguiu testemunhar sem que os advogados levantassem a toda hora. Explicou ao júri que havia falado com Dennis com frequência, e que depois de cada conversa tinha ido à recepção da cadeia e escrito tudo que fora dito. Segundo seu controlador, Gary Rogers, era esse o procedimento. Um bom trabalho policial. E, durante uma das conversas, Dennis teria dito: "Digamos que a coisa possa ter acontecido assim. Talvez Ron tenha ido até a porta e invadido o apartamento de Debbie. E então digamos que ele foi em frente e pegou um pouco pesado. Ron ficou meio empolgado e ia dar uma lição nela. Ela morreu. Digamos que tenha acontecido assim. Mas eu não vi o Ron matá-la, então como posso contar à promotoria algo que eu não vi?"

Depois de Tenney, o julgamento entrou em recesso até o dia seguinte, e Dennis foi levado de volta à cadeia. Tirou com cuidado o terno novo e o pendurou num cabide. Um guarda levou o terno embora. Dennis se deitou na cama, fechou os olhos e ficou se perguntando como aquele pesadelo iria terminar. Sabia que as testemunhas estavam mentindo, mas será que o júri também sabia?

NA MANHÃ SEGUINTE, Bill Peterson chamou Cindy McIntosh ao banco das testemunhas. Ela admitiu que estava presa quando conheceu Dennis Fritz e Ron Williamson, acusada por falsificação de cheques. Testemunhou ter ouvido os dois conversarem, Ron perguntando a Dennis sobre as fotos de Debbie Carter na cena do crime.

Ela estava na cama ou no chão?, perguntou Ron a Dennis.

No chão, respondeu Dennis.

McIntosh acrescentou que não fora condenada pelas acusações de falsificação.

– Eu paguei os cheques e eles me soltaram – disse.

Com os dedos-duros fora do caminho, Peterson voltou para provas mais dignas de crédito. Ligeiramente mais dignas de crédito. Chamou em sequência quatro testemunhas que trabalhavam para o laboratório de criminologia do Estado.

Seu impacto no júri foi profundo, como sempre ocorre. Eram pessoas educadas, instruídas, diplomadas, experientes e que trabalhavam para o estado de Oklahoma. Eram especialistas! E estavam ali para testemunhar contra o réu, para ajudar a provar sua culpa.

A primeira foi o especialista em impressões digitais, Jerry Peters. Ele explicou ao júri que examinou 21 digitais recolhidas no apartamento e no carro de Debbie, dezenove das quais eram de Debbie. Uma era do detetive Dennis Smith e uma de Mike Carpenter. Nenhuma digital pertencia a Dennis Fritz ou Ron Williamson.

Era estranho que o especialista em impressões digitais testemunhasse que nenhuma das impressões digitais deixadas pertenciam aos acusados.

Larry Mullins descreveu como reproduziu mais uma vez as palmas das mãos de Debbie no último mês de maio, quando o corpo dela foi exumado. Ele entregou as novas impressões a Jerry Peters, que de pronto viu coisas que não tinha visto quatro anos e meio antes.

A teoria da acusação, a mesma que seria usada contra Ron Williamson, era que durante o longo e violento ataque Debbie havia sido ferida, seu sangue de algum modo fora parar na palma da sua mão esquerda, e essa palma tocou numa parte minúscula do *drywall* logo acima do piso. Como a impressão palmar não pertencia a Ron nem a Dennis, e certamente não poderia pertencer ao verdadeiro assassino, só podia ser de Debbie.

MARY LONG ERA uma criminalista que trabalhava principalmente com fluidos corporais. Explicou ao júri que em cerca de 20% das pessoas não é possível identificar o tipo sanguíneo em líquidos corporais como saliva, sêmen e suor. Esse segmento de pessoas é conhecido no ramo como "não secretores". Com base em seu exame das amostras de sangue e saliva de Ron e Dennis, tinha certeza de que eles eram não secretores.

A pessoa que deixou o sêmen na cena do crime provavelmente também era não secretora, mas Long não tinha certeza, porque as evidências eram insuficientes.

Assim, 80% da população estava eliminada da suspeita. Ou "por volta de" 80%, um pouco a mais ou a menos. Mesmo assim, Fritz e Williamson tinham agora o maldito rótulo de "não secretores".

O raciocínio de Long veio abaixo durante o interrogatório da defesa, quando Greg Saunders a obrigou a admitir que a maioria das amostras de sangue e saliva que ela analisou no caso Carter vinha de não secretores. Das vinte amostras que ela analisou, doze eram de não secretores, inclusive as de Fritz e Williamson.

Do seu grupo de suspeitos, 60% eram não secretores, bem distante da média nacional de apenas 20%.

Não importava. Seu testemunho excluía muitos e ajudava a levantar a suspeita que pairava sobre a cabeça de Dennis Fritz.

A última testemunha do Estado foi, de longe, a mais eficaz. Peterson guardou seu golpe de mestre para a rodada final, e, quando Melvin Hett concluiu seu testemunho, o júri estava convencido.

Hett era o homem dos cabelos e pelos do DIEO, com longa experiência como testemunha e que tinha ajudado a mandar muitas pessoas para a cadeia.

O EXAME FORENSE de cabelos e pelos humanos tivera um início bombástico no distante ano de 1882. Num caso em Wisconsin, naquele ano, um "especialista" do Estado comparou uma amostra de cabelo "conhecida" com uma encontrada no local do crime, e testemunhou que as duas vinham da mesma fonte. A fonte foi condenada, mas após uma apelação a Suprema Corte de Wisconsin reverteu a condenação e afirmou, enfaticamente: "Essa evidência tem caráter extremamente perigoso."

Milhares de réus inocentes poderiam ter sido poupados se essa decisão tivesse se repetido. Em vez disso, policiais, investigadores, laboratórios de criminologia e promotores foram em frente com a análise de cabelos e pelos, que frequentemente eram a única pista de fato deixada numa cena de crime. A análise de cabelos e pelos se tornou tão comum e controversa que foi objeto de estudo diversas vezes ao longo do século XX.

A maioria dos estudos indicou uma alta taxa de erros, e, em reação à controvérsia, em 1978 um órgão de fomento do Departamento de Justiça financiou um programa de proficiência em laboratórios de criminologia. Duzentos e quarenta dos melhores laboratórios de criminologia de todo o país participaram do programa, que comparou suas descobertas analíticas sobre diferentes tipos de evidências, inclusive cabelos e pelos.

A avaliação sobre cabelos e pelos foi terrível. A maioria dos laboratórios estava errada em quatro de cada cinco testes.

Outros estudos fomentaram o debate sobre o uso da análise de cabelos e pelos como prova. Num deles, a precisão aumentava quando o perito comparava um fio coletado numa cena de crime com os de cinco homens diferentes, sem qualquer indicação de qual era o suspeito "preferido" dos policiais. Eliminava-se o risco de que a análise fosse tendenciosa, ainda que de forma não intencional. Mas, durante o mesmo estudo, a precisão caía drasticamente quando contavam ao perito quem era o verdadeiro "suspeito". Uma conclusão preconcebida pode persistir e orientar as descobertas na direção do suspeito.

Os especialistas em cabelos e pelos pisam em gelo fino, e suas opiniões têm o peso de ressalvas do tipo: "O fio de cabelo conhecido e o fio de cabelo questionado são microscopicamente compatíveis e podem ter vindo da mesma fonte."

Havia grandes chances de que eles *não* tivessem vindo da mesma fonte, mas esse tipo de testemunho raramente era oferecido, pelo menos num interrogatório direto.

AS CENTENAS DE fios de cabelos e pelos coletados na cena do crime por Dennis Smith atravessaram um caminho longo e tortuoso até o tribunal. Pelo menos três analistas diferentes do DIEO os manipularam, junto com dezenas de fios de cabelo e pelos coletados durante a varredura dos suspeitos de sempre feita pelos detetives Smith e Rogers pouco depois do assassinato.

Primeiro Mary Long coletou e organizou todos os fios no laboratório de criminologia, mas logo os empacotou e os entregou a Susan Land. Quando Susan Land recebeu os fios, em março de 1983, Dennis Smith e Gary Rogers estavam convencidos de que os assassinos eram Fritz e Williamson. Mas, para consternação dos investigadores, o relatório concluía que os fios eram microscopicamente compatíveis apenas com os de Debbie Carter.

Durante um breve período Fritz e Williamson saíram do rol de suspeitos, mas não souberam disso. E, anos depois, seus advogados não seriam informados sobre as descobertas de Susan Land.

O Estado precisava de uma segunda opinião.

Em setembro de 1983, citando o estresse e a tensão causados pelo excesso de trabalho de Land, seu chefe ordenou que ela "transferisse" o caso para Melvin Hett. Esse tipo de transferência era extremamente incomum, e ficou mais incomum ainda pelo fato de que Land e Hett trabalhavam em laboratórios de criminologia diferentes, em regiões diferentes do estado. Land trabalhava no laboratório central de criminologia, em Oklahoma City e Hett numa filial na cidade de Enid. Sua região cobria dezoito condados, e o de Pontotoc não estava entre eles.

Hett se mostrou bastante metódico. Demorou 27 meses para analisar os fios, um período longo, ainda mais notável pelo fato de que ele só estava examinando as amostras de Dennis Fritz, Ron Williamson e Debbie Carter. Os outros 21 não eram tão importantes e podiam esperar.

Como os policiais sabiam quem havia matado Debbie Carter, foram solícitos em informar isso a Melvin Hett. Quando ele recebeu as amostras enviadas por Susan Land, a palavra "suspeito" estava escrita ao lado dos nomes de Dennis e Ron.

Glen Gore ainda não tinha fornecido amostras à polícia de Ada.

Em 13 de dezembro de 1985, três anos depois do assassinato, Melvin Hett terminou seu primeiro relatório, descobrindo que dezessete dos fios questionados eram microscopicamente compatíveis com amostras conhecidas de Dennis Fritz e Ron Williamson.

Depois de passar mais de dois anos e mais de duzentas horas analisando as primeiras amostras, Hett tomou um fôlego considerável e terminou o trabalho com as outras em menos de um mês. Em 9 de janeiro de 1986 finalizou o segundo relatório, concluindo que todas as outras amostras trazidas dos rapazes de Ada não eram compatíveis com nada encontrado no apartamento de Debbie Carter.

Ainda não tinham pedido que Glen Gore fornecesse amostras.

Era um trabalho tedioso e não desprovido de incertezas. Hett hesitou várias vezes enquanto trabalhava com seu microscópio. Uma vez teve certeza de que um fio era de Debbie Carter, porém mais tarde mudou de ideia e decidiu que era de Dennis Fritz.

Essa é a natureza da análise de cabelos e pelos. Hett contradisse peremptoriamente algumas descobertas de Susan Land, e até conseguiu impugnar seu próprio trabalho. Inicialmente descobriu que um total de treze pelos pubianos eram de Dennis e somente dois de Ron. Porém mais tarde mudou os números: doze para Dennis e dois para Ron. Em seguida onze para Dennis, além de dois fios de cabelo.

Por algum motivo os fios de cabelo e pelos de Gore finalmente entraram em cena em julho de 1986. Alguém no Departamento de Polícia de Ada acordou e percebeu que Gore tinha sido negligenciado. Dennis Smith coletou fios de cabelo e pelos pubianos de Gore e do assassino confesso Ricky Joe Simmons e os mandou pelo correio para Melvin Hett, que, evidentemente, estava muito ocupado, porque nada aconteceu durante um ano. Em julho de 1987 pediram de novo que Gore fornecesse amostras. Por quê?, perguntou ele. Porque a polícia não conseguia encontrar as amostras anteriores.

Meses se passaram sem nenhum relatório por parte de Hett sobre as amostras de Gore e Simmons.

Em 7 de abril de 1988, depois do início do julgamento de Dennis Fritz, Melvin Hett finalmente fez seu terceiro e último relatório. Os fios de Gore não eram compatíveis com os que estavam sendo questionados. Hett levou quase dois anos para chegar a essa conclusão, e seu timing foi extremamente suspeito. Essa era outra indicação clara de que a promotoria acreditava tanto na culpa de Fritz e Williamson que achou desnecessário esperar até que todas as análises de cabelos e pelos terminassem.

APESAR DOS PERIGOS e das incertezas, Melvin Hett acreditava ferrenhamente na análise de cabelos e pelos. Ele e Peterson ficaram amigos e, antes do julgamento de Fritz, Hett deu a Peterson artigos científicos propagandeando a confiabilidade de um tipo de prova que tinha a fama de ser indigna de confiança. Mas não mostrou ao promotor nenhum dos numerosos artigos condenando a análise de cabelos e pelos e os testemunhos gerados por ela.

Dois meses antes do julgamento de Fritz, Hett foi de carro a Chicago e entregou suas conclusões a um laboratório particular chamado McCrone. Ali, um tal de Richard Bisbing, conhecido de Hett, revisou seu trabalho. Bisbing tinha sido contratado por Wanda Fritz para revisar as evidências de fios e testemunhar no julgamento. Para pagar a ele, Wanda foi obrigada a vender o carro de Dennis.

Bisbing se mostrou muito mais eficiente com seu tempo, mas os resultados foram igualmente conflitantes.

Em menos de seis horas Bisbing refutou quase todas as descobertas de Hett. Examinando apenas os onze pelos pubianos que Hett tinha certeza de que eram microscopicamente compatíveis com Fritz, Bisbing descobriu que apenas três eram acurados. Apenas três "poderiam" ter vindo de Dennis Fritz. Hett estava errado com relação aos outros oito.

Sem se abalar com uma avaliação tão baixa de seu trabalho feita por outro especialista, Hett voltou a Oklahoma, pronto para testemunhar sem mudar de opinião.

* * *

ELE SUBIU AO banco de testemunhas na tarde de sexta-feira, 8 de abril, e se lançou imediatamente num discurso palavroso cheio de termos científicos, destinado mais a impressionar os jurados do que a informá-los. Dennis, com diploma universitário e experiência no ensino de ciências, não conseguia acompanhar Hett. E teve certeza de que os jurados também não conseguiam. Olhou para eles várias vezes. Estavam totalmente perdidos, mas ficaram obviamente impressionados com aquele especialista. Ele sabia muito!

Hett disparou palavras como "morfologia", "córtex", "protusão de escama", "lacuna rasa", "fusos corticais" e "corpos ovoides" como se todo mundo no tribunal soubesse exatamente o que ele queria dizer. Poucas vezes diminuiu o ritmo por tempo suficiente para se explicar.

Hett era o especialista estrelado, com uma aura de confiabilidade incrementada pela experiência, pelo vocabulário, pela segurança e pelas conclusões fortes de que alguns pelos conhecidos de Dennis Fritz eram compatíveis com alguns encontrados na cena do crime. Por seis vezes durante o testemunho direto ele disse que os pelos de Dennis e os pelos do suspeito eram microscopicamente compatíveis e poderiam ter vindo da mesma fonte. Nenhuma vez contou ao júri a verdade de que, com a mesma facilidade, os pelos poderiam *não* ter vindo da mesma fonte.

Durante todo o testemunho, Bill Peterson se referiu continuamente "ao réu Ron Williamson e ao réu Dennis Fritz". Na ocasião, Ron permaneceu trancado na solitária, tocando seu violão, sem ter a mínima ideia de que estava sendo julgado à revelia e de que as coisas não iam bem.

Hett encerrou o testemunho resumindo suas descobertas para o júri. Onze pelos pubianos e dois fios de cabelo poderiam ter vindo de Dennis. Eram os mesmos pelos que ele tinha levado ao laboratório McCrone em Chicago e mostrado a Richard Bisbing para obter uma segunda opinião.

As perguntas feitas por Greg Saunders renderam pouca coisa. Hett foi obrigado a admitir que a análise de cabelos e pelos é especulativa demais para ser usada como identificação positiva. Como a maioria dos especialistas, ele era capaz de se livrar de perguntas difíceis usando seu suprimento interminável de termos científicos vagos.

Quando as perguntas acabaram, o Estado encerrou sua argumentação.

* * *

A PRIMEIRA TESTEMUNHA chamada pela defesa foi Dennis Fritz. Ele testemunhou sobre seu passado, sua amizade com Ron e assim por diante. Admitiu que fora condenado por cultivar maconha em 1973 e que tinha mentido sobre isso quando se candidatou à vaga de professor em Noble, sete anos antes. Seu motivo para isso era simples: ele precisava de um emprego. Negou repetidamente que tinha conhecido Debbie Carter e disse que certamente não sabia nada sobre o assassinato dela.

Então foi entregue a Bill Peterson para ser interrogado.

Há um velho adágio sobre o mau trabalho jurídico no tribunal que diz que, se você não tem os fatos, grite muito. Peterson foi pisando firme até o pódio, olhou furioso para o assassino com pelos pubianos suspeitos e começou a gritar.

Em segundos o juiz Jones o chamou para uma pequena censura.

– Você pode não gostar desse réu – sussurrou o juiz, sério –, mas não vai ficar raivoso neste tribunal.

– Não estou raivoso – contra-atacou Peterson, cheio de raiva.

– Está sim. Esta é a primeira vez que você levantou a voz a alguém neste banco.

– Certo.

Peterson estava furioso porque Dennis havia mentido ao se candidatar para um emprego. Assim, Dennis simplesmente não era digno de crédito. E Peterson apresentou, de forma dramática, outra mentira, um formulário que Dennis havia preenchido quando empenhou uma pistola numa loja em Durant, Oklahoma. De novo, Dennis tinha tentado esconder o delito de ter cultivado maconha.

Dois incidentes claros de mentira explícita; nenhum deles, óbvio, tinha nada a ver com o assassinato de Debbie Carter. Peterson lhe ofereceu uma arenga sobre o tamanho da pena que ele poderia receber pela mentira confessa.

Era irônico – e seria cômico, se as coisas não estivessem tão tensas – que Peterson demonstrasse tanta indignação por causa de uma testemunha que não havia dito a verdade. Isso vindo de um promotor cujo processo era montado sobre o testemunho de prisioneiros e dedos-duros.

Quando Peterson finalmente decidiu prosseguir, não tinha aonde ir. Saltou das alegações de uma testemunha da promotoria para outra, mas Dennis fez um trabalho digno de crédito, mantendo-se firme. Depois de um interrogatório controverso que durou uma hora, Peterson sentou-se.

A única outra testemunha chamada por Greg Saunders foi Richard Bisbing, que explicou ao júri que discordava da maioria das conclusões alcançadas por Melvin Hett.

Era o fim da tarde de sexta-feira, e o juiz Jones suspendeu o julgamento pelo fim de semana. Dennis fez a curta caminhada de volta à cadeia, trocou de roupa e tentou relaxar em sua cela apertada. Estava convencido de que o Estado não tinha conseguido provar sua culpa, mas não se sentia nem um pouco confiante. Tinha visto os olhares maldosos dos jurados quando viam as fotos grotescas da cena do crime. Tinha-os observado enquanto ouviam Melvin Hett e acreditavam nas conclusões dele.

Para Dennis, foi um fim de semana bastante longo.

OS ARGUMENTOS FINAIS começaram na manhã de segunda-feira. Nancy Shew falou primeiro, em nome do Estado, e citou cada uma das testemunhas da promotoria e o que fora dito.

Greg Saunders contrapôs argumentando que não havia muita coisa provada pelo Estado; que a exigência de provar a culpa de Dennis além de qualquer dúvida razoável não fora cumprida; que esse não passava de um caso de culpa por associação e que o júri deveria considerar seu cliente inocente.

Bill Peterson foi o último. Despejou uma lenga-lenga durante quase uma hora, regurgitando os pontos altos de cada testemunha, tentando desesperadamente convencer os jurados de que seus bandidos e dedos-duros eram dignos de confiança.

Ao meio-dia o júri se reuniu para deliberar, e seis horas depois voltou para anunciar que estava dividido, onze a um. O juiz Jones os mandou de volta à sala secreta, com a promessa de que chegariam a uma conclusão até o jantar. Por volta das oito horas eles retornaram com o veredito de culpado.

Dennis escutou o veredito num silêncio imóvel, atônito porque era inocente, chocado porque tinha sido condenado a partir de provas tão fracas. Queria atacar os jurados, o juiz, os policiais, o sistema, mas o julgamento estava encerrado.

Mas não ficou inteiramente surpreso. Tinha olhado os jurados e visto a desconfiança deles. Eles representavam a cidade de Ada e a cidade precisava de uma condenação. Se os policiais e Peterson estavam tão convencidos de que Dennis era o assassino, ele devia ser.

Fechou os olhos e pensou na filha, Elizabeth, agora com 14 anos e certamente com idade para entender o que era culpa e inocência. Agora que fora condenado, como iria convencê-la do contrário?

Enquanto as pessoas saíam do tribunal, Peggy Stillwell desmaiou no gramado. Estava exausta, dominada pela emoção e pelo sofrimento. Foi levada rapidamente ao hospital mais próximo, mas logo liberada.

Com a questão da culpa resolvida, o julgamento passou rapidamente para a fase da pena. Em teoria o júri determinaria a sentença com base em circunstâncias agravantes apresentadas pelo Estado, destinadas a obter a pena de morte, e em circunstâncias mitigantes apresentadas pelo réu, que talvez pudessem salvar sua vida.

A fase do estabelecimento da pena foi muito breve. Peterson chamou ao banco de testemunhas Rusty Featherstone, que finalmente pôde contar ao júri que Dennis tinha admitido que ele e Ron circularam por bares em Norman cerca de quatro meses antes do assassinato. Esse foi o seu testemunho. Os dois suspeitos tinham dirigido 110 quilômetros e passado uma longa noite em boates e bares.

A próxima e última testemunha expandiu essa história profunda. Seu nome era Lavita Brewer. Enquanto tomava um drinque num bar no Holiday Inn, em Norman, conheceu Dennis e Ron. Depois de várias bebidas, os três saíram juntos. Lavita Brewer sentou-se no banco de trás. Dennis estava dirigindo. Ron estava no carona, e partiram. Chovia. Dennis dirigia rápido, ultrapassando sinais vermelhos e coisas assim, e num determinado ponto, no início da aventura, Lavita ficou histérica. Apesar de os dois jamais a tocarem ou a ameaçarem, ela disse que queria sair. Mas Dennis não queria parar. Isso se prolongou por uns vinte ou trinta minutos, então o carro diminuiu a velocidade o suficiente para que ela abrisse a porta e pulasse. Ela correu até um telefone público e ligou para a polícia.

Ninguém se machucou. Nenhuma denúncia foi feita. Ninguém jamais foi condenado.

Mas, para Bill Peterson, o incidente era a prova clara de que Dennis Fritz era uma ameaça constante à sociedade e deveria ser morto para proteger outras jovens damas. Lavita Brewer era a melhor testemunha, e a única que ele conseguiu apresentar.

Durante seu pedido exaltado pela pena de morte, Peterson olhou para Dennis, apontou o dedo e disse:

– Dennis Fritz, você merece morrer pelo que você e Ron Williamson fizeram com Debra Sue Carter.

Nesse ponto, Dennis o interrompeu e disse ao júri:

– Eu não matei Debbie Carter.

Duas horas depois o júri voltou com uma sentença de prisão perpétua. Quando o veredito foi lido, Dennis se levantou, encarou o júri e disse:

– Senhoras e senhores do júri, eu gostaria de dizer...

– Com licença – disse o juiz Jones.

– Dennis, você não pode fazer isso – alertou Greg Saunders.

Mas Dennis não admitiu que o impedissem. Continuou:

– Meu Senhor Jesus Cristo que está no céu sabe que eu não fiz isso. Só quero que saibam que eu perdoo vocês. Vou rezar por vocês.

De volta à cela, na escuridão de seu cantinho do inferno, ele não encontrou nenhum alívio no fato de que tinha evitado a pena de morte. Tinha 31 anos, era um homem inocente, sem tendências violentas, e a perspectiva de passar o resto da vida na prisão era totalmente avassaladora.

9

Annette Hudson tinha acompanhado de perto o julgamento de Dennis Fritz lendo as matérias diárias no *Ada Evening News*. Na terça-feira, 12 de abril, a manchete da primeira página dizia: "Fritz Considerado Culpado do Assassinato de Carter".

Como sempre, a matéria mencionava seu irmão. "Ron Williamson, também acusado de homicídio qualificado, deverá ir a julgamento aqui, em 21 de abril." Na verdade, todas as seis matérias falando do julgamento de Dennis mencionavam o envolvimento de Ron e o julgamento próximo.

Annette se perguntava repetidamente como eles poderiam esperar um júri imparcial. Se um corréu é considerado culpado, como o outro poderia ter um julgamento justo na mesma cidade?

Ela comprou um terno cinza novo para Ron, uma calça azul-marinho extra, duas camisas brancas, duas gravatas e sapatos.

EM 20 DE abril, na véspera do início do julgamento, Ron foi levado ao tribunal para uma conversa com o juiz Jones. O juiz estava preocupado com a possibilidade de o réu provocar tumulto, um receio válido, dado o seu histórico. Enquanto Ron permanecia de pé à sua frente, o juiz disse:

– Quero ver em que situação estamos com relação à sua presença amanhã, e me certificar de que quando estiver aqui você não vai causar distúrbios. Entende a minha preocupação?

Ron: – Desde que eles não comecem a dizer que eu matei alguém.

Juiz Jones: – Bom, você sabe que eles vão fazer isso, não sabe?

Ron: – Bom, eu sei, mas isso não está certo.

O juiz Jones sabia que Ron fora um grande atleta, por isso usou a analogia de uma disputa esportiva:

– É como um evento esportivo. Cada lado tem a oportunidade de atacar, e tem a oportunidade de defender, mas você não pode se incomodar com o fato de que os dois lados têm essas oportunidades. Isso faz parte do processo.

Ron: – É, mas eu sou a bola que está sendo chutada.

PARA A PROMOTORIA, o julgamento de Dennis Fritz havia sido um belo aquecimento para o evento principal. Praticamente as mesmas testemunhas seriam usadas, e mais ou menos na mesma ordem. Mas, no julgamento seguinte, o Estado tinha duas vantagens adicionais. Primeiro, o réu era mentalmente incapaz, e tendia a virar mesas e falar palavrões, comportamento que a maioria das pessoas, inclusive os jurados, censurava. Ele podia ser amedrontador; assustava as pessoas. Segundo, seu advogado era cego e estava sozinho. Desde que Baber, o auxiliar nomeado pelo tribunal, tinha se retirado do processo em 1º de abril, não houvera substituto. Barney era ágil e ótimo interrogador, mas não era eficaz ao argumentar sobre impressões digitais, fotos e análises de cabelos e pelos.

Para a defesa, quanto antes o julgamento começasse, melhor. Barney estava farto de Ron Williamson e frustrado com o número de horas que o caso o fazia ficar longe dos outros clientes, os que pagavam. E tinha medo de Ron, um medo físico. Conseguiu que seu filho, que não era advogado, se sentasse atrás dele, à mesa da defesa. Barney planejava se sentar o mais longe possível, o que não era nada longe, e se Ron fizesse algum movimento súbito e agressivo em direção a ele, seu filho atacaria Ron por trás, derrubando-o.

Esse era o nível de confiança entre advogado e cliente.

Mas poucas pessoas na sala apinhada do tribunal em 21 de abril sabiam que o filho estava protegendo o pai contra o cliente. A maioria dos presentes era de jurados em potencial, estranhos a essas situações, que não sabiam quem era quem. Também havia repórteres, advogados curiosos e os fofoqueiros de sempre que os julgamentos em cidades pequenas atraem. Especialmente os julgamentos de assassinatos.

Annette Hudson e Renee Simmons sentaram-se na primeira fila, o mais perto possível de Ronnie. Vários amigos de Annette tinham se oferecido para ficar com ela durante o julgamento. Ela recusou. Seu irmão era doente e imprevisível, e ela não queria que os amigos o vissem com algemas e correntes. E não queria que eles fossem submetidos a testemunhos explícitos e assustadores. Ela e Renee tinham aturado a audiência preliminar e sentido um gosto forte do que viria no julgamento.

Lá, Ron não teria amigos.

Do outro lado do corredor, os membros da família Carter ocupavam a primeira fila, o mesmo lugar onde haviam estado durante o julgamento de Dennis. Os lados opostos tentavam não fazer contato visual.

Era uma quinta-feira, quase um ano depois da exumação do corpo da vítima e da prisão de Ron e Dennis. O último tratamento significativo de Ron fora no hospital central do estado, cerca de treze meses antes. A pedido de Barney, ele fora examinado uma vez por Norma Walker em Ada, uma consulta breve que começou e terminou como a maioria de suas idas à clínica local. Durante um ano, sua medicação, quando recebia alguma, era administrada de forma errática pelos carcereiros. O tempo passado em seu buraco solitário na cadeia não tinha servido nem um pouco para melhorar sua saúde mental.

No entanto, apenas sua família se preocupava com isso. Nem a promotoria, nem a defesa e nem o próprio tribunal haviam levantado essa questão.

Era hora do julgamento.

A EMPOLGAÇÃO DO primeiro dia logo se desgastou, à medida que o tédio do processo de escolha dos jurados batia forte. Horas se passaram enquanto os advogados questionavam os candidatos e o juiz Jones dispensava metodicamente um depois do outro.

Ron, de sua parte, se comportou. Parecia bem – cabelo cortado, barbeado, roupas novas. Escreveu páginas e mais páginas de anotações, tudo isso sob o olhar do filho de Barney, que, apesar de tão entediado quanto os outros, conseguiu ficar de olho no cliente. Ron não tinha ideia do motivo de estar sendo observado com tanta atenção.

No fim da tarde, os doze jurados definitivos foram escolhidos: sete homens, cinco mulheres, todos brancos. O juiz Jones lhes deu as instruções e os mandou para casa. Eles não ficariam isolados.

Annette e Renee estavam esperançosas. Um jurado era o genro de um vizinho que morava à frente de Annette. Outro era parente de um pastor pentecostal que certamente conhecia Juanita Williamson e sua dedicação à igreja. Outro era um primo distante de um parente agregado da família.

A maioria dos jurados parecia familiar. Annette e Renee os tinham visto ocasionalmente em Ada. Era mesmo uma cidade pequena.

OS JURADOS RETORNARAM às nove da manhã do dia seguinte. Nancy Shew fez a declaração de abertura em nome do Estado, quase uma cópia da que tinha usado para Dennis Fritz. Barney adiou suas observações iniciais para depois que a argumentação principal do Estado tivesse terminado.

A primeira testemunha chamada pela promotoria foi de novo Glen Gore, mas as coisas não correram de acordo com o plano. Depois de declarar seu nome, Gore ficou em silêncio e se recusou a testemunhar. Desafiou o juiz a acusá-lo de desobediência; que importância tinha isso? Estava cumprindo quarenta anos, de qualquer modo. Seus motivos não eram claros, mas talvez tivessem algo a ver com o fato de estar encarcerado na prisão do estado, onde os dedos-duros eram malvistos pelos companheiros, diferentemente da cadeia do condado de Pontotoc, onde as delações corriam soltas.

Depois de alguns momentos de confusão, o juiz Jones decidiu que o testemunho de Gore para a audiência preliminar em julho último seria lida ao júri. Isso foi feito, e, ainda que o impacto fosse um tanto reduzido, o júri ouviu o relato fictício de Gore, de que tinha visto Ron na Coachlight na noite do assassinato.

Foi roubada de Barney a oportunidade de pressionar Gore sobre seus muitos crimes e sobre a natureza violenta dos mesmos. E a defesa também não teve chance de interrogar a testemunha sobre seu paradeiro e seus movimentos na noite do assassinato.

Com Gore fora do caminho, a linha da acusação voltou rapidamente aos trilhos. Tommy Glover, Gina Vietta e Charlie Carter deram os mesmos testemunhos pela terceira vez.

Gary Allen contou a mesma história estranha sobre ter ouvido dois homens molhando um ao outro com uma mangueira às três e meia da manhã no início de dezembro de 1982, mas não foi capaz de identificar Ron Williamson. O outro homem podia ter sido Dennis Fritz, mas talvez não.

A VERDADE ERA que Gary Allen não podia identificar ninguém e não tinha ideia de quando o incidente havia ocorrido. Ele era viciado em drogas, bem conhecido pela polícia. Sabia quem era Dennis Smith porque os dois tinham estudado juntos na faculdade local.

Smith o procurou pouco depois do assassinato e perguntou se ele tinha visto ou ouvido alguma coisa suspeita na madrugada de 8 de dezembro. Allen disse que tinha visto dois homens molhando um ao outro com uma mangueira na casa vizinha, mas não conseguia se lembrar da data. Dennis Smith e Gary Rogers concluíram imediatamente que tinham sido Dennis e Ron se lavando do sangue de Debbie Carter. Eles pressionaram Allen a dar detalhes, até mostraram uma foto da cena do crime. Sugeriram que os dois homens eram Dennis e Ron, mas Allen não podia, nem iria, identificar os dois.

Pouco antes do julgamento, Gary Rogers passou no apartamento de Allen e de novo insinuou detalhes. Não eram mesmo Dennis Fritz e Ron Williamson, e ele não os tinha visto do lado de fora, de madrugada, por volta de 8 de dezembro?

Não, Allen não tinha certeza. Rogers afastou o paletó do quadril para que Allen visse sua arma. Disse que Allen poderia sofrer envenenamento por chumbo se sua memória não melhorasse. Ela melhorou, mas apenas o mínimo possível para aceitar testemunhar.

DENNIS SMITH ENTÃO falou mecanicamente ao júri sobre a cena do crime, o trabalho de fotografar, a coleta de impressões digitais e de provas. Fotos foram passadas aos jurados, com as mesmas reações previsíveis quando viam a vítima. Usando uma escada magirus, o fotógrafo da polícia tinha feito algumas imagens aéreas do apartamento de Debbie. Peterson usou uma delas e pediu que Smith contasse ao júri onde ficava a casa de Ron Williamson. Apenas a alguns quarteirões de distância.

– Deixe-me ver as fotos – disse Barney.

Elas lhe foram entregues. Como era a regra não escrita em Ada, Barney pegou as fotos e saiu da sala com sua assistente, Linda. Ela descreveu cada uma em detalhes.

O exame direto foi protocolar, mas Barney tinha algumas cartas na manga para o seu interrogatório. Ele sempre havia achado estranho que os dois supostos assassinos conseguissem realizar um estupro e um assassinato tão violento sem deixar uma única impressão digital. Pediu que Smith explicasse quais eram as melhores superfícies para um investigador coletar digitais. Superfícies lisas e duras: vidros, espelhos, plástico duro, madeira pintada e assim por diante. Depois fez Smith descrever o pequeno apartamento e o obrigou a admitir que tinha negligenciado muitos locais óbvios: utensílios de cozinha, o vidro da janela do quarto que tinha ficado aberta, metais do banheiro, portais, espelhos. A lista cresceu sem parar, e ficou clara a impressão de que Smith tinha feito um trabalho ruim na busca por digitais.

Com a testemunha acuada, Barney atacou incessantemente. Quando se tornava agressivo demais, Bill Peterson ou Nancy Shew questionavam sua abordagem, e geralmente os protestos provocavam uma resposta ácida por parte de Barney.

Em seguida Gary Rogers ocupou o banco de testemunhas e continuou dando um resumo detalhado da investigação. Mas sua colaboração mais importante para a promotoria foi narrar ao júri a confissão de sonho que Ron fizera um dia depois de ser preso. Pareceu uma coisa boa no exame direto, mas Barney tinha alguns problemas com ela.

Ele ficou muito curioso em saber por que a declaração não fora gravada. Rogers admitiu que a polícia tinha e usava frequentemente uma câmera de vídeo, e quando foi pressionado por Barney admitiu que às vezes ela não era usada quando os investigadores não tinham certeza do que a testemunha diria. Por que correr o risco de gravar algo prejudicial para a acusação e favorável ao réu?

Rogers admitiu que o departamento de polícia possuía um gravador portátil e que sabia operá-lo. Ele não foi usado na entrevista com Ron porque isso não fazia parte dos procedimentos regulares. Barney também não engoliu aquilo.

Rogers também admitiu que o departamento de polícia tinha um bom suprimento de lápis e papel, mas se enrolou quando tentou explicar por que ele e Rusty Featherstone não permitiram que Ron escrevesse sua própria declaração. Eles se recusaram a deixar que Ron a visse, depois de terminarem de redigi-la, e Barney fez aumentarem as suspeitas. Enquanto pressionava Rogers no que competia a seus procedimentos incomuns, Rogers cometeu um erro gigantesco. Mencionou o interrogatório de Ron em 1983, em vídeo, em que este havia negado enfaticamente qualquer envolvimento no crime.

Barney ficou incrédulo. Por que não haviam lhe contado sobre essa fita? As revelações anteriores ao julgamento exigiam que a promotoria entregasse todas as provas que poderiam inocentar o réu. Barney tinha feito os pedidos a tempo, meses antes. Em setembro último o tribunal havia ordenado que a promotoria fornecesse à defesa todas as declarações feitas por Ron relativas à investigação do assassinato.

Como a polícia e a promotoria puderam esconder a fita por quatro anos e meio?

Barney tinha algumas testemunhas à sua disposição, já que o caso contra Ron era basicamente um caso de "admissão", em que o Estado usava uma variedade de testemunhas – ainda que fosse um grupo bastante precário – para declarar que, em várias ocasiões e de vários modos, Ron tinha admitido ser o assassino. O único modo verdadeiro de lutar contra esse tipo de testemunho era negá-lo, e a única pessoa que poderia negar que tinha feito as admissões era o próprio Ron. Barney planejava colocar Ron no banco para se defender, mas estava apavorado com essa perspectiva.

A fita de 1983 teria sido uma ferramenta poderosa para se mostrar ao júri. Quatro anos e meio antes, muito antes de a promotoria montar seu grupo de testemunhas duvidosas e muito antes de Ron ter uma ficha criminal tão longa, ele havia estado diante de uma câmera negando repetidamente qualquer envolvimento no crime.

NUMA FAMOSA DECISÃO de 1963, Brady versus Maryland, a Suprema Corte dos Estados Unidos decidiu que "a supressão, por parte da acusação, de provas favoráveis a um acusado que tenham sido pedidas viola o devido processo onde a prova seja fundamental para a culpa ou a pena, independentemente da boa-fé ou da má-fé da acusação".

Os investigadores têm todos os recursos à mão. Frequentemente descobrem testemunhas ou outras evidências favoráveis a um suspeito ou réu. Durante décadas eles podiam simplesmente ignorar essas provas de inocência e ir em frente com a acusação. O caso Brady equilibrou as forças e passou imediatamente a fazer parte dos processos criminais. Um pedido Brady é uma das muitas moções rotineiras que um advogado de defesa criminal apresenta no início do processo. Uma moção Brady. Uma audiência Brady. O material Brady. "Eu o peguei usando o Brady." O caso Brady passou a fazer parte do vocabulário da justiça criminal.

AGORA BARNEY ESTAVA diante do juiz Jones – com Rogers ainda no banco das testemunhas e Peterson examinando os próprios sapatos – com uma clara violação Brady nas mãos. Ele pediu a anulação do julgamento, que foi negada. O juiz Jones prometeu fazer uma audiência sobre o assunto – depois do fim do julgamento!

Era fim da tarde de sexta-feira e todos estavam cansados. O juiz Jones anunciou um recesso até as oito e meia de segunda-feira. Ron foi algemado, cercado por policiais e retirado do tribunal. Até então ele havia se comportado bem, e isso não deixara de ser percebido.

A primeira página do *Ada Evening News* trazia a manchete: "Williamson Equilibrado Durante Primeiro Dia de Julgamento".

A PRIMEIRA TESTEMUNHA na segunda-feira foi o Dr. Fred Jordan, que, pela terceira vez no mesmo banco, testemunhou em detalhes sobre a autópsia e a causa da morte. Também era a terceira vez que Peggy Stillwell passava por aquele suplício, e a repetição sem dúvida não tornava as coisas mais fáceis. Felizmente, ela não pôde ver as fotos apresentadas aos jurados. Mas podia ver as reações deles, e isso bastava.

O Dr. Jordan foi seguido pelas testemunhas Tony Vick, vizinho de Dennis Fritz; Donna Walker, a funcionária da loja de conveniência; e Letha Caldwell, a que os conhecera numa madrugada – todas as três tão inúteis quanto haviam sido no julgamento de Dennis.

As cartas na manga começaram a ser mostradas quando Terri Holland foi chamada em seguida. Durante a audiência preliminar ela pôde inventar histórias sem medo de ser pega. Mas agora, com Ron a olhando furioso e sabendo a verdade, as coisas seriam diferentes.

As mentiras começaram logo de cara – Holland estava descrevendo declarações sobre Debbie Carter que Ron supostamente teria feito na cadeia –, e era óbvio que Ron estava a ponto de explodir. Ele balançava a cabeça, trincava o maxilar, olhava para Holland como se quisesse matá-la. Por fim, ela disse:

– Ele contou que, se ela tivesse concordado em ficar com ele, ele não teria tido que matá-la.

Ron disse "Ah" em voz alta.

Nancy Shew perguntou:

– Alguma vez você escutou uma conversa telefônica dele, falando de algum modo sobre Debbie Carter?

Holland: – Eu estava trabalhando na lavanderia. Ron estava falando com a mãe pelo telefone, e ele disse à mãe... ele estava tentando fazer com que ela trouxesse cigarros ou algo assim, não sei direito o que era, mas eles... ele estava berrando com ela. E disse e ela que, se ela não fizesse isso, ele teria de matá-la, como tinha matado Debbie Carter.

Diante disso Ron gritou:

– Ela está mentindo!

Nancy Shew continuou:

– Sra. Holland, a senhora o ouviu descrever ou falar sobre algum detalhe da morte de Debbie Carter?

Holland: – Ele estava dizendo... acho que foi na área coletiva, para os caras de lá, que ele... ele disse que enfiou uma garrafa de Coca-Cola no cu dela e a calcinha dela na garganta.

Ron ficou de pé num salto, apontou para ela e gritou:

– Você está mentindo! Eu nunca disse nada assim na vida! Eu não matei essa garota e você é uma mentirosa.

Barney: – Fique quieto, Ron.

Ron: – Eu nem sei o que você é... pode apostar, você vai pagar por isso.

Houve uma pausa enquanto todo mundo recuperava o fôlego, e Barney se levantou devagar. Ele sabia exatamente o que estava por vir: trabalho de recuperação. A testemunha principal da acusação tinha errado em dois fatos cruciais: a calcinha e a garrafa de Coca-Cola, um problema comum com testemunhos forjados.

Com o tribunal tenso, uma testemunha mentirosa exposta e Barney já esperando para atacar, Nancy Shew tentou consertar o dano.

Shew: – Sra. Holland, deixe-me perguntar sobre os detalhes do que a senhora acabou de relatar. Segundo sua lembrança, a senhora tem certeza dos objetos que ele disse que usou? A senhora disse uma garrafa de Coca-Cola.

Barney: – Por favor, meritíssimo, por favor, meritíssimo. Eu ouvi o que ela disse e não quero que esta promotora mude o testemunho dela e protesto contra isso.

Holland: – Ele disse garrafa de Coca-Cola, frasco de ketchup ou garrafa...

Barney: – Está vendo o que eu quero dizer? Por favor, meritíssimo...

Holland: – Faz quatro anos.

Ron: – É, e você é uma...

Barney: – Quieto.

Shew: – Sra. Holland, a senhora pode... eu sei que a senhora ouviu coisas diferentes...

Barney: – Por favor, meritíssimo...

Shew: – A senhora pode pensar...

Barney: – Protesto contra esse interrogatório indutivo e sugestivo que a promotora está fazendo.

Juiz: – Faça uma pergunta sem postular nada.

Shew: – Alguma vez ele disse o motivo... a senhora disse que ele contou que matou...

Holland: – Ele queria dormir com Debbie Carter.

Ron: – Você é uma mentirosa!

Barney: – Cale a boca.

Ron (*levantando-se*): – Ela é uma mentirosa. Não vou ficar sentado ouvindo isso. Eu não matei Debbie Carter e você está mentindo.

Barney: – Ronnie, por favor, sente-se.

Peterson: – Excelência, será que podemos fazer um recesso, por favor? Barney... eu protesto contra os comentários à parte da defesa, meritíssimo.

Barney: – Não são comentários à parte, por favor, meritíssimo.

Juiz: – Esperem um minuto.

Barney: – Eu estou falando com este réu.

Juiz: – Espere um minuto. Faça a próxima pergunta. Sr. Williamson, devo alertá-lo de que o senhor não tem permissão para falar de onde está.

Shew: – Sra. Holland, a senhora consegue se lembrar se ele disse por que fez o que fez?

Holland: – Porque ela não quis dormir com ele.

Ron: – Você está mentindo, porcaria, diga a verdade. Eu nunca matei ninguém na vida.

Barney: – Excelência, eu gostaria de perguntar se podemos fazer um recesso de alguns minutos.

Juiz: – Está bem. Lembrem-se das suas instruções. O júri pode se retirar.

Ron: – Eu posso falar com ela, por favor? Deixe eu falar com ela. O que é isso que ela está falando?

UMA RÁPIDA PAUSA esfriou as coisas. Com o júri ausente, o juiz Jones teve uma conversa amistosa com Ron, que garantiu ao meritíssimo que poderia se comportar. Quando o júri retornou, o juiz explicou que o caso seria decidido apenas a partir das provas, e nada mais. Não a partir dos comentários dos advogados e certamente não a partir dos comentários e ações do réu.

Mas a apavorante ameaça de Ron, dizendo: "Você vai pagar por isso" foi ouvida claramente pelos jurados. Eles também sentiam medo dele.

Durante a confusão, Nancy Shew não conseguiu recuperar completamente sua testemunha. Com perguntas indutivas e sugestivas ela pôde transformar a garrafa de Coca-Cola num frasco de ketchup, mas o pequeno detalhe da calcinha na boca não foi corrigido. A toalhinha ensanguentada jamais foi mencionada por Terri Holland.

A PRÓXIMA ATRIZ fajuta chamada pela promotoria para ajudar a encontrar a verdade foi Cindy McIntosh, mas a coitada estava tão confusa que não conseguia se lembrar de qual história deveria contar. Teve um branco e, por fim, foi dispensada sem completar o serviço.

Mike Tenney e John Christian contaram suas conversas tarde da noite com Ron na cela e algumas coisas estranhas que ele havia dito. Nenhum dos dois se deu ao trabalho de dizer que Ron negou repetidamente qualquer envolvimento no assassinato e que frequentemente gritava durante horas que era inocente.

Depois de um almoço rápido, Peterson arrumou os agentes do DIEO na mesma ordem do julgamento de Fritz. Jerry Peters foi primeiro, e contou a história de ter reconstituído as mãos de Debbie depois da exumação porque não tinha certeza com relação a uma parte minúscula da palma da mão esquerda. Barney tentou pressioná-lo perguntando exatamente como e por que isso se tornou importante quatro anos e meio depois da autópsia, mas Peters foi evasivo. Ele havia questionado suas descobertas iniciais por um período tão longo? Ou será que Bill Peterson telefonara por acaso num dia do início de 1987 e feito algumas sugestões? Peters foi vago.

Larry Mullins ofereceu a mesma opinião de Peters: a impressão de sangue no *drywall* pertencia a Debbie Carter, e não a algum assassino misterioso.

Mary Long testemunhou que Ron Williamson era não secretor e, portanto, fazia parte da minoria de cerca de 20% da população. O estuprador de Debby estava provavelmente nesse grupo. Com algum esforço, Barney a pressionou perguntando o número exato de pessoas que ela havia testado e chegou a um total de vinte, incluindo a vítima. E, desse número, doze eram não secretores, ou 60% do total. Então ele debochou um pouco daquela conta.

Susan Land testemunhou brevemente. Ela havia começado a análise de cabelos e pelos no caso Carter, mas depois a transferiu para Melvin Hett. Quando foi pressionada por Barney para dar o motivo, ela disse:

– Naquela ocasião em particular eu estava trabalhando com numerosos homicídios e, diante de todo o estresse e o desgaste, simplesmente achei que não poderia ser objetiva, e não queria cometer nenhum erro.

Em seguida Melvin Hett prestou juramento, e logo começou a despejar o mesmo sermão erudito que tinha apresentado alguns dias antes no julgamento de Fritz. Descreveu o árduo processo de comparar microscopicamente fios conhecidos com fios de suspeitos. Fez um bom trabalho em passar a impressão de que a análise de cabelos e pelos era inteiramente confiável. Tinha de ser; era usada o tempo todo em julgamentos criminais. Hett disse ao júri que havia trabalhado em "milhares" de casos envolvendo cabelos ou pelos. Apresentou alguns diagramas de diferentes tipos de fios e explicou que eles apresentam entre 25 e trinta características distinguíveis.

Quando ele finalmente chegou a Ron Williamson, testemunhou que dois pelos pubianos encontrados na cama eram microscopicamente compatíveis e poderiam ter vindo da mesma fonte: Ron Williamson. E que dois fios de cabelo encontrados na toalhinha ensanguentada eram microscopicamente compatíveis e poderiam ter vindo da mesma fonte: Ron Williamson.

Os quatro fios poderiam da mesma forma *não* ter vindo de Ron, mas Hett não mencionou isso.

Num lapso, Hett passou dos limites. Enquanto testemunhava sobre os dois fios de cabelo, disse:

– Esses eram os únicos fios de cabelo iguais ou compatíveis com os de Ron Williamson.

A palavra "iguais" está além dos limites para a análise de cabelos e pelos, porque é extremamente capciosa. Os leigos do júri podem ter dificuldade em entender o conceito de fios corporais microscopicamente compatíveis, mas não têm dificuldade para entender algo que é igual. É mais rápido, mais limpo, mais fácil de entender. Assim como uma impressão digital, uma coisa igual elimina qualquer dúvida.

Depois de Hett usar a palavra "igual" pela segunda vez, Barney protestou. O juiz Jones negou o protesto, dizendo que ele podia abordar isso quando fizesse seu interrogatório.

A atitude mais deplorável de Hett, no entanto, foi a forma como ele testemunhou. Em vez de informar aos jurados, Hett optou por simplesmente abençoá-los com suas opiniões.

Para ajudar o júri a avaliar as provas, a maioria dos analistas de cabelos e pelos leva ao tribunal fotos ampliadas do fio que está sendo examinado. Uma foto de um fio conhecido é colocada perto da de um fio examinado, e o perito entra em detalhes explicando a fundo as semelhanças e as diferenças. Como Hett disse, existem cerca de 25 características diferentes nos pelos, e um bom examinador mostrará ao júri exatamente do que está falando.

Ele não fez nada disso. Depois de trabalhar no assassinato de Debbie Carter durante quase cinco anos, centenas de horas, três diferentes relatórios, não mostrou ao júri nenhuma foto ampliada de seu trabalho. Nem um único fio de cabelo ou pelo tirado de Ron Williamson foi comparado com algum fio coletado no apartamento de Debbie.

Na verdade, Hett estava dizendo ao júri para simplesmente confiar nele. Não me peçam provas, apenas acreditem em mim.

* * *

A CONCLUSÃO NÍTIDA do testemunho de Hett era que quatro fios encontrados no apartamento de Debbie Carter vinham de Ron Williamson. De fato, este era o único objetivo que levara Hett ao banco das testemunhas.

Sua presença e seu testemunho enfatizavam como era inútil esperar que um réu hipossuficiente conseguisse um julgamento justo sem que tivesse acesso a peritos forenses. Barney tinha requisitado esse tipo de auxílio meses antes, e o juiz Jones negou.

O juiz Jones deveria estar ciente disso. Três anos antes, um importante processo de Oklahoma chegou à Suprema Corte dos Estados Unidos, e o resultado abalou os tribunais criminais do país. Em Ake versus Oklahoma, a Corte proferiu: "Quando um estado usa seu poder judicial contra um réu hipossuficiente num processo criminal, deve se esforçar para garantir que o réu tenha uma oportunidade justa de apresentar sua defesa. (...) A justiça não é igualitária quando, simplesmente em decorrência de sua pobreza, um réu tenha negada a oportunidade de participar de modo significativo de um processo judicial em que sua liberdade esteja em jogo."

A decisão Ake exigia que os instrumentos básicos para uma defesa apropriada fossem fornecidos pelo Estado a um réu hipossuficiente. Isso foi ignorado pelo juiz Jones tanto no julgamento de Dennis quanto no de Ron.

As provas forenses eram parte crucial da acusação. Jerry Peters, Larry Mullins, Mary Long, Susan Land e Melvin Hett eram, todos eles, especialistas. Ron tinha à sua disposição apenas Barney, um advogado competente mas, infelizmente, incapaz de enxergar as provas.

DEPOIS DE MELVIN Hett a promotoria encerrou sua parte. No início do julgamento, Barney abrira mão de sua declaração de abertura, reservando-a para o início da defesa. Era uma manobra arriscada. A maioria dos advogados de defesa não se furta em se dirigir aos jurados logo de início, para ir começando a semear dúvidas com relação às provas exibidas pela promotoria. A declaração de abertura e os argumentos finais são os únicos estágios de um julgamento em que o advogado pode se dirigir diretamente ao júri, e são oportunidades boas demais para ser deixadas de lado.

Depois de a promotoria encerrar sua parte, Barney surpreendeu todo mundo abrindo mão novamente de sua declaração de abertura. Não apresentou nenhuma justificativa e nenhuma justificativa foi exigida, mas era uma tática muito incomum.

Barney chamou sete carcereiros ao banco das testemunhas. Todos negaram ter ouvido Ron Williamson se implicar de qualquer modo no assassinato de Debbie Carter.

Wayne Joplin era o escrevente do condado de Pontotoc. Barney o convocou como testemunha para revisar os registros de Terri Holland. Ela fora presa no Novo México em outubro de 1984, levada de volta para Ada e posta na cadeia, onde prontamente ajudou a solucionar dois casos sensacionais de assassinato, apesar de ter esperado dois anos para informar à polícia sobre a dramática confissão que Ron lhe fizera. Ela assumiu a culpa pela acusação de falsificação de cheques, recebeu uma sentença de cinco anos, com suspensão de três, e recebeu a ordem de pagar custas judiciais no valor de 70 dólares, uma restituição de 527,09 dólares, 225 dólares de honorários advocatícios em prestações mensais de 50 dólares, 10 dólares por mês ao Departamento Penitenciário e 50 dólares por mês para o Fundo de Compensação para Vítimas de Crimes.

Fez um pagamento de 50 dólares em maio de 1986, depois tudo foi aparentemente perdoado.

Barney chegou à última testemunha: o próprio réu. Permitir que Ron testemunhasse era um risco. Ele era instável – mais cedo naquele dia tinha atacado Terri Holland –, e o júri já estava com medo dele. Possuía antecedentes criminais, que Peterson esfregaria na cara dele, questionando sua credibilidade. Ninguém tinha certeza de quanta medicação ele estava recebendo, se é que estava recebendo alguma. Era raivoso e imprevisível e, o pior de tudo, não tinha sido preparado pelo advogado.

Barney pediu uma reunião e disse ao juiz Jones:

– Bom, agora começa a diversão. Eu gostaria de ter um recesso para fazer o que for possível para conseguir acalmá-lo. Ele parece... bom, ele não parece estar nem agitado nem contrariado. Mas, de qualquer modo, preciso de um recesso.

– Você só tem uma testemunha em potencial? – perguntou o juiz Jones.

– Só tenho uma, sim, e acho que o senhor está usando o termo correto, excelência.

Quando pararam para o recesso do meio-dia, Ron foi levado para baixo, de volta à cadeia. Ele viu o pai da vítima e gritou:

– Charlie Carter, eu não matei sua filha!

Os policiais o arrastaram mais depressa ainda.

À uma da tarde, ele prestou juramento. Depois de algumas perguntas preliminares, negou ter tido qualquer conversa com Terri Holland e negou ter conhecido Debbie Carter.

– Quando ficou sabendo da morte de Debbie? – perguntou Barney.

– Em 8 de dezembro, minha irmã, Annette Hudson, ligou para casa e mamãe atendeu. E eu ouvi mamãe dizer: "Bom, eu sei que o Ronnie não fez isso porque ele estava em casa." E eu perguntei à minha mãe o que estava acontecendo. Ela disse que Annette tinha telefonado e dito que uma garota havia sido morta no nosso bairro.

A falta de preparação ficou mais aparente alguns minutos depois, quando Barney perguntou à testemunha como conhecera Gary Rogers.

Ron disse:

– E foi pouco depois disso que eu fui à delegacia e fiz um teste com o detector de mentiras.

Barney quase engasgou.

– Ronnie, não... você não deveria falar sobre isso.

Era proibida qualquer menção a um polígrafo diante do júri. Fosse a promotoria que tivesse feito aquilo, seria pedida a anulação do julgamento. Ninguém tinha se preocupado em informar isso a Ron. Segundos depois, ele mais uma vez pisou fora da linha ao descrever um incidente com Dennis Fritz.

– Eu estava com Dennis Fritz, nós estávamos na estrada, e eu disse a ele que Dennis Smith tinha ligado e dito que o resultado do teste com o polígrafo tinha sido inconclusivo.

Barney foi em frente e mudou de assunto. Os dois falaram brevemente sobre a condenação de Ron por causa da falsificação de assinatura. Em seguida, algumas perguntas sobre onde ele estava na noite do assassinato. Barney terminou com um débil "Você matou Debbie Carter?"

– Não, senhor. Não matei.

– Creio que isso é tudo.

Na pressa de colocar o cliente no banco e tirá-lo de lá com o mínimo de dano possível, Barney deixou de refutar a maioria das alegações feitas pelas testemunhas de acusação. Ron poderia ter explicado sua "confissão de sonho" a Rogers e Featherstone na noite depois da prisão. Poderia ter explicado suas conversas na cadeia com John Christian e Mike Tenney. Poderia ter feito um mapa da cadeia e explicado ao júri que era impossível Terri Holland ouvir o que disse que ouviu sem que outras pessoas também o fizessem. Poderia ter negado peremptoriamente as declarações de Glen Gore, Gary Allen, Tony Vick, Donna Walker e Letha Caldwell.

Como todos os promotores, Peterson estava ansioso para atacar o réu quando fosse sua vez de interrogá-lo. O que não esperava era que ele fosse totalmente incapaz de ser intimidado. Peterson começou enfatizando a amizade entre Ron e Dennis Fritz, este agora um assassino condenado.

– Não é fato, Sr. Williamson, que o senhor e Dennis Fritz são praticamente os únicos amigos que cada um dos dois têm?

– Bom, vamos colocar a coisa do seguinte modo – respondeu Ron com tranquilidade. – Você armou para cima dele, agora está tentando armar para cima de mim.

As palavras ecoaram no tribunal enquanto Peterson recuperava o fôlego.

Mudando de assunto, Peterson perguntou se Ron se lembrava de ter conhecido Debbie Carter, algo que ele negava continuamente. A pergunta foi feita de novo, e Ron disse bruscamente:

– Peterson, vou deixar isso claro para você mais uma vez.

O juiz Jones interveio e instruiu a testemunha a responder à pergunta. Mais uma vez, Ron negou ter conhecido Debbie Carter.

Peterson andou de um lado para o outro, pisando firme e empertigado, dando alguns socos e acertando apenas o ar. Teve problemas outra vez quando tentou retomar sua narrativa.

– Você sabe onde estava depois das dez horas do dia 7 de dezembro?

Ron: – Em casa.

Peterson: – Fazendo o quê?

Ron: – Depois das dez horas, cinco anos atrás, eu podia estar assistindo à televisão ou dormindo.

Peterson: – Não é fato que você saiu pela porta, cruzou aquele beco...

Ron: – Nã-não, meu chapa. De jeito nenhum.

Peterson: – ... cruzou aquele beco.

Ron: – De jeito nenhum, cara.

Peterson: – Você e Dennis Fritz.

Ron: – Você está... de jeito nenhum. De jeito nenhum.

Peterson: – Foram até aquele apartamento.

Ron: – De jeito nenhum.

Peterson: – Você sabe onde Dennis Fritz estava naquela noite?

Ron: – Sei que ele não estava na casa de Debbie Carter. É o que eu diria.

Peterson: – Como você sabe que ele não estava na casa de Debbie Carter?

Ron: – Aposto minha vida nisso. Vamos colocar a coisa assim.

Peterson: – Diga como você sabe.

Ron: – Eu simplesmente não... não me faça mais perguntas. Vou descer e você pode falar com o júri, mas sei que você armou para cima dele, e que agora está tentando armar para cima de mim.

Barney: – Ronnie.

Ron: – Minha mãe sabia que eu estava em casa. Vocês ficaram me importunando durante cinco anos. Agora podem fazer o que quiserem comigo. Não me importa.

Peterson dispensou a testemunha e se sentou.

EM SUAS ALEGAÇÕES finais, Barney se esforçou para falar mal da polícia e de seu trabalho: a investigação demorada demais, a perda das amostras de cabelos e pelos de Gore, a aparente cegueira em relação a Gore como suspeito, o trabalho ruim de Dennis Smith na coleta de digitais na cena do crime, os numerosos pedidos de amostras de Ron, a tática questionável usada para extrair sua confissão de sonho, o não fornecimento da declaração anterior de Ron à defesa, as opiniões sempre mutáveis do pessoal do DIEO. A lista de erros era extensa e variada, e Barney se referiu mais de uma vez à polícia como os Keystone Kops, das comédias pastelão do cinema mudo.

Como todo bom advogado, ele argumentou que havia muitas dúvidas razoáveis e apelou para que os jurados usassem o bom senso.

Peterson argumentou que não havia nenhuma dúvida. Os policiais, todos ótimos profissionais, claro, fizeram um serviço exemplar na investigação, e ele e sua equipe tinham fornecido ao júri provas claras de culpa.

Retomando uma coisa que tinha ouvido Melvin Hett dizer, ele brincou com a terminologia. Ao falar sobre a análise de cabelos e pelos, disse:

– Assim, por um longo período, o Sr. Hett esteve examinando fios e eliminando, examinando e eliminando, junto com seus outros casos. Então, em 1985, encontrou um igual.

Mas Barney estava preparado. Protestou imediatamente, dizendo:

– Por favor, meritíssimo, não houve um caso de encontro de fio igual desde a independência. Nós protestamos contra o uso deste termo.

O protesto foi aceito.

Peterson continuou, sem se exaltar, resumindo o que cada uma das suas testemunhas havia dito. Quando mencionou Terri Holland, Ron ficou tenso.

Peterson: – Terri Holland está contando a vocês o que ela recorda depois de dois anos, e seu testemunho foi de que ouviu o réu contar à mãe que, se ela não lhe levasse uma coisa...

Ron levantou num salto e falou: – Espera aí!

Peterson: – ... ele iria matá-la como matou Debbie Carter.

Ron: – Cala a boca, cara, eu nunca falei isso!

Barney: – Sente-se. Fique quieto.

O juiz: – Sr. Williamson.

Ron: – Eu não disse isso à minha mãe.

Barney: – Ronnie.

O juiz: – Ouça o seu advogado.

Ron se sentou, espumando de raiva. Peterson deu continuidade, repassando as declarações das testemunhas da acusação por uma ótica tão favorável que Barney foi obrigado a protestar diversas vezes e pedir que o juiz Jones lembrasse ao promotor para se ater aos fatos.

O JÚRI SE reuniu às 10h15 da manhã de quarta-feira. Annette e Renee permaneceram um tempo no tribunal, depois saíram para almoçar. Era difícil comer. Depois de ouvir cada palavra das testemunhas, estavam mais convencidas ainda de que o irmão era inocente, mas aquele era o tribunal de Peterson. A maioria das decisões do juiz tinha sido favorável a ele. Ele havia reunido as mesmas testemunhas com uma quantidade ínfima de provas e conseguido a condenação de Dennis Fritz.

Elas o desprezavam. Peterson era barulhento, arrogante, passava por cima das pessoas. Elas o odiavam pelo que ele estava fazendo com seu irmão.

As horas passaram. Às 16h30, veio a notícia de que o júri tinha chegado ao veredito, e o tribunal se encheu rapidamente. O juiz Jones ocupou seu lugar e orientou os espectadores a não se manifestarem. Annette e Renee deram as mãos e rezaram.

Do outro lado do corredor, a família Carter também deu as mãos e rezou. Sua provação estava quase terminada.

Às 16h40, o porta-voz do júri entregou um veredito ao escrevente, que passou os olhos no documento e o entregou ao juiz Jones. Este anunciou o veredito: culpado de todas as acusações. Os Carters levantaram os punhos em silêncio, numa demonstração de vitória. Annette e Renee choraram baixinho, assim como Peggy Stillwell.

Ron baixou a cabeça, abalado mas não inteiramente surpreso. Depois de onze meses na cadeia do condado de Pontotoc, ele havia se tornado parte de um sistema podre. Sabia que Dennis Fritz era inocente, mas tinha sido condenado pelos mesmos policiais e o mesmo promotor no mesmo tribunal.

O juiz Jones estava ansioso para terminar o julgamento. Sem pausa, ordenou que a promotoria desse início à fase da determinação da pena. Nancy Shew se dirigiu ao júri e explicou que, como o crime tinha sido particularmente hediondo, atroz e cruel, como tinha sido cometido com o objetivo de impedir a prisão dos culpados, e como havia uma grande probabilidade de que Ron voltasse a matar, e que por isso era uma ameaça contínua à sociedade, ele deveria ser condenado à pena de morte.

Para provar isso, a promotoria chamou quatro testemunhas, quatro mulheres que Ron tinha conhecido, nenhuma das quais jamais havia se preocupado em prestar queixa contra ele. A primeira foi Beverly Setliff, que testemunhou que em 14 de junho de 1981, sete anos antes, tinha visto Ron Williamson diante de sua casa tarde da noite enquanto ela se preparava para dormir. Ele gritara "Ei" e "Sei que você está aí e vou pegar você".

Beverly nunca o tinha visto antes. Trancou a porta, e ele desapareceu.

Ela não telefonou para a polícia, isso nem passou pela sua cabeça, na verdade, e não pensou em fazer uma queixa até o dia seguinte, quando viu um policial numa loja de conveniência e contou a ele sobre o incidente. Se foi registrado um boletim de ocorrência, ela jamais o viu.

Três semanas depois viu Ron outra vez, e uma amiga o identificou. Seis anos se passaram. Quando Ron foi preso, ela ligou para a polícia e contou a história do assédio.

A próxima testemunha foi Lavita Brewer, a mesma mulher que testemunhou contra Dennis Fritz. Ela repetiu sua história – tinha conhecido Ron e

Dennis num bar em Norman, entrou no carro com eles, ficou com medo, pulou do carro e ligou para a polícia. Segundo a versão dela, Ron jamais a tocou nem a ameaçou de nenhuma forma. Ficou histérica no banco de trás do carro de Dennis porque ele não queria parar e deixar que ela saísse, e a coisa mais grave que Ron fez durante o episódio foi dizer para ela calar a boca.

Ela acabou pulando do carro, ligou para a polícia, mas não prestou queixa.

Letha Caldwell testemunhou novamente. Conhecia Ron Williamson desde os tempos de escola em Byng e sempre fora amiga dele. No início da década de 1980, ele e Dennis Fritz começaram a aparecer em sua casa tarde da noite, sempre bebendo. Um dia ela estava trabalhando em seus canteiros de flores e Ron apareceu. Os dois conversaram e ela continuou trabalhando, o que o irritou. Em determinado momento, ele a agarrou pelo pulso. Ela se soltou, entrou em casa e percebeu que seus filhos estavam lá dentro. Ele foi atrás dela, mas não a tocou e logo foi embora. Ela não informou à polícia sobre o incidente.

A última testemunha era de longe a mais prejudicial. Uma mulher divorciada, chamada Andrea Hardcastle, contou a história angustiante de um suplício que durou mais de quatro horas. Em 1981, Ron e um amigo estavam na casa dela, tentando convencê-la a sair com eles. Foram para a Coachlight. Andrea estava tomando conta dos três filhos e mais outras duas crianças, por isso não podia sair. Os homens foram embora, mas logo Ron voltou para pegar um maço de cigarros. Entrou na casa sem pedir licença e rapidamente deu uma cantada em Andrea. Passava das dez da noite, as crianças estavam dormindo, e ela ficou com medo. Não estava interessada em sexo. Ele explodiu, batendo repetidamente na cara e na cabeça dela e exigindo que ela lhe fizesse sexo oral. Ela se recusou e, ao fazer isso, percebeu que, quanto mais ela falava, menos ele batia.

Por isso, começaram a conversar. Ele falou sobre a carreira no beisebol, o casamento fracassado, o violão, Deus e religião, a mãe. No ensino médio, tinha estudado com o ex-marido dela, que trabalhava como segurança em meio expediente na Coachlight. Às vezes ele ficava quieto, pacífico, até choroso, em outros momentos ficava desnorteado, gritando, raivoso. Andrea estava preocupada com as crianças, todas as cinco. Enquanto ele falava, ela pensava em algum modo de escapar daquele suplício. Ele explodia em crises de violência, batendo nela de novo e tentando tirar a roupa dela. Estava bêbado demais para manter uma ereção.

Em determinado momento, Ron teria dito que percebeu que teria de matá-la. Andrea estava rezando com fervor. Decidiu entrar no jogo dele. Ela o convidou a voltar na tarde seguinte, quando as crianças não estariam em casa e eles poderiam transar o quanto quisessem. Essa proposta o agradou enormemente, e ele foi embora.

Ela ligou para o ex-marido e o pai e os dois patrulharam os arredores à procura de Ron. Estavam fortemente armados e não se sentiam avessos a fazer justiça com as próprias mãos.

O rosto de Andrea estava horrível: cortes, hematomas, olhos inchados. Ron tinha um anel com um relevo em forma de cabeça de cavalo, e isso provocou numerosos ferimentos em volta dos olhos dela. A polícia foi chamada no dia seguinte, mas ela se recusou terminantemente a prestar queixa. Ron morava perto, e ela morria de medo dele.

Barney não estava preparado para esse testemunho, e se atolou, sem ênfase, na hora de interrogá-la.

O tribunal ficou em silêncio quando ela deixou o banco das testemunhas. Os jurados olharam furiosos para o réu. Era hora da forca.

Inexplicavelmente, Barney não chamou nenhuma testemunha para mitigar o dano e tentar salvar a vida de Ron. Annette e Renee estavam sentadas no tribunal, prontas para testemunhar. Durante todo o julgamento, nenhuma palavra fora dita sobre a incapacidade civil de Ron. Nenhum histórico clínico foi apresentado.

As últimas palavras que o júri escutou vindas do banco das testemunhas foram as de Andrea Hardcastle.

BILL PETERSON PEDIU a pena de morte em suas alegações finais. E tinha provas frescas, um ou dois fatos novos que não haviam sido demonstrados durante o julgamento. Até o testemunho de Andrea Hardcastle não houvera qualquer menção ao anel de Ron com o relevo em forma de cabeça de cavalo. Peterson forçou um pouco a barra, extrapolou as evidências, e concluiu que Ron tinha usado o mesmo anel para espancar Debbie Carter; assim, os ferimentos no rosto dela certamente eram semelhantes aos que Andrea Hardcastle sofrera em janeiro de 1981. Era uma tese simplesmente descabida. Não havia nenhuma prova que a atestasse, mas a verdade é que ninguém precisava de provas.

Peterson se dirigiu dramaticamente ao júri:

– Ele deixou sua assinatura com Andrea Hardcastle, e a sublinhou com Debbie Carter. – E finalizou dizendo: – Quando voltarem aqui, senhoras e senhores, vou pedir que digam: Ron Williamson, você merece morrer pelo que fez com Debra Sue Carter.

Num timing perfeito, Ron explodiu:

– Eu não matei Debbie Carter.

O júri se retirou, mas foi rápido nas deliberações sobre a sentença. Em menos de duas horas, estava de volta com a pena de morte.

NUM CASO BIZARRO de dúvida judicial tardia, o juiz Jones convocou uma audiência no dia seguinte para ponderar sobre a violação Brady por parte do Estado. Apesar de estar exausto e farto do processo, Barney continuava indignado porque os policiais e Peterson tinham escondido deliberadamente a gravação feita em 1983 durante o teste do polígrafo imposto a Ron.

Mas por que se importar com isso àquela altura? O julgamento estava terminado. O vídeo não adiantava nada depois dele.

Para surpresa de ninguém, o juiz Jones decidiu que a supressão da fita por parte das autoridades não era uma violação Brady, no fim das contas. A fita não tinha sido de fato escondida; foi entregue depois do julgamento, uma espécie de apresentação atrasada.

Ron Williamson estava a caminho da Ala F, o famoso corredor da morte da penitenciária estadual de Oklahoma, em McAlester.

10

Oklahoma leva a pena de morte muito a sério. Quando a Suprema Corte dos Estados Unidos aprovou a retomada das execuções em 1976, o legislativo de Oklahoma se apressou em realizar uma sessão especial com o único objetivo de promulgar leis que regulassem a pena de morte. No ano seguinte, os legisladores debateram a inovadora ideia da execução por injeção letal, em oposição ao retorno à Old Sparky, a confiável cadeira elétrica do estado. O argumento era que o uso de substâncias químicas era mais humano; desse modo, havia menor probabilidade de ser acusada de violar a constituição por se tratar de castigo cruel e desumano; desse modo, as chances de se acelerar as execuções seriam maiores. Na empolgação do momento, com a imprensa vigiando de perto e os eleitores encorajando-os, os legisladores debateram os vários modos de tirar uma vida humana. Alguns conservadores queriam enforcamento, pelotões de fuzilamento e coisas do tipo, mas no fim a injeção letal foi aprovada em decisão praticamente unânime, e Oklahoma se tornou o primeiro estado a adotá-la.

Mas não foi o primeiro a usá-la. Para frustração dos legisladores, da polícia, dos promotores e de uma ampla maioria do público, Oklahoma ficou rapidamente para trás de outros estados que adotavam a pena de morte. Treze longos anos se passaram sem uma execução. Por fim, em 1990, a espera acabou e a sala de execução foi usada novamente.

Assim que a represa se rompeu, veio a inundação. De 1990 em diante, o número de execuções per capita de prisioneiros em Oklahoma foi maior do que o de qualquer outro estado. Nenhum lugar, nem mesmo o Texas, consegue chegar perto.

EM OKLAHOMA, AS execuções acontecem na penitenciária de McAlester, uma prisão de segurança máxima, 200 quilômetros a sudeste de Oklahoma City. O corredor da morte fica lá, num setor abominável chamada Unidade H.

A prática leva à perfeição, e as execuções em McAlester são realizadas de modo preciso. Quando é chegada a hora, o último dia de um prisioneiro é passado recebendo visitantes: familiares, amigos, geralmente o advogado. Claro que as visitas são dolorosas, e se tornam ainda mais em razão de não poder haver contato físico. Eles conversam e choram através de uma grossa parede de vidro, usando um telefone. Nenhum abraço ou beijo de despedida da família, só um pungente "eu te amo" através de um fone preto. Frequentemente o preso e o visitante se beijam simbolicamente pressionando os lábios contra o vidro. Além disso, fingem se tocar com as mãos.

Não há lei que impeça o contato físico antes de uma execução. Cada estado tem suas próprias regras, e Oklahoma prefere manter os rituais do modo mais duro possível.

Se o diretor estiver de bom humor, permite que o preso dê alguns telefonemas. Quando as visitas acabam, chega a hora da última refeição, mas há um limite de 15 dólares para o menu, e o diretor pode vetar o que quiser. Cheeseburger, frango frito, bagre e sorvete são os pedidos mais populares.

Cerca de uma hora antes da morte, o prisioneiro é preparado. Troca de roupa e coloca um uniforme azul-claro, parecido com os utilizados por cirurgiões. É preso a uma maca com grossas tiras de velcro, e, à medida que começa sua última viagem, ocorre uma espécie de demonstração de apoio realizada pelos companheiros. Eles sacodem e chutam as portas das celas. Chacoalham as barras de metal. Gritam, bradam, e o barulho continua até pouco depois do momento programado para a execução, e então para subitamente.

Enquanto preparam o prisioneiro, a sala de execução já o espera e está muito bem organizada. Testemunhas entram silenciosamente nas duas salas de observação – uma para a família da vítima e outra para a família do assassino. A sala para a família da vítima tem 24 cadeiras dobráveis, mas algumas são reservadas para a imprensa, em regra quatro ou cinco lugares, duas para os advogados e algumas para o diretor e seus auxiliares. O delegado local e o promotor raramente deixam de comparecer ao evento.

Atrás dessa sala, e por trás de espelhos falsos, fica a sala destinada à família do assassino. Ela tem doze cadeiras dobráveis, mas frequentemente algumas ficam vazias. Alguns presos não querem que seus familiares assistam. Alguns não têm família.

E algumas vítimas não têm família. Ocasionalmente a sala de observação destinada a parentes da vítima também fica meio vazia.

As duas salas são separadas e os dois grupos são cuidadosamente mantidos isolados um do outro. Enquanto as testemunhas ocupam seus lugares, ainda não há o que ver: minipersianas bloqueiam a visão da sala de execução.

A maca entra e é posicionada. Técnicos estão esperando com tubos intravenosos, um para cada braço. Quando tudo está adequadamente inserido e ajustado, as minipersianas são levantadas e as testemunhas podem ver o preso. O espelho falso impede que ele veja a família da vítima, mas pode ver a sua, e frequentemente a cumprimenta. Um microfone se projeta da parede, 60 centímetros acima da sua cabeça.

Um médico conecta o preso a um dispositivo de monitoramento cardíaco. Um agente penitenciário fica de pé sobre um pequeno tablado branco num canto e registra tudo num caderno. Perto dele, na parede, há um telefone, para o caso de haver alguma notícia de última hora do front jurídico ou uma mudança de posicionamento por parte do governador. Antigamente, um capelão ficava em outro canto da sala e lia as Escrituras Sagradas durante toda a execução, mas ele se aposentou.

O diretor se adianta e pergunta ao condenado se ele ou ela tem alguma palavra final. Frequentemente não têm, mas de vez em quando alguém pede perdão, se diz inocente, reza ou parte para uma acusação amarga. Um deles cantou um hino. Outro apertou a mão do diretor e agradeceu a ele, aos funcionários e a toda a prisão por cuidar tão bem dele durante a estadia prolongada.

Há um limite de dois minutos para as palavras finais, mas isso jamais foi invocado.

Os condenados estão sempre relaxados e tranquilos. Aceitaram seu destino e tiveram muitos anos para se preparar para esse momento. Muitos o recebem de bom grado. Preferem a morte ao horror de viver mais vinte ou trinta anos na Unidade H.

Numa salinha atrás da maca estão escondidos três executores. Eles não devem ser vistos. Suas identidades são desconhecidas na prisão. Não são empregados do Estado, e sim algum tipo de freelancers, contratados secretamente por um antigo diretor muitos anos atrás. Suas chegadas e partidas da penitenciária de McAlester são misteriosas. Só o diretor sabe quem eles são, de onde vêm e onde obtêm seus produtos químicos. Ele paga 300 dólares a cada um, em dinheiro vivo, por uma execução.

Os tubos ligados ao braço do prisioneiro sobem e passam por dois buracos de 5 centímetros na parede, entrando na salinha onde os executores fazem o trabalho.

Quando as formalidades terminam e o diretor tem certeza de que não haverá nenhum telefonema de última hora, ele assente e as injeções começam.

Primeiro é bombeado soro fisiológico para abrir as veias. A primeira droga é tiopentato de sódio, que apaga rapidamente o prisioneiro. Mais uma injeção de soro fisiológico, depois a segunda droga, o brometo de vecurônio, interrompe a respiração. Outra injeção rápida de soro fisiológico e a terceira droga, cloreto de potássio, faz o coração parar.

O médico aparece, faz uma verificação rápida e declara a morte. As minipersianas se fecham rapidamente e as testemunhas, muitas delas emocionadas, vão embora rapidamente e em silêncio. A maca é empurrada para fora. O corpo é levado para uma ambulância. A família deve tomar as providências necessárias para retirá-lo, caso contrário ele irá para o cemitério da prisão.

Do lado de fora dos portões da prisão, dois grupos fazem vigílias muito diferentes. Os integrantes do Sobreviventes de Homicídios se sentam na frente de seus trailers e aguardam a tão esperada notícia de que a execução terminou. Ali perto está seu cartaz, um grande memorial de três painéis às vítimas dos assassinos. Fotos coloridas de crianças e estudantes sorridentes; poemas dedicados aos mortos; manchetes ampliadas anunciando algum duplo homicídio assustador; muitas e muitas fotos de pessoas laceradas pelos moradores do corredor da morte. O memorial é chamado de "Lembrem-se das Vítimas".

Não muito longe dali, um padre católico comanda o outro grupo num círculo de orações e cantando hinos. Alguns opositores da pena de morte comparecem a todas as execuções, rezando não somente pelos condenados, mas também por suas vítimas.

Os dois grupos se conhecem e se respeitam, mas discordam absolutamente um do outro.

Quando vem de dentro a notícia de que a execução chegou ao fim, mais orações são feitas. Depois as velas são apagadas e os hinários guardados.

Abraços são trocados, despedidas acontecem. Vejo você na próxima execução.

QUANDO RON WILLIAMSON chegou à penitenciária de McAlester em 29 de abril de 1988, a Unidade H estava sendo discutida, mas ainda não havia começado a ser construída. As autoridades prisionais queriam um corredor da morte novo em folha para abrigar o número crescente de presos condenados à pena capital, mas o legislativo não queria gastar esse dinheiro.

Ron foi levado então à Ala F, lar de outros 81 condenados. A Ala F, ou O Corredor, como era chamado popularmente, ocupava os dois andares inferiores de uma ala do velho presídio, ou O Presídio, um gigantesco prédio de quatro andares construído em 1935 e definitivamente abandonado cinquenta anos depois. Décadas de superlotação, violência, processos judiciais e rebeliões levaram a seu inevitável fechamento.

No enorme Presídio, vazio e decadente, utilizava-se somente a Ala F, cujo único propósito era abrigar homens condenados num ambiente de confinamento.

Ron foi recebido na Ala F. Recebeu dois pares de calça cáqui, duas camisas azuis de manga curta, duas camisetas brancas, dois pares de meias brancas e duas cuecas brancas. Todas as roupas tinham sido bastante usadas. Estavam limpas, mas com manchas permanentes, em especial as cuecas. Os sapatos eram de couro preto, também usados. Além disso ele recebeu um travesseiro, cobertor, papel higiênico, escova e pasta de dente. Durante a breve orientação, foi-lhe explicado que ele poderia comprar outros produtos de higiene pessoal, além de comida, refrigerante e alguns outros itens, em uma espécie de loja da prisão, mais conhecida como cantina, um lugar aonde não era autorizado a ir. Qualquer dinheiro que recebesse do mundo exterior iria para sua conta, e ele poderia usá-lo para comprar sua "cantina".

A cantina de um homem era seu pequeno estoque de mercadorias, algo que ele protegia ferozmente na cela.

Depois de ter vestido as roupas da prisão e terminados os procedimentos de entrada, foi levado à ala, ou corredor, onde passaria os próximos muitos anos esperando que o Estado o executasse. As mãos e os tornozelos foram algemados. Enquanto ele apertava o travesseiro, o cobertor, as roupas extras e outros itens contra o corpo, os guardas abriram o enorme portão e o desfile começou.

Acima de sua cabeça, pintado em grandes letras pretas, estava seu endereço: CORREDOR DA MORTE.

O corredor tinha 30 metros de comprimento e apenas 3,5 metros de largura, com celas apertadas dos dois lados. O teto ficava a 2,5 metros de altura.

Andando muito devagar, Ron e seus dois guardas seguiram pelo corredor. Era um ritual, uma breve cerimônia de boas-vindas. Seus vizinhos sabiam que ele estava vindo e os gritos começaram:

– Homem novo no corredor!

– Carne nova!

– Ei, querido!

Braços pendiam através das barras das celas, quase alcançando-o. Braços brancos, braços negros, braços pardos. Muitas tatuagens nos braços. Banque o durão, disse Ron a si mesmo. Não demonstre medo. Eles chutavam as portas, gritavam, xingavam-no, faziam ameaças sexuais. Sempre banque o durão.

Ele tinha visto prisões antes e tinha acabado de sobreviver a onze meses na cadeia do condado de Pontotoc. Nada poderia ser pior, pensou.

Pararam diante da cela 16 e o barulho parou. Bem-vindo ao Corredor. Um guarda destrancou a porta e Ron entrou em sua nova casa.

Há um velho ditado em Oklahoma, que se refere a uma pessoa presa na penitenciária de McAlester: "Ele está cumprindo pena na Big Mac." Ron se esticou em seu estreito beliche, fechou os olhos e não conseguiu acreditar que estava trancado na Big Mac.

A CELA ERA mobiliada com beliches de estrutura de metal, uma mesa de metal com um banco de metal aparafusado no concreto, um conjunto de vaso sanitário e pia de aço inoxidável, um espelho, uma estante de metal e uma lâmpada. Tinha 4,80 metros de comprimento, 2,10 metros de largura e 2,40 metros de altura. O piso era coberto com placas de linóleo preto e branco. As paredes de tijolos eram brancas e tinham sido pintadas tantas vezes que ficaram lisas.

Graças a Deus havia uma janela, pensou, e ainda que não lhe proporcionasse nenhuma vista, deixava a luz entrar. Na cadeia de Ada não havia janelas.

Ron foi até a porta, que não passava de um conjunto de barras com uma abertura, a "portinha da comida" por onde passavam bandejas e pequenos pacotes. Olhou o corredor e conseguiu ver três homens – um bem à sua frente, na cela 9, e os que ficavam dos dois lados dele. Ron não disse nada, eles também não.

A maioria dos novos internos costumava falar pouco nos primeiros dias. O choque de chegar a um local onde viveriam durante alguns anos antes de ser mortos era avassalador. O medo estava em toda parte: medo do futuro, medo de nunca mais ver o que fora perdido, medo de não sobreviver, medo de levar uma facada ou ser estuprado por um dos assassinos a sangue frio que você podia ouvir respirando a pouco mais de um metro de distância.

Fez a cama e arrumou suas coisas. Apreciou a privacidade: a maioria dos presos no corredor da morte ficava em celas individuais, mas existia a opção de ficar com um companheiro. Havia um barulho constante no corredor – conversas entre presos, guardas rindo, um aparelho de televisão com volume alto, um rádio, alguém gritando com um amigo numa cela distante. Ron ficou longe da sua porta, o mais longe possível do barulho. Dormiu, leu livros e fumou um cigarro. Todo mundo fumava no Corredor, e o cheiro de tabaco velho e novo pairava como uma névoa densa e penetrante. Havia algum equipamento de ventilação, mas era velho demais para funcionar. As janelas, claro, não podiam ser abertas, apesar de serem cobertas com barras grossas. A monotonia bateu com força. Não havia rotina diária. Nenhuma atividade pela qual ansiar. Uma breve hora do lado de fora, às vezes. O tédio era entorpecedor.

Para homens trancados 24 horas por dia e com muito pouca coisa a fazer, indiscutivelmente o ponto alto era comer. Três vezes por dia bandejas de comida eram trazidas num carrinho pelo corredor e enfiadas pelas portinhas. Todas as refeições eram feitas na cela, sem companhia. O café da manhã era às sete horas, geralmente composto de ovos com *grits*, uma papa de farinha de milho, um pouco de bacon e duas ou três torradas. O café era frio e fraco, mas mesmo assim tremendamente valorizado. O almoço era sanduíche e feijão. O jantar era a pior refeição: uma abominável carne misteriosa com legumes meio cozidos. As porções eram ridiculamente pequenas e a comida estava sempre fria. Era preparada em outro prédio e empurrada em carrinhos a passos lentos. Quem se importava? Eles iam morrer mesmo. A comida era pavorosa, mas a hora de comer era importante.

Annette e Renee mandavam dinheiro e Ron comprava comida, cigarros, produtos de higiene pessoal e refrigerantes da cantina. Preenchia um formulário que listava os poucos itens disponíveis e o entregava ao homem mais importante do Corredor. O Correio era um preso que havia conseguido a proteção dos guardas e tinha permissão para passar a maior parte do tempo fora da cela, resolvendo coisas para outros internos. Ele passava adiante fofocas e bilhetes, pegava roupas para lavar e as trazia de volta, entregava produtos da cantina, dava conselhos e, eventualmente, vendia drogas.

O pátio externo era terreno sagrado – uma área cercada, do tamanho de duas quadras de basquete, perto da Ala F. Uma hora por dia, cinco dias por semana, cada interno tinha permissão de ir ao "quintal" pegar um pouco de sol, encontrar colegas prisioneiros e jogar basquete, baralho ou dominó. Os grupos eram pequenos, geralmente de cinco ou seis por vez, e muito bem controlados pelos próprios internos. Amigos, e somente amigos, iam para o pátio juntos. Um novo interno precisava ser convidado antes de poder se sentir seguro. Havia brigas e espancamentos, e os guardas vigiavam o pátio atentamente. No primeiro mês, Ron preferiu sair sozinho. O Corredor estava cheio de assassinos e ele não tinha nada que estar ali.

O único outro espaço de contato entre os prisioneiros eram os chuveiros. Eles tinham permissão de tomar três banhos por semana, de no máximo quinze minutos, e somente dois homens de cada vez. Se um preso não quisesse a presença de um parceiro de banho ou não confiasse nele tinha permissão de se banhar sozinho. Ron tomava banho sozinho. Havia água quente e fria suficiente, mas não se misturavam. Era ser escaldado ou congelado.

* * *

DUAS OUTRAS BAIXAS do sistema judicial do condado de Pontotoc estavam no Corredor quando Ron chegou, apesar de não ter conhecimento disso a princípio. Tommy Ward e Karl Fontenot vinham esperando ali havia quase três anos, enquanto seus recursos se arrastavam pelos tribunais.

O Correio entregou a Ron um bilhete, ou uma "pipa", uma mensagem não autorizada que os guardas geralmente ignoravam. Era de Tommy Ward, dizendo olá e dando-lhe as boas-vindas. Ron mandou um bilhete de volta e pediu alguns cigarros. Apesar de sentir pena de Tommy e Karl, ficou aliviado ao saber que nem todo mundo no Corredor era um carniceiro. Sempre havia acreditado que eles eram inocentes e tinha pensado neles frequentemente durante esse momento difícil.

Tommy tinha passado um tempo com Ron na cadeia em Ada e sabia que ele era emocionalmente instável. Os guardas e outros prisioneiros de lá provocavam os dois. Anos antes, no meio da noite, uma voz gritou de uma cela escura no final do corredor:

– Tommy, aqui é Denice Haraway, por favor diga a eles onde meu corpo está.

Tommy ouviu os policiais cochichando e outros internos segurando o riso. Ignorou os jogos mentais e eles finalmente o deixaram em paz.

Ron não conseguia fazer isso. Uma voz fantasmagórica ecoava pela cadeia de Ada:

– Ron, por que você matou Debbie Carter?

Ron pulava da cama e começava a gritar.

No corredor da morte, Tommy lutava contra a própria insanidade diariamente. O horror do lugar era suficientemente ruim para assassinos de verdade, mas para um homem inocente era literalmente enlouquecedor. Desde o momento em que Ron chegou Tommy temeu pelo bem-estar dele.

Um dos guardas do Corredor conhecia os detalhes do assassinato de Debbie Carter. Pouco depois da chegada de Ron, Tommy ouviu um guarda gritar:

– Ron, aqui é Debbie Carter. Por que você me matou?

Ron, que a princípio estava quieto, começou a gritar e protestar que era inocente. Os guardas adoraram a reação e as provocações começaram. Os outros internos também se divertiam e costumavam se juntar à gozação.

* * *

ALGUNS DIAS DEPOIS da chegada de Ron, Tommy foi subitamente tirado da cela, algemado e acorrentado por vários guardas agressivos e corpulentos. Era uma coisa séria, mas ele não tinha ideia de para onde o estavam levando. Eles nunca dizem.

Seguiam empurrando-o, um rapaz magricelo cercado por seguranças suficientes para proteger o presidente do país.

– Aonde a gente vai? – perguntou ele, mas a resposta era importante demais para ser revelada.

Tommy foi arrastando os pés pelo corredor, saiu da Ala F, passou pela rotunda do Presídio, vazia não fosse pelos pombos, e chegou a uma sala de reuniões no prédio da administração.

O diretor estava esperando e tinha más notícias.

Eles o mantiveram algemado e o sentaram numa cadeira em destaque, na cabeceira de uma longa mesa de reuniões apinhada de assistentes, funcionários, secretárias e qualquer um que quisesse participar do macabro comunicado. Os guardas ficaram de pé atrás dele, como sentinelas de rosto petrificado, prontos para o caso de ele tentar fugir quando ouvisse a notícia. Todos ao redor da mesa seguravam uma caneta e estavam prontos para registrar o que aconteceria.

O diretor falou em tom sério. A má notícia era que a execução da pena de Tommy não havia sido suspensa, de modo que sua hora havia chegado. Sim, parecia bastante cedo – os recursos apresentados ainda não tinham três anos, mas às vezes essas coisas acontecem.

O diretor disse que lamentava muito, mas que só estava fazendo seu trabalho. Faltavam duas semanas para o grande dia.

Tommy respirou fundo e tentou assimilar essa informação. Tivera advogados trabalhando nos recursos que, como lhe disseram muitas vezes, demorariam anos para ser apreciados. Havia grandes chances de um novo julgamento em Ada.

Era 1988. Fazia mais de vinte anos que Oklahoma não executava um preso. Talvez eles estivessem meio enferrujados e não soubessem o que estavam fazendo.

O diretor continuou. Os preparativos começariam imediatamente. Um item importante era o que fazer com o corpo.

O corpo, pensou Tommy. Meu corpo?

Os funcionários, assistentes e secretários franziram a testa em direção a

210

seus cadernos e escreveram algumas palavras. Por que todas essas pessoas estão aqui?, pensou Tommy.

Só me mandem para a minha mãe, disse Tommy, ou tentou dizer.

Seus joelhos estavam fracos quando ele se levantou. Os guardas o agarraram de novo e o levaram de volta à Ala F. Ele se arrastou para a cama e chorou, não por si mesmo, mas por sua família e principalmente pela mãe.

Dois dias depois, foi informado de que havia ocorrido um erro. Um problema com a papelada em algum ponto do caminho. Houve um adiamento e a Sra. Ward não buscaria o corpo do filho tão cedo.

ESSES ERROS NÃO eram incomuns. Várias semanas depois de seu irmão sair de Ada, Annette recebeu uma carta do diretor. Presumiu que fosse alguma correspondência de rotina. Talvez ela estivesse certa, dado o clima tenso na penitenciária de McAlester.

Cara Sra. Hudson:

É com extremo pesar que devo lhe informar que a execução de seu irmão, Ronald Keith Williamson, preso nº 134846, está agendada para o dia 18 de julho de 1988, à 0h02, na Penitenciária do Estado de Oklahoma.

Seu irmão será levado de sua cela atual para outra na manhã anterior à data da execução, e nessa ocasião seus horários de visita serão alterados para os seguintes: de 9h às 12h, de 13h às 16h e de 18h às 20h.

As visitas durante as últimas 24 horas serão limitadas aos clérigos, ao advogado registrado e a dois outros visitantes aprovados pelo diretor. Seu irmão tem direito a cinco testemunhas presentes durante a execução. Tais testemunhas devem ser aprovadas pelo diretor.

Por mais difícil que seja, devem ser tomadas as providências necessárias para o funeral, que é de responsabilidade da família. Se essa responsabilidade não for assumida pela família, o Estado cuidará do enterro. Por favor, informe-nos da sua decisão a esse respeito.

Caso deseje obter mais alguma informação, ou se eu puder ajudar de algum outro modo, por favor, entre em contato.

Atenciosamente, James L. Saffle, diretor

A carta era datada de 21 de junho de 1988, menos de dois meses depois de Ron chegar à penitenciária de McAlester. Annette sabia que as apelações eram automáticas nos casos de crime capital. Talvez alguém devesse informar às autoridades encarregadas das execuções.

Por mais que a carta fosse preocupante, ela conseguiu deixá-la de lado. Seu irmão era inocente e algum dia isso seria provado num novo julgamento. Ela acreditava nisso categoricamente e jamais deixaria de acreditar. Lia sua Bíblia, rezava sempre e se encontrava frequentemente com seu pastor.

Mesmo assim, precisou se perguntar que tipo de gente administrava a penitenciária de McAlester.

DEPOIS DE CERCA de uma semana no Corredor, um dia Ron foi até sua porta e cumprimentou o homem da cela 9, do outro lado do corredor, a 3,5 metros de distância. Greg Wilhoit respondeu e os dois trocaram algumas palavras. Nenhum deles estava ansioso por uma conversa longa. No dia seguinte, Ron o cumprimentou de novo e eles conversaram brevemente. No dia seguinte, Greg mencionou que era de Tulsa. Ron havia morado lá, com um cara chamado Stan Wilkins.

– Ele é metalúrgico? – perguntou Greg.

Era sim, e Greg o conhecia. A coincidência foi bastante divertida e conseguiu quebrar o gelo. Os dois falaram sobre velhos amigos e lugares em Tulsa.

Greg também tinha 34 anos, também adorava beisebol, também tinha duas irmãs que o apoiavam.

E também era inocente.

Foi o início de uma amizade profunda que ajudou os dois a sobreviver àquela provação. Greg convidou Ron para frequentar a capela, um culto semanal que acontecia fora do Corredor e ao qual muitos réus com pena capital compareciam. Algemados e acorrentados, os internos eram arrebanhados até uma salinha onde tinham suas orações guiadas por um capelão virtuoso chamado Charles Story. Ron e Greg raramente perdiam os cultos e sempre se sentavam juntos.

* * *

FAZIA NOVE MESES que Greg Wilhoit estava na penitenciária de McAlester. Era metalúrgico, um ferrenho sindicalista com passagem na polícia por porte de maconha, mas nada violento.

Em 1985, Greg e sua mulher, Kathy, se separaram. Os dois tinham duas filhas pequenas e muitos problemas. Greg ajudou Kathy a se mudar para um apartamento e passava lá quase toda noite para ver as meninas. Eles esperavam que o casamento pudesse ser reatado, mas os dois precisavam de um tempo sozinhos. Continuaram sexualmente ativos e fiéis; nenhum dos dois pulava a cerca.

Em 1º de junho, três semanas depois da separação, uma vizinha do prédio de Kathy ficou alarmada com o choro ininterrupto das duas meninas. A vizinha bateu à porta e, como não houve resposta, chamou a polícia. Do lado de dentro, no andar de baixo, encontraram o corpo de Kathy. No andar de cima, as duas meninas estavam nos berços, famintas e assustadas.

Kathy tinha sido estuprada e estrangulada. A hora da morte havia sido entre uma e seis da manhã. Quando a polícia interrogou Greg, ele disse que estava em casa, dormindo sozinho, e por isso não tinha uma testemunha como álibi. Negou enfaticamente qualquer envolvimento no assassinato da esposa e se ressentiu do interrogatório.

A investigação revelou uma impressão digital num telefone que tinha sido arrancado da parede e estava no chão perto de Kathy. A digital não era de Greg nem da mulher. A polícia encontrou pelos pubianos e, mais importante, o que parecia ser uma marca de mordida no seio de Kathy. Um perito criminal confirmou que o assassino tinha mordido seu seio com força durante o ataque.

Sendo o cônjuge separado, logo Greg se tornou o principal suspeito, ainda que a impressão digital não fosse dele. Melvin Hett, do laboratório de criminologia do estado, concluiu que o pelo pubiano não era compatível com a amostra de Greg. A polícia pediu que Greg se submetesse a uma análise de arcada dentária para que fosse comparada à marca de mordida.

Greg não gostou de ser considerado suspeito. Era completamente inocente e não confiava na polícia. Com a ajuda dos pais pagou 25 mil dólares e contratou um advogado.

A polícia não gostou de Greg ter contratado um advogado. Conseguiu uma ordem judicial exigindo que ele se submetesse à análise da arcada. Ele cumpriu a ordem e não teve recebeu notícia alguma durante cinco meses.

Criava as duas filhas, trabalhando em horário integral como metalúrgico e torcendo para que a polícia fosse águas passadas, quando agentes chegaram um dia, em janeiro de 1986, com um mandado de prisão pelo crime de homicídio qualificado, punível com a morte.

Seu primeiro advogado, ainda que bem pago e com boa reputação, estava interessado demais em fazer um acordo. Greg o demitiu um mês antes do julgamento e cometeu o enorme erro de contratar George Briggs, um advogado velho e fracassado, no fim de uma longa e pitoresca carreira. Seus honorários eram de 2.500 dólares, uma pechincha e um sinal de alerta.

Briggs era da velha escola de advogados do interior. Você leva suas testemunhas, eu levo as minhas, vamos nos encontrar no tribunal e fazer o que é certo. Nenhuma investigação preliminar. Em caso de dúvida, confie nos seus instintos e veja no que vai dar.

Além disso, Briggs era um alcoólatra viciado em analgésicos que começou a tomar alguns anos antes, quando um acidente de motocicleta o deixou com um dano parcial no cérebro. Num dia bom, ele fedia a bebida e ainda conseguia pelo menos funcionar no automático. Num dia ruim, costumava roncar no tribunal, urinar nas calças e vomitar na sala do juiz. Frequentemente era visto cambaleando pelos corredores do tribunal. Greg e seus pais ficaram alarmados quando Briggs esvaziou algumas garrafas de cerveja durante um almoço.

Seu vício em álcool e drogas era bem conhecido pelo juiz encarregado do processo e pela ordem dos advogados de Oklahoma, mas praticamente nada foi feito para impedir Briggs ou para ajudá-lo, nem para proteger seus clientes.

A família de Greg descobriu um importante perito odontológico no Kansas, mas Briggs estava ocupado ou com ressaca demais para conversar com o sujeito. Briggs não entrevistou nenhuma testemunha e, pelo que Greg percebeu, fez muito poucos preparativos.

O julgamento foi um pesadelo. O Estado convocou dois peritos odontológicos, um dos quais tinha terminado a faculdade de odontologia menos de um ano antes. Briggs não fez nada para refutar o testemunho deles. O júri deliberou durante duas horas e considerou Greg culpado. Briggs não chamou nenhuma testemunha de defesa. O júri deliberou por uma hora e se decidiu pela pena de morte.

214

Trinta dias depois, Greg foi levado de volta ao tribunal para receber sua sentença.

NA CELA 9, Greg pendurava jornais nas barras de sua porta para que ninguém pudesse vê-lo. Convenceu-se de que não estava no corredor da morte e sim em seu pequeno casulo, em algum outro lugar, e passava o tempo lendo vorazmente e assistindo à sua pequena TV. Não falava com ninguém, a não ser com o Correio, que, durante a primeira conversa, perguntou se Greg queria comprar um pouco de maconha. Sim, queria.

A princípio Greg não percebeu que uns poucos sortudos saíam vivos do Corredor. De vez em quando as apelações funcionavam, bons advogados se envolviam nos casos, juízes acordavam e milagres aconteciam, mas ninguém havia lhe dito isso. Ele tinha certeza de que seria morto e, honestamente, queria acabar logo com isso.

Durante seis meses, só saía da cela para tomar banho, rapidamente e sozinho. Mas aos poucos fez um ou dois conhecidos e foi convidado ao pátio para uma hora de exercícios e socialização. Assim que começou a falar, provocou aversão imediata. Greg era uma raridade no Corredor: um homem que apoiava veementemente a pena de morte. Se você comete um crime extremo, paga o preço extremo, argumentava em voz alta. Essas opiniões eram novidade ali.

Além disso, desenvolveu o irritante hábito de assistir ao programa de David Letterman no volume máximo. O sono é valorizado no Corredor, e muitos homens passam metade de seus dias em outro mundo. Quando você está dormindo, engana o sistema. O tempo de sono é seu, e não do Estado.

Os assassinos condenados não hesitam em ameaçar matar de novo, e logo Greg ouviu o boato de que era um homem marcado. Cada corredor da morte tem pelo menos um chefe e vários que desejam ser. Existem facções disputando o controle. Eles atormentam os mais fracos, frequentemente exigindo pagamento pelo direito de "viver" no Corredor. Quando Greg ficou sabendo que precisava pagar aluguel, riu e mandou uma mensagem de volta, dizendo que jamais pagaria um tostão a ninguém para viver naquele cubículo.

O Corredor era comandado por Soledad, apelido de um assassino que tinha passado um tempo na famosa prisão da Califórnia. Soledad não gostou da postura de Greg, favorável à pena de morte, e definitivamente não gostava de David Letterman. E como qualquer chefe merecedor de respeito precisava estar pronto para matar, Greg se tornou o alvo.

Todo mundo tem inimigos no Corredor. As rixas são acirradas e surgem rapidamente, por qualquer motivo. Um maço de cigarros pode provocar uma agressão no pátio ou no chuveiro. Dois maços podem fazer com que você seja morto.

Greg precisava de um amigo para protegê-lo.

A PRIMEIRA VISITA de Annette à penitenciária de McAlester foi triste e assustadora. Não que ela estivesse esperando algo diferente. Preferiria não ir, mas Ronnie não tinha ninguém, a não ser as irmãs.

Os guardas a revistaram e examinaram sua bolsa. Passar pelas camadas do Presídio era como mergulhar na escuridão das entranhas de um monstro. Portas rangiam, chaves chacoalhavam, guardas olhavam feio para ela, como se não tivesse nada a fazer ali. Estava entorpecida, andando como uma sonâmbula, com um embrulho no estômago e a pulsação acelerada.

Eles vinham de uma boa família, cresceram numa boa casa que ficava numa rua arborizada. Igreja aos domingos. Mil jogos de beisebol quando Ronnie era garoto. Como haviam chegado àquele ponto?

Isso vai virar rotina, admitiu para si mesma. Ouviria os mesmos sons e veria os mesmos guardas ainda muitas vezes dali em diante. Perguntou se poderia trazer algumas coisas – biscoitos, roupas, dinheiro. Não, foi a resposta imediata. Apenas dinheiro trocado, por isso ela entregou ao guarda um punhado de moedas e torceu para que ele as desse a Ronnie.

A sala de visitas era comprida e estreita, dividida por grossas placas de acrílico transparente, divisórias que formavam cabines e permitiam alguma privacidade. Todas as conversas eram por telefone através de uma janela. Nenhum contato físico.

Ronnie acabou aparecendo. Ninguém tinha pressa na prisão. Parecia saudável, talvez até um pouco mais gordo, mas desde então seu peso sempre havia aumentado e diminuído drasticamente.

Ele agradeceu a visita, disse que estava sobrevivendo bem, mas que precisava de dinheiro. A comida era medonha e ele queria comprar alguma coisa na cantina para comer. Além disso, estava desesperado por um violão, alguns livros e revistas, e um pequeno aparelho de TV, que poderia ser comprado na cantina.

– Me tire daqui, Annette – implorou ele repetidamente. – Eu não matei Debbie Carter e você sabe disso.

Ela jamais havia duvidado de que ele fosse inocente, embora no momento alguns membros da família tivessem dúvidas a esse respeito. Ela e seu marido, Marlon, estavam trabalhando, criando os filhos e tentando poupar um pouco. O dinheiro era curto. O que ela deveria fazer? Os defensores dativos estavam se organizando para o julgamento dos recursos.

– Venda sua casa e contrate um advogado importante – disse ele. – Venda tudo. Faça qualquer coisa. Só me tire daqui.

A conversa foi tensa e houve lágrimas. Outro interno chegou para uma visita na cabine ao lado de Ronnie. Annette mal podia vê-lo através do vidro, mas estava intrigada pensando em quem ele seria e quem teria matado.

– É Roger Dale Stafford – disse Ronnie –, o famoso assassino da churrascaria. Tinha nove condenações à pena de morte, o atual recordista do Corredor. Matou seis pessoas, inclusive cinco adolescentes, nos fundos de um restaurante em Oklahoma City, durante um assalto que deu errado, e em seguida assassinou uma família de três pessoas. Todos são assassinos – continuou Ronnie –, e todos só falam em matar. É assim em todos lugares no Corredor. Me tire daqui!

Ela perguntou se ele se sentia seguro.

Claro que não, não vivendo com um bando de assassinos. Ele sempre havia acreditado na pena de morte, mas agora a apoiava até o fim. No entanto, não revelava essas opiniões para sua nova vizinhança.

Não havia limite de duração para as visitas. Depois de um tempo eles se despediram com promessas sinceras de escrever e telefonar um ao outro. Annette estava emocionalmente esgotada quando saiu da penitenciária de McAlester.

Os telefonemas começaram imediatamente. No Corredor, eles colocavam um telefone num carrinho e o empurravam até as celas. Um guarda digitava os números e passava o fone pela porta. Como todos os telefonemas eram a cobrar, os guardas não se incomodavam com a frequência com que eles aconteciam. Por tédio e desespero, Ron logo começou a gritar pelo carrinho mais do que todos os outros.

Em geral ele começava pedindo dinheiro, 20 ou 30 dólares para comer e comprar cigarros. Annette e Renee tentavam mandar 40 dólares por mês, cada uma, mas tinham suas próprias despesas e pouco dinheiro sobrando. Nunca enviavam o suficiente, e Ronnie as lembrava disso o tempo todo. Ficava com raiva constantemente, dizendo que elas não o amavam, caso contrário iriam tirá-lo dali. Era inocente, todo mundo sabia, e do lado de fora não havia ninguém para libertá-lo, a não ser as irmãs.

Raramente os telefonemas eram agradáveis, mas elas tentavam não brigar com ele. Em regra Ron acabava dando um jeito, num determinado momento, de lembrar às irmãs o quanto as amava.

O marido de Annette mandou assinaturas da *National Geographic* e do *Ada Evening News*. Ronnie queria monitorar as coisas em sua cidade.

Pouco depois de chegar à penitenciária de McAlester, ele ouviu falar da bizarra confissão de Ricky Joe Simmons pela primeira vez. Barney sabia a respeito da confissão gravada, mas optou por não usá-la no julgamento e não contou ao seu cliente. Um investigador do Sistema de Defesa Dativa levou o vídeo da confissão à McAlester e o mostrou a Ron. Ele ficou transtornado. Outra pessoa tinha admitido que havia matado Debbie Carter e o júri não ficou sabendo!

Sem dúvida essa notícia logo iria chegar a Ada e ele queria ler a respeito disso no jornal local.

Ricky Joe Simmons se tornou outra obsessão sua, talvez a principal, e Ron iria se fixar nele durante muitos anos.

Ron tentou ligar para todo mundo; queria que o mundo soubesse sobre Ricky Joe Simmons. A confissão de Ricky era seu passaporte para a liberdade, e ele queria que alguém aparecesse e levasse o sujeito a julgamento. Ligou para Barney, para outros advogados, autoridades do condado, até para velhos amigos, mas a maioria se recusou a aceitar os telefonemas a cobrar.

As regras mudaram e os privilégios do telefone foram restringidos depois que alguns internos do corredor da morte foram apanhados ligando para as famílias das vítimas, só para se divertir. Em média eram permitidos dois telefonemas por semana, e todos os números de telefone precisavam ser aprovados antecipadamente.

* * *

UMA VEZ POR semana o Correio empurrava pela Ala F um carrinho com livros de bolso já bastante manuseados. Greg Wilhoit lia tudo que havia disponível: biografias, livros de mistério, faroeste. Stephen King era um de seus favoritos, mas ele realmente amava os livros de John Steinbeck.

Encorajou Ron a utilizar a leitura como uma fuga, e logo eles estavam debatendo os méritos de *As vinhas da ira* e *A leste do Éden*, conversas incomuns no Corredor. Ficavam de pé durante horas, inclinando-se através das barras das portas, falando sem parar. Livros, beisebol, mulheres, os julgamentos.

Ambos ficaram surpresos ao saber que a maioria dos internos do corredor da morte não se dizia inocente. Em vez disso, costumavam florear os crimes quando conversavam entre eles. A morte era um assunto constante: assassinatos, julgamentos de assassinatos, assassinatos a ser cometidos.

Quando Ron continuou a dizer que era inocente, Greg começou a acreditar. Todo interno tem sua transcrição de julgamento à mão, e Greg leu o de Ron – todas as duas mil páginas. Ficou chocado com o julgamento em Ada. Ron leu a transcrição do de Greg e ficou igualmente chocado com o julgamento dele no condado de Osage.

Acreditavam um no outro e ignoravam o ceticismo dos vizinhos.

Nas primeiras semanas no Corredor, a amizade foi terapêutica para Ron. Finalmente alguém acreditava nele, alguém com quem ele podia conversar durante horas, alguém que escutava com inteligência e empatia. Longe da cela na cadeia de Ada – que mais parecia uma caverna – e em condições de se abrir com um amigo, seu comportamento se tornou estável. Ele não falava sem parar nem ficava andando de um lado para o outro gritando que era inocente. As oscilações de humor não eram tão drásticas. Dormia muito, lia durante horas, fumava um cigarro atrás do outro e conversava com Greg. Os dois iam juntos ao pátio externo, um protegendo o outro. Annette mandou mais dinheiro e Ron comprou um pequeno aparelho de TV da cantina. Ela sabia que um violão era importante para Ronnie e tentou incansavelmente conseguir um. A cantina não os vendia. Depois de telefonemas e cartas, convenceu as autoridades a autorizar que uma loja de música em McAlester vendesse um e o entregasse.

O problema começou quando o instrumento chegou. Ansioso para impressionar os outros com seu talento, Ron tocava alto e cantava no volume máximo. As reclamações vieram com veemência, mas Ron não se importou. Adorava seu violão e adorava cantar, principalmente músicas de Hank

Williams. "Your Cheating Heart" ecoava pelo corredor. Os outros gritavam palavrões. Ele gritava de volta.

Então Soledad ficou farto da música de Ron e ameaçou matá-lo. Não me importo, disse Ron. Já tenho minha sentença de morte.

NÃO HAVIA NENHUM esforço para que fosse instalado um ar-condicionado na Ala F, e quando o verão chegou o lugar parecia uma sauna. Os internos ficavam apenas de cueca e se amontoavam diante dos pequenos ventiladores vendidos na cantina. Não era incomum acordar antes do amanhecer com os lençóis encharcados de suor. Alguns passavam os dias completamente nus.

Por algum motivo, a prisão realizava visitas guiadas ao corredor da morte. Em geral, os visitantes eram alunos do ensino médio cujos pais e conselheiros esperavam assustar o suficiente para não que não entrassem no mundo do crime. Quando o tempo estava quente, os guardas ordenavam que os presos se vestissem por conta das visitas. Alguns obedeciam, outros não.

Um índio que tinha o apelido de Pelado preferia o look nativo e andava eternamente nu. Tinha a extraordinária capacidade de soltar gases quando queria, e, quando os grupos de turismo se aproximavam, seu truque predileto era uma explosão de flatulência trovejante. Isso chocava os jovens estudantes e atrapalhava as visitas.

Os guardas mandavam que ele parasse. Ele se recusava. Seus colegas o incentivavam, mas só durante as visitas. Por fim os guardas começaram a levá-lo de lá quando os visitantes chegavam. Vários outros tentaram imitá-lo, mas lhes faltava talento.

Ron apenas tocava e cantava para os turistas.

EM 4 DE julho, Ron acordou de péssimo humor e nunca se recuperou. Era o Dia da Independência, época de comemorações, desfiles e coisas do tipo, e ele estava enfiado num buraco no inferno por um crime que não tinha cometido. Onde estava a sua independência?

Começou a gritar, xingar e proclamar que era inocente, e, quando isso provocou gritos e vaias por todo o corredor, ele surtou. Começou a atirar tudo que podia encontrar: livros, revistas, itens de higiene, o pequeno rádio, a Bíblia, roupas. Os guardas ficaram olhando e disseram para ele se acalmar. Ele os xingou e fez mais barulho ainda. Lápis, papéis, comida da cantina. Então pegou sua televisão e a jogou contra a parede de tijolos, despedaçando-a. Por fim, pegou o amado violão e o usou para golpear repetidamente as barras da porta da cela.

A maioria dos internos no corredor da morte tomava uma dose diária de um antidepressivo moderado chamado doxepina. Isso deveria acalmar os nervos e ajudá-los a dormir.

Finalmente os guardas convenceram Ron a tomar alguma coisa mais forte e ele ficou sonolento e quieto. Mais tarde, naquele dia, ele começou a limpar a cela.

Então ligou para Annette e, aos prantos, contou o episódio. Ela o visitou mais tarde e as coisas não foram agradáveis. Ele gritou ao telefone, acusou-a de não tentar libertá-lo e exigiu mais uma vez que ela vendesse tudo e contratasse um advogado importante que pudesse dar um jeito nessa injustiça. Ela pediu que ele se acalmasse, parasse de gritar, e, como ele não fez isso, ela ameaçou ir embora.

Com o tempo, ela e Renee repuseram a TV, o rádio e o violão.

EM SETEMBRO DE 1988, um advogado de Norman chamado Mark Barrett foi de carro à penitenciária de McAlester conhecer seu novo cliente. Mark era um dos quatro advogados que cuidavam dos recursos apresentados por réus hipossuficientes condenados à pena de morte. O caso Williamson fora designado para ele. Barney Ward estava fora de cena.

Nos casos de pena capital, as apelações são automáticas. As petições necessárias tinham sido protocoladas, o lento processo estava encaminhado. Mark explicou isso a Ron Williamson e ouviu suas longas proclamações de inocência. Não ficou surpreso com isso, e ainda não tinha estudado as transcrições do julgamento.

Para ajudar seu novo advogado, Ron entregou uma lista de todas as testemunhas que tinham mentido em seu julgamento e depois, em detalhes minuciosos, descreveu a Mark Barrett a natureza e a extensão das mentiras.

Mark achou Ron inteligente, racional, claramente consciente de sua situação e de onde estava. Era articulado e falava longa e detalhadamente sobre as mentiras que a polícia e a promotoria tinham usado contra ele.

Estava com um certo pânico, mas isso era esperado. Mark não fazia ideia do histórico clínico de Ron.

O pai de Mark era pastor da igreja Discípulos de Cristo, e essa informação fez Ron se lançar numa longa discussão sobre religião. Queria que Mark soubesse que ele era cristão devoto, que tinha sido criado na igreja por pais tementes a Deus e que lia a Bíblia com frequência. Citou vários versículos das Escrituras Sagradas e Mark ficou impressionado. Um, em particular, estava perturbando-o, e ele perguntou qual era a interpretação de Mark. Os dois o discutiram meticulosamente. Para Ron era importante entender o versículo, e ele estava claramente frustrado pela incapacidade de captar seu sentido. As visitas dos advogados não tinham limite de tempo, e os clientes ficavam ansiosos para ficar fora das celas. Os dois conversaram durante mais de uma hora.

A primeira impressão de Mark Barrett foi de que Ron era um fundamentalista, de fala fácil, talvez um pouco escorregadio demais. Como sempre, estava cético com relação às alegações de inocência por parte do cliente, mas sua mente não estava fechada. Ele também cuidava dos recursos de Greg Wilhoit e estava totalmente convencido de que Greg não tinha matado a esposa.

Mark sabia que havia homens inocentes no corredor da morte, e, quanto mais ficou sabendo sobre o processo de Ron, mais acreditou nele.

11

Apesar de Dennis Fritz não ter percebido, doze meses na masmorra da cadeia do condado o haviam preparado para as péssimas condições da vida na prisão.

Ele chegou ao Centro Correcional Conner em junho, na parte de trás de um furgão lotado com outros novos internos, ainda em processo de negação, atordoado e apavorado. Era importante parecer confiante e agir de acordo, e ele se esforçou muito para isso. Conner tinha a reputação de "lixão" das prisões de segurança média. Era um lugar difícil, mais do que a maioria, e Dennis se perguntava repetidamente como e por que tinha sido aleatoriamente enviado para aquele lugar.

Passou pelos procedimentos de admissão e recebeu os sermões padronizados sobre regras e regulamentos, depois foi posto numa cela com beliches para dois homens e uma janela por onde era possível ver o lado de fora. Como Ron, ficou grato pela janela. Tinha passado semanas em Ada sem ver a luz do sol.

Seu companheiro de cela era um mexicano que quase não falava inglês, e isso não incomodava Dennis. Não falava espanhol e não estava no clima de aprender. O primeiro grande desafio era como encontrar breves momentos de privacidade tendo outro ser humano sempre ao seu lado.

Dennis prometeu passar todo o tempo possível trabalhando para se livrar da sentença. Teria sido fácil desistir. O sistema era absurdamente desequilibrado contra os internos, mas ele estava decidido a vencer.

A penitenciária de Conner era superlotada e conhecida pela violência. Havia quadrilhas, mortes, espancamentos, estupros, drogas em toda parte e guardas corruptos. Ele descobriu rapidamente as áreas mais seguras e evitava aquelas que considerava encrenca. Tratava o medo como uma vantagem. Depois de alguns meses a maioria dos prisioneiros caía involuntariamente na rotina da prisão e se tornava institucionalizada. Eles baixavam a guarda, se arriscavam, consideravam que a segurança estava garantida.

Era um bom modo de se machucar, e Dennis prometeu que jamais se esqueceria de ter medo.

Os prisioneiros eram acordados às sete horas e as portas das celas eram abertas. Eles comiam num refeitório grande e podiam se sentar onde quisessem. Os brancos ocupavam um lado, os negros o outro, e os índios e latinos ficavam no meio mas tendiam para o lado mais escuro. O café da manhã não era ruim: ovos, *grits*, bacon. A conversa era animada: os homens ficavam aliviados em ter contato com outros.

A maioria queria trabalhar; qualquer coisa para estar fora da unidade onde ficavam as celas. Como Dennis tinha sido professor, foi recrutado para dar aulas a outros internos no Programa de Diploma de Equivalência Geral. Depois do café da manhã, ele ia para a sala de aula e ensinava até o meio-dia. Seu salário era de 7,20 dólares por mês.

Sua mãe e a tia começaram a mandar 50 dólares por mês, dinheiro que elas conseguiam com esforço, mas que tornaram prioridade. Ele o gastava na cantina com tabaco, atum em lata e biscoitos. Praticamente todos os presos fumavam, e a principal moeda eram os cigarros. Ter um maço de Marlboro era como estar com o bolso cheio de dinheiro.

Logo Dennis encontrou a biblioteca jurídica e ficou satisfeito em saber que poderia estudar lá todos os dias, de uma às quatro, sem ser interrompido. Nunca tinha aberto um livro de Direito, mas estava decidido a se tornar um especialista no assunto. Alguns dos provisionados – outros internos que viviam trocando conselhos jurídicos e eram muito entendidos do assunto – ficaram amigos dele e ensinaram-no a usar os grossos códigos e tratados. Como sempre, eles cobravam pelos conselhos. Os honorários eram pagos em cigarros.

Dennis começou sua formação jurídica lendo centenas de processos do estado de Oklahoma, procurando semelhanças e potenciais erros cometidos durante seu julgamento. O julgamento de seus recursos começaria logo e ele queria saber tanto quanto seu advogado. Descobriu inúmeras jurisprudências e tomou notas sobre milhares de processos de todo o país.

As celas eram fechadas entre quatro e cinco da tarde; era feita a contagem e depois os relatórios. O jantar era às sete e meia, e daí até o próximo retorno às celas os internos estavam livres para andar pela unidade, fazer exercícios, jogar baralho, dominó ou basquete. Muitos optavam por simplesmente ficar do lado de fora, sentar-se em grupos, conversar, fumar e matar o tempo.

Dennis voltava à biblioteca jurídica.

Sua filha, Elizabeth, estava com 15 anos e os dois estavam constantemente em contato. Ela estava sendo criada pela avó materna num lar estável e cheio de atenção. Acreditava que o pai era inocente, mas Dennis sempre suspeitava de que ela tivesse alguma dúvida. Os dois trocavam cartas e se falavam pelo telefone pelo menos uma vez por semana. Mas Dennis não permitia que ela o visitasse. Não queria a filha perto da prisão. Ela não iria vê-lo vestido como um condenado e morando atrás de arame farpado.

Wanda Fritz, sua mãe, viajou até Conner logo depois de Dennis chegar. As visitas eram aos domingos, das dez às quatro, numa sala com fileiras de mesas e cadeiras dobráveis. Era um zoológico. Cerca de vinte internos eram encaminhados ao mesmo tempo e as famílias os aguardavam – esposas, filhos, mães e pais. As emoções eram intensas. As crianças eram geralmente barulhentas e bagunceiras. Os homens não eram algemados e o contato era permitido.

Contato era exatamente o que os homens queriam, ainda que os beijos e os toques excessivos fossem proibidos. O truque era conseguir que um companheiro desse um jeito de afastar um guarda por alguns segundos enquanto acontecia um sexo frenético. Não era incomum ver um casal se espremer entre duas máquinas de refrigerante e copular de algum modo. Esposas sentadas placidamente à mesa costumavam desaparecer, enfiando-se embaixo de uma mesa para um rápido sexo oral.

Felizmente, Dennis conseguiu manter a atenção da mãe em meio a esse caos, mas a visita foi o momento mais estressante da semana. Ele a desencorajou de voltar.

RON LOGO COMEÇOU a andar de um lado para o outro e a gritar na cela. Se você não fosse maluco ao entrar no Corredor, não demorava muito para perder a cabeça depois de chegar. Ele parava diante da porta e gritava "Sou inocente! Sou inocente!" durante horas, até ficar rouco. Mas com a prática sua voz ficou mais forte e ele era capaz de gritar durante longos períodos. "Eu não matei Debbie Carter! Eu não matei Debbie Carter!"

Decorou toda a transcrição da confissão de Ricky Joe Simmons, cada palavra, e as dizia em volume máximo para os guardas e vizinhos ouvirem. Também era capaz de ficar horas recitando a transcrição do julgamento, páginas e páginas dos testemunhos que o haviam mandado para o corredor da morte. Os outros internos queriam esganá-lo, mas ao mesmo tempo ficavam maravilhados com sua memória.

Mas às duas da madrugada não se sentiam impressionados.

Renee recebeu uma estranha carta de outro interno. Ela dizia, dentre outras coisas:

Cara Renee,

Louvado seja o Senhor! Eu me chamo Jay Neill, preso nº 141128. Estou escrevendo isso a pedido do seu irmão Ron. Ron mora na cela diagonal à minha. Às vezes Ron passa por períodos muito difíceis durante o dia. Tenho a impressão de que ele toma algum tipo de medicamento para estabilizar e alterar seu comportamento. No entanto, como os tipos de medicamento distribuídos aqui são limitados, só funcionam parcialmente, na melhor das hipóteses. O maior problema de Ron é a baixa autoestima. E acredito que as pessoas aqui da prisão dizem que ele tem um QI abaixo da média. O pior período para ele é entre meia-noite e quatro da manhã.

De vez em quando ele grita coisas diferentes a plenos pulmões. Isso perturbou muitos presos nas proximidades. A princípio eles tentaram argumentar com ele, depois, tolerar. Mas até isso exauriu muitos à sua volta. (Sem dúvida devido às noites sem dormir.)

Sou cristão e rezo diariamente pelo Ron. Converso com ele e ouço o que ele diz. Ele ama muito você e Annette. Sou amigo dele. Tenho agido como mediador entre Ron e as pessoas que se incomodam com os gritos dele, me levantando e falando com ele até ele se acalmar.

Deus abençoe você e a sua família.

Atenciosamente,

Jay Neill

A amizade de Neill com qualquer pessoa no Corredor era sempre duvidosa, e sua conversão ao cristianismo costumava ser assunto de conversas. Seus "amigos" eram céticos. Antes da prisão ele e seu namorado queriam se mudar para São Francisco para desfrutar de um estilo de vida mais livre. Como não tinham dinheiro, decidiram assaltar um banco, empreitada para a qual não tinham experiência. Escolheram um na cidade de Geronimo, e depois de entrarem ruidosamente e anunciarem o assalto, as coisas desmoronaram. Na confusão do assalto, Neill e seu parceiro esfaquearam mortalmente três caixas, mataram um cliente a tiros e feriram outros três. No meio do banho de sangue, Neill ficou sem balas, algo que ele percebeu ao encostar o revólver na cabeça de uma criança e puxar o gatilho. Nada aconteceu, e a criança ficou incólume, pelo menos fisicamente. Os dois assassinos escaparam com cerca de 20 mil dólares e logo estavam em São Francisco, onde começaram a comprar coisas compulsivamente: casacos de pele que iam até os pés, lindas echarpes e coisas assim. Esbanjaram dinheiro em bares gays e se divertiram de modo luxuoso durante pouco mais de 24 horas. Então foram arrastados de volta para Oklahoma, onde Neill acabou sendo condenado à morte.

No Corredor, Neill gostava de citar as Escrituras Sagradas e fazer pequenos sermões, mas poucos ouviam.

NO CORREDOR DA morte, cuidados médicos não eram prioridade. Todos os presos diziam que a primeira coisa que você perde é a saúde, e depois a sanidade. Ron foi atendido por um médico da prisão que teve a vantagem de ter acesso a seus registros anteriores à prisão e a seu histórico clínico. Foi observado que ele tivera um longo histórico de abuso de drogas e álcool, o que certamente não era surpresa na Ala F. Sofria de depressão e tinha demonstrado comportamento bipolar durante pelo menos dez anos. Apresentava algum grau de esquizofrenia e distúrbio de personalidade.

Prescreveram mais uma vez a tioridazina, e isso o acalmou.

A maior parte dos outros presos achava que Ron estava simplesmente "fazendo papel de maluco", fingindo ser louco na esperança de escapar do Corredor.

Duas portas depois de Greg Wilhoit vivia um antigo interno chamado Sonny Hays. Ninguém tinha certeza de quanto tempo fazia que Sonny estava esperando, mas ele havia chegado antes de todos os outros. Estava com quase 70 anos, em péssimas condições de saúde e se recusava a ver ou falar com qualquer pessoa. Cobria a porta da cela com jornais e cobertores, mantinha as luzes apagadas, comia apenas o suficiente para permanecer vivo, jamais tomava banho, se barbeava ou cortava o cabelo, nunca recebia visitas e se recusava a se encontrar com os advogados. Não mandava nem recebia cartas, não telefonava, não comprava nada da cantina, ignorava a roupa para lavar e não tinha televisão nem rádio. Nunca saía de sua pequena e escura masmorra e podiam se passar dias sem que nenhum som saísse lá de dentro.

Sonny era completamente louco, e, como uma pessoa mentalmente incapaz não pode ser executada, estava simplesmente apodrecendo e morrendo à sua própria maneira. Agora havia um novo doido no Corredor, embora Ron tenha tido dificuldade para convencer os demais disso. Para eles, só estava fazendo papel de maluco.

Um episódio, no entanto, atraiu a atenção deles. Ron conseguiu entupir seu vaso sanitário e inundou a cela com 5 centímetros de água. Ficou nu e começou a dar mergulhos de barriga na piscina, da cama de cima do beliche, gritando de modo incoerente. Por fim os guardas conseguiram imobilizá-lo e sedá-lo.

EMBORA NÃO HOUVESSE ar-condicionado na Ala F, havia um sistema de aquecimento, e o inverno trazia a razoável expectativa de se ter ar quente bombeado pelos antigos dutos. Isso não acontecia. As celas ficavam geladas. O gelo se formava no interior das janelas durante a noite e os internos, enrolados em roupas e cobertores, ficavam na cama pelo maior tempo possível.

O único jeito de dormir era vestindo todas as roupas possíveis: os dois pares de meias, as cuecas, camisetas, calças, camisas de trabalho e qualquer coisa que um prisioneiro pudesse conseguir na cantina. Cobertores extras eram luxos não fornecidos pelo Estado. A comida, que era fria no verão, era praticamente impossível de ser consumida no inverno.

AS CONDENAÇÕES DE Tommy Ward e Karl Fontenot foram revertidas pela Corte de Apelações Criminais de Oklahoma, porque a confissão de um tinha sido usada contra o outro no julgamento, e, como nenhum dos dois testemunhou, ambos tiveram negado o direito de se confrontar.

Se os julgamentos tivessem sido separados, violações constitucionais teriam sido evitadas.

Se as confissões tivessem sido suprimidas, claro, não haveria condenações.

Eles foram tirados do Corredor e mandados de volta para Ada. Tommy foi julgado outra vez na cidade de Shawnee, no condado de Pottawatomie. Com Bill Peterson e Chris Ross novamente como promotores e o juiz permitindo que o júri assistisse à confissão gravada, Tommy foi mais uma vez considerado culpado e recompensado com outra pena de morte. Durante o novo julgamento, todo dia sua mãe era levada de carro ao tribunal por Annette Hudson. Karl foi julgado outra vez na cidade de Holdenville, no condado de Hughes. Também foi considerado culpado e condenado à morte.

Ron ficou extasiado com a reversões dos julgamentos, e depois consternou-se com as condenações. Sua apelação estava se arrastando lentamente pelo sistema. Seu caso fora redesignado para o gabinete da Defensoria Pública de Apelações. Devido ao número cada vez maior de casos de crimes capitais, mais advogados foram contratados. Mark Barrett estava atolado em trabalho e precisava abrir mão de um ou dois casos. Além disso, esperava ansiosamente por uma decisão da Corte de Apelações Criminais no caso de Greg Wilhoit. Esse tribunal era notoriamente duro com os réus, mas Mark estava convencido de que Greg teria um novo julgamento.

O novo advogado de Ron era Bill Luker, e em seus memoriais argumentava vigorosamente que Ron não tinha recebido um julgamento justo. Atacou o trabalho feito por Barney Ward e disse que Ron tinha recebido "uma assistência ineficaz por parte da defesa", que geralmente era o primeiro argumento num caso punível com pena de morte. O principal pecado de Barney tinha sido não abordar a incapacidade de Ron. Nenhum de seus prontuários médicos estava entre as provas. Luker pesquisou os erros de Barney e a lista se tornou longa.

Ele atacou os métodos e táticas da polícia e do promotor, e os memoriais cresceram bastante. Além disso, questionou as decisões do juiz Jones: permitir que a confissão de sonho de Ron fosse ouvida pelo júri, ignorar as numerosas violações Brady por parte da promotoria e, em termos gerais, deixar de proteger o direito de Ron a um julgamento justo.

A grande maioria dos clientes de Bill Luker era de pessoas nitidamente culpadas. Seu trabalho era garantir que recebessem uma audiência justa na fase de apelação. Mas o caso de Ron era diferente. Quanto mais pesquisava e fazia perguntas, mais Luker se convencia de que era uma apelação que ele poderia vencer.

Ron era um cliente muito cooperativo, com pontos de vista fortes que estava disposto a dividir com o advogado. Ligava frequentemente e escrevia cartas prolixas. Seus comentários e observações costumavam ser úteis. Às vezes a lembrança dos detalhes de seu histórico clínico era espantosa.

Ele remoía sempre a confissão de Ricky Joe Simmons e considerava que sua exclusão do julgamento tinha sido uma grande farsa. Escreveu a Luker:

> Caro Bill,
> Você sabe que eu acho que Ricky Simmons matou Debbie. Ele deve ter matado, caso contrário não confessaria. Bom, Bill, minha vida tem sido um inferno. Acho justo que Simmons pague pelo que fez e que eu fique livre. Eles não querem lhe entregar a confissão dele porque sabem que você iria juntá-la aos memoriais e conseguiria imediatamente um novo julgamento para mim. Então, pelo amor de Deus, diga àqueles filhos da puta que você quer a confissão dele.
> Seu amigo,
> Ron

Com tempo livre suficiente, Ron passou a se corresponder ativamente, em especial com as irmãs. Elas sabiam como as cartas eram importantes e arranjavam tempo para escrever de volta. Em geral, o assunto era dinheiro. Ele não conseguia comer a comida da prisão e preferia comprar o que conseguisse da cantina. Escreveu a Renee e disse, entre outras coisas:

> Renee,
> Sei que Annette me manda um pouco de dinheiro. Mas meu sofrimento está aumentando. Estou com o Karl Fontenot aqui e ele não tem ninguém que lhe mande nada. Será que, por favor, você poderia me mandar um pouquinho a mais, nem que sejam só 10 dólares?
> Com amor,
> Ronnie

Logo antes de seu primeiro Natal no Corredor ele escreveu a Renee e disse, entre outras coisas:

Renee,

Ei, obrigado por mandar o dinheiro. Vai ser usado para necessidades específicas. Principalmente cordas de violão e café.

Este ano recebi cinco cartões de Natal, incluindo o seu. O Natal pode trazer alguns sentimentos bons.

Renee, os 20 dólares vieram realmente numa boa hora. Eu tinha acabado de pegar um dinheiro emprestado para comprar cordas de violão com um amigo e ia pagar tirando dos 50 por mês que Annette manda. Isso me deixaria apertado. Sei que 50 dólares podem parecer muito, mas andei dando, dividindo com um cara daqui, cuja mãe não pode mandar nada. Ela mandou 10 dólares para ele, mas é o primeiro dinheiro que ele recebe desde setembro, quando me mudei para perto dele. Eu lhe dou café, cigarros, etc. Coitado.

Hoje é sexta-feira, então todos vocês vão abrir presentes amanhã. Espero que todo mundo ganhe o que precisa. As crianças definitivamente crescem depressa. Vou começar a chorar se não segurar as pontas.

Diga a todos que os amo,

Ronnie

Era difícil pensar em Ronnie tendo "sentimentos bons" no Natal. O tédio do corredor da morte era suficientemente terrível, mas ser separado da família lhe provocava um nível de dor e desespero com o qual não conseguia lidar. No início da primavera de 1989, ele começou a ficar mal. A pressão, a monotonia, a absoluta frustração de ser mandado para o inferno por um crime que ele não cometeu o consumiam, e Ron desmoronou. Começou a cortar os pulsos e a tentar suicídio. Estava muito deprimido e queria morrer. Os ferimentos eram superficiais, mas deixavam cicatrizes. Houve vários episódios assim, e ele era observado atentamente pelos guardas. Quando o primeiro corte não funcionou, ele conseguiu provocar um incêndio com o colchão e deixou as chamas respingarem nas extremidades de seu corpo. As queimaduras foram tratadas e por fim se curaram. Mais de uma vez foi posto sob vigilância por perigo de suicídio.

Em 12 de julho de 1989, ele escreveu a Renee:

Querida Renee,

Estou sofrendo demais. Pus fogo em alguns panos e tive várias queimaduras de segundo e terceiro graus. A pressão aqui é imensa. Como não posso ir a lugar nenhum quando o sofrimento é insuportável, Renee, tive dores de cabeça, bati a cabeça contra o concreto, me abaixei no chão e bati a cabeça contra o concreto. Bati no meu rosto até ficar dolorido no dia seguinte por causa dos socos. Todo mundo aqui fica espremido feito sardinha. Tenho certeza de que é o maior sofrimento que já tive de suportar. Dinheiro é o segredo e a solução do problema. Quero dizer que tudo que se tem para comer não vale merda nenhuma. A comida é como viver de ração para cachorro em alguma ilha esquecida por Deus. As pessoas daqui são pobres, mas senti tanta fome que precisei pedir um pouco de comida para fazer a vontade passar. Perdi peso. Existe muito sofrimento aqui.

Por favor me ajude.

Ron

Durante uma prolongada crise depressiva, Ron interrompeu a comunicação com todo mundo e se recolheu completamente, até que os guardas o encontraram em posição fetal na cama. Não reagia a nada.

Então, em 29 de setembro, cortou os pulsos de novo. Estava tomando os remédios esporadicamente, falava sem parar sobre suicídio e por fim foi considerado uma ameaça para si mesmo. Foi transferido da Ala F para o Eastern State Hospital, em Vinita. Depois de ser internado, sua principal queixa era "sofri abusos injustificados".

No hospital estadual, foi examinado primeiro por uma clínica geral, a Dra. Lizarraga, que viu um homem de 36 anos com histórico de drogas e álcool, descuidado, com a barba por fazer, cabelos e bigode compridos e grisalhos, vestindo roupas velhas da prisão, com marcas de queimadura nas pernas e cicatrizes nos braços, cicatrizes que ele se certificou de que a médica notasse. Admitiu espontaneamente muitos dos seus malfeitos, mas negou peremptoriamente ter matado Debbie Carter. A injustiça que estava sofrendo tinha feito com que ele perdesse a esperança e quisesse morrer.

Nos três meses seguintes, Ron ficou internado no Eastern State Hospital. Sua medicação foi estabilizada. Ele foi atendido por vários médicos: um neurologista, um psicólogo, vários psiquiatras. Mais de uma vez observaram que ele era emocionalmente instável, tinha baixa tolerância para frustração, era autocentrado e com baixa autoestima, às vezes se distanciava e costumava explodir rapidamente. As oscilações de humor eram violentas e notáveis.

Ele era exigente, e depois de um tempo ficou agressivo com os funcionários e outros pacientes. A agressividade não podia ser tolerada. Ron recebeu alta e foi mandado de volta para o corredor da morte. A Dra. Lizarraga prescreveu carbonato de lítio, tiotixeno e benzatropina, um medicamento usado a princípio para tratar os sintomas do mal de Parkinson, mas às vezes usado também para reduzir os tremores e a inquietação provocada pelos tranquilizantes.

DE VOLTA À Big Mac, um guarda chamado Savage foi agredido brutalmente por Mikell Patrick Smith, um interno do corredor da morte considerado o assassino mais perigoso da prisão. Smith prendeu uma faca, ou um "estoque", na ponta de um cabo de vassoura e o enfiou através portinha da comida enquanto o guarda servia o almoço. O estoque entrou no peito e no coração do policial Savage, mas ele milagrosamente sobreviveu.

Dois anos antes, Smith havia esfaqueado outro prisioneiro.

A agressão não ocorreu no corredor da morte, mas na Ala D, onde Smith tinha sido posto por motivos disciplinares. Mesmo assim as autoridades da prisão decidiram que era necessária uma nova unidade, de última linha, para o corredor da morte. O ataque foi muito divulgado e conseguiu angariar fundos para a nova unidade.

Foram desenhados os projetos para a Unidade H, desde o início planejada para "maximizar a segurança e o controle e, ao mesmo tempo, fornecer aos internos e aos funcionários um ambiente seguro e moderno para se viver e trabalhar". Teria duzentas celas em dois andares organizados em quatro setores.

Desde o início, o projeto da Unidade H foi conduzido pelos funcionários da prisão. Em meio à tensa atmosfera instituída depois do ataque contra o policial Savage, os funcionários tiveram uma participação enorme na criação de uma unidade "sem contato". No início da fase de projetos, 35 empregados da prisão se reuniram com arquitetos de Tulsa, contratados pelo Departamento Penitenciário.

Ainda que nenhum prisioneiro do corredor da morte jamais tivesse escapado da penitenciária de McAlester, os projetistas da Unidade H adotaram o radical plano de colocar toda a unidade no subsolo.

DEPOIS DE DOIS anos no corredor da morte, o estado emocional de Ron estava se deteriorando seriamente. O barulho que ele fazia – gritos e xingamentos a todas as horas do dia e da noite – ficou pior. Seu comportamento se tornou ainda mais desesperado. Ele explodia sem motivo e se lançava numa enxurrada de palavrões, atirando coisas longe. Durante outra crise ele cuspiu durante horas no corredor; uma vez cuspiu num guarda. Mas quando começou a jogar fezes por entre as barras, havia chegado a hora de levá-lo embora. "Ele está jogando merda de novo!", gritava um guarda, e todo mundo se escondia.

Quando a situação melhorava, eles o agarravam e o levavam embora, de volta a Vinita, para outra rodada de exames.

Ron passou um mês no Eastern State Hospital, entre julho e agosto de 1990. Foi atendido de novo pela Dra. Lizarraga, que diagnosticou os mesmos problemas de antes. Depois de três semanas, Ron começou a exigir que o mandassem de volta para o corredor da morte. Estava preocupado com sua apelação e sentiu que poderia trabalhar melhor nela na penitenciária de McAlester, onde pelo menos havia uma biblioteca jurídica. Seus medicamentos tinham sido ajustados, ele parecia estabilizado, por isso foi mandado de volta.

12

Depois de treze anos de frustrações, Oklahoma finalmente conseguiu desemaranhar os processos de apelações e marcar uma execução. O infeliz prisioneiro era Charles Troy Coleman, um homem branco que tinha matado três pessoas e estava no corredor da morte havia onze anos. Era o líder de uma pequena facção que geralmente causava problemas no Corredor, e muitos dos seus vizinhos não ficaram chateados com a perspectiva de Chuck finalmente tomar a injeção. Mas a maioria deles sabia que, quando as mortes finalmente começassem, não haveria retorno.

A execução de Coleman foi um evento midiático e a imprensa se voltou para a Big Mac. Houve vigílias à luz de velas e entrevistas com vítimas, manifestantes, pastores, qualquer um que por acaso aparecesse ali. À medida que as horas passavam, a agitação aumentava.

Greg Wilhoit e Coleman tinham ficado amigos, apesar de discutirem veementemente sobre a pena de morte. Ron ainda era favorável a ela, embora sua opinião oscilasse eventualmente. Não ia com a cara de Coleman, que, como era de se esperar, tinha ficado frustrado com sua ruidosa presença.

Na noite em que Coleman foi executado, o Corredor estava silencioso e com a segurança reforçada. O circo era do lado de fora da prisão, onde a imprensa fazia uma contagem regressiva dos minutos como se um ano novo estivesse chegando. Greg estava em sua cela, assistindo a tudo pela televisão. Logo depois da meia-noite chegou a notícia: Charles Troy Coleman estava morto.

Vários internos bateram palmas e comemoraram; a maioria ficou sentada em silêncio nas celas. Alguns rezavam.

A reação de Greg foi totalmente inesperada. De repente se sentiu dominado pela emoção e com raiva daqueles que comemoravam a notícia. Seu amigo tinha morrido. O mundo não tinha passado a ser um lugar mais seguro. Nenhum futuro assassino seria impedido de agir; ele conhecia assassinos e sabia o que os instigava a matar. Se a família da vítima estava satisfeita, então estavam bem longe de superar a situação. Greg tinha sido criado numa igreja metodista e agora estudava a Bíblia diariamente. Jesus não ensinava o perdão? Se matar era errado, por que o Estado estava autorizado a matar? Com que autoridade a execução era realizada? Ele já fora atropelado por essas perguntas antes, muitas vezes, mas agora elas ressoavam a partir de uma fonte diferente.

A morte de Charles Coleman foi uma revelação dramática para Greg. Na ocasião, ele deu um giro de 180 graus, jamais voltando à sua crença no olho por olho.

Mais tarde abordou esses pensamentos com Ron, que confessou que compartilhava muitos deles. No dia seguinte, contudo, Ron era um fervoroso defensor da pena de morte, querendo que Ricky Joe Simmons fosse arrastado pelas ruas de Ada e morto a tiros ali mesmo.

A PROMOTORIA QUE atuou no caso de Ron Williamson foi absolvida em 15 de maio de 1991, quando a Corte de Apelações Criminais de Oklahoma ratificou unanimemente sua condenação à pena de morte. O tribunal, num parecer escrito pelo juiz Gary Lumpkin, encontrou vários erros no julgamento, mas as "avassaladoras provas" contra o réu eram muito maiores do que os erros insignificantes cometidos por Barney, pelos policiais, por Peterson e pelo juiz Jones. O tribunal passou pouco tempo discutindo exatamente quais provas tinham sido tão avassaladoras.

Bill Luker ligou para Ron dando a má notícia, e ele a recebeu bastante bem. Ron tinha estudado os memoriais, falado com Bill muitas vezes e estava cauteloso em relação ao otimismo.

NA MESMA DATA, Dennis Fritz recebeu a mesma notícia vinda do mesmo tribunal. Mais uma vez os juízes encontraram vários erros em seu julgamento, mas foram evidentemente convencidos pelas "provas avassaladoras" contra Dennis.

Ele não tinha se impressionado com os memoriais apresentados por seu advogado de apelação e não ficou surpreso quando a condenação foi mantida. Depois de três anos na biblioteca da prisão, acreditava que conhecia os códigos e os casos melhor do que seu advogado.

Ficou desapontado, mas não desistiu. Como Ron, tinha outros argumentos para apresentar em outros tribunais. Desistir não era uma opção. Mas, ao contrário de Ron, agora Dennis estava sozinho. Como não estava no corredor da morte, não tinha defensores dativos disponíveis para ele.

MAS A CORTE de Apelações Criminais não chancelava tudo que vinha da promotoria. Para deleite de Mark Barrett, em 16 de abril de 1991 ele recebeu a notícia de que um novo julgamento fora designado para Greg Wilhoit. O tribunal achou impossível ignorar o péssimo trabalho feito por George Briggs na defesa de Greg e determinou que ele não tinha recebido uma representação adequada.

Quando a sua vida está em jogo em um julgamento, ou você contrata o melhor advogado da cidade ou o pior. Involuntariamente, Greg havia contratado o pior e agora tinha um novo julgamento.

Sempre que um interno era removido da cela e levado para fora do Corredor por algum motivo, nunca havia explicação. Os guardas simplesmente apareciam com ordens para se vestir rapidamente.

Mas Greg sabia que tinha vencido sua apelação, e quando os guardas chegaram à porta da cela o grande dia havia chegado. "Pegue suas coisas", disse um deles, e era hora de ir.

Em alguns minutos, Greg enfiou todos os seus bens numa caixa de papelão e depois partiu com a escolta. Ron tinha sido transferido para a outra ponta do corredor e não houve chance de despedida. Enquanto Greg saía da penitenciária de McAlester, ele só pensava no amigo que estava deixando para trás.

Quando chegou à cadeia no condado de Osage, uma audiência foi convocada rapidamente por Mark Barrett, para que tratassem da fiança. Com uma acusação de homicídio ainda pendente e uma data de julgamento a ser marcada, Greg não era exatamente um homem livre. Em vez do usual valor exorbitante, impossível de ser pago, o juiz determinou uma fiança de 50 mil dólares, uma quantia que seus pais e suas irmãs reuniram rapidamente.

Depois de cinco anos na cadeia, quatro deles no corredor da morte, Greg estava livre, para jamais retornar a uma cela de prisão.

A CONSTRUÇÃO DA Unidade H tinha começado em 1990. Praticamente tudo era feito de concreto: pisos, paredes, tetos, camas, estantes. Para eliminar a chance de produzirem estoques, nenhum metal foi incluído nos projetos. Havia muitas barras e alguns vidros, mas não nas celas. Tudo era de concreto.

Quando a estrutura ficou pronta, foi coberta de terra. O motivo oficial era a eficiência energética. A luz e a ventilação naturais foram extintas.

Quando a Unidade H abriu, em novembro de 1991, a prisão comemorou sua casa da morte de primeira linha dando uma festa. Figuras importantes foram convidadas. Fitas foram cortadas. A banda da prisão foi obrigada a tocar algumas músicas. Visitas aconteceram: os futuros moradores ainda estavam no Presídio, a 400 metros dali. Os convidados tiveram a oportunidade de pagar para dormir uma noite na cama de concreto nova em folha na cela que escolhessem.

Depois da festa, e para ver se estava tudo nos conformes, alguns prisioneiros de segurança média foram trazidos primeiro e observados atentamente para ver que danos poderiam causar. Quando a Unidade H se mostrou forte, funcional e à prova de fugas, havia chegado a hora de trazer os *bad boys* da Ala F.

As reclamações e as queixas começaram imediatamente. Não havia janelas, nenhuma chance de luz exterior, nenhuma perspectiva de ar puro. As celas eram para dois internos e pequenas demais para isso. As camas de concreto eram duras demais e só ficavam separadas por 90 centímetros. Um conjunto de vaso sanitário e pia de aço inoxidável ficava enfiado entre elas, de modo que defecar era um evento compartilhado. A organização dos módulos era tal que a maioria das conversas cotidianas – vital para os prisioneiros – foi interrompida. Enquanto uma unidade que proibia o contato, a Unidade H foi projetada não somente para manter os guardas longe dos internos, mas também para isolar os prisioneiros entre si. A comida era pior do que na Ala F. O pátio, a área mais importante do antigo local, não passava de uma caixa de concreto muito menor do que uma quadra de tênis. As paredes tinham 5,5 metros de altura e toda a área era coberta por uma grade de barras tão grossas que bloqueava qualquer luz que pudesse penetrar pelo respiradouro. Nenhuma folha era capaz de nascer ali.

O concreto novo não tinha sido selado nem pintado. Havia poeira de concreto em toda parte. Acumulava-se nos cantos das celas. Agarrava-se às paredes, se assentava nos pisos, pairava no ar e, claro, era inalada pelos internos. Os advogados que visitavam os clientes costumavam ir embora tossindo e roucos por causa da poeira.

O sistema de ventilação de primeira linha era "fechado", ou seja, não havia circulação entre o lado de dentro e o de fora. Isso era tolerável até que a energia acabasse, o que acontecia frequentemente até que os problemas do sistema fossem resolvidos.

Leslie Delk, uma defensora dativa designada para Ron Williamson, abordou esses problemas numa carta para um colega que tinha processado o presídio:

> A situação alimentar é terrível e quase todos os clientes que tenho perderam peso. Um cliente perdeu 40 quilos em dez meses. Eu comuniquei isso à prisão, mas é claro que eles me disseram que ele está bem, etc. Uma coisa que descobri numa visita recente à enfermaria foi que a comida é trazida da prisão antiga, onde é preparada. Quando chega à Unidade H, existem internos – prisioneiros com uma certa liberdade de circulação, acho – que a servem. Eles são informados de que podem ficar com o que sobrar, de modo que as porções que os presos do corredor da morte estão recebendo é mais ou menos metade daquela que o resto da prisão recebe. É de meu conhecimento que existe pouca ou nenhuma supervisão do Departamento Penitenciário em relação à comida que é posta na bandeja do pessoal que está corredor da morte. Todos os meus clientes reclamaram que agora a comida está sempre fria e é tão mal preparada que os homens ficam doentes, e que as quantidades são tão pequenas que a maioria das pessoas é forçada a comprar comida da cantina, para ter o suficiente que comer. A cantina, claro, cobra o que quiser pela comida que oferece. (Em geral muito mais caro do que pagaríamos no mercado.) Além disso, muitos dos meus clientes não têm família para ajudá-los, por isso ficam sem nada.

A Unidade H foi um choque para os internos. Depois de ouvirem boatos durante dois anos sobre as modernas instalações de 11 milhões de dólares, ficaram atônitos quando se mudaram para uma prisão subterrânea com menos espaço e mais restrições do que a Ala F.

Ron odiou a Unidade H. Seu colega de cela era Rick Rojem, morador do Corredor desde 1985 e uma influência tranquilizante. Rick era um budista que passava horas meditando e também gostava de tocar violão. A privacidade era impossível na cela apertada. Eles penduraram um cobertor no teto, entre as camas, num esforço inútil de se recolherem em seus mundos próprios.

Rojem estava preocupado com Ron. Ele tinha perdido o interesse por ler. Sua mente e suas conversas não conseguiam focar em um único assunto. Às vezes era medicado, mas nem de longe recebia o tratamento correto. Dormia durante horas, depois ficava andando pela cela minúscula a noite toda, murmurando coisas incoerentes ou repetindo ritmicamente algum de seus devaneios. Depois ficava junto à porta e gritava em agonia. Como ficavam juntos 23 horas por dia, Rick estava vendo seu colega de cela enlouquecer e não podia ajudá-lo.

Ron perdeu 40 quilos depois de se mudar para a Unidade H. Seu cabelo ficou grisalho e ele parecia um fantasma. Um dia Annette estava esperando na sala de visitas quando viu os guardas trazerem um velho magro com cabelos e barba compridos, finos e grisalhos. "Quem é aquele?", pensou. Era seu irmão.

"Quando os vi trazerem aquele homem de cabelo comprido, magro, horrível, esquelético, que eu não teria reconhecido se encontrasse na rua, fui para casa e escrevi para o diretor pedindo que fizessem um teste de HIV em Ron, porque ele estava magro demais, e, levando em consideração as histórias que a gente ouve a respeito do que acontece nas prisões, eu achei que era importante averiguar", disse ela.

O diretor escreveu de volta e garantiu que Ron não tinha HIV. Ela disparou outra carta e reclamou da comida, dos preços altos da cantina e do fato de os lucros da cantina irem para um fundo destinado a ajudar na compra de equipamentos de ginástica para os guardas.

* * *

EM 1992, UM psiquiatra chamado Ken Foster foi contratado pela prisão e logo conheceu Ron Williamson. Encontrou-o desarrumado, desorientado, fora da realidade, magro, grisalho, frágil, esquelético, em péssimas condições físicas. Para o Dr. Foster, era óbvio, como deveria ser para as autoridades da prisão, que havia algo errado.

A condição psíquica de Ron era ainda pior do que a física. Seus acessos de raiva e explosões iam muito além da revolta habitual contra a prisão, e não era segredo para os guardas e funcionários que ele estava fora da realidade. O Dr. Foster testemunhou várias crises durante as quais Ron gritava loucamente e notou três temas gerais: (1) sua inocência, (2) a confissão de Ricky Joe Simmons do assassinato, razão pela qual deveria ser processado e (3) a imensa dor física que estava sentindo, geralmente no peito, e seu medo de morrer.

Ainda que os sintomas fossem óbvios e extremos, os registros examinados pelo Dr. Foster indicavam que Ron não vinha recebendo tratamento psiquiátrico há muito tempo. Privar uma pessoa doente como Ron de medicação geralmente leva ao surgimento de sintomas psicóticos.

O Dr. Foster escreveu: "O comportamento psicótico e seus possíveis agravamentos ficam ainda piores quando a pessoa sofre as múltiplas tensões que acompanham o fato de estar num ambiente como o corredor da morte, sabendo que sua morte está agendada. A escala de Avaliação Global do Funcionamento, apresentada em manuais de saúde mental confiáveis, considera a prisão um 'catastrófico' fator de estresse."

Era impossível especular como essa catástrofe pode ser ainda pior para uma pessoa inocente.

O Dr. Foster decidiu que Ron precisava de medicamentos melhores, num ambiente melhor. Ron estaria sempre em grave sofrimento mental, mas era possível haver avanços, até para um prisioneiro do corredor da morte. Entretanto, o Dr. Foster logo ficou sabendo que ajudar prisioneiros doentes e condenados não era uma prioridade.

Ele falou com James Saffle, um diretor regional do Departamento Penitenciário, e com Dan Reynolds, diretor da penitenciária de McAlester. Ambos conheciam Ron Williamson e seus problemas, e ambos tinham coisas mais importantes com que se preocupar.

Ken Foster, no entanto, se mostrou um tipo bastante teimoso e independente que não gostava de decisões burocráticas e de fato queria ajudar seus pacientes. Continuou enviando relatórios para Saffle e Reynolds e se certificou de que eles soubessem dos detalhes dos sérios problemas psíquicos e físicos de Ron. Insistiu em se encontrar com Reynolds pelo menos uma vez por semana para revisar a condição de seus pacientes; Ron era sempre mencionado. E falava diariamente com um agente penitenciário, fazia as atualizações de rotina e se certificava de que os resumos fossem repassados ao diretor.

O Dr. Foster explicava repetidamente aos que administravam a prisão que Ron não vinha recebendo os medicamentos necessários e que estava piorando física e psicologicamente por causa do tratamento inadequado. Ele se sentia especialmente indignado por Ron não ser transferido para a Unidade de Tratamento Especial, ou UTE, um prédio que ficava próximo à Unidade H.

Os internos que apresentavam problemas psíquicos graves eram frequentemente transferidos para a UTE, a única instalação na penitenciária de McAlester projetada para esse tipo de tratamento. O Departamento Penitenciário, entretanto, tinha uma política de longa data que negava o acesso dos internos do corredor da morte à UTE. O motivo oficial era vago, mas muitos advogados de defesa suspeitavam que tal política existia para ajudar a acelerar as execuções. Se um interno seriamente perturbado do corredor da morte fosse avaliado adequadamente, ele poderia ser considerado incapaz, o que atrapalharia seu encaminhamento para a sala de execução.

Essa política tinha sido questionada muitas vezes, mas permanecia inflexível.

Ken Foster a questionou mais uma vez. Explicou repetidamente a Saffle e Reynolds que não podia tratar Ron Williamson adequadamente sem colocá-lo na UTE, onde poderia monitorar seu estado e regular sua medicação. Frequentemente suas explicações eram objetivas, acaloradas e intensas. Mas Dan Reynolds se mostrou teimosamente resistente à ideia de transferir Ron e não via necessidade de melhorar seu tratamento. Não se incomode com os internos do corredor da morte, dizia. Eles vão morrer de qualquer jeito.

Os apelos do Dr. Foster em nome de Ron se tornaram tão incômodos que o diretor Warden o proibiu de entrar na prisão.

Quando a proibição terminou, o Dr. Foster retomou seus esforços para transferir Ron para a UTE. Isso levou quatro anos.

* * *

QUANDO A APELAÇÃO chegou ao fim, o processo de Ron entrou na fase de "medidas recursais", o estágio durante o qual ele tinha permissão de juntar novas provas, ou seja, que não tivessem sido apresentadas no julgamento.

Como era costume na época, Bill Luker encaminhou os autos para Leslie Delk, junto ao Gabinete de Apelações da Defensoria Pública. Sua prioridade era obter melhor tratamento médico para seu cliente. Ela esteve uma vez com Ron na Ala F e percebeu que ele era um homem muito doente. Depois de ser transferido para a Unidade H, Leslie ficou alarmada com o fato de seu estado piorar a cada dia.

Ainda que não fosse psiquiatra nem psicóloga, Leslie Delk tinha recebido um treinamento amplo acerca da identificação e da natureza de doenças mentais. Parte de seu trabalho como advogada de defesa de presos condenados à pena capital era observar esses problemas e tentar lhes garantir tratamento adequado. Ela se baseava nas opiniões de peritos em saúde mental, mas isso era difícil no caso de Ron porque era impossível realizar um exame adequado. Como parte da política de privação de contato na Unidade H, ninguém podia ficar no mesmo cômodo com o prisioneiro, ainda que fosse seu advogado. Um psiquiatra que tentasse examinar Ron precisaria fazê-lo através de um painel de vidro falando com ele pelo telefone.

Delk conseguiu que a Dra. Pat Fleming realizasse uma avaliação psicológica de Ron, como era exigido nos procedimentos pós-condenação. A Dra. Fleming fez três tentativas, mas não conseguiu terminar a avaliação. Seu paciente estava agitado, delirante, não cooperava e tinha alucinações. Os funcionários informaram à Dra. Fleming que esse comportamento não era incomum. Estava óbvio que ele era um homem muito perturbado, sem condições de ajudar a advogada ou ser funcional de modo significativo. Ela foi seriamente restringida na tentativa de avaliar Ron por não ter tido permissão de fazer-lhe uma visita privada, na qual pudesse ficar no mesmo cômodo que ele para lhe fazer perguntas, para observá-lo e realizar alguns testes.

A Dra. Fleming se encontrou com o médico clínico da Unidade H e detalhou suas preocupações. Mais tarde lhe garantiram que Ron tinha sido atendido por profissionais de saúde mental de dentro da prisão, mas ela não notou qualquer melhora. Recomendou enfaticamente a internação de

Ron por um longo período no Eastern State Hospital, com o objetivo de estabilizar seu estado e avaliá-lo adequadamente.

Sua recomendação foi negada.

Leslie Delk continuou insistindo junto às autoridades prisionais. Encontrou-se com a equipe penitenciária, com a equipe médica e com os vários membros da diretoria para apresentar suas reclamações e exigir um tratamento melhor. Promessas foram feitas e depois ignoradas. Esforços leves foram feitos – pequenas modificações nos medicamentos de Ron –, mas ele não recebeu tratamento expressivo. Ela documentou suas frustrações numa série de cartas para as autoridades prisionais. Visitava Ron com a maior frequência possível, e, quando tinha certeza de que a situação dele não poderia ficar pior, ela piorava. Leslie se preocupava com a possibilidade de ele morrer a qualquer momento.

ENQUANTO A EQUIPE médica lutava para tratar de Ron, a equipe penitenciária se divertia tremendamente às custas dele. Por pura diversão, alguns guardas da prisão gostavam de brincar com o novo interfone da Unidade H. Cada cela tinha um interfone ligado à sala de controle, outro brinquedinho inteligente para manter os guardas o mais distantes possível dos internos.

Mas não era distante o suficiente.

– Ron, aqui é Deus – uma voz *fantasmagórica* ligava para a cela de Ron, tarde da noite. – Por que você matou Debbie Carter?

Uma pausa, depois os guardas riam ao ouvir Ron gritando pela porta:

– Eu não matei ninguém! Sou inocente!

Sua voz grave e rouca ressoava no setor sudoeste e interrompia o silêncio. A crise durava uma hora, mais ou menos, incomodando os outros internos, mas divertindo tremendamente os guardas.

Quando as coisas se acalmavam, a voz retornava:

– Ron, aqui é Debbie Carter. Por que você me matou?

Seus gritos atormentados continuavam sem parar.

– Ron, aqui é Charlie Carter. Por que você matou minha filha?

Os outros internos imploravam para que os guardas parassem, mas eles estavam se divertindo demais. Rick Rojem acreditava que dois dos guardas mais sádicos, em particular, se alimentavam do prazer de maltratar Ron. Esse abuso continuou durante meses.

– Ignore isso – implorava Rick ao colega de cela. – Se você ignorar, eles param.

Ron não conseguia captar essa ideia. Estava decidido a convencer todo mundo de que era inocente, e parecia que a melhor maneira era gritar a plenos pulmões. Frequentemente, quando não conseguia mais gritar, quando estava fisicamente exaurido ou rouco demais, ficava com o rosto perto do interfone e sussurrava coisas sem sentido durante horas.

Finalmente Leslie Delk ficou sabendo da diversão e das brincadeiras e disparou uma carta para o administrador da Unidade H, em 12 de outubro de 1992. Ela dizia, entre outras coisas:

Além disso, eu tinha mencionado ao senhor que ouvi, de diferentes pessoas, que Ron estava sendo importunado pelo interfone por alguns guardas que aparentemente acham divertido provocar os "malucos" e fazer com que eles reajam. Continuo a ouvir coisas a esse respeito e recentemente ouvi dizer que o policial Martin foi até a porta da cela de Ron e começou a importuná-lo e provocá-lo (creio que o conteúdo das provocações geralmente incluem "Ricky Joe Simmons" e "Debra Sue Carter"). Pelo que eu soube, o policial Reading se aproximou para fazer com que o policial Martin parasse com esse comportamento, mas precisou lhe dizer repetidamente para deixar de importunar Ron, até que Martin de fato parasse.

Ouvi o nome do policial Martin ser mencionado por várias fontes diferentes, como sendo uma das pessoas que frequentemente importunam Ron, por isso gostaria de saber se o senhor poderia investigar esse assunto e tomar uma atitude adequada. Talvez fosse [benéfico] para o senhor oferecer sessões de treinamento para os guardas que precisam lidar com os internos mentalmente doentes.

Nem todos os guardas eram cruéis. Numa noite, uma carcereira parou junto à cela de Ron para conversar. Ele parecia péssimo e disse que estava passando fome, que estava sem comer havia dias. Ela acreditou nele. Saiu e voltou alguns minutos depois com um pote de creme de amendoim e um pedaço de pão dormido.

Numa carta para Renee, Ron disse que gostou tremendamente do "banquete" e que não tinha sobrado nem uma migalha.

* * *

KIM MARKS FOI uma investigadora do Sistema de Defesa Dativa de Oklahoma que passou mais tempo com Ron na Unidade H do que qualquer outra pessoa. Quando foi designada para o caso dele, revisou as transcrições, os relatórios e as provas do julgamento. Ela era ex-jornalista e sua curiosidade levou-a a no mínimo questionar a culpa de Ron.

Fez uma lista de suspeitos potenciais, doze no total, e a maioria com passagem pela polícia. Glen Gore era o número um, por todos os motivos óbvios. Ele estivera com Debbie na noite do assassinato. Os dois se conheciam havia anos; desse modo, ele poderia ter acesso ao apartamento dela sem forçar a entrada. Tinha um terrível histórico de violência contra mulheres. Tinha acusado Ron do crime.

Por que os policiais haviam mostrado tão pouco interesse por Gore? Quanto mais Kim sondava os relatórios da polícia e o julgamento em si, mais se convencia de que os protestos de Ron eram bem embasados.

Visitou-o muitas vezes na Unidade H, e, assim como Leslie Delk, o viu definhar completamente. A cada visita sentia um misto de curiosidade e apreensão. Nunca tinha visto um preso envelhecer tão rapidamente quanto Ron. Seu cabelo castanho-escuro estava mais grisalho a cada visita, e ele ainda não tinha nem 40 anos. Estava magro e pálido como uma assombração, em grande parte devido à falta de sol. Suas roupas estavam sempre sujas e não se ajustavam ao corpo. Os olhos eram fundos e profundamente perturbados.

Grande parte de seu trabalho era determinar se o cliente tinha problemas mentais, depois tentar obter-lhe não somente um tratamento adequado, mas também a avaliação de peritos. Era óbvio para ela, e para qualquer pessoa leiga, que ele estava mentalmente doente e sofrendo demais devido à sua situação. No início, ela foi impedida pela política do Departamento Penitenciário de manter os internos do corredor da morte fora da Unidade de Tratamento Especial. Assim como a Dra. Foster, Kim travaria essa batalha durante anos.

Ela localizou e examinou a fita de vídeo do segundo teste de Ron com o polígrafo, gravada em 1983. Ainda que na época ele já tivesse sido diagnosticado como depressivo e bipolar, e talvez esquizofrênico, estava coerente, controlado e capaz de se apresentar como uma pessoa normal. Mas nove anos depois não havia nada de normal nele. Estava delirante, fora da realidade e consumido por pensamentos obsessivos – Ricky Joe Simmons, religião, os mentirosos em seu julgamento, a falta de dinheiro, Debbie Carter, a lei, sua música, o processo gigantesco que um dia ele abriria contra o Estado, sua carreira no beisebol, os abusos e injustiças aos quais era submetido.

Ela conversou com os funcionários e ouviu os relatos de sua capacidade de gritar um dia inteiro, depois teve uma boa dose disso. Devido às peculiaridades da planta da Unidade H, o banheiro feminino tinha uma abertura de ventilação que trazia os sons do setor sudoeste, onde Ron estava. Durante uma ida ao banheiro, ela ficou pasma ao ouvi-lo berrar feito louco.

Aquilo a abalou e, trabalhando com Leslie, ela pressionou ainda mais no sentido de forçar a penitenciária a oferecer um tratamento melhor. Tentaram que fosse aberta uma exceção e transferi-lo para a UTE. Tentaram fazer com que ele fosse avaliado no Eastern State Hospital.

Os esforços foram inúteis.

EM JUNHO DE 1992, como parte do processo da fase recursal, Leslie Delk protocolou uma petição solicitando a realização de uma audiência no Tribunal Distrital do condado de Pontotoc para que fosse avaliado se Ron era juridicamente capaz ou não. Bill Peterson apresentou uma contestação, e o tribunal indeferiu o pedido dela.

Leslie imediatamente recorreu da decisão apresentando a apelação junto à Corte de Apelações Criminais, onde foi reconhecida.

Em julho, ela apresentou uma extensa petição. Seus pedidos se baseavam principalmente nos volumosos registros acerca da saúde mental de Ron, e ela argumentou que sua incapacidade deveria ter sido abordada no julgamento. Dois meses depois, seu pedido foi indeferido, e Leslie apelou mais uma vez à Corte de Apelações Criminais de Oklahoma.

Como era de se esperar, ela perdeu de novo. O próximo passo era a apresentação de um último e desesperançoso recurso de praxe à Suprema Corte dos Estados Unidos. Um ano depois foi emitida uma negativa protocolar. Outros pedidos de praxe foram apresentados, mais negativas de praxe foram dadas, e, quando todos os recursos processuais se exauriram em 26 de agosto de 1994, a execução de Ron Williamson foi marcada pela Corte de Apelações Criminais para 27 de setembro de 1994.

Fazia seis anos e quatro meses que ele estava no corredor da morte.

DEPOIS DE DOIS anos de liberdade, Greg Wilhoit foi arrastado de volta a um tribunal para novamente ser julgado por ter assassinado a esposa.

Depois de sair da penitenciária de McAlester, ele se estabeleceu em Tulsa e tentou retomar algo parecido com uma vida normal. Não era nada fácil. Tinha cicatrizes emocionais e psicológicas dos tempos difíceis. As filhas, agora com 8 e 9 anos, estavam sendo criadas por alguns amigos da igreja, dois professores, e tinham uma vida bastante estável. Seus pais e suas irmãs o apoiavam, como sempre.

O caso havia atraído alguma atenção. Seu advogado, George Briggs, felizmente tinha falecido, mas não antes de ter sua licença para advogar cassada pelo Estado. Vários advogados criminalistas conhecidos entraram em contato com Greg querendo representá-lo. Os advogados são atraídos pelas câmeras como formigas por um açucareiro, e Greg achou divertido ver tanto interesse pelo seu caso.

Mas era uma escolha fácil. Seu parceiro Mark Barrett havia conseguido soltá-lo, e Greg estava confiante de que agora ele conquistaria sua liberdade.

Durante o primeiro julgamento, a prova que mais o prejudicou foi o testemunho dos dois peritos odontológicos convocados pela acusação. Ambos disseram ao júri que o ferimento no seio de Kathy Wilhoit tinha sido deixado pelo ex-marido. A família Wilhoit encontrou um renomado perito odontológico, o Dr. Thomas Krauss, do Kansas. O Dr. Krauss ficou pasmo com as discrepâncias entre a impressão dental de Greg e o ferimento. Os dois eram completamente diferentes.

Mark Barrett enviou então a marca de mordida para onze peritos reconhecidos nacionalmente, muitos dos quais costumavam testemunhar a favor da acusação. Dentre eles estava o principal consultor odontológico do FBI, que havia testemunhado contra Ted Bundy. O veredito foi unânime: todos os doze peritos concluíram que Greg Wilhoit precisaria ser descartado. As comparações nem chegavam perto.

Numa audiência dedicada à análise de provas, um perito da defesa identificou vinte grandes discrepâncias entre os dentes de Greg e a marca de mordida, e garantiu que todas excluíam Greg de maneira conclusiva.

Mas o promotor pressionou e insistiu num julgamento, que rapidamente se transformou numa farsa. Mark Barrett afastou com sucesso os peritos arrolados pela promotoria, depois acabou com a credibilidade do perito em DNA também convocado pela acusação.

Assim que a promotoria terminou sua parte, Mark Barrett requereu enfaticamente que as provas apresentadas pelo Estado fossem descartadas e que fosse proferido um veredito a favor de Greg Wilhoit. O juiz então convocou um recesso e todos foram almoçar. Quando voltaram, e quando o júri retornou e todos no tribunal estavam acomodados, o juiz, num gesto notável, anunciou que o pedido seria concedido. O caso estava encerrado.

– Sr. Wilhoit – disse ele. – O senhor agora é um homem livre.

Depois de uma noite longa comemorando com a família e os amigos, Greg Wilhoit foi na manhã seguinte para o aeroporto e viajou para a Califórnia, jamais retornando a Oklahoma a não ser para visitar a família ou para lutar contra a pena de morte. Oito anos depois do assassinato de Kathy, ele era finalmente um homem livre.

Ao perseguir o suspeito errado, a polícia e os promotores acabaram deixando que as investigações na direção do verdadeiro assassino esfriassem. Ele ainda precisava ser encontrado.

A NOVA SALA de execução na Unidade H estava funcionando bem. Em 10 de março de 1992, Robyn Leroy Parks, negro, 43 anos, foi executado pelo assassinato de um frentista em 1978. Fazia quase catorze anos que estava no Corredor.

Três dias depois, Olan Randle Robison, branco, 46 anos, foi executado pelo homicídio de um casal depois de invadir a casa de campo dos dois em 1980.

Ron Williamson seria o terceiro homem a ser amarrado a uma maca na Unidade H e ter a oportunidade de dizer suas últimas palavras.

EM 30 DE agosto de 1994, surgiu à porta da cela de Ron um ameaçador esquadrão de guardas carrancudos que queriam levá-lo a algum lugar. Ele foi algemado nos tornozelos e nos punhos, com uma corrente ao redor da barriga ligando todas as ferragens. Era alguma coisa séria.

Como sempre, ele estava abatido, sujo, com a barba por fazer e instável, e os guardas lhe deram o máximo de espaço possível. O policial Martin era um dos cinco.

Ron foi tirado da Unidade H, posto num furgão e transportado pela curta distância até o escritório administrativo que ficava na parte da frente da penitenciária. Cercado por sua comitiva, foi levado ao gabinete do diretor, até uma sala com uma longa mesa de reuniões, onde muitas pessoas esperavam para testemunhar algo dramático. Ainda algemado e vigiado pelas sentinelas, fizeram com que ele se sentasse a uma das extremidades da mesa. O diretor estava na outra, e começou a reunião apresentando Ron aos inúmeros funcionários da equipe sentados em volta da mesa, todos um tanto cabisbaixos.

É um verdadeiro prazer conhecer todos vocês.

Então Ron recebeu uma "notificação" que o diretor começou a ler:

Você foi condenado a morrer pelo crime de assassinato à 0h01 de terça-feira, 27 de setembro de 1994. O objetivo desta reunião é lhe informar das regras e dos procedimentos a serem seguidos nos próximos trinta dias e discutir alguns direitos que lhe são concedidos.

Ron ficou contrariado e disse que não havia matado ninguém. Talvez tivesse feito algumas coisas ruins na vida, mas assassinato não era uma delas.

O diretor continuou lendo, e de novo Ron insistiu que não tinha matado Debbie Carter.

O diretor e o administrador da unidade conversaram com ele por alguns minutos e o acalmaram. Disseram que não estavam ali para julgá-lo, que apenas seguiam as regras e os procedimentos.

Mas Ron tinha um vídeo de Ricky Simmons confessando o crime e queria mostrá-lo ao diretor. Novamente negou ter matado Debbie, e ficou repetindo sem parar que de algum modo iria à televisão em Ada declarar sua inocência. Disse que sua irmã fazia faculdade em Ada.

O diretor continuou lendo:

Na manhã anterior à data da execução, você será posto numa cela especial onde permanecerá até o momento da execução. Desde o momento em que estiver nessa cela até o momento da execução estará sob vigilância constante de agentes carcerários.

Ron interrompeu de novo, gritando que não tinha matado Debbie Carter.

O diretor foi em frente, lendo páginas de regras sobre visitantes, objetos pessoais e arranjos para o funeral. Ron parou de prestar atenção nele e ficou quieto.

– O que devemos fazer com o seu corpo? – perguntou o diretor.

Ron estava sensível, confuso e despreparado para uma pergunta como essa. Por fim conseguiu dar a entender que simplesmente deveriam mandá-lo para Annette.

Quando não teve mais perguntas e alegou ter entendido tudo, foi levado de volta à cela. A contagem regressiva começou.

ESQUECEU-SE DE LIGAR para Annette. Dois dias depois ela estava folheando as correspondências quando encontrou um envelope do Departamento Penitenciário de McAlester. Dentro havia uma carta de um agente penitenciário:

Sra. Hudson,

É com pesar que devo lhe informar que a execução de seu irmão, Ronald Keith Williamson, preso nº 134846, está agendada para terça-feira, dia 27 de setembro de 1994, à 0h01, na Penitenciária do Estado de Oklahoma.

As visitas no dia anterior à execução serão limitadas a clérigos, ao advogado registrado e a duas outras pessoas aprovadas pelo diretor.

Por mais difícil que seja, devem ser tomadas as providências necessárias para o funeral, que é de responsabilidade da família. Se essa responsabilidade não for assumida pela família, o Estado cuidará do enterro. Por favor, informe-nos da sua decisão.

Atenciosamente,

Ken Klingler

Annette ligou para Renee com a terrível notícia. As duas ficaram aflitas e se esforçaram para convencer uma à outra de que não podia ser verdade.

Conversaram outras vezes e decidiram que não levariam o corpo dele para Ada. Ele não poderia ficar à mostra na funerária Criswell's para a cidade inteira olhar. Em vez disso, o velório e o enterro seriam realizados em McAlester, aberto somente para convidados. Apenas alguns amigos íntimos e uns poucos parentes compareceriam.

Foram informadas pela penitenciária de que poderiam testemunhar a execução. Renee disse que não conseguiria fazer isso. Annette estava decidida a estar lá até o final.

A notícia se espalhou por Ada. Peggy Stillwell estava assistindo à TV local quando ouviu o relato bastante surpreendente de que fora definida a data da execução de Ron Williamson. Ainda que isso fosse uma boa notícia, ela ficou com raiva porque ninguém a havia informado. Tinham-lhe prometido que ela poderia assistir à execução, e sem dúvidas queria estar lá. Talvez alguém ligasse dentro de alguns dias.

Annette ficou recolhida e tentou ignorar o que estava acontecendo. Suas visitas à prisão tinham se tornado menos frequentes e mais curtas. Ronnie estava fora de si e gritava com ela ou fingia que ela não estava ali. Por várias vezes, ela fora embora depois de vê-lo por menos de cinco minutos.

13

Assim que o processo de Ron foi concluído nos tribunais de Oklahoma e a data da execução foi marcada, seus advogados correram para a instância federal e deram início à nova etapa de recursos. Esses procedimentos são conhecidos como habeas corpus – "que tenhas o teu corpo", em latim. Um pedido de habeas corpus exige que o preso seja apresentado ao tribunal para determinar a legalidade de sua detenção.

O processo foi designado para Janet Chesley, uma advogada do Sistema de Defesa Dativa em Norman. Janet tinha grande experiência trabalhando com habeas corpus e estava acostumada ao ritmo frenético de dar entrada em petições no último minuto enquanto via o relógio correr a caminho da execução. Conheceu Ron, explicou o processo e garantiu que ele conseguiria uma suspensão da execução. Em seu trabalho essas conversas não eram incomuns, e seus clientes, apesar de compreensivelmente nervosos, sempre confiavam nela. A data da execução era para valer, mas ninguém era morto até que os pedidos de habeas corpus fossem exauridos.

Mas, com Ron, foi diferente. A definição formal de uma data para a execução o havia empurrado com mais força ainda em direção à insanidade. Ele estava contando os dias, incapaz de acreditar nas promessas de Janet. O relógio não tinha parado. A sala de execução o aguardava.

Uma semana se passou, depois duas. Ron ficou muito tempo rezando e estudando a Bíblia. Também dormia muito e havia parado de gritar. Seus medicamentos estavam sendo fornecidos sem restrições. O Corredor estava silencioso, à espera. Os outros internos não deixavam escapar nada, e ficavam se perguntando se o Estado realmente executaria alguém tão insano quanto Ron Williamson.

Três semanas se passaram.

O TRIBUNAL DISTRITAL Federal do Leste de Oklahoma fica em Muskogee. Em 1994 contava com dois juízes, nenhum dos quais gostava especialmente de pedidos de habeas corpus nem de processos apresentados por presos. E eles chegavam aos montes. Todo prisioneiro tinha questões e reclamações; a maioria afirmava inocência e se queixava de abusos. Os rapazes do corredor da morte tinham advogados de verdade, alguns de grandes firmas trabalhando *pro bono*, e como os pedidos eram volumosos e criativos, precisavam ser examinados. Os presos em sua maioria costumavam representar a si próprios, sem escassez de aconselhamento por parte dos provisionados que comandavam as bibliotecas jurídicas e vendiam suas opiniões em troca de cigarros. Quando os presos não estavam apresentando pedidos de habeas corpus, estavam entrando com processos por causa da comida ruim, do banho frio, dos agentes cruéis, das algemas apertadas, da falta de luz do sol. A lista era extensa.

A maioria das queixas apresentadas pelos prisioneiros carecia de mérito e era dispensada imediatamente, depois mandada para o 10º Tribunal de Apelações, em Denver, sede da ampla jurisdição que incluía Oklahoma.

O pedido de habeas corpus apresentado por Janet Chesley foi distribuído por sorteio para Frank Seay, um juiz nomeado por Jimmy Carter que havia tomado posse em 1979. O juiz Seay era de Seminole, e antes da nomeação federal tinha servido por onze anos como juiz do 22º Distrito, que incluía o condado de Pontotoc. Era familiarizado com o tribunal de lá, com a cidade e seus advogados.

Em maio de 1971, o juiz Seay tinha ido de carro até o povoado de Asher e feito um discurso de formatura numa escola do ensino médio. Um dos dezessete formandos era Ron Williamson.

Depois de quinze anos de profissão, o juiz Seay tinha pouca paciência com os pedidos de habeas corpus que apareciam em sua sala. O de Williamson chegou em setembro de 1994, apenas alguns dias antes da execução. Ele suspeitava – na verdade, sabia – que os advogados dos casos de pena de morte esperavam até o último minuto para apresentar suas petições, de modo que ele e outros juízes federais fossem obrigados a suspender as execuções enquanto a papelada era examinada. Diversas vezes ele se perguntava pelo que o pobre condenado estaria passando, suando frio diante do relógio no corredor da morte enquanto seus advogados resolviam praticar malabarismos para um juiz federal.

Mas era um bom trabalho de advocacia, e, mesmo que o juiz Seay o entendesse, ainda assim não gostava do procedimento. Tinha concedido algumas suspensões, mas jamais um novo julgamento diante de um pedido de habeas corpus.

Como sempre, o pedido de Williamson foi lido primeiro por Jim Payne, um magistrado do tribunal federal. Payne era conhecido por ter tendências conservadoras e aversão semelhante pelo dispositivo do habeas corpus, mas também era muito respeitado por causa de seu senso de justiça inato. Durante muitos anos seu dever tinha sido examinar cada pedido de habeas corpus e procurar afirmações válidas que, apesar de raras, existiam em número suficiente para manter a leitura interessante.

Para Jim Payne, aquela tarefa era crucial. Se ele deixasse escapar alguma coisa perdida nos volumosos argumentos e transcrições, um inocente poderia ser executado.

A petição apresentada por Janet Chesley era tão bem escrita que captou sua atenção no primeiro parágrafo, e quando ele terminou de ler tinha alguma dúvidas quanto a se o julgamento de Ron havia sido justo. Os argumentos dela se concentravam nas questões de falta de defesa adequada, de capacidade mental e de confiabilidade na análise de cabelos e pelos como prova.

Jim Payne leu o pedido em casa, à noite, e quando voltou ao trabalho na manhã seguinte encontrou-se com o juiz Seay e recomendou a suspensão. O juiz Seay tinha grande respeito pelo seu magistrado, e, depois de uma longa discussão sobre o pedido de Williamson, concordou em suspender a execução.

Depois de passar 23 dias olhando para o relógio e rezando com fervor, Ron foi informado de que sua execução fora adiada por prazo indeterminado. Seu flerte com a morte durara até cinco dias antes de receber a injeção letal.

* * *

JIM PAYNE ENTREGOU o pedido de habeas corpus à sua auxiliar, Gail Seward, que o leu e concordou que era necessária uma profunda revisão. Em seguida ele o entregou à novata do escritório, uma auxiliar chamada Vicky Hildebrand, que, por ser a pessoa menos importante do departamento, tinha recebido o título não oficial de "encarregada das penas de morte". Vicky havia sido assistente social antes de estudar Direito, e tinha assumido rápida e discretamente o papel de coração mole de estimação no escritório de viés moderado/conservador do juiz Seay.

Williamson foi seu primeiro pedido de habeas corpus envolvendo pena de morte, e ao ler a petição foi cativada de cara pelo primeiro parágrafo:

Este é um caso bizarro sobre um sonho que se transformou em pesadelo para Ronald Keith Williamson. Sua prisão aconteceu quase cinco anos depois do crime – após a morte da testemunha que provia o álibi do Sr. Williamson – e se baseou quase inteiramente na "confissão" relatada como um sonho, feita por um homem com uma grave doença mental, Ron Williamson.

Vicky continuou a leitura e logo ficou pasma com a escassez de provas dignas de crédito apresentadas no julgamento e com as estratégias desorganizadas de sua defesa. Quando terminou, tinha dúvidas sérias sobre a culpa de Ron.

E se perguntou imediatamente se tinha coragem para fazer aquele trabalho. Será que todo pedido de habeas corpus seria tão persuasivo? Será que começaria a acreditar em todos os detentos do corredor da morte? Abriu-se com Jim Payne, que bolou um plano. Eles chamariam Gail Seward, que era mais centrista, e pediriam sua opinião. Vicky passou toda a sexta-feira fazendo cópias da longa transcrição do julgamento – três jogos, um para cada membro da conspiração. Cada um deles passou o fim de semana inteiro lendo cada palavra do julgamento de Ron, e quando se reuniram na manhã de segunda o veredito foi unânime. À esquerda, à direita e ao centro, todos concordaram que a justiça não havia sido feita. Não somente tinham certeza de que o julgamento fora inconstitucional; também acreditavam que Ron podia ser inocente.

Ficaram intrigados com a referência a *The Dreams of Ada*. O pedido de habeas corpus de Janet Chesley havia enfatizado a confissão de sonho que

Ron supostamente tinha feito. Ron havia lido o livro pouco antes de ser preso e estava com ele na cela quando revelou seu próprio sonho do cárcere a John Christian. Publicado sete anos antes, o livro estava esgotado, mas Vicky encontrou exemplares em sebos e bibliotecas. Os três o leram rapidamente, e suas suspeitas com relação às autoridades de Ada se ampliaram ainda mais.

Como o juiz Seay era conhecido por ser brusco ao lidar com questões de habeas corpus, foi decidido que Jim Payne iria abordá-lo e quebrar o gelo com relação ao caso Williamson. O juiz Seay ouviu com atenção, e depois vieram Vicky e Gail. Os três tinham convicção de que era necessário um novo julgamento, e depois de ouvi-los o juiz concordou em estudar o pedido.

Ele conhecia Bill Peterson, Barney Ward e a maioria do pessoal de Ada. Considerava Barney Ward um velho colega, mas nunca havia gostado de Peterson. Francamente, não ficou surpreso com o julgamento malfeito e com as provas frágeis. Coisas estranhas aconteciam em Ada, e durante anos o juiz Seay tinha ouvido falar que os policiais tinham má reputação. Estava especialmente incomodado com o pouco de controle que o juiz Ronald Jones havia exercido durante os procedimentos. Trabalho policial ruim e acusações tendenciosas não eram coisas incomuns, mas o papel do juiz era garantir a justiça.

Também não ficou surpreso com o fato de a Corte de Apelações Criminais não ter visto nada de errado com o julgamento.

Quando ficou convencido de que não havia sido feita justiça, ele e seu pessoal se lançaram numa revisão meticulosa do processo.

DENNIS FRITZ TINHA perdido o contato com Ron. Tinha escrito uma carta para o velho amigo, mas não houve resposta.

Kim Marks e Leslie Delk foram de carro até Conner entrevistar Dennis para sua investigação. Levaram a gravação de Ricky Joe Simmons e exibiram a confissão. Dennis, como Ron, ficou com raiva porque outra pessoa havia confessado o assassinato pelo qual os dois tinham sido condenados, mas essa informação não tinha sido disponibilizada durante seu julgamento. Ele passou a se corresponder com Kim Marks, e ela o manteve a par do processo de Ron.

Como frequentador da biblioteca jurídica, Dennis ouvia todas as fofocas do meio jurídico e sabia das últimas decisões tomadas país afora. Ele e seus colegas provisionados não deixavam escapar nada no campo dos processos criminais. Os testes de DNA foram mencionados pela primeira vez no início da década de 1990 e ele lia tudo que pudesse encontrar sobre o assunto.

Em 1993, um episódio de *Donahue* foi dedicado a quatro homens que tinham sido inocentados graças ao teste de DNA. O programa teve grande audiência, especialmente nas prisões, e serviu como catalisador para o movimento pela inocência em todo o país.

Um grupo que já havia obtido atenção era o Innocence Project, fundado em 1992 por dois advogados de Nova York, Peter Neufeld e Barry Scheck. Eles montaram um escritório na Faculdade de Direito Benjamin N. Cardozo para prestar assistência jurídica sem fins lucrativos, onde estudantes trabalhavam nos casos sob a supervisão de uma equipe de advogados. Neufeld tinha uma longa história de ativismo jurídico no Brooklyn. Scheck era especialista em Genética Forense, e ficou famoso como um dos advogados de O. J. Simpson.

Dennis acompanhou atentamente o julgamento de Simpson e, assim que ele acabou, cogitou entrar em contato com Barry Scheck.

DEPOIS DE RECEBER numerosas reclamações sobre a Unidade H, em 1994 a Anistia Internacional fez uma avaliação detalhada do local. Encontrou muitas violações aos padrões internacionais, inclusive de tratados adotados pelos Estados Unidos e de regras mínimas estabelecidas pela ONU. Dentre as violações estavam celas pequenas demais, com mobiliário inadequado, mal iluminadas, sem ventilação, sem janelas e sem acesso a luz natural. Como era de se esperar, os pátios de exercícios foram considerados muito restritivos e pequenos demais. Muitos presos deixavam de aproveitar sua hora diária neles para ter alguma privacidade na ausência do companheiro de cela. Além de um curso de ensino médio, não havia programas educativos e os internos não tinham permissão para trabalhar. As cerimônias religiosas eram restritas. O isolamento de prisioneiros separados era demasiadamente severo. O serviço de alimentação precisava ser totalmente revisto.

A Anistia Internacional concluiu que as condições na Unidade H representavam um tratamento cruel, desumano ou degradante, violando os padrões internacionais. Aquelas condições, quando "impostas por longo período, podem ter efeito prejudicial na saúde física e mental dos prisioneiros".

O relatório foi apresentado, mas não obrigava a prisão a fazer nada. Entretanto, serviu de combustível para alguns dos processos que tinham sido abertos a pedido dos presos.

DEPOIS DE UM hiato de três anos, as engrenagens da sala de execução entraram novamente em atividade. Em 20 de março de 1995, Thomas Grasso, branco, 32 anos, foi executado depois de apenas dois anos no corredor da morte. Apesar de ter sido difícil, Grasso conseguiu interromper os recursos e acabar com aquilo de uma vez por todas.

Em seguida veio Roger Dale Stafford, o infame assassino da churrascaria, cuja execução foi uma das mais famosas. Os assassinos em massa em grandes cidades atraíam mais mídia, e Stafford se foi num lampejo de glória. Tinha passado quinze anos no corredor da morte e seu caso foi usado pela polícia, pelos promotores e especialmente pelos políticos como exemplo máximo das falhas nos processos de apelação.

Em 11 de agosto de 1995 aconteceu uma execução bizarra. Robert Brecheen, um homem branco de 40 anos, mal conseguiu entrar na sala. No dia anterior ele tomou um punhado de analgésicos que de algum modo tinha conseguido contrabandear e guardar. Seu suicídio deveria ter sido um derradeiro esforço para mandar o Estado à merda, mas o Estado prevaleceu. Brecheen foi encontrado inconsciente pelos guardas e levado às pressas para o hospital, onde passou por uma lavagem estomacal e foi suficientemente estabilizado para ser levado de volta à Unidade H e sofrer uma morte decente.

O JUIZ SEAY orientou seu pessoal ao longo de uma avaliação meticulosa de cada aspecto do caso Williamson. Eles se debruçaram atentamente sobre as transcrições, que incluíam a audiência preliminar e todos os demais compromissos no tribunal. Catalogaram o extenso histórico clínico de Ron. Estudaram os registros policiais e os relatórios dos peritos do DIEO.

O trabalho foi dividido entre Vicky Hildebrand, Jim Payne e Gail

Steward. Aquilo se tornou um projeto coletivo, sem escassez de ideias nem de disposição. O julgamento estava contaminado, a justiça havia cometido um erro indiscutível, e eles queriam corrigi-lo.

O juiz Seay nunca havia confiado em cabelos e pelos como prova. Uma vez tinha julgado um caso de pena de morte em que a principal testemunha seria o mais respeitado perito em cabelos e pelos do FBI. Suas qualificações eram impecáveis, e ele havia testemunhado muitas vezes, mas o juiz Seay não ficou impressionado. O perito não testemunhou, e foi dispensado.

Vicky Hildebrand se ofereceu para fazer a pesquisa sobre o uso de cabelos e pelos como prova. Passou meses lendo dezenas de casos e estudos, e se convenceu de que tudo aquilo era ciência ruim. Era algo tão pouco digno de confiança que jamais deveria ser usado em nenhum julgamento, conclusão à qual o juiz Seay já havia chegado muito tempo antes.

Gail Seward se concentrou em Barney Ward e nos erros que ele cometera durante o julgamento. Jim Payne abordou as questões Bradley. Durante meses a equipe trabalhou em pouca coisa além disso, deixando Williamson de lado apenas para cuidar de assuntos urgentes. Não havia prazo para o trabalho, mas o juiz Seay era um chefe que não tolerava preguiça. Eles trabalhavam à noite e nos fins de semana. Liam e corrigiam os trabalhos uns dos outros. Conforme iam se aprofundando, encontravam cada vez mais equívocos, e à medida que os erros judiciais se empilhavam, o entusiasmo deles crescia.

Jim Payne tinha reuniões diariamente com o juiz Seay, que, como esperado, não poupava comentários. Leu os esboços iniciais da equipe, fez correções e os mandou trabalhar mais.

À medida que se tornava claro que um novo julgamento seria requerido, o caso começou a incomodar o juiz Seay. Barney era um velho amigo, um velho guerreiro não mais em sua melhor forma, e ficaria profundamente magoado com as críticas. E como Ada reagiria à notícia de que seu antigo juiz tinha tomado o partido do famoso assassino Ron Williamson?

A equipe sabia que o trabalho seria examinado por uma instância superior, no 10º Tribunal de Apelações, em Denver. E se a decisão fosse revertida? Estavam convictos o bastante em relação à causa? Seriam capazes de argumentar com persuasão suficiente para exortar o 10º Tribunal?

Durante quase um ano a equipe trabalhou sob orientação do juiz Seay. Por fim, em 19 de setembro de 1995, um ano depois de a execução ser suspensa, ele concedeu o habeas corpus e deferiu o pedido de um novo julgamento.

O parecer que acompanhava a concessão era detalhado, com cem páginas, uma obra-prima de análise e raciocínio jurídicos. Em linguagem clara, porém erudita, o juiz Seay censurava Barney Ward, Bill Peterson, o Departamento de Polícia de Ada e o DIEO, e, apesar de conter sua artilharia diante do trabalho infeliz executado pelo juiz Jones, deixou poucas dúvidas sobre como se sentia a respeito dele.

Ron merecia um novo julgamento por diversos motivos, e o principal era a falta de eficiência da defesa. Os erros de Barney haviam sido inúmeros, e catastróficos. Incluíam não ter levantado a questão da incapacidade do cliente; não ter investigado meticulosamente Glen Gore e apresentado provas contra ele; não ter mostrado que Terri Holland também havia testemunhado contra Karl Fontenot e Tommy Ward; não ter informado ao júri que Ricky Joe Simmons tinha confessado o assassinato e que, inclusive, havia uma gravação em vídeo dessa confissão, que Barney possuía; não ter questionado as confissões de Ron nem as suprimido antes do julgamento; não ter convocado nenhuma testemunha durante a fase de determinação da sentença.

Bill Peterson e os policiais eram criticados por esconder o vídeo do segundo teste do polígrafo feito por Ron, em 1983; por usar confissões obtidas através de métodos questionáveis, inclusive a confissão de sonho feita por Ron; chamar como testemunhas sob juramento dedos-duros de cadeia; apresentar o caso praticamente sem provas físicas e esconder provas que poderiam inocentá-lo.

O juiz Seay analisou o histórico do uso de cabelos e pelos como provas e determinou, peremptoriamente, que elas eram muito pouco dignas de confiança e deveriam ser banidas de todos os tribunais. Criticou os peritos do DIEO pelo descuido com as amostras na investigação sobre Dennis Fritz e Ron Williamson.

Bill Peterson, o juiz Jones e o juiz John David Miller foram censurados por não terem interrompido os procedimentos e questionado a saúde mental de Ron.

O juiz Jones havia cometido um erro ao convocar uma audiência Brady sobre materiais escusatórios para *depois do fim do julgamento*! Sua negativa ao pedido de Barney para que um perito criminal refutasse o testemunho do pessoal do DIEO era, em si, um erro reversível.

Com a precisão de um cirurgião, o juiz Seay dissecou cada aspecto do julgamento e deixou à mostra a farsa da condenação de Ron. Diferentemente da Corte de Apelações Criminais de Oklahoma, um tribunal que havia examinado o caso duas vezes, o juiz Seay viu uma condenação equivocada e pôs tudo em xeque.

Ao final de seu parecer, acrescentou uma coisa incomum: um epílogo. Ele escreveu:

Enquanto ponderava sobre este caso, contei a um amigo, um leigo, que acreditava nos fatos e que a lei ditava que eu deveria conceder um novo julgamento a um homem que fora condenado à morte.

Meu amigo perguntou: "Ele é um assassino?"

Eu respondi simplesmente: "Não vamos saber enquanto ele não tiver um julgamento justo."

Que Deus nos ajude se alguma vez nesta grande nação dermos as costas enquanto pessoas que não tiveram julgamentos justos forem executadas. Isso quase aconteceu neste caso.

Como cortesia, o juiz Seay enviou uma cópia de seu parecer a Barney Ward, com um bilhete dizendo que lamentava por aquilo, mas não tinha escolha. Barney nunca mais falaria com ele.

Apesar de Vicky Hildebrand, Gail Seward e Jim Payne estarem muito convencidos de seu trabalho, ainda se sentiam um tanto apreensivos quando ele se tornou público. Conceder um novo julgamento a um prisioneiro do corredor da morte não era algo popular em Oklahoma. O caso de Ron havia consumido um ano da vida deles, e, apesar de terem certeza, não queriam que o juiz Seay e seu departamento fossem criticados.

"PROMOTORES PROMETEM LUTAR Contra Concessão de Novo Julgamento", dizia a manchete do *Ada Evening News* de 27 de setembro de 1995. De um lado havia uma foto de Ron Williamson no ensino médio, do outro uma de Bill Peterson. A matéria começava com:

Raivoso, Bill Peterson disse que ficaria "mais do que feliz" em se apresentar diante da Suprema Corte dos Estados Unidos, se necessário, para derrubar a decisão recente de um juiz federal que ordenou um novo julgamento para o assassino condenado Ronald Keith Williamson, do condado de Pontotoc.

Felizmente, pelo menos para Peterson, ele não teria chance de ir a Washington questionar a decisão. Disse que recebera a garantia do advogado-geral do estado de que cuidaria pessoalmente do recurso "imediato" ao 10º Tribunal de Apelações em Denver. Ele teria dito:

Estou aparvalhado, perplexo, com raiva, confuso e um monte de outras coisas. Ver esse caso passar por tantos recursos e tantos reexames sem que jamais alguém tivesse questionado a condenação, e de repente surge esse parecer, simplesmente não faz sentido.

Ele não fez questão de dizer, e o repórter não fez questão de lembrar, que todas as condenações à morte passam pelo trâmite do habeas corpus e vão parar no tribunal federal, onde, cedo ou tarde, algum parecer é emitido.

Mas Peterson estava empolgado. Continuou:

Este caso foi avaliado pela Suprema Corte dos Estados Unidos em duas ocasiões. E em ambas a Corte reafirmou as condenações e negou os pedidos de novas audiências.

Não exatamente. A Suprema Corte dos Estados Unidos jamais avaliou os méritos do caso de Ron; de fato, ao negar a revisão, a Corte se recusou a ouvir o caso e o mandou de volta para Oklahoma. Esse era o procedimento padrão.

Peterson guardou sua história mais fantástica para o fim. Numa nota de rodapé, em seu parecer, o juiz Seay havia citado o livro de Robert Mayer, *The Dreams of Ada*, e fez uma referência ao número de condenações baseadas em confissões de sonho saídas do mesmo tribunal. Peterson ficou chateado pela menção ao livro numa decisão judicial e disse, evidentemente com a maior cara de pau:

Simplesmente não é verdade que qualquer desses três homens – Williamson, Fontenot ou Ward – tenha sido condenado com base em confissões de sonho.

O estado de Oklahoma apresentou um recurso contra a decisão do juiz Seay no 10º Tribunal Apelações em Denver. Apesar de ter ficado satisfeito com a reviravolta nos acontecimentos e a perspectiva de um novo julgamento, Ron continuava preso, sobrevivendo um dia de cada vez enquanto o processo se arrastava.

Mas não estava lutando sozinho. Kim Marks, sua investigadora, Janet Chesley, sua advogada, e o Dr. Foster eram implacáveis nos esforços para obter um tratamento adequado. Durante quase quatro anos a prisão se recusara a admitir Ron em sua Unidade de Tratamento Especial, onde havia melhores medicamentos e melhores condições. A UTE ficava à vista da Unidade H, uma curta caminhada de distância, mas estava oficialmente fora do alcance dos detentos no corredor da morte.

Kim Marks fez a seguinte descrição de seu cliente:

Fiquei com muito medo, não dele, mas por ele. Insisti para que tentássemos conseguir alguém em posto mais elevado no sistema penal para obter alguma ajuda, porque o cabelo dele tinha crescido até os ombros, havia fios amarelos nos pontos em que ele o puxava, porque dava para ver as manchas de nicotina cobrindo todos os dedos e até as mãos, não só nas pontas; os dentes estavam literalmente apodrecendo em sua boca. Acho que ele ficava os torcendo. A pele estava cinza porque, obviamente, fazia meses que ele não tomava banho; estava só pele e osso, a camisa parecia não ser lavada há meses, quanto mais seca e passada; e ele ficava andando de um lado para o outro; mal conseguia falar, e toda vez que falava, voava cuspe da boca. O que ele falava não fazia nenhum sentido, e tive medo de verdade de que pudéssemos perdê-lo, de que ele morresse na prisão devido a problemas físicos relacionados aos problemas mentais.

Janet Chesley, Kim Marks e Ken Foster pegavam no pé dos vários diretores que entravam e saíam da McAlester, bem como dos agentes penitenciários e assistentes. Susan Otto, diretora do Departamento de Defensoria Pública Federal e supervisora de Janet, conseguiu mexer uns pauzinhos no Departamento Penitenciário. Por fim, em dezembro de 1996, James Saffle, na época um alto oficial do DP, concordou em receber Kim e Janet. Quando a reunião começou, Saffle anunciou que tinha autorizado que Ron Ward, atual diretor da McAlester, abrisse uma exceção para Ron Williamson e o transferisse imediatamente para a UTE.

O memorando de Ron Ward para o diretor da UTE admitia que a unidade era oficialmente proibida para os detentos no corredor da morte. Um trecho dele dizia:

Autorizo uma exceção aos Procedimentos Operacionais Padrão para a Unidade de Tratamento Especial da Penitenciária de Oklahoma, que dizem: "Qualquer detento da Penitenciária do Estado de Oklahoma, exceto os do Corredor da Morte, pode receber os serviços da Unidade de Tratamento Especial."

O que havia por trás dessa mudança de ideia? Duas semanas antes, um psicólogo da prisão tinha enviado um relatório confidencial sobre Ron Williamson a um agente penitenciário. Dentre outros comentários, o psicólogo apresentava alguns motivos válidos para a transferência de Ron para a UTE:

Nossa equipe debateu e chegou à conclusão de que o Sr. Williamson é psicótico, e provavelmente se beneficiaria de um grande ajuste em sua medicação. Também observamos que ele se recusou peremptoriamente a sequer discutir tal ajuste.

Como o senhor sabe, a Unidade de Tratamento Especial tem autorização para forçar medicações, se necessário.

O pessoal da Unidade H estava farto de Ron e precisava de uma folga. O relatório continuava:

Há pouca dúvida de que o estado do Sr. Williamson está se deteriorando semana a semana. Eu percebi isso, e o pessoal da Unidade H aborda esse assunto frequentemente. Hoje de manhã Mike Mullens fez uma menção enfática sobre a deterioração dele e sobre o efeito negativo que as explosões psicóticas do detento provocam na Ala Sudoeste.

Mas o melhor motivo para transferir Ron era acelerar sua execução. O relatório concluía:

Na minha opinião, diante do estado que apresenta o Sr. Williamson, sua psicose chegou a um nível que o faria ser considerado inapto para a execução. Um período em nossa UTE poderia fazê-lo recuperar um nível de aptidão adequado.

Ron foi levado para a UTE, deu entrada e recebeu uma cela melhor, com janela. O Dr. Foster mudou sua medicação e monitorou sua ingestão. Apesar de não estar nem um pouco saudável, Ron ficou calmo e parou de sentir dor constantemente.

Além disso, estava extremamente frágil, com a doença precariamente sob controle. Houve progresso, mas de repente, em 25 de abril, depois de três meses na UTE, Ron foi removido abruptamente e levado de volta à Unidade H por duas semanas. Não houve autorização médica para a transferência; o Dr. Foster não foi informado. Nenhuma justificativa foi apresentada. Quando foi levado de volta à UTE, tinha regredido consideravelmente. O Dr. Foster enviou um memorando para a diretoria descrevendo os danos causados no paciente pela transferência súbita.

Por coincidência, a transferência repentina de Ron em 25 de abril aconteceu na véspera de outra execução. Em 26 de abril, Benjamin Brewer foi executado por ter esfaqueado uma estudante de 20 anos em Tulsa, em 1978. Brewer estava no corredor da morte havia mais de dezessete anos.

Mesmo estando na UTE, Ron ainda era um detento do corredor da morte. Não seria fácil se livrar de testemunhar a morte de mais um preso da Unidade H.

Janet Chesley suspeitou que a transferência súbita tivesse algo a ver com manobras jurídicas. O estado de Oklahoma tinha apelado da decisão do juiz Seay ao 10° Tribunal em Denver, e foram definidas as datas para as sustentações orais. Para impedi-la de argumentar que seu cliente era tão incapaz mentalmente que fora transferido para a Unidade de Tratamento Especial, Ron fora levado de volta à Unidade H. Ela explodiu de raiva quando soube da transferência. Censurou os agentes da prisão e os advogados do estado que estavam cuidando do recurso. Por fim, prometeu não mencionar durante a sustentação oral que Ron estava na UTE.

Ele foi levado de volta, mas o dano era dolorosamente visível.

* * *

DENNIS FRITZ OUVIU a boa notícia de que Ron vencera na esfera federal e teria direito a outro julgamento. Dennis não tivera a mesma sorte. Como não havia recebido a pena de morte, não tinha advogado, e era obrigado a fazer seu próprio pedido de habeas corpus. Tinha perdido na esfera distrital em 1995 e estava apelando ao 10º Tribunal.

A notícia do novo julgamento de Ron teve um sabor agridoce para Dennis. Ele ficou deprimido, porque tinha sido condenado pelas mesmas testemunhas e pelos mesmos fatos, mas seu pedido de habeas corpus fora negado. Ao mesmo tempo, estava muito feliz por saber que Ronnie teria uma nova chance no tribunal.

Em março de 1996 ele finalmente escreveu para o Innocence Project e requisitou a ajuda deles. Um estudante voluntário respondeu, com um questionário. Em junho o estudante pediu o trabalho de laboratório relacionado a Dennis: a análise de seus cabelos, pelos, sangue e saliva. Dennis tinha tudo arquivado em sua cela e enviou imediatamente para Nova York. Em agosto enviou os memoriais apresentados em juízo e, em novembro, a transcrição completa do julgamento. Mais tarde naquele mês, recebeu a notícia maravilhosa de que o Innocence Project tinha aceitado oficialmente seu caso.

Cartas foram trocadas, semanas e meses se passaram. O 10º Tribunal negou seu recurso e, quando a Suprema Corte se recusou a ouvir seu caso, em maio de 1997, Dennis entrou em depressão. Os recursos tinham se esgotado. Todos aqueles sábios juízes sentados com suas togas pretas e examinando seus grossos compêndios não tinham visto nada de errado em seu julgamento. Nenhum detectou o óbvio: um homem inocente havia sido condenado.

Passar o resto da vida na prisão, algo em que ele havia se recusado tão fortemente a acreditar, era agora uma possibilidade.

Em maio, ele mandou quatro cartas para o Innocence Project.

EM 1979, NA cidadezinha de Okarche, ao norte de Oklahoma City, dois homens, Steven Hatch e Glen Ake, invadiram a casa do reverendo Richard Douglass. Em seguida, Douglass e sua mulher foram mortos a tiros. Os dois filhos pequenos também foram alvejados e deixados lá, supostamente mortos; de algum modo sobreviveram. Os assassinatos foram cometidos por Glen Ake, que foi condenado à morte e depois passou por um novo julgamento, porque o juiz lhe negara acesso a um perito em saúde mental. Sua apelação, Ake versus Oklahoma, foi um marco. No segundo julgamento, ele recebeu pena de prisão perpétua, que ainda está cumprindo.

A participação de Steven Hatch nos assassinatos foi muito duvidosa e acaloradamente discutida, mas mesmo assim ele recebeu pena de morte. Em 9 de agosto de 1996, Hatch foi preso à maca e levado para a sala de execução da Unidade H. Os dois filhos de Douglass, então adultos, estavam presentes na sala de testemunhas.

Glen Ake, que indiscutivelmente tinha sido o atirador, recebeu pena de prisão perpétua. Steven Hatch, que não matou ninguém, foi executado.

Em 1994, um nativo americano de 20 anos chamado Scott Dawn Carpenter roubou uma loja em Lake Eufalula e matou seu dono. Depois de apenas dois anos no corredor da morte, conseguiu interromper os recursos e recebeu a injeção.

EM 10 DE abril de 1977, o 10º Tribunal de Apelações em Denver ratificou parcialmente a decisão do juiz Seay. O tribunal recusou o banimento das provas fornecidas por cabelos e pelos, mas concordou que Ron Williamson tinha sido condenado erroneamente.

Diante da necessidade de um novo julgamento, o caso de Ron foi transferido para a Divisão de Julgamentos Capitais do Sistema de Defesa Dativa, onde o novo diretor, Mark Barrett, supervisionava uma equipe de oito advogados. Devido à complexidade do caso, e devido à sua experiência com Ron, ele designou o processo para si mesmo. A enorme quantidade de materiais que recebeu encheu dezesseis caixas.

Em maio de 1997, Mark e Janet Chesley foram de carro a McAlester para ver seu cliente. O papel de Janet era reapresentar Mark a Ron. Eles tinham se visto pela última vez em 1988, pouco depois de Ron chegar à Ala F e Mark ser nomeado como encarregado de seu primeiro recurso.

Apesar de conhecer Janet, Kim Marks e a maioria dos defensores dativos de apelação, e apesar de ter ouvido muitos boatos e histórias sobre Ron e suas aventuras no corredor da morte, Mark ficou pasmo com a condição dele. Em 1988, Ron tinha 35 anos, pesava 100 quilos e tinha um corpo atlético, andar confiante, cabelos escuros e rosto de bebê. Nove anos depois, tinha 43 anos e poderia se passar por alguém de 65. Depois de um ano na UTE ainda estava magro, pálido, descuidado, parecendo uma assombração, e obviamente muito doente.

Mas foi capaz de ter uma longa conversa sobre seu caso. Às vezes falava sem parar e fazia monólogos sem nenhum sentido, mas na maior parte do tempo sabia o que estava acontecendo e para onde seu processo se encaminhava. Mark explicou que os testes de DNA comparariam amostras de sangue, fios de cabelo, pelos e saliva com os pelos, os fios de cabelo e o sêmen encontrados na cena do crime, e que a conclusão seria uma prova segura, garantida, sem possibilidade de erro. O DNA não mente.

Ron não mostrou hesitação; na verdade estava ansioso para fazer o teste. "Sou inocente", disse repetidamente. "E não tenho nada a esconder."

MARK BARRETT E Bill Peterson concordaram que Ron deveria ser avaliado para que fosse determinado se ele era capaz juridicamente. Também concordaram com o teste de DNA. Peterson pressionou bastante pela realização do teste, pois estava convencido de que finalmente pegaria Ron.

No entanto, os testes precisariam esperar, porque o orçamento austero de Mark Barrett não os permitiria. Esperava-se que o custo inicial fosse de cerca de 5 mil dólares, dinheiro que não estaria disponível durante alguns meses. Eventualmente custaria muito mais do que a primeira estimativa.

Em vez disso, Mark passou a trabalhar na audiência que trataria da capacidade jurídica de Ron. Ele e sua restrita equipe compilaram os registros médicos dele. Localizaram um psicólogo que revisou as fichas, entrevistou Ron e estava disposto a viajar até Ada para testemunhar.

Depois de duas viagens à Corte de Apelações Criminais de Oklahoma, uma estadia de um ano no gabinete do juiz Seay, uma parada de dois anos no 10º Tribunal de Apelações em Denver, duas visitas inúteis, mas necessárias, à Suprema Corte dos Estados Unidos em Washington, e autos volumosos indo de um lado para outro entre todos esses diversos tribunais, o processo do estado de Oklahoma versus Ronald Keith Williamson tinha voltado para casa.

Estava de volta a Ada, dez anos depois de os policiais o cercarem, sem camisa e desgrenhado, empurrando um cortador de grama com apenas três rodas, e o prenderem por assassinato.

14

Tom Landrith era um morador de terceira geração do condado de Pontotoc. Tinha estudado na Ada High School e sido duas vezes campeão de futebol estadual. Cursou a faculdade de Direito na Universidade de Oklahoma, e quando passou no exame da ordem se estabeleceu em sua cidade natal e entrou para um pequeno escritório de advocacia. Em 1994, concorreu a juiz distrital e derrotou facilmente G. C. Mayhue, que havia derrotado Ronald Jones em 1990.

O juiz Landrith era bem familiarizado com Ron Williamson e o assassinato de Debbie Carter, e, quando o 10º Tribunal de Apelações ratificou a decisão do juiz Seay, ele teve certeza de que o caso voltaria para Ada, para o seu tribunal. Como era típico para uma cidade pequena, ele havia defendido Ron num caso de embriaguez ao volante no início da década de 1980; os dois jogaram por pouco tempo no mesmo time de *softball*; durante o ensino médio, Landrith tinha jogado futebol com Johnny Carter, tio de Debbie; e Landrith e Bill Peterson eram velhos amigos. Durante o julgamento de Ron em 1988, Landrith havia ido ao tribunal várias vezes, por curiosidade. Claro, conhecia Barney bem.

Era Ada, e todo mundo conhecia todo mundo.

Landrith era um juiz popular, simples e divertido, mas rígido em seu tribunal. Apesar de jamais ter se convencido totalmente de que Ron era culpado, também não estava convicto de que ele fosse inocente. Como a maioria das pessoas em Ada, sempre havia sentido que o sujeito tinha um ou dois parafusos a menos. Mas estava ansioso para ver Ron e garantir que o novo julgamento fosse justo.

O assassinato tinha quinze anos e ainda estava sem solução. O juiz Landrith se compadecia da família Carter e seu martírio. Era hora de resolver a situação.

NO DOMINGO, 13 de julho de 1997, Ron Williamson saiu da penitenciária McAlester para jamais voltar. Foi conduzido por dois policiais do condado de Pontotoc até o Eastern State Hospital, em Vinita. O delegado, Jeff Glase, disse a um repórter que o prisioneiro havia se comportado.

– Eles não informaram nenhum problema causado por ele – disse Glase. – Mas quando você está com as mãos e os pés algemados e uma camisa de força, não pode fazer muita coisa para causar problemas.

Era a quarta internação de Ron no Eastern State Hospital. Foi incluído no "programa pré-julgamento", para ser avaliado e tratado a fim de que um dia conseguisse comparecer ao julgamento.

O juiz Landrith marcou o julgamento para o dia 28 de julho, mas depois o adiou, aguardando que os médicos do hospital avaliassem Ron. Ainda que Bill Peterson não se opusesse à avaliação, ele deixou poucas dúvidas quanto à sua opinião sobre a capacidade jurídica de Ron. Numa carta para Mark Barrett, disse: "Minha opinião pessoal é de que ele era imputável à luz da lei de Oklahoma e que suas interrupções no tribunal eram apenas uma demonstração de raiva na época em que foi julgado e condenado." E ainda: "Ele era razoavelmente funcional na cadeia."

Bill Peterson gostava da ideia do teste de DNA. Nunca havia mudado sua opinião de que Williamson era o assassino, e agora isso poderia ser provado por meio de ciência de verdade. Ele e Mark Barrett trocaram cartas e discutiram por conta de detalhes – o nome do laboratório, quem paga o quê, quando começar os testes –, mas ambos concordaram que os testes aconteceriam.

Ron estava estabilizado e se sentindo melhor. Qualquer lugar, até mesmo um hospital psiquiátrico, era um avanço se comparado à penitenciária de McAlester. O hospital estadual tinha várias unidades, e ele foi encaminhado a uma altamente segura, com barras nas janelas e muito arame farpado por todos os lados. Os quartos eram pequenos, velhos e não muito bons, e a unidade segura estava lotada de pacientes. Ron tinha sorte de ter um quarto; outros dormiam em camas nos corredores.

Foi examinado imediatamente pelo Dr. Curtis Grundy e considerado incapaz. Ron compreendia a natureza das acusações contra ele, mas era incapaz de ajudar os advogados. O Dr. Grundy escreveu para o juiz Landrith e disse que, com o tratamento certo, Ron poderia se tornar suficientemente apto a estar diante de um tribunal.

Dois meses depois, o Dr. Grundy o avaliou novamente. Num relatório detalhado de quatro páginas enviado ao juiz Landrith, o Dr. Grundy decidiu que Ron (1) era capaz de avaliar a natureza das acusações contra ele, (2) era capaz de se consultar com seu advogado e racionalmente auxiliá-lo na preparação da defesa, e (3) estava mentalmente doente e precisava de mais tempo de tratamento – "ele deve continuar a receber tratamento psiquiátrico ao longo do julgamento, com o objetivo de mantê-lo apto a ser julgado."

Ademais, o Dr. Grundy declarou que Ron era inofensivo, dizendo: "O Sr. Williamson não parece representar uma ameaça direta e significativa a si mesmo ou aos outros, caso não seja mantido sob internação. No momento, ele nega ter pensamentos ou intenções suicidas e homicidas. Não demonstrou comportamento agressivo em relação a si mesmo ou a outros durante o período em que esteve internado. A avaliação atual de sua periculosidade se baseia em encaminhamento a local estruturado, seguro, e pode não se aplicar ao caso de ambientes desestruturados."

O JUIZ LANDRITH marcou a audiência que discutiria a capacidade de Ron para 10 de dezembro, e ele foi levado de volta para Ada. Chegou à cadeia do condado de Pontotoc, disse olá ao velho amigo John Christian e foi posto em sua antiga cela. Annette logo foi lá para vê-lo, levando comida, e o encontrou animado, esperançoso e muito feliz por estar em "casa". Estava empolgado com o novo julgamento e a possibilidade de provar sua inocência. Falou incessantemente sobre Ricky Joe Simmons, enquanto Annette pedia o tempo todo para ele mudar de assunto. Ele não conseguia.

Na véspera da audiência, Ron passou quatro horas com a Dra. Sally Church, uma psicóloga contratada por Mark Barrett para testemunhar sobre sua capacidade jurídica. A Dra. Church já havia se encontrado com ele duas vezes e revisado os extensos registros de seu histórico clínico. Não tinha dúvidas de que ele não estava apto para ser levado a julgamento.

Ron, no entanto, estava decidido a provar que estava pronto para ser julgado. Durante nove anos tinha sonhado com a chance de confrontar mais uma vez Bill Peterson, Dennis Smith, Gary Rogers e todos os mentirosos e dedos-duros. Não tinha matado ninguém e estava desesperado para finalmente provar isso. Gostava de Mark Barrett, mas estava com raiva porque seu próprio advogado estava tentando provar que ele estava louco.

Ron só queria um julgamento.

O JUIZ LANDRITH marcou a audiência num tribunal menor, no mesmo corredor da sala principal, onde Ron fora condenado. Na manhã do dia 10, todas as cadeiras estavam ocupadas. Annette estava lá, assim como vários repórteres. Janet Chesley e Kim Marks esperavam para testemunhar. Barney Ward não compareceu.

Na última vez em que Ron fizera a curta caminhada da cadeia até o tribunal algemado, havia sido condenado à morte. Tinha 35 anos à época, ainda era um homem jovem com cabelos escuros, corpo atlético e um belo terno. Nove anos depois fez a caminhada outra vez, um velho de cabelos brancos que parecia um fantasma, usando uniforme de presidiário e sem conseguir andar direito. Quando entrou no tribunal, Tom Landrith ficou chocado com sua aparência. Ron se mostrou muito feliz em ver "Tommy" na cadeira do juiz, usando toga preta.

Quando Ron assentiu e sorriu, o juiz notou que lhe faltava a maioria dos dentes. O cabelo tinha fios amarelos, manchados por conta da nicotina em suas mãos.

Arrolado pelo Estado para contestar as declarações de incapacidade jurídica de Ron estava Bill Peterson, irritado com essa ideia por si só e desdenhando os procedimentos. Mark Barrett era auxiliado por Sara Bonnell, uma advogada de Purcell que figuraria como assistente de defesa no novo julgamento de Ron. Sara era uma experiente advogada criminalista e Mark confiava muito nela.

Eles não perderam tempo em tentar argumentar. Ron foi a primeira testemunha a ser chamada e em segundos deixou todo mundo absolutamente confuso. Mark perguntou-lhe seu nome e, em seguida, eles tiveram o seguinte diálogo:

Mark: – Sr. Williamson, há alguma pessoa, que não o senhor, que o senhor acredita que possa ter cometido esse crime?

Ron: – Há, sim. O nome dele é Ricky Joe Simmons, que morava na West 3rd Street, 323, em 24 de setembro de 1987, confissão ao Departamento de Polícia de Ada. Esse é o endereço onde ele disse que morava. Eu recebi uma confirmação de que havia alguns Simmons morando naquele endereço, junto com Ricky Joe Simmons. Havia um tal de Cody e uma Debbie Simmons morando lá.

Mark: – E o senhor tentou revelar a todos o que sabia sobre Ricky Simmons?

Ron: – Eu contei a muitas pessoas sobre o Sr. Simmons. Escrevi para Joe Gifford, escrevi para Tom e Jerry Criswell da funerária, sabendo que, se eles comprassem uma lápide aqui em Ada, teriam comprado com Joe Gifford, porque ele é o único que trabalha com lápides. E a floricultura Forget-Me-Not fez os arranjos florais. Escrevi para eles. Escrevi para algumas pessoas da Solo Company, onde o ex-empregador, onde ele trabalhara. Escrevi para a fábrica de vidro, ex-empregadora dele, e para o ex-empregador da falecida.

Mark: – Vamos voltar um pouco. Por que foi importante para o senhor escrever à empresa de lápides?

Ron: – Porque eu conheço John Gifford. Quando eu era criança, cortava o gramado dele, quando era garoto, com Burt Rose, meu vizinho. E sabendo que, se o Sr. Carter e a Sra. Stillwell comprassem uma lápide aqui em Ada, Oklahoma, comprariam com Joe Gifford, porque ele é o único que trabalha com lápides aqui. Eu cresci perto da oficina da Gifford Monuments.

Mark: – Por que o senhor escreveu para a floricultura Forget-Me-Not?

Ron: – Porque sabendo que se eles comprassem flores aqui em Ada, a Sra. Stillwell é de Stonewall, Oklahoma, sabendo que se eles comprassem flores aqui em Ada, possivelmente poderiam ter comprado na floricultura Forget-Me-Not.

Mark: – E a funerária?

Ron: – A funerária é, a Funerária Criswell é a funerária, eu li nos memoriais de Bill Luker, declarando que eles foram as pessoas responsáveis por providenciar o velório e o enterro da falecida.

Mark: – E para o senhor era importante que eles soubessem que Ricky...

Ron: – Sim, ele era um homem extremamente perigoso, e eu pedi que me ajudassem a fazer com que ele fosse preso.

Mark: – Isso porque eles cuidaram do enterro da Srta. Carter?

Ron: – Exatamente.

Mark: – O senhor também escreveu para o diretor do Florida Marlins?

Ron: – Eu escrevi para o técnico da terceira base do Oakland Athletics, que mais tarde se tornou, sim, diretor do Florida Marlins.

Mark: – E o senhor pediu que ele mantivesse segredo em relação a alguma informação?

Ron: – Não, eu contei a ele toda a história do frasco de ketchup Del Monte, que Simmons disse que Dennis Smith estava segurando um frasco de ketchup Del Monte na mão direita no banco das testemunhas, e Ricky Joe Simmons disse que estuprou a falecida com um frasco de ketchup, eu escrevi para Rene e disse a ele que essa é a prova mais chocante que eu já vi nos meus 44 anos de vida.

Mark? – Mas o senhor garante que o diretor do Florida Marlins contou a outras pessoas sobre isso, não é?

Ron: – Provavelmente, porque Rene Lacheman é um grande amigo meu.

Mark: – Então tem algo que o senhor ouviu que o faz acreditar nisso?

Ron: – Ah, sim, porque eu costumava escutar o futebol da segunda-feira à noite e ouvi os jogos da World Series, e tenho escutado alguns relatos na televisão, e na mídia, de que o ketchup Del Monte ganhou má fama.

Mark: – Certo, o senhor os ouviu falando...

Ron: – Sim, sim, com certeza.

Mark: – Na noite de segunda-feira...

Ron: – Com certeza.

Mark: – E durante os jogos da World Series...

Ron: – É uma provação muito grande essa que eu tenho de passar, mas mesmo assim é importante, para mim, fazer o Simmons confessar que realmente estuprou ela, estuprou ela com um objeto e forçou ela a fazer várias coisas e assassinou Debra Sue Carter na casa dela, na East 8th Street, 1022½, em 8 de dezembro de 1982.

Mark: – O senhor também ouve o nome de Debra Carter ser mencionado durante...

Ron: – Sim, ouço.

Mark: – Também durante os jogos de futebol das segundas-feiras?

Ron: – Eu ouço o nome de Debra Sue Carter o tempo todo.

Mark: – O senhor não tem uma TV em sua cela, tem?

Ron: – Eu ouço as televisões dos outros. Ouvia quando estava em Vinita. Eu tinha uma televisão no corredor da morte. Definitivamente ouvi que estou associado a esse crime terrível e estou me esforçando ao máximo para limpar a minha barra.

Mark fez uma pausa para que todo mundo pudesse recuperar o fôlego. Espectadores se entreolhavam. Outros franziam a testa, tentando não fazer contato visual com ninguém. O juiz Landrith estava escrevendo alguma coisa em seu bloco de anotações. Os advogados também tomavam notas, ainda que naquele momento as frases não fizessem muito sentido.

Do ponto de vista de um advogado, era extremamente difícil interrogar uma testemunha juridicamente incapaz porque ninguém, nem mesmo a testemunha, sabia que respostas poderiam acabar sendo dadas. Mark decidiu simplesmente deixá-lo falar.

Em nome da família Carter, estava presente Christy Shepherd, sobrinha de Debbie, que tinha crescido não muito longe da família Williamson. Era uma terapeuta bastante qualificada que passara anos trabalhando com adultos que sofriam de sérias doenças mentais. Depois de alguns minutos ouvindo Ron, ficou convencida. Horas mais tarde naquele mesmo dia, disse à mãe e a Peggy Stillwell que Ron Williamson era um homem muito doente.

Também assistindo, mas por motivos diferentes, estava o Dr. Curtis Grundy, a principal testemunha de Bill Peterson.

O interrogatório continuou, ainda que fosse desnecessário fazer perguntas. Ron as ignorava ou dava uma resposta rápida antes de voltar a Ricky Joe Simmons e falar sem parar, até que a próxima pergunta o interrompesse. Depois de dez minutos, Mark Barrett já tinha ouvido o suficiente.

Annette testemunhou depois do irmão e falou sobre seus pensamentos instáveis e sua obsessão com Ricky Joe Simmons.

Janet Chesley prestou detalhado depoimento sobre quando havia estado à frente da defesa de Ron e seus esforços de fazer com que ele fosse transferido para a Unidade de Tratamento Especial em McAlester. Também descreveu suas divagações incessantes sobre Ricky Joe Simmons e disse que ele era incapaz de ajudar a defesa porque não falava em outra coisa. Em sua opinião, Ron estava melhorando, e ela esperava que um dia ele pudesse passar por um novo julgamento. Mas esse dia ainda estava muito distante.

Kim Marks abordou praticamente os mesmos pontos. Fazia alguns meses que não via Ron e ficou feliz por sua aparência ter melhorado. Com riqueza de detalhes, descreveu Ron na Unidade H e disse que frequentemente achava que ele iria morrer. Ele apresentava algum progresso em termos psicológicos, mas ainda era incapaz de se concentrar em qualquer coisa que não fosse Ricky Joe Simmons. Não estava pronto para um julgamento.

A Dra. Sally Church foi a última testemunha a favor de Ron. Na longa e turbulenta trajetória jurídica de Ron Williamson, ela era, inacreditavelmente, a primeira perita a testemunhar sobre sua saúde mental.

Ele era bipolar e esquizofrênico, dois dos transtornos mais difíceis de tratar, visto que o paciente nem sempre entende o que os medicamentos fazem. Ron geralmente parava de tomar os comprimidos, e isso era comum nos dois casos. A Dra. Church descreveu os efeitos, os tratamentos e as causas potenciais do transtorno bipolar e da esquizofrenia.

Durante o exame feito em Ron no dia anterior, na cadeia do condado, ele perguntou se ela estava escutando um aparelho de TV ao longe. Ela não tinha certeza. Ron ouvia com certeza, e no programa estavam falando sobre Debbie Carter e o frasco de ketchup. A coisa aconteceu assim: ele tinha escrito para Rene Lachermann, ex-jogador e técnico em Oakland, e lhe contou sobre Ricky Simmons, Debbie Carter e o frasco de ketchup. Ron acreditava que, por algum motivo, Rene Lachermann tinha mencionado a história a alguns locutores esportivos, que começaram a falar a respeito dela na TV. A história se espalhou – *Monday Night Football*, a World Series e por aí vai –, até que agora estava em todos os programas.

– Não está ouvindo eles lá? – gritou Ron para a Dra. Church. – Eles estão gritando: Ketchup! Ketchup! Ketchup!

Ela concluiu seu depoimento afirmando que Ron não estava apto a ajudar seu advogado e a se preparar para um julgamento.

Durante o recesso para o almoço, o Dr. Grundy perguntou a Mark Barrett se podia conversar com Ron a sós. Mark confiava no Dr. Grundy e não se opôs. O psiquiatra e o paciente/preso se encontraram na sala reservada às testemunhas da cadeia.

Quando o tribunal se reuniu novamente depois do almoço, Bill Peterson se levantou e anunciou, sem graça:

Sim, juiz, eu estive com ele acompanhado de nossa testemunha [Grundy] durante o recesso, e acho que o estado de Oklahoma estaria disposto a concordar que... a capacidade jurídica é alcançável, mas que, neste momento em particular, o Sr. Williamson é incapaz.

Depois de ver Ron no tribunal e conversar com ele durante quinze minutos na hora do almoço, o Dr. Grundy deu uma reviravolta e mudou de opinião. Ron simplesmente não estava pronto para um julgamento.

O juiz Landrith decidiu pela incapacidade jurídica de Ron e determinou que ele voltasse ao tribunal em trinta dias para uma nova avaliação. Quando a audiência estava chegando ao fim, Ron disse:

– Posso fazer uma pergunta?

Juiz Landrith: – Sim, senhor.

Ron: – Tommy, eu conheço você e conheci o seu pai, Paul, e estou dizendo a mais pura verdade: não entendo como esse lance de Duke Graham e Jim Smith, sabe, como isso se relaciona com Ricky Joe Simmons. Não entendo isso. E se isso tem a ver com a minha incapacidade, me deixe voltar aqui em trinta dias e vamos prender Simmons, colocá-lo no banco de testemunhas, mostrar essa fita de vídeo e tentar fazer com que ele confesse o que ele realmente fez.

Juiz Landrith: – Entendo o que o senhor está dizendo.

Se "Tommy" entendeu de fato, com certeza foi a única pessoa no tribunal a fazê-lo.

Contra sua vontade, Ron foi levado de volta ao Eastern State Hospital para mais um período de observação e tratamentos. Ele preferiria ficar em Ada para acelerar o julgamento e ficou irritado com o fato de os advogados quererem que ele ficasse em Vinita. Mark Barrett estava desesperado para tirá-lo da cadeia do condado de Pontotoc antes que mais dedos-duros descem as caras.

Depois disso, um dentista do hospital examinou uma ferida no céu da boca de Ron, realizou a biópsia e descobriu que era um câncer. O tumor estava encapsulado e pôde ser removido facilmente. A cirurgia foi bem-sucedida e o médico disse a Ron que, se o câncer não tivesse sido tratado, por exemplo na cadeia do condado ou na penitenciária de McAlester, teria se espalhado para o cérebro.

Ron ligou para Mark e agradeceu pela estadia no Eastern State Hospital.

– Você salvou minha vida – disse, e os dois voltaram a ser amigos.

* * *

EM 1995, O estado de Oklahoma tirou amostras de sangue dos internos de todas as prisões, começou a analisá-las e inseriu os resultados em seu novo banco de dados de DNA.

As provas da investigação da morte de Debbie Carter ainda estavam trancadas no laboratório em Oklahoma City. O sangue, as digitais, o sêmen e as amostras de cabelos e pelos encontrados na cena do crime, junto com as numerosas impressões digitais e amostras de sangue, cabelos, pelos e saliva das testemunhas e dos suspeitos, estavam todos armazenados.

O fato de o Estado estar em posse de tudo não reconfortava Dennis Fritz. Ele não confiava em Bill Peterson nem na polícia de Ada, e definitivamente não confiava em seus comparsas do Departamento de Investigação do Estado de Oklahoma. Que inferno, Gary Rogers era agente do DIEO.

Dennis Fritz esperou. Durante todo o ano de 1998, se correspondeu com o Innocence Project, tentou ser paciente e esperou. Dez anos na prisão tinham lhe ensinado a ter paciência e a perseverar, e ele havia sentido na pele quão cruel é uma falsa esperança.

Uma carta de Ron o ajudou. Era um olá bastante prolixo de sete páginas, escrito num papel timbrado do Eastern State Hospital, e Dennis riu enquanto lia. Seu velho amigo não tinha perdido a perspicácia nem a capacidade de lutar. Ricky Joe Simmons ainda estava à solta, e, maldição, Ron pretendia pegá-lo.

Para manter a própria sanidade, Dennis ficava na biblioteca jurídica, estudando processos. Fez uma descoberta que lhe deu esperanças: seu pedido de habeas corpus havia sido apresentado ao Tribunal Distrital dos Estados Unidos do Distrito Ocidental de Oklahoma. O condado de Pontotoc ficava no Distrito Oriental. Com a ajuda de alguns provisionados, comparou algumas anotações, e a conclusão foi de que o Distrito Ocidental não era o foro competente para julgar o pedido. Dennis redigiu novamente sua petição e a apresentou de novo no tribunal correto. Era um tiro no escuro, mas o deixou motivado e lhe deu mais vontade de lutar.

Em janeiro de 1999, falou com Barry Scheck por telefone. Scheck lutava em muitas frentes; o Innocence Project estava atolado com casos de condenação de inocentes. Dennis expressou sua preocupação com o fato de o Estado ter o controle sobre todas as provas, e Barry explicou que geralmente era assim mesmo. Relaxe, disse ele, não vai acontecer nada com as amostras. Ele sabia como proteger as provas contra qualquer alteração.

O fascínio de Scheck pelo caso de Dennis era simples: a polícia não tinha investigado o último homem visto com a vítima. Era um enorme sinal de alerta, e era tudo de que Scheck precisava para aceitar o caso.

EM 26 E 27 DE JANEIRO de 1999, numa empresa chamada Laboratory Corporation of America (LabCorp), perto de Raleigh, Carolina do Norte, as amostras de sêmen da cena do crime – a calcinha rasgada, os lençóis e o material coletado da vagina – foram comparadas com as amostras de DNA de Ron Williamson e Dennis Fritz. Um perito em DNA da Califórnia, Brian Wraxall, tinha sido contratado pelos advogados de Ron e Dennis para acompanhar os testes.

Dois dias depois, o juiz Landrith deu a notícia com a qual Mark Barrett e muitos outros vinham sonhando. Os resultados dos testes de DNA tinham sido analisados e confirmados pelo LabCorp, e o sêmen encontrado na cena do crime inocentava Ron Williamson e Dennis Fritz.

Como sempre, Annette mantinha contato com Mark Barrett e sabia que os testes estavam sendo feitos em algum lugar. Ela estava em casa quando o telefone tocou. Era Mark, e suas primeiras palavras foram:

– Annette, Ron é inocente.

Seus joelhos cederam e ela quase desmaiou.

– Tem certeza, Mark?

– Ron é inocente – repetiu ele. – Acabamos de receber os resultados do laboratório.

Ela mal conseguia falar de tanto que chorava, e prometeu ligar de volta mais tarde. Sentou-se, chorou e rezou por um longo tempo. Agradeceu a Deus por Sua bondade. Sua fé cristã a havia mantido de pé durante o pesadelo que era o martírio de Ron, e agora o Senhor tinha atendido às suas orações. Cantou alguns hinos, chorou mais um pouco e começou a ligar para os parentes e amigos. A reação de Renee foi praticamente a mesma.

No dia seguinte, fizeram a viagem de quatro horas de carro até Vinita. Lá as esperavam Mark Barrett e Sara Bonnell – uma pequena comemoração era necessária. O Dr. Curtis Grundy passou no momento em que Ron era levado à sala de visitas e foi convidado a ouvir a boa notícia. Ron era seu paciente e eles haviam se tornado bastante próximos. Depois de dezoito meses em Vinita, Ron estava estável, progredindo lentamente e ganhando peso.

– Temos uma notícia ótima – disse Mark a seu cliente. – Os resultados do laboratório chegaram. O DNA prova que você e Dennis são inocentes.

Ron ficou instantaneamente dominado pela emoção e estendeu as mãos para suas irmãs. Os três se abraçaram e choraram, depois instintivamente começaram a cantar "I'll Fly Away", um popular hino religioso que tinham aprendido na infância.

IMEDIATAMENTE MARK BARRETT deu entrada em uma petição requerendo que as acusações fossem retiradas e que Ron fosse posto em liberdade, e o juiz Landrith estava ansioso para colocar isso em prática. Bill Peterson contestou, e quis que os fios de cabelos e pelos fossem testados novamente. Uma audiência foi marcada para 3 de fevereiro.

Bill Peterson se opôs ao pedido de soltura, mas não foi capaz de fazer isso discretamente. Antes da audiência, foi citado no *Ada Evening News* dizendo: "O teste de DNA com as amostras de cabelos e pelos, que não estavam à nossa disposição em 1982, provarão que eles foram responsáveis pelo assassinato de Debbie Carter."

Essa declaração irritou Mark Barrett e Barry Scheck. Se Peterson era presunçoso a ponto de fazer uma declaração pública dessas, a essa altura do campeonato, seria possível que ele soubesse de alguma coisa que eles não sabiam? Será que ele tinha acesso às amostras de cabelos e pelos obtidas na cena do crime? Será que as amostras poderiam ser trocadas?

Não havia lugares vazios na sala principal do tribunal em 3 de fevereiro. Ann Kelley, repórter do *Ada Evening News*, era fascinada pelo caso e estava cobrindo-o meticulosamente. Suas matérias de primeira página estavam sendo amplamente lidas, e quando o juiz Landrith se acomodou em sua cadeira a sala estava apinhada de policiais, funcionários do tribunal, familiares e advogados da cidade.

Barney estava lá, incapaz de ver qualquer coisa, mas ouvindo mais do que todo mundo. Era bastante experiente e tinha aprendido a viver com o parecer do Juiz Seay, elaborado em 1995. Jamais concordaria com ele, mas não podia mudá-lo. Barney sempre havia acreditado que Peterson e a polícia tinham armado contra seu cliente, e era maravilhoso ver uma acusação tão inconsistente ser desvelada sob refletores.

Os advogados fizeram suas sustentações orais durante 45 minutos, depois o juiz Landrith decidiu, sensatamente, concluir os testes com os cabelos e pelos antes de uma decisão final. Façam isso rapidamente, disse aos advogados.

A seu favor, Bill Peterson prometeu, oficialmente e diante do tribunal, concordar com a retirada da acusação caso Williamson e Fritz fossem inocentados pelos testes de DNA realizados nos fios de cabelos e pelos encontrados na cena do crime.

EM 10 DE fevereiro de 1999, Mark Barrett e Sara Bonnell foram até o Centro Correcional de Lexington para se encontrarem com Glen Gore, no que era supostamente uma conversa de rotina. Ainda que o novo julgamento de Ron não tivesse sido marcado, eles estavam se preparando mesmo assim.

Gore os surpreendeu dizendo que vinha esperando uma visita. Estava lendo os jornais, mantendo-se a par dos acontecimentos. Tinha lido sobre o parecer do juiz Seay em 1995 e sabia que outro julgamento seria feito em alguma data futura. Eles conversaram por um tempo sobre essa possibilidade, e o assunto mudou para Bill Peterson, um homem que Gore desprezava porque, por causa dele, passaria quarenta anos na prisão.

Barrett perguntou a Gore por que ele havia testemunhado contra Ron e Dennis.

Isso foi tudo coisa do Peterson, disse ele. Peterson o ameaçou, disse que iria atrás dele se ele não ajudasse a pegar os dois.

– Você estaria disposto a fazer um teste de polígrafo dizendo isso? – perguntou Mark.

Gore disse que não tinha problema algum com o polígrafo e acrescentou que havia se oferecido para fazer um teste durante a investigação, mas isso jamais aconteceu.

Os advogados perguntaram se Gore daria uma amostra de saliva para os testes de DNA, e ele disse que não era necessário. O Estado já tinha o seu DNA – todos os prisioneiros precisavam fornecer amostras. Enquanto falavam sobre DNA, Mark Barrett disse a Gore que Dennis e Ron tinham feito o teste. Gore já sabia.

– Há chances de que o seu DNA esteja nela? – perguntou Barrett.

Provavelmente, disse Gore, porque tinha dançado com ela cinco vezes naquela noite. Dançar não seria suficiente, disse Mark, e explicou o básico sobre deixar um rastro de DNA. Sangue, saliva, fios de cabelo, pelos, suor, sêmen.

– Eles têm o DNA do sêmen – disse Mark.

A expressão de Gore mudou por completo, e ele ficou claramente incomodado com essa informação. Pediu um tempo e saiu para se encontrar com seu conselheiro jurídico. Voltou com Reuben, um provisionado. Enquanto ele estava fora, Sara Bonnell pediu um cotonete a um guarda.

– Glen, você daria uma amostra de saliva? – perguntou Sara, segurando o cotonete.

Gore pegou o cotonete, quebrou-o ao meio, limpou os dois ouvidos e largou as metades no bolso da camisa.

– Você fez sexo com ela? – perguntou Mark.

Gore não quis responder.

– Está dizendo que nunca fez sexo com ela? – perguntou Mark outra vez.

– Não estou dizendo isso.

– Se fez, o DNA do sêmen vai bater com o seu DNA.

– Eu não matei ela – disse Gore. – Não posso ajudar vocês.

Reuben e ele se levantaram, e a conversa foi encerrada. Enquanto saíam, Mark Barrett perguntou a Gore se podiam se encontrar de novo. Claro, disse Gore, mas talvez fosse melhor se eles se encontrassem em seu local de trabalho.

Local de trabalho? Mark achava que ele estava cumprindo uma pena de quarenta anos.

Gore explicou que durante o dia trabalhava no Departamento de Obras Públicas de Purcell, a cidade de Sara Bonnell. Se o encontrassem por lá eles poderiam ter uma conversa mais longa.

Mark e Sara concordaram, mas ambos ficaram perplexos com o fato de Gore estar trabalhando do lado de fora da cadeia.

Naquela tarde, Mark ligou para Mary Long, que na época era encarregada da seção de testes de DNA do DIEO, e sugeriu que buscassem o DNA de Gore no banco de dados da prisão e o comparassem com as amostras de sêmen da cena do crime. Ela disse que faria isso.

* * *

DENNIS FRITZ ESTAVA trancado em sua cela para a contagem das 16h15. Escutou a voz familiar de um provisionado no corredor, do outro lado da sua porta de metal. A voz gritou: "Ei, Fritz, você é um homem livre!" E depois algo sobre "DNA".

Dennis não podia sair da cela e o provisionado desapareceu. Seu colega de cela também ouviu, e eles passaram o resto da noite falando sobre o que aquilo significaria.

Estava muito tarde para ligar para Nova York. Dennis sofreu a noite inteira, dormiu pouco e tentou sem sucesso controlar a empolgação. Quando conseguiu falar com o Innocence Project na manhã seguinte, a notícia foi confirmada. Os testes de DNA tinham inocentado Dennis e Ron na comparação com o DNA do sêmen encontrado na cena do crime.

Dennis estava eufórico. Quase doze anos depois de ser preso, a verdade finalmente tinha vindo à tona. A prova era consistente e irrefutável. A acusação seria retirada, ele seria inocentado e libertado. Ligou para a mãe e ela ficou extremamente emocionada. Ligou para a filha, Elizabeth, agora com 25 anos, e eles comemoraram. Fazia doze anos que não se viam, e falaram sobre como o encontro seria bom.

PARA SALVAGUARDAR OS fios de cabelo e pelos encontrados na cena do crime e também as amostras fornecidas por Dennis e Ron, Mark Barrett providenciou um perito para examinar todo o material e fotografá-lo microscopicamente com uma câmera de infravermelho.

Menos de três semanas depois da audiência que requeria o encerramento do processo, a LabCorp terminou o primeiro estágio de testes e mandou um relatório inconclusivo. Mark Barrett e Sara Bonnell foram a Ada para uma reunião no gabinete do juiz. Tom Landrith estava ansioso para obter as respostas que só poderiam ser dadas pelo DNA.

Devido às complexidades dos testes de DNA, vários laboratórios estavam sendo usados para testar amostras diferentes. E devido à desconfiança entre a promotoria e a defesa, diferentes laboratórios eram necessários. Cinco laboratórios acabaram sendo envolvidos no caso.

Os advogados discutiram o assunto com o juiz Landrith, e mais uma vez ele os pressionou para que agissem o mais rapidamente possível.

Depois da reunião, Mark e Sara desceram para o gabinete de Bill Peterson, no tribunal. Ele vinha se tornando cada vez mais hostil nas correspondências e nas audiências. Talvez eles pudessem acalmar um pouco os ânimos com uma visita amistosa.

Em vez disso, ouviram um sermão. Peterson ainda estava convencido de que Ron Williamson tinha estuprado e assassinado Debbie Carter e que as provas não haviam mudado. Esqueçam o DNA. Esqueçam os peritos do DIEO. Ron Williamson era um sujeito ruim que tinha estuprado mulheres em Tulsa e circulava por bares e percorria as ruas com seu violão e morava perto de Debbie Carter. Peterson acreditava piamente que Gary Allen, vizinho de Dennis Fritz, tinha visto Ron e Dennis no quintal na noite do assassinato lavando sangue com uma mangueira, enquanto riam e xingavam. Com certeza eles eram culpados! Peterson falou sem parar, se esforçando mais para se convencer do que para convencer Mark e Sara.

Os dois ficaram perplexos. O sujeito era totalmente incapaz de admitir um erro ou de se dar conta do que realmente estava acontecendo.

PARA DENNIS FRITZ, o mês de março pareceu um ano. A euforia desapareceu e ele lutou para sobreviver a cada dia. Estava obcecado com a possibilidade de as amostras de cabelos e pelos terem sido trocadas por Peterson ou por alguém do DIEO. Com a questão do sêmen encerrada, a promotoria estaria desesperada para salvar o processo com a única prova que restava. Se ele e Ron fossem inocentados pelos testes de DNA realizados nos fios de cabelo e nos pelos, sairiam livres e a falsa acusação seria revelada. Havia reputações em jogo.

Tudo estava fora do seu controle, e Dennis se sentia dominado pelo estresse. Tinha medo de sofrer um ataque cardíaco e foi à clínica da prisão, reclamando de palpitações no coração. Os comprimidos que lhe deram ajudaram pouco.

Os dias se arrastaram, e então o mês de abril chegou.

A EMPOLGAÇÃO DE Ron também diminuiu. A euforia extrema se chocou com outra fase de depressão e ansiedade severas, e ele começou a ter pensamentos suicidas. Ligava frequentemente para Mark Barrett, que continuava tranquilizando-o. Mark atendia todos os seus telefonemas, e, quando não estava no escritório, se certificava de que alguém falasse com o cliente.

Como Dennis, Ron estava aterrorizado com a possibilidade de as autoridades fraudarem o resultado dos testes. Ambos estavam na prisão por causa de peritos do Estado, pessoas que ainda tinham acesso às provas. Não era difícil imaginar uma situação em que os fios de cabelo e pelos pudessem ser trocados num esforço para proteger algumas pessoas e encobrir uma injustiça. Ron não escondia seu desejo de processar todo mundo assim que estivesse livre. Aqueles que ocupavam cargos elevados deviam estar nervosos.

Ron ligava sempre que permitiam, em geral uma vez por dia. Estava paranoico e era capaz de imaginar as mais terríveis teorias conspiratórias.

Num determinado momento, Mark Barrett fez uma coisa que nunca tinha feito e provavelmente jamais faria de novo. Garantiu a Ron que iria tirá-lo da prisão. Se o DNA não desse certo, eles iriam a julgamento e Mark garantia sua absolvição.

Palavras reconfortantes vindas de um advogado experiente, e Ron ficou calmo durante alguns dias.

"AMOSTRAS DE FIOS de cabelo e pelos não são compatíveis" foi a manchete da edição de domingo do jornal de Ada em 11 de abril. Ann Kelley informou que a LabCorp tinha testado catorze de dezessete fios de cabelos e pelos encontrados na cena do crime e que eles "não batiam de modo algum com o DNA de Dennis Fritz ou Ron Williamson". Bill Peterson disse:

A esta altura não sabemos a quem os fios pertencem. Não os comparamos com os de mais ninguém, a não ser Fritz e Williamson. Quando começamos os procedimentos referentes ao DNA, para mim não havia dúvidas de que esses dois homens eram culpados. Eu queria que isso [a prova física] fosse examinado com o objetivo de pegar esses dois caras. Quando recebemos os resultados das amostras de sêmen fiquei tão surpreso que meu queixo caiu.

O relatório final deveria chegar do laboratório na quarta-feira seguinte, 14 de abril. O juiz Landrith marcou uma audiência para 15 de abril, e especulava-se que os dois homens acabariam sendo libertados. Dennis Fritz e Ron Williamson estariam no tribunal no dia 15.

E Barry Scheck estava chegando à cidade! A fama de Scheck crescia absurdamente à medida que o Innocence Project conquistava uma absolvição depois da outra a partir de análises de DNA, e quando vazou a notícia de que ele estaria em Ada para mais uma, teve início o circo midiático. Empresas de mídia estaduais e nacionais ligaram para Mark Barrett, Bill Peterson, para o juiz Landrith, o Innocence Project, a família Carter, e todos os principais personagens. A empolgação cresceu rapidamente.

Será que Ron Williamson e Dennis Fritz sairiam mesmo livres na quinta-feira?

DENNIS FRITZ NÃO havia recebido notícias sobre os resultados dos testes de DNA. Na terça-feira, 13 de abril, estava em sua cela quando um guarda veio do nada e gritou:

– Pegue suas tralhas. Você vai embora.

Dennis sabia que ia voltar a Ada, com sorte para ser libertado. Arrumou suas coisas rapidamente, despediu-se de alguns amigos e partiu depressa. Para levá-lo de volta a Ada estava lá ninguém menos do que John Christian, um rosto familiar da cadeia do condado de Pontotoc.

Doze anos encarcerado tinham ensinado Dennis a valorizar a privacidade e a liberdade, a apreciar as pequenas coisas, como espaços abertos, florestas e flores. A primavera estava em toda parte, e, enquanto voltava a Ada, ele olhou pela janela e sorriu para as fazendas, as colinas onduladas e o campo.

Seus pensamentos eram aleatórios. Não sabia nada a respeito dos últimos resultados dos testes nem tinha certeza do motivo pelo qual estava sendo levado de volta a Ada. Havia uma chance de ser solto e também havia a chance de alguma surpresa de última hora adiar as coisas. Doze anos antes ele quase fora solto durante a audiência preliminar, quando o juiz Miller percebeu que o Estado tinha muito poucas provas. Então Peterson e os policiais trouxeram James Harjo, Dennis foi a julgamento e, em seguida, para a prisão.

Pensou em Elizabeth e em como seria maravilhoso vê-la e abraçá-la. Mal podia esperar para ir embora de Oklahoma.

Então sentiu medo de novo. Estava muito perto da liberdade, mas ainda usava algemas e estava sendo levado para uma cadeia.

Ann Kelley e um fotógrafo esperavam por ele. Dennis sorriu enquanto entrava na cadeia e estava ansioso para falar com a repórter.

– Este caso jamais deveria ter sido levado adiante – disse para o jornal. – As provas que eles tinham contra mim eram insuficientes e, se a polícia tivesse feito uma investigação adequada de todos os suspeitos, isso poderia nunca ter acontecido. – Explicou os problemas com o sistema de defesa dativa. – Quando você não tem dinheiro para se defender, fica à mercê do sistema judicial. E, uma vez que entra no sistema, é quase impossível sair, mesmo se você for inocente.

Passou uma noite silenciosa em sua antiga toca, sonhando com a liberdade.

O silêncio da cadeia foi interrompido no dia seguinte, 14 de abril, quando Ron Williamson chegou de Vinita, vestindo uniforme de presidiário e sorrindo para as câmeras. Circulava a notícia de que eles seriam soltos no dia seguinte e isso tinha atraído a atenção da imprensa nacional.

Fazia onze anos que Ron e Dennis não se viam. Haviam trocado correspondências apenas uma vez, mas, quando se reencontraram, se abraçaram, riram e não conseguiam acreditar que estavam ali mesmo e que aquilo estava acontecendo. Os advogados chegaram e conversaram com eles durante uma hora. O *Dateline*, da NBC, estava lá com uma câmera gravando tudo. Jim Dwyer, do *New York Daily News*, tinha chegado com Barry Scheck.

Estavam todos amontoados na pequena sala de interrogatório no lado leste da cadeia, na direção do tribunal. Num determinado momento, Ron se deitou no chão, olhou pela porta de vidro e pousou a cabeça na mão. Finalmente alguém perguntou:

– Ei, Ron, o que você está fazendo?

– Esperando o Peterson.

O gramado em frente ao tribunal estava tomado de repórteres e câmeras. Um deles conseguiu abordar Bill Peterson, que concordou em dar uma entrevista. Quando Ron viu o promotor na frente do tribunal, gritou para a porta:

– Seu gordo desgraçado! A gente acabou com você, Peterson!

A mãe e a filha de Dennis chegaram de surpresa na cadeia. Apesar de ele e Elizabeth se corresponderem constantemente e ela ter mandado muitas fotos, Dennis não estava preparado para o que viu. Ela era uma jovem de 25 anos, linda, elegante e muito madura, e ele chorou incontrolavelmente ao abraçá-la.

Naquela tarde, houve muitas lágrimas no tribunal.

RON E DENNIS foram postos em celas separadas, a fim de que não começassem a matar de novo.

O delegado Glase explicou:

– Vou mantê-los separados. Não me sinto bem colocando dois assassinos condenados na mesma cela. E, até o juiz dizer o contrário, é isso que eles são.

As celas ficavam lado a lado, e por isso eles conversaram. O colega de cela de Dennis tinha uma pequena TV, e ele ouviu em primeira mão nos noticiários que seriam libertados no dia seguinte. Dennis repassou tudo isso para Ron.

Como era de se esperar, Terri Holland tinha voltado para a cadeia, outra escala em sua espantosa carreira cometendo crimes insignificantes. Ela e Ron trocaram algumas palavras, mas nada particularmente desagradável. À medida que a noite passava, Ron retomou seus antigos hábitos. Começou a gritar sobre sua liberdade e as injustiças sofridas, berrando obscenidades para as prisioneiras e falando alto com Deus.

15

A absolvição de Ron Williamson e Dennis Fritz atraiu atenção nacional para Ada. No amanhecer de 15 de abril o tribunal estava cercado por veículos da mídia, caminhões com transmissores via satélite, fotógrafos, cinegrafistas e repórteres. Os moradores da cidade passavam curiosos com a agitação e ansiosos para ver mais. A disputa por lugares no tribunal fora tão intensa que o juiz Landrith foi obrigado a improvisar um esquema de sorteio para os repórteres e permitir que um cabo para a transmissão ao vivo passasse pela janela da sua sala até a imprensa.

Dezenas de câmeras esperavam do lado de fora da cadeia, e, ao surgirem, os dois réus foram cercados. Ron estava usando paletó, gravata, camisa e calça social que Annette havia comprado às pressas, e sapatos novos que eram pequenos demais e estavam apertando seus pés. A mãe de Dennis tinha trazido um terno, mas ele preferiu as roupas comuns que tivera permissão de usar nos últimos anos na prisão. Os dois fizeram rapidamente sua última caminhada algemados, sorrindo e falando animadamente com os repórteres.

Annette e Renee chegaram cedo e ocuparam os lugares de sempre, na primeira fila atrás da mesa da defesa. Deram as mãos e rezaram, choraram e conseguiram rir uma ou duas vezes. Era cedo demais para comemorar. Estavam acompanhadas dos filhos, outros parentes e alguns amigos. Wanda e Elizabeth Fritz estavam sentadas perto delas, também de mãos dadas e cochichando inquietas. O tribunal lotou. A família Carter sentou-se do outro lado do corredor, mais uma vez arrastada ao tribunal para passar por outra audiência sofrida, enquanto o Estado se atrapalhava em meio aos esforços para solucionar o crime e fazer justiça. Dezessete anos desde o assassinato de Debbie, e os dois primeiros assassinos acusados e condenados estavam prestes a sair livres.

Logo os lugares foram ocupados e a multidão começou a se acumular junto das paredes. O juiz Landrith tinha concordado em permitir a presença de câmeras e pôs os fotógrafos e repórteres na bancada do júri, para onde foram levadas cadeiras dobráveis que acabaram espremidas umas contra as outras. Os policiais estavam em toda parte. A segurança era rígida. Houvera telefonemas anônimos e ameaças contra Ron e Dennis. O tribunal estava lotado e a tensão era enorme.

Muitos policiais tinham comparecido, mas Dennis Smith e Gary Rogers estavam em algum outro lugar.

Os advogados chegaram – Mark, Sara e Barry Scheck pela defesa, Bill Peterson, Nancy Shew e Chris Ross pelo Estado. Houve sorrisos e apertos de mão. Oklahoma estava "se unindo" pelo pedido de arquivamento, para libertar os rapazes. Era um esforço conjunto para consertar um erro, um raro exemplo da comunidade se aproximando num momento crucial para corrigir uma injustiça. Uma grande família feliz. Todo mundo deveria ser parabenizado e se orgulhar diante do fato de o sistema estar funcionando de modo tão belo.

Ron e Dennis foram trazidos para a sala e suas algemas foram retiradas pela última vez. Sentaram-se atrás de seus advogados, próximo a suas famílias. Ron olhava para a frente e não via muita coisa. Dennis, contudo, olhou para as pessoas e viu rostos tristes, sérios. A maioria dos presentes não parecia muito feliz com a perspectiva da soltura deles.

O juiz Landrith ocupou sua cadeira, deu as boas-vindas a todos e imediatamente iniciou os trabalhos. Pediu para Peterson chamar suas primeiras testemunhas. Mary Long, agora chefe da unidade de análises de DNA do DIEO, ocupou o banco de testemunhas e começou com um resumo do processo de testes. Falou sobre os diferentes laboratórios usados para analisar os fios de cabelo, os pelos e o sêmen encontrados na cena do crime e as amostras fornecidas pelos suspeitos.

Ron e Dennis começaram a suar. Tinham achado que a audiência demoraria apenas alguns minutos, tempo suficiente para o juiz Landrith retirar as acusações e mandá-los para casa. À medida que os minutos se arrastavam, eles começaram a se preocupar. Ron começou a se remexer e a resmungar.

– O que está acontecendo?

Sara Bonnell escrevia bilhetes para lhe garantir que estava tudo bem.

Dennis estava uma pilha de nervos. Aonde esse depoimento ia dar? Será que poderia haver mais alguma surpresa? Cada ida ao tribunal tinha sido um pesadelo. Estar ali agora evocava lembranças angustiantes de testemunhas mentirosas, jurados sem expressão e Peterson exigindo a pena de morte. Dennis cometeu o erro de olhar de novo ao redor, e outra vez não viu muitos apoiadores.

Mary Long passou para o material importante. Dezessete amostras de fios de cabelo e pelos obtidas da cena do crime foram testadas – treze de pelos pubianos e quatro de fios de cabelo. Dez das amostras foram encontradas na cama ou nos lençóis. Duas vinham da calcinha rasgada, três da toalhinha que estava na boca da vítima e duas estavam embaixo do corpo.

Apenas quatro das dezessete eram compatíveis com um perfil genético. Duas pertenciam a Debbie e nenhuma vinha de Ron ou Dennis. Zero.

Depois Long afirmou que as amostras de sêmen encontradas nos lençóis, na calcinha rasgada e na vítima tinham sido testadas antes e, claro, Ron e Dennis haviam sido excluídos. Ela então deixou o banco de testemunhas.

EM 1988, MELVIN Hett testemunhou que, das dezessete amostras de fios de cabelo e pelos, treze eram "microscopicamente compatíveis" com as de Dennis e quatro com as de Ron. Houve até mesmo uma considerada "idêntica". Além disso, em seu terceiro e último relatório, juntado depois do início do julgamento de Dennis, Hett considerou Glen Gore incompatível com qualquer das amostras. Seu parecer técnico era a única prova "digna de crédito" que o Estado ofereceu contra Ron e Dennis e teve grande influência nas condenações.

OS TESTES DE DNA revelaram que um fio de cabelo encontrado embaixo do corpo e um pelo pubiano encontrado nos lençóis tinham sido deixados por Glen Gore. Além disso, o sêmen recuperado da vagina durante a autópsia foi testado. A fonte era Glen Gore.

O juiz Landrith sabia disso, mas guardou segredo até a audiência. Com sua aprovação, Bill Peterson anunciou as descobertas sobre Gore para um tribunal perplexo.

Peterson disse:

– Excelência, este é um momento muito difícil para o sistema de justiça criminal. Esse assassinato aconteceu em 1982, e foi julgado em 1988. Naquela época, tínhamos provas que foram apresentadas a um júri que condenou Dennis Fritz e Ron Williamson devido a evidências que naquela época eram, em minha opinião, avassaladoras.

Sem lhes refrescar a memória em relação a quais, exatamente, tinham sido as provas avassaladoras onze anos antes, ele divagou sobre como agora o DNA contradizia boa parte daquilo em que havia acreditado. Baseado nas provas que restavam, não podia acusar os dois réus. Requereu que o pedido de absolvição fosse aceito e sentou-se em seguida.

Em nenhum momento Peterson fez qualquer comentário conciliatório, demonstrou arrependimento, admitiu erros ou mesmo pediu desculpas.

Ron e Dennis estavam esperando ao menos um pedido de desculpas. Doze anos de suas vidas tinham sido roubados por prevaricação, falha humana e arrogância. A injustiça que tinham sofrido poderia ter sido facilmente evitada, e o Estado lhes devia um pedido de desculpas, algo bastante simples.

Isso jamais aconteceria, e se tornou uma ferida aberta que nunca se curou.

O juiz Landrith fez alguns comentários sobre a injustiça de tudo aquilo, depois pediu que Ron e Dennis se levantassem. Anunciou que todas as acusações estavam retiradas. Eles eram homens livres. Livres para ir embora. Houve aplausos e comemoração por parte de alguns espectadores; mas a maioria não estava em clima de comemorações. Annette e Renee abraçaram os filhos e parentes e mais uma vez choraram muito.

Ron pulou de trás da mesa da defesa, passou pela área reservada aos jurados, saiu por uma porta lateral, desceu a escada e encheu os pulmões com ar fresco. Depois acendeu um cigarro, o primeiro de um milhão da vida em liberdade, e o acenou radiante para uma câmera. A foto foi publicada em dezenas de jornais.

Alguns minutos depois voltou. Ele e Dennis, as famílias e os advogados se reuniram na sala de audiências e posaram para fotos e responderam a perguntas feitas por uma horda de repórteres. Mark Barrett tinha ligado para Greg Wilhoit e pedido para ele vir até Oklahoma para o grande dia. Quando Ron viu Greg, os dois se abraçaram como irmãos.

– Como está se sentindo, Sr. Williamson? – perguntou um repórter.

– Em relação a quê? – disparou Ron de volta, depois disse: – Sinto que meus pés estão me matando. Esses sapatos são pequenos demais.

As perguntas continuaram por uma hora, apesar de uma entrevista coletiva ter sido marcada para mais tarde.

Peggy Stillwell recebeu a ajuda das filhas e irmãs para sair do tribunal. Estava confusa e em choque; a família não tinha sido avisada sobre a notícia a respeito de Glen Gore. Agora estavam de volta à cena do crime, aguardando outro julgamento, ainda distantes da justiça. E estavam confusos; a maior parte da família ainda acreditava que Dennis Fritz e Ron Williamson eram culpados, mas como Gore se encaixava?

Finalmente Ron e Dennis começaram a sair, e cada passo foi devidamente preservado, registrado. A multidão desceu lentamente a escada e passou pela porta da frente. Os dois pararam por um segundo, agora livres, e se fartaram do sol e do ar fresco.

Estavam soltos, livres, inocentados, ainda que ninguém tivesse lhes pedido desculpas, dado alguma explicação ou mesmo um tostão como reparação – nem uma migalha de ajuda de qualquer tipo.

ERA HORA DO almoço. O restaurante predileto de Ron era o Bob's Barbecue, ao norte da cidade. Annette ligou e reservou várias mesas; seriam necessárias várias porque a comitiva estava crescendo a cada minuto.

Apesar de lhe restarem apenas alguns dentes, e do fato de que seria difícil comer com tantas câmeras grudadas no rosto, Ron devorou um prato de costelinhas de porco e quis mais. Apesar de nunca ter sido do tipo que saboreava a comida, foi capaz de saborear o momento. Foi educado com todo mundo, agradeceu a todos os estranhos que pararam para encorajá-lo, abraçou os que queriam um abraço, conversou com cada repórter que queria uma matéria.

Ele e Dennis não conseguiam parar de sorrir, mesmo com a boca cheia de churrasco.

* * *

NO DIA ANTERIOR, Jim Dwyer, repórter do *New York Daily News*, e Alexandra Pelosi, do *Dateline* da NBC, foram de carro até Purcell para ver Glen Gore e lhe fazer algumas perguntas. Gore sabia que as coisas estavam esquentando em Ada e que rapidamente estava se tornando o principal suspeito. Mas, surpreendentemente, o pessoal da prisão não sabia.

Gore ouviu dizer que algumas pessoas de fora da cidade o estavam procurando e presumiu que fossem advogados ou policiais, pessoas que ele preferiria evitar. Por volta do meio-dia saiu do local onde trabalhava limpando valas e escapou de Purcell. Encontrou uma floresta e caminhou vários quilômetros, depois chegou a uma via expressa e pegou carona na direção de Ada.

Quando Ron e Dennis ouviram falar da fuga de Gore, caíram na gargalhada. Ele devia ser culpado.

DEPOIS DE UM almoço demorado, o grupo de Dennis e Ron foi de carro até o salão no Wintersmith Park de Ada para uma entrevista coletiva. Acompanhados de seus advogados, Ron e Dennis se sentaram diante de uma mesa comprida e enfrentaram as câmeras. Scheck falou sobre o Innocence Project e o trabalho que o projeto realiza para libertar pessoas inocentes condenadas erroneamente. Perguntaram a Mark Barrett como a injustiça tinha ocorrido, para início de conversa, e ele contou uma longa história sobre a acusação mal conduzida – o atraso de cinco anos, o trabalho preguiçoso e suspeito da polícia, os dedos-duros, a ciência precária. A maioria das perguntas era dirigida aos dois recém-libertos. Dennis disse que planejava ir embora de Oklahoma, voltar a Kansas City e passar o máximo de tempo possível com Elizabeth, e, em seu devido tempo, descobriria o que fazer com o resto da vida. Ron não tinha planos imediatos, a não ser sair de Ada.

Greg Wilhoit e Tim Durham, também libertados pelo estado de Oklahoma e vindo de Tulsa, se juntaram ao grupo entrevistado. Tim passou quatro anos na prisão por um estupro que não cometeu, antes que o Innocence Project conseguisse sua soltura por meio da realização de testes de DNA.

NO TRIBUNAL FEDERAL em Muskogee, Jim Payne, Vicky Hildebrand e Gail Seward contiveram silenciosamente sua satisfação profunda. Não houve comemoração – seu trabalho no caso Williamson tinha sido quatro anos antes, e eles estavam atolados em outros processos –, mas mesmo assim fizeram uma pausa para saborear o momento. Muito antes de o DNA acabar com os mistérios, eles tinham chegado à verdade à moda antiga, com trabalho intelectual e braçal, e, ao fazer isso, tinham salvado a vida de um inocente.

O juiz Seay também não estava convencido. A absolvição era gratificante, mas ele se encontrava ocupado demais com outras questões. Apenas tinha feito seu trabalho, só isso. Ainda que todos os outros juízes tivessem fracassado com Ron Williamson, Frank Seay entendia o sistema e conhecia suas falhas. Muitas vezes era difícil chegar à verdade, mas ele estava disposto a buscá-la e sabia onde procurar.

MARK BARRETT TINHA pedido que Annette conseguisse um lugar para a entrevista coletiva, e talvez uma pequena recepção, alguma coisa agradável que servisse como boas-vindas para Ron e Dennis. Ela conhecia o lugar perfeito: o salão da irmandade da sua igreja, a mesma em que Ronnie havia crescido, a mesma igreja onde ela havia tocado piano e órgão nos últimos quarenta anos.

No dia anterior, tinha ligado para o pastor para pedir-lhe permissão e organizar os detalhes. Ele hesitou, resmungou um pouco e por fim disse que precisava perguntar aos presbíteros. Annette sentiu cheiro de problema e foi para a igreja. Quando chegou, o pastor disse que tinha telefonado para os presbíteros e que a opinião deles, que também era a sua, era de que a igreja não deveria ser usada para um evento como esse. Annette ficou perplexa e perguntou o motivo.

Pode ser que haja violência, explicou ele. Já surgiam informes de ameaças contra Ron e Dennis, e as coisas poderiam fugir do controle. A cidade estava agitada devido à soltura, a maioria das pessoas estava insatisfeita. Havia alguns caras violentos do lado dos Carters, e, bom, simplesmente não daria certo.

– Mas essa igreja vem rezando pelo Ronnie há doze anos – lembrou ela.

– Sim, de fato, e vamos continuar rezando – disse ele. – Mas muita gente ainda acha que ele é culpado. É polêmico demais. A igreja pode sair prejudicada. A resposta é não.

Annette ficou magoada e saiu imediatamente da sala do pastor. Ele tentou consolá-la, mas ela não aceitou.

Saiu e ligou para Renee. Em poucos minutos, Gary Simmons estava indo de carro para Ada, que ficava a cerca de três horas de sua casa perto de

Dallas. Gary foi diretamente à igreja e confrontou o pastor, que não cedeu. Os dois discutiram por um longo tempo, mas não resolveram nada. A igreja se manteve firme; era arriscado demais.

– Ron estará aqui no domingo de manhã – disse Gary. – O senhor vai recebê-lo?

– Não – respondeu o pastor.

A COMEMORAÇÃO CONTINUOU na casa de Annette, onde o jantar foi servido e os amigos entravam e saíam. Depois de lavar os pratos, todo mundo se reuniu no jardim de inverno, onde teve início uma antiquada cantoria gospel. Barry Scheck, um judeu de Nova York, ouviu músicas que nunca tinha escutado na vida e corajosamente tentou cantar junto. Mark Barrett estava lá; para ele era um momento extraordinário e de orgulho, e ele não queria ir embora. Sara Bonnell, Janet Chesley e Kim Marks também cantaram junto. Greg Wilhoit e sua irmã, Nancy, estavam lá. A família Fritz – Dennis, Elizabeth e Wanda – sentaram-se juntos e participaram da diversão.

"Naquela noite todo mundo ficou para a comemoração na casa de Annette", disse Renee. "Havia muita comida, cantoria, risos. Annette tocando piano, Ronnie tocando violão e o resto de nós cantando diversas músicas. Todo mundo cantava, batia palmas, se divertia. Então, às dez horas, houve silêncio enquanto as notícias passavam na televisão. Todos estávamos sentados no jardim de inverno, tanta gente que quase não cabia, esperando para ouvir a notícia que tínhamos esperado por tantos anos, anunciando à cidade que meu irmão mais novo, Ronald Keith Williamson, não estava somente livre: era inocente! Apesar de ser um momento de extrema alegria e de todos estarmos muito aliviados, podíamos ver nos olhos de Ronnie como ele estava doente, devido aos muitos anos sendo atormentado e sofrendo abusos."

Eles comemoraram outra vez durante a exibição da matéria na TV. Quando ela terminou, Mark Barrett, Barry Scheck e algumas outras pessoas se despediram. O dia seguinte seria muito longo.

Mais tarde, naquela noite, o telefone tocou e Annette atendeu. Uma pessoa que não quis se identificar disse que a Ku Klux Klan estava por perto, procurando Ronnie. Um dos grandes boatos do dia foi que alguém do lado da família Carter tinha contratado um profissional para matar Ron e Dennis, e que agora a KKK estava envolvida com assassinatos por encomenda. Havia vestígios de atividades da Klan no sudeste de Oklahoma, mas fazia décadas que o grupo não era suspeito de assassinatos. Eles normalmente não atacavam pessoas brancas, mas no calor do momento a Klan foi considerada a quadrilha organizada mais próxima capaz de realizar um atentado como esse.

De qualquer modo o telefonema era assustador, e Annette sussurrou a mensagem para Renee e Gary. Eles decidiram levar a ameaça a sério, mas não contar a Ronnie.

"Logo a noite mais feliz das nossas vidas virou se tornou a mais aterrorizante", disse Renee. "Decidimos ligar para a polícia de Ada. Eles informaram que não mandariam ninguém e que não podiam fazer nada, a não ser que alguma coisa acontecesse. Como pudemos ser ingênuos a ponto de achar que eles iriam nos proteger? Em pânico, corremos pela casa fechando venezianas, trancando janelas e portas. Era óbvio que ninguém dormiria, porque todos estávamos com os nervos à flor da pele. Nosso genro estava preocupado com a mulher e o bebê correndo um perigo como esse. Nos reunimos, rezamos e pedimos que o Senhor acalmasse nossos nervos e que os anjos cercassem nossa casa para nos proteger. Todos atravessamos a noite incólumes. Mais uma vez o Senhor atendeu às nossas preces. Olhando agora para aquela noite, é quase engraçado achar que a primeira ideia que tivemos foi ligar para a polícia de Ada."

ANN KELLEY, DO *Ada Evening News*, teve um dia cheio cobrindo os acontecimentos. Naquela noite recebeu um telefonema de Chris Ross, assistente da promotoria. Ross estava chateado e reclamou que os promotores e a polícia estavam sendo vilipendiados.

Ninguém estava contando o lado deles da história.

NA MANHÃ SEGUINTE bem cedo, no início do primeiro dia inteiro de liberdade deles, Ron e Dennis, junto com seus advogados, Mark Barrett e Barry Scheck, foram de carro até o Holiday Inn da cidade, onde uma equipe da NBC estava arrumando suas câmeras. Eles se apresentaram ao vivo no programa *Today*, com Matt Lauer como entrevistador.

A história estava ganhando força, e a maioria dos repórteres ainda se encontrava em Ada, procurando qualquer pessoa ligada, mesmo que remotamente, ao caso ou as pessoas envolvidas nele. A fuga de Gore era uma maravilhosa trama secundária.

O grupo – os absolvidos, parentes, advogados – foi de carro até Norman e passou na sede do Sistema de Defesa Dativa de Oklahoma para mais uma festa. Ron disse algumas palavras e agradeceu aos que tinham trabalhado tanto para protegê-lo e finalmente libertá-lo. Depois foram depressa para Oklahoma City, gravar um bloco do *Inside Edition*, e depois um programa chamado *Burden of Proof*.

Os advogados Scheck e Barrett estavam tentando marcar um encontro com o governador e os principais legisladores para fazer lobby por uma lei que facilitasse a realização de testes de DNA e garantisse reparação para inocentes que fossem condenados erroneamente. O grupo foi até a capital do estado apertar mãos, pressioná-los e dar outra entrevista coletiva. Não poderia haver momento mais apropriado; tinham a mídia nacional acompanhando-os. O governador estava trabalhando muito e ocupado demais, por isso mandou um de seus principais assistentes, um sujeito criativo que gostou da ideia de Ron e Dennis se encontrarem com os membros da Corte de Apelações Criminais de Oklahoma. Não estava claro o que se esperava desse encontro, mas o ressentimento era sem dúvida uma possibilidade. Era tarde de sexta-feira, no entanto, e os juízes também estavam muito atarefados. Apenas uma juíza saiu de seu gabinete para dizer olá, e ela era inofensiva. Não estivera no tribunal quando as condenações de Dennis e Ron foram revisadas e confirmadas.

Barry Scheck deixou a cidade e voltou para Nova York. Mark ficou em Norman, sua cidade natal, e Sara foi de carro para Purcell. O frenesi diminuiu um pouco, e todos precisavam de uma folga. Dennis e sua mãe ficaram em Oklahoma City, na casa de Elizabeth.

De volta a Ada, com Annette ao volante, Ron se sentou no banco da frente, para variar. Sem algemas. Sem uniforme de presidiário. Sem policiais armados vigiando-o. Mergulhou na vista do campo, nas fazendas, nas torres de petróleo e nas colinas onduladas do sudeste de Oklahoma.

Mal podia esperar para ir embora.

* * *

– FOI QUASE como se nós precisássemos conhecê-lo de novo, já que ele tinha ficado tanto tempo longe das nossas vidas – contou Renee. – No dia depois da libertação tivemos um dia ótimo com ele. Eu disse para ele ter paciência conosco, que nós tínhamos muitas perguntas e estávamos curiosos em saber como tinha sido a vida dele no corredor da morte. Ele foi muito gentil e respondeu com boa vontade às perguntas durante algumas horas. Uma das perguntas que fiz foi: "O que são essas cicatrizes nos seus braços?" Ele disse: "Eu ficava tão deprimido que me sentava e me cortava." Perguntamos como era a cela dele, se as refeições eram aceitáveis, etc. Mas depois de muitas perguntas ele olhou para todos nós e disse: "Prefiro não falar mais sobre isso. Vamos conversar sobre outra coisa." E nós fizemos a vontade dele. Ele se sentava do lado de fora, no quintal da casa de Annette, e cantava e tocava violão. Às vezes a gente ouvia de dentro, e eu mal conseguia conter as lágrimas ao ouvi-lo, pensando no que ele tinha passado. Ele ia até a geladeira e ficava parado, com a porta aberta, analisando o que poderia querer comer. Ficava admirado com toda a comida que havia em casa e principalmente por saber que poderia comer o que quisesse e quanto quisesse. Parava junto à janela da cozinha, pasmo, e comentava sobre os carros legais que nós tínhamos, alguns sobre os quais ele nem tinha ouvido falar. Um dia, andando de carro, comentou como era diferente ver pessoas correndo e levando um dia a dia movimentado.

Ron estava empolgado com a ideia de voltar à igreja. Annette não tinha contado a ele sobre o incidente com o pastor, e jamais o faria. Mark Barrett e Sara Bonnell foram convidados; Ron queria que eles fossem junto. Toda a comitiva dos Williamsons chegou para o culto de domingo e foi em bando até a primeira fila. Annette estava atrás do órgão como sempre e, quando começou a tocar o primeiro hino barulhento, Ron pôs-se de pé num salto, batendo palmas, cantando e sorrindo, realmente tomado pelo Espírito.

Durante a pregação, o pastor não fez qualquer menção à volta de Ron, mas durante a oração matinal conseguiu dizer que Deus amava todo mundo, até mesmo Ronnie.

O sangue de Annette e Renee ferveu de raiva.

Um culto pentecostal não era para tímidos, e, à medida que a música acelerava, o coral começava a se balançar e a congregação se tornava barulhenta, alguns membros da igreja foram até Ron para dizer olá, e dar um abraço e as boas-vindas. Pouquíssimos. O resto dos bons cristãos olhava carrancudo para o assassino no meio deles.

Naquele domingo, Annette deixou a igreja para nunca mais voltar.

A EDIÇÃO DE domingo do jornal de Ada publicou uma matéria de primeira página com a manchete "Promotor defende seu trabalho em caso famoso". Havia uma foto de Bill Peterson com pose de agente da lei, atrás de um púlpito, no tribunal, em ação.

Por motivos óbvios, ele não estava muito bem depois das absolvições e se sentia compelido a compartilhar seu ressentimento com o povo de Ada. Não estava recebendo os devidos créditos por proteger Ron e Dennis, e a longa matéria escrita por Ann Kelley não passava de um chilique constrangedor dado por um promotor muito confrontado que deveria ter evitado os repórteres.

Começava assim:

O promotor distrital do condado de Pontotoc, Bill Peterson, afirma que os advogados de defesa de Dennis Fritz e Ron Williamson estão injustamente recebendo o crédito pela realização dos testes de DNA que libertaram seus clientes da prisão.

Enquanto Ann Kelley lhe dava toda a corda de que ele precisava para se enforcar, Peterson lembrou com detalhes a história dos testes de DNA no caso Carter. Em todas as oportunidades possíveis, fez ataques baixos contra Mark Barrett e Barry Scheck, ao mesmo tempo que jamais perdia a chance de se autocongratular. O teste de DNA tinha sido ideia sua!

Deu um jeito de evitar o óbvio. Em nenhum momento admitiu que queria que os testes de DNA fossem realizados para conseguir botar um prego nos caixões de Ron e Dennis. Estava tão convencido de que eles eram culpados que concordou animado com os testes. Agora que os resultados tinham tomado um outro caminho, exigia o crédito por ser um sujeito tão justo.

As acusações infantis continuaram durante vários parágrafos. Ele soltou insinuações vagas, infelizes sobre outros suspeitos e a coleta de mais provas. A matéria dizia:

Ele [Peterson] disse que, se forem encontradas novas provas ligando Fritz e Williamson ao assassinato de Debbie Carter, a regra que impede a dupla penalização não se aplicaria, e eles poderiam ser julgados de novo.

Peterson disse que a investigação do assassinato de Carter tinha sido reaberta havia algum tempo e que Glen Gore não era o único suspeito.

A matéria terminava com duas citações estarrecedoras de Peterson. A primeira era:

Eu fiz a coisa certa em 1988 quando os levei a julgamento. Ao recomendar que suas condenações fossem anuladas, fiz o que era legal, moral e eticamente correto com as provas que agora tenho contra eles.

Não foi dito, claro, que sua concordância altamente ética e absolutamente moral com a absolvição veio praticamente cinco anos depois de Ron quase ser executado e quatro anos depois de Peterson repreender publicamente o juiz Seay por ter convocado um novo julgamento. Ao assumir uma postura altamente ética tarde demais, Peterson indevidamente ajudou a garantir que Ron e Dennis passassem doze anos na prisão sendo inocentes.

O trecho mais repreensível da matéria foi a citação seguinte. Ela também estava em destaque e localizada no centro da página. Peterson disse:

Inocente é uma palavra que jamais saiu da minha boca em relação a Williamson e Fritz. Isso não prova a inocência deles. Só significa que não posso processá-los com as provas que tenho agora.

Ron e Dennis estavam suficientemente sensíveis e abalados depois de apenas quatro dias de liberdade, e a matéria os aterrorizou. Por que Peterson quereria julgá-los de novo? Ele os tinha condenado uma vez e os dois não tinham dúvida de que poderia fazer isso novamente.

Provas novas, provas antigas, prova nenhuma. Não importava. Eles tinham sofrido doze anos atrás das grades sem ter matado ninguém. Mas no condado de Pontotoc as provas não eram um fator importante.

A matéria enfureceu Mark Barrett e Barry Scheck, e ambos redigiram longas refutações para enviar ao jornal. Mas sabiamente esperaram, e depois de alguns dias perceberam que pouca gente prestava atenção em Peterson.

NA TARDE DE domingo Ron, Dennis e seus apoiadores foram de carro até Norman, a pedido de Mark Barrett. Por acaso a Anistia Internacional estava fazendo seu show de rock anual para angariar fundos. Havia uma multidão reunida num anfiteatro ao ar livre. O tempo estava quente e ensolarado.

Num intervalo entre as músicas, Mark Barrett falou, depois apresentou Ron, Dennis, Greg e Tim Durham. Cada um deles contou suas experiências durante alguns minutos. Apesar de nervosos e de não terem o costume de falar em público, eles encontraram coragem e abriram o coração. A plateia os aplaudiu.

Quatro homens brancos comuns, vindos de boas famílias, todos moídos e agredidos pelo sistema e privados de liberdade por um total de 33 anos. A mensagem era clara: até que o sistema seja consertado, isso pode acontecer com qualquer um.

Depois de falar, eles permaneceram no anfiteatro, ouvindo a música, tomando sorvete, aproveitando o sol e a liberdade. Bruce Leba apareceu do nada e deu um forte abraço em seu velho amigo. Bruce não tinha ido ao julgamento de Ronnie nem tinha escrito para ele na prisão. Sentia-se culpado pela negligência e pediu desculpas sinceras àquele que fora seu melhor amigo durante o ensino médio. Ron foi rápido em perdoá-lo.

Estava disposto a perdoar todo mundo. O cheiro inebriante da liberdade suplantava os antigos ressentimentos e os sentimentos de vingança. Apesar de ter sonhado durante doze anos com um processo gigantesco, agora tudo tinha ficado para trás. Não queria reviver os pesadelos.

A MÍDIA NÃO se cansava das histórias deles. Ron, principalmente, esteve sob os holofotes. Como era um homem branco, de uma cidade de brancos, que fora derrubado por policiais brancos, acusado por um promotor branco e condenado por um júri de brancos, tornou-se um assunto amplo e disponível para os repórteres e jornalistas. Esse tipo de abuso podia ser comum para os pobres e as minorias, mas não para heróis de cidades pequenas.

A carreira promissora no beisebol, o terrível contato com a insanidade no corredor da morte, o quase encontro com a execução, os policiais desastrados que não conseguiram ver quem obviamente era o assassino – a história era rica e cheia de camadas.

Os pedidos de entrevistas jorravam na sala de Mark Barrett, vindos de todo o mundo.

DEPOIS DE SEIS dias na floresta, Glen Gore apareceu. Contatou um advogado em Ada, que ligou para a prisão e tomou as providências necessárias. Enquanto fazia os preparativos para se entregar, foi muito específico ao manifestar o seu desejo de não ser tratado pelas autoridades de Ada.

Não deveria ter se preocupado. Eles não estavam implorando para levar Gore a Ada para outro julgamento. Era necessário um tempo para curar os egos seriamente feridos. Peterson e os policiais se mantinham firmes na postura oficial de que a investigação tinha sido desarquivada, que estavam trabalhando com entusiasmo para encontrar o assassino, ou quem sabe assassinos. Gore era apenas um participante dessa empreitada.

O promotor e a polícia jamais poderiam admitir que estavam errados, por isso se agarraram à crença inútil de que talvez estivessem certos. Talvez outro viciado em drogas entrasse cambaleando na delegacia e confessasse, ou acusasse Ron e Dennis. Talvez surgisse um novo dedo-duro de qualidade. Talvez os policiais pudessem conseguir outra confissão de sonho por parte de uma testemunha ou um suspeito.

Era Ada. Um trabalho policial bom e sólido poderia revelar todo tipo de novas pistas.

Ron e Dennis não tinham sido excluídos.

16

O ritual diário do Yankee Stadium varia ligeiramente quando o time está fora da cidade. Sem a urgência da multidão e das câmeras e sem a exigência de deixar a superfície impecável mais uma vez para uma partida, a velha casa acorda lentamente, de modo que no fim da manhã os jardineiros, com suas bermudas cáqui e camisetas cinza, estão cuidando do campo num ritmo lento. Grantley, o chefe da equipe responsável pelo corte da grama, mexe num cortador Toro que mais parece uma aranha, enquanto Tommy, o especialista em argila, coloca e acerta a terra atrás da base principal. Dan empurra um cortador menor pela grama grossa ao longo da linha da primeira base. Aspersores são acionados em intervalos orquestrados na *warning track* em volta do *outfield*. Um guia de turismo se encolhe com um grupo atrás do abrigo da terceira base e aponta para alguma coisa à distância, depois do placar.

Os 57 mil lugares estão vazios. Os sons ecoam suavemente – o motor abafado de um cortador de grama, a risada de um jardineiro, o sibilo distante de uma lavadora de alta pressão limpando os assentos na arquibancada superior, um trem 4 rocando do outro lado do muro do campo direito, as batidas de um martelo perto do camarote da imprensa. Para os que fazem a manutenção da casa de Babe Ruth, os dias sem jogos são valorizados, entre a nostalgia da grandeza do Yankees e a promessa de outros por vir.

Cerca de 25 anos depois de quando se esperava que ele chegasse, Ron Williamson se levantou do banco dos Yankees e foi para a *warning track*, a pista de cascalhos que cerca o campo. Parou para absorver a grandiosidade do estádio, para mergulhar na atmosfera do templo mais sagrado do beisebol. Era um dia de primavera, de céu azul limpo e luminoso. O ar estava leve, o sol alto, a grama tão lisa e verde que parecia um tapete. O sol esquentava sua pele pálida. O cheiro de grama recém-cortada o lembrou de outros campos, outros jogos, antigos sonhos.

Estava usando um boné do Yankees, suvenir dado pelo pessoal da recepção, e, como ele era uma celebridade do momento, em Nova York para participar de um bloco do *Good Morning America*, com Diane Sawyer, usava seu único blazer esportivo, um azul-marinho que Annette tinha comprado apressadamente duas semanas antes, sua única gravata e uma calça. Os sapatos tinham mudado, no entanto. Ele tinha perdido o interesse por roupas. Apesar de já ter trabalhado numa loja de roupas masculinas e dado boas opiniões sobre o que os outros usavam, agora não se importava mais. Doze anos vestindo um uniforme de presidiário fazem isso com uma pessoa.

Sob o boné estava um cabelo grisalho, mal cortado em forma de cuia, denso e desgrenhado. No momento, Ron tinha 46 anos, mas aparentava muito mais. Ajeitou o boné e pisou no gramado. Media 1,83 de altura, e, apesar de seu corpo mostrar os danos causados por vinte anos de abusos e abandono, ainda havia indícios do grande atleta. Caminhou pela área de *foul*, passou pelo caminho de terra da base e foi em direção ao montinho, onde parou um momento e olhou as fileiras intermináveis de assentos azuis. Pôs o pé suavemente na borracha e balançou a cabeça. Don Larsen tinha feito arremessos perfeitos, exatamente daquele lugar. Whitey Ford, um dos seus ídolos, tinha sido o rei desse montinho. Olhou por cima do ombro esquerdo, para o campo direito, onde o muro parecia próximo demais, onde Roger Maris tinha mandado tantas bolas por cima da cerca. E longe, no centro, para além do muro, podia ver os monumentos em homenagem aos maiores ex-jogadores do Yankees.

Mickey estava lá.

Mark Barrett parou na base principal, também usando um boné do Yankees, e se perguntou o que seu cliente estaria pensando. Um homem é libertado da prisão, onde havia passado doze anos por causa de nada, sem sequer um pedido de desculpas porque ninguém teve coragem de admitir os próprios erros, sem despedidas, só um dê o fora daqui e por favor saia o mais silenciosamente possível. Nenhuma reparação, nenhum amparo, nenhuma carta do governador nem de qualquer outra autoridade; nenhuma palavra do serviço público. Duas semanas depois ele está no meio de uma chuva de repórteres e todos querem um pedaço dele.

Notavelmente, Ron não guardava ressentimentos. Ele e Dennis estavam ocupados demais aproveitando as maravilhas da vida em liberdade. Os ressentimentos viriam mais tarde, muito depois de a mídia ir embora.

Barry Scheck estava perto do banco de reservas, olhando Ron e conversando com os outros. Grande torcedor do Yankees, tinha dado os telefonemas que garantiram a visita especial ao estádio. Barry seria o anfitrião deles em Nova York durante alguns dias.

Fotos foram tiradas, uma equipe de cinegrafistas filmou Ron no montinho, depois o pequeno tour continuou pela linha da primeira base, caminhando lentamente enquanto o guia falava sobre esse e aquele Yankee. Ron conhecia muitas das estatísticas e histórias. Nenhuma bola de beisebol tinha sido rebatida completamente para fora do Yankee Stadium, estava dizendo o guia, mas Mantle chegou perto. Ele acertou uma na fachada do meio, bem ali, disse apontando para o lugar, a uns 163 metros da base principal. "Mas a de Washington foi mais longe", disse Ron. "Foram 172 metros. O arremessador foi Chuck Stobbs." O guia ficou impressionado.

Alguns passos atrás de Ron estava Annette, acompanhando-o como sempre, pensando nos detalhes, tomando as decisões difíceis, fazendo a limpeza. Não era fã de beisebol, e nesse momento sua maior preocupação era manter o irmão sóbrio. Ron estava com raiva porque ela não tinha permitido que ele se embebedasse na noite anterior.

O grupo incluía Dennis, Greg Wilhoit e Tim Durham. Todos os quatro inocentados tinham aparecido no *Good Morning America*. A ABC estava pagando as despesas da viagem. Jim Dwyer, do *New York Daily News*, estava lá.

Pararam no campo central, na *warning track*. Do outro lado, ficava o Monument Park, com grandes bustos de Ruth e Gehrig, Mantle e DiMaggio, além de dezenas de placas menores de outros grandes jogadores dos Yankees. Antes da reforma, esse cantinho praticamente sagrado de terra fazia parte do território válido, dizia o guia. Um portão se abriu e eles passaram pela cerca, chegando a um pátio de tijolos, e por um momento foi fácil esquecer que estavam num estádio de beisebol.

Ron se aproximou do busto de Mantle e leu sua curta biografia. Ainda podia citar as estatísticas que tinha memorizado na infância.

O último ano de Ron como Yankee tinha sido 1977, em Fort Lauderdale, Classe A, praticamente o mais distante do Monument Park que qualquer jogador importante poderia chegar. Annette tinha algumas fotos antigas dele usando o uniforme do Yankees, um uniforme de verdade. De fato, ele já havia sido usado por um verdadeiro Yankee nesse mesmo estádio. O grande clube simplesmente os repassava, e à medida que os uniformes velhos faziam sua triste jornada até as ligas inferiores e iam acumulando cicatrizes conquistadas durante as batalhas da vida. Cada calça havia sido remendada nos joelhos e nos fundilhos. Cada elástico da cintura tinha sido reduzido, aumentado e marcado com canetas do lado de dentro, de modo que os treinadores os mantivessem com a pessoa certa. Cada camisa estava manchada de grama e suor.

O ano era de 1977, Yankees de Fort Lauderdale. Ron jogou catorze vezes, arremessou em 33 entradas, ganhou duas, perdeu quatro e foi tirado por vezes suficientes para que o Yankees não tivesse nenhum problema em cortá-lo quando felizmente a temporada acabou.

A visita seguiu em frente. Ron parou por um segundo para dar um risinho de desdém diante da placa de Reggie Jackson. O guia estava falando sobre as mudanças nas dimensões do estádio, sobre como o lugar era maior quando Babe Ruth jogava, menor na época de Maris e Mantle. A equipe de filmagem ia atrás, registrando cenas que jamais sobreviveriam à edição.

Era engraçada toda aquela atenção, Annette pensou. Quando era garoto e adolescente Ronnie havia desejado os refletores, exigido sua presença, e agora, quarenta anos depois, as câmeras gravavam cada gesto seu.

Curta o momento, ficava dizendo a si mesma. Um mês antes ele estava trancado num hospital psiquiátrico e eles não sabiam se algum dia sairia.

Voltaram lentamente para o banco de reserva do Yankees e mataram algum tempo lá. Enquanto absorvia a magia do lugar por mais alguns minutos, Ron disse a Mark Barrett: "Acabei de ter um gostinho de como eles se divertiam aqui."

Mark assentiu, mas não conseguiu pensar em nada para dizer.

– Eu só queria jogar beisebol – disse Ron. – Era a única coisa que me divertia.

Em seguida parou, olhou em volta e falou:

– Sabe, depois de um tempo tudo isso meio que passa. O que eu quero mesmo é uma cerveja gelada.

A bebedeira começou em Nova York.

* * *

DO YANKEE STADIUM, a volta da vitória se estendeu para a Disney World, onde uma empresa de TV alemã pagou por três noites de diversão para a comitiva. Ron e Dennis só precisavam contar sua história, e os alemães, com o típico fascínio europeu pela pena de morte, registraram cada detalhe.

O lugar favorito de Ron na Disney World foi o Epcot, na aldeia alemã, onde encontrou cerveja bávara e bebeu uma caneca atrás da outra.

Viajaram a Los Angeles para uma participação ao vivo no programa *Leeza*. Pouco antes de irem ao ar, Ron sorrateiramente se afastou e tomou mais de meio litro de vodca. Sem a maioria dos dentes, as palavras já não eram muito nítidas, e ninguém notou a pronúncia ligeiramente engrolada.

À medida que os dias passavam, a história perdeu parte de sua urgência, e o grupo – Ron, Annette, Mark, Dennis, Elizabeth e Sara Bonell – foi para casa.

O último lugar onde Ron queria estar era Ada.

RON FICOU COM Annette e deu início ao difícil processo de tentar se adaptar. Os repórteres foram embora em algum momento.

Sob a supervisão constante de Annette, ele era diligente com a medicação e se mantinha estável. Dormia muito, tocava violão e sonhava em ficar famoso como cantor. Ela não tolerava álcool em sua casa e ele raramente saía.

O medo de ser preso e mandado de volta para a prisão o consumia e obrigava a estar sempre em estado de alerta, pulando ao ouvir qualquer barulho um pouco mais alto. Ron sabia que a polícia não havia se esquecido dele. Os policiais ainda acreditavam que ele tinha algum envolvimento com o assassinato. Assim como a maioria das pessoas em Ada.

Ele queria ir embora, mas não tinha dinheiro. Não era capaz de se manter em um emprego e jamais falava em trabalho. Fazia quase vinte anos que não tinha carteira de motorista e não estava particularmente interessado em estudar manuais de direção e fazer provas.

Annette vinha discutindo com a Administração do Seguro Social num esforço para conseguir os pagamentos atrasados devidos ao irmão em razão de sua incapacidade. Os cheques tinham parado de ser enviados quando

Ron foi para a cadeia. Ela finalmente conseguiu, e o prêmio foi uma parcela única de 60 mil dólares. O benefício mensal de 600 dólares foi restabelecido, e deveria ser pago até que a incapacidade se extinguisse, algo improvável.

Da noite para o dia ele passou a sentir milionário e queria morar sozinho. Também queria desesperadamente ir embora de Ada e de Oklahoma. O filho único de Annette, Michael, morava em Springfield, Missouri, e eles bolaram um plano para Ron se mudar para lá. Gastaram 20 mil dólares num trailer novo, mobiliado, e ele se mudou.

Apesar de ser um momento de orgulho, Annette ficou preocupada com o fato de Ron morar sozinho. Quando finalmente o deixou, ele estava sentado em sua nova poltrona reclinável assistindo à televisão nova, um homem muito feliz. Quando voltou três semanas depois, para ver como ele estava, Ron continuava sentado na poltrona reclinável com uma decepcionante coleção de latas de cerveja vazias ao seu redor.

Quando não estava dormindo, bebendo, falando ao telefone ou tocando violão, ficava à toa num Walmart lá perto, sua fonte de cerveja e cigarros. Mas alguma coisa aconteceu, um incidente, e pediram que ele passasse seu tempo em outro lugar.

Naqueles dias inebriantes em que estava sozinho, Ron ficou obcecado por pagar a todos que tinham lhe emprestado dinheiro ao longo dos anos. Economizar parecia uma ideia ridícula, e ele começou a distribuir o dinheiro. Ficava comovido com os apelos feitos na televisão: crianças passando fome, missionários a ponto de perder grupos inteiros, e assim por diante. Mandava dinheiro.

Suas contas telefônicas eram gigantescas. Ligava para Annette e Renee, Mark Barrett, Sara Bonnell, Greg Wilhoit, os advogados do Sistema de Defesa Dativa, o juiz Landrith, Bruce Leba, até algumas autoridades da prisão. Em geral estava animado, feliz com a liberdade, mas no fim de cada conversa começava a divagar sobre Ricky Joe Simmons. Não se impressionava com o rastro de DNA deixado por Glen Gore. Queria que Simmons fosse preso imediatamente pelo "estupro com uso de objeto forçando ela a fazer várias coisas e pelo assassinato de Debra Sue Carter na casa dela, na East 8th Street, 1022½, em 8 de dezembro de 1982!" Cada conversa incluía pelo menos duas recitações dessa detalhada exigência.

Estranhamente, Ron também ligava para Peggy Stillwell, e os dois desenvolveram um relacionamento cordial pelo telefone. Ele garantiu que jamais havia conhecido Debbie, e Peggy acreditou. Dezoito anos depois de perder a filha, ainda não conseguia dizer adeus. Confessou a Ron que durante anos tivera uma suspeita incômoda de que o crime não havia sido de fato solucionado.

Geralmente ele evitava bares e mulheres desconhecidas, mas um episódio o marcou. Enquanto andava pela rua, cuidando da própria vida, um carro com duas mulheres parou e ele entrou. Começaram a parar em diversos bares, a noite se estendeu e todos foram para o seu trailer, onde uma delas encontrou seu dinheiro embaixo da cama. Quando mais tarde ele descobriu o roubo de mil dólares, jurou não querer mais nada com mulheres.

Michael Hudson era seu único amigo em Springfield, e ele encorajou o sobrinho a comprar um violão e lhe ensinou alguns acordes. Michael o visitava regularmente e relatava tudo à mãe. Ele estava bebendo cada vez mais.

A bebida não combinava com os remédios, e Ron se tornou extremamente paranoico. A visão de um carro de polícia lhe provocava fortes crises de ansiedade. Ele se recusava até mesmo a atravessar a rua fora dos sinais de trânsito, achando que os policiais o estavam sempre vigiando. Peterson e a polícia de Ada tramavam alguma coisa. Ele grudava jornais nas janelas, punha cadeados nas portas e depois as prendia com fita adesiva por dentro. Dormia com uma faca de açougueiro perto dele.

Mark Barrett o visitou duas vezes e dormiu lá. Ficou alarmado com a situação de Ron, sua paranoia e a bebedeira, e se preocupou particularmente com a faca.

Ron estava solitário e apavorado.

DENNIS FRITZ TAMBÉM não atravessava as ruas fora dos sinais. Voltou para Kansas City e foi morar com a mãe na casinha da Lister Avenue. Quando vira a casa pela última vez, ela havia sido cercada por uma deprimente equipe da SWAT.

Meses depois de eles serem soltos, Glen Gore não tinha sido indiciado. A investigação caminhava com dificuldade para alguma direção, e, da maneira que Dennis entendia, ele e Ron ainda eram suspeitos. Dennis se encolhia ao ver um carro de polícia. Ficava atento toda vez que saía de casa. Dava pulos quando o telefone tocava.

Foi de carro a Springfield para visitar Ronnie e ficou perplexo com o quanto ele bebia. Os dois tentaram rir e trocar lembranças durante alguns dias, mas Ronnie estava bebendo demais. Não era um bêbado agressivo nem sensível demais, apenas barulhento e desagradável. Dormia até o meio-dia, acordava, abria uma garrafa, tomava uma cerveja como café da manhã e almoço e começava a tocar violão.

Numa tarde estavam andando de carro, tomando cerveja e curtindo a liberdade. Ron tocava seu violão. Dennis dirigia com muito cuidado. Não conhecia Springfield, e a última coisa que desejava era um problema com os policiais. Ron decidiu que eles deveriam parar numa determinada boate onde ele conseguiria de algum modo dar uma canja naquela noite. Dennis achou que era uma má ideia, principalmente porque Ron não estava familiarizado com a boate, não conhecia o dono nem os seguranças. Uma discussão acalorada começou e eles voltaram para o trailer.

Ron sonhava em estar no palco. Queria se apresentar para milhares de pessoas, vender discos e ficar famoso. Dennis relutava em lhe dizer que, com sua voz esganiçada, as cordas vocais danificadas e o talento quase inexistente com o violão, isso não passava de um sonho. O que ele fez, contudo, foi pressionar Ron a diminuir a bebida. Sugeriu que de vez em quando Ron misturasse uma cerveja sem álcool à quantidade violenta de Budweiser e ficasse longe das bebidas mais fortes. Ron estava engordando e Dennis insistiu que ele fizesse exercícios e parasse de fumar.

Ron ouviu, mas continuou bebendo. Depois de três dias, Dennis partiu para Kansas City. Voltou algumas semanas mais tarde com Mark Barrett, que estava passando pela cidade. Levaram Ron até um restaurante onde ele subiu ao palco minúsculo com seu violão e cantou músicas de Bob Dylan em troca de gorjetas. Apesar de a plateia ser pequena e estar mais interessada em comer do que ouvir, Ron estava se apresentando e se sentia bastante feliz.

PARA SE MANTER ocupado e ganhar algum dinheiro, Dennis arranjou um emprego de meio expediente fritando hambúrgueres por um salário mínimo. Como tinha passado os últimos doze anos com a cara enfiada em livros de Direito, achou difícil abandonar esse hábito. Barry Scheck o encorajou a pensar em cursar a faculdade de Direito e até prometeu ajudar com a anuidade. A Universidade de Missouri-Kansas City ficava perto, com uma faculdade de Direito e turmas flexíveis. Dennis começou a estudar para as provas de admissão, mas logo se sentiu sobrecarregado.

Estava sofrendo algum tipo de estresse pós-traumático, e às vezes a pressão era debilitante. O horror da prisão estava sempre presente: pesadelos, flashbacks e medo de ser preso de novo. A investigação do assassinato continuava, e, com os policiais de Ada à solta, sempre havia a chance de baterem à sua porta à meia-noite, ou talvez até mesmo de outro ataque de uma equipe da SWAT. Por fim Dennis procurou ajuda profissional e aos poucos começou a organizar sua vida. Barry Scheck estava falando em entrar com um processo, uma enorme reivindicação contra quem havia criado e levado em frente a injustiça que viveu, e Dennis se concentrou nessa ideia.

Havia uma nova luta adiante, e ele se preparou para ela.

A VIDA DE Ron ia na direção oposta. Estava agindo de modo estranho e os vizinhos notaram. Então começou a carregar a faca de açougueiro pelo estacionamento onde ficava seu trailer, dizendo que Peterson e os policiais de Ada estavam atrás dele. Estava se protegendo e não voltaria para a prisão.

Annette recebeu uma notificação de despejo. Quando Ronnie se recusou a atender aos seus telefonemas, ela obteve um mandado para que ele fosse recolhido para uma avaliação psiquiátrica.

Ele estava no trailer, com as portas e janelas cobertas e presas com fita adesiva, tomando uma cerveja e assistindo à televisão, quando de repente ouviu palavras sendo gritadas por um megafone.

– Saia com as mãos para cima!

Ele espiou para fora, viu os policiais e pensou que sua vida tinha acabado de novo. Ia voltar para o corredor da morte.

Os policiais tinham tanto medo de Ron quanto Ron tinha deles, mas os dois lados acabaram chegando a um acordo. Ron não foi levado para o corredor da morte, e sim para um hospital psiquiátrico, para avaliação.

O trailer, com menos de um ano, mas em péssimas condições, foi vendido. Quando Ron recebeu alta do hospital, Annette procurou um lugar para colocá-lo. O único que conseguiu encontrar foi uma casa de repouso perto de Springfield. Foi de carro até o hospital, buscou-o e o levou para o Centro de Atendimento do Condado de Dallas.

A princípio a rotina e os cuidados regulares foram bem-vindos. Seus comprimidos eram tomados na hora certa e o álcool era proibido. Ron se sentia melhor, mas logo se cansou de estar cercado por velhos frágeis em cadeiras de rodas. Começou a reclamar e logo se tornou insuportável, por isso Annette arranjou outro quarto em Marshfield, Missouri. Esse lugar também era cheio de pessoas velhas e tristes. Ron tinha apenas 47 anos. Que diabo estava fazendo num asilo de idosos? Fazia essa pergunta repetidamente, e por fim Annette decidiu levá-lo de volta para Oklahoma.

Ele não voltaria para Ada, não que alguém quisesse isso. Em Oklahoma City, Annette encontrou uma vaga na Harbor House, um antigo hotel barato convertido em lar para homens em transição de uma fase da vida para algo que, esperava-se, fosse melhor. Não era permitido o consumo de álcool e Ron ficou sóbrio durante meses.

Mark Barrett o visitou várias vezes e sabia que Ron não conseguiria ficar muito tempo ali. Ninguém conseguiria. A maioria dos outros homens parecia zumbis e eles provocavam mais medo do que Ron.

MESES SE PASSARAM e Glen Gore não foi acusado de assassinato. A nova investigação se provava tão produtiva quanto a antiga, dezoito anos antes.

A polícia de Ada, os promotores e o DIEO tinham provas genéticas infalíveis de que a fonte do sêmen e dos fios de cabelo e pelos encontrados na cena do crime era Glen Gore, mas simplesmente não conseguiam solucionar o assassinato. Precisavam de mais provas.

Ron e Dennis não tinham sido descartados como suspeitos. E, apesar de serem homens livres e estarem empolgados com isso, sempre havia uma nuvem escura pairando sobre eles. Falavam semanalmente e às vezes diariamente um com o outro e com os advogados. Depois de um ano vivendo com medo, decidiram lutar.

Se Bill Peterson, a polícia de Ada e o estado de Oklahoma tivessem pedido desculpas pela injustiça e deixado Ron Williamson e Dennis Fritz em paz, as autoridades teriam tomado o caminho mais digno e posto fim a uma história triste.

Em vez disso, acabaram sendo processadas.

EM ABRIL DE 2000, os querelantes Dennis Fritz e Ron Williamson deram entrada em um processo contra metade do estado de Oklahoma. Os réus eram a cidade de Ada, o condado de Pontotoc, Bill Peterson, Dennis Smith,

John Christian, Mike Tenney, Glen Gore, Terri Holland, James Harjo, o estado de Oklahoma, o DIEO, os funcionários do DIEO Gary Rogers, Rusty Featherstone, Melvin Hett, Jerry Peters e Larry Mullins, além dos policiais do Departamento Penitenciário Gary Maynard, Dan Reynolds, James Saffle e Larry Fields.

O processo foi apresentado no tribunal federal como um caso de direitos civis, alegando violações à 4ª, 5ª, 6ª, 8ª e 14ª emendas da Constituição. Foi distribuído aleatoriamente para ninguém menos do que o juiz Frank Seay, que mais tarde iria se declarar impedido de prosseguir.

O processo afirmava que os réus (1) deixaram de oferecer um julgamento justo aos querelantes ao forjarem provas e esconderem evidências absolutórias; (2) conspiraram para prender com motivos falsos e acusar intencionalmente os querelantes; (3) assumiram conduta fraudulenta; (4) infligiram perturbação emocional intencionalmente; (5) agiram com negligência ao denunciarem os querelantes; e (6) iniciaram e mantiveram um processo de forma mal-intencionada.

O processo contra o sistema prisional alegava que Ron foi maltratado enquanto estava no corredor da morte e que sua doença mental foi ignorada pelas autoridades que foram repetidamente informadas sobre ela.

O processo exigia uma indenização de 100 milhões de dólares.

Bill Peterson foi citado no jornal de Ada dizendo: "Na minha opinião esse é um processo insignificante destinado a atrair atenção. Não estou preocupado com ele."

Também reafirmou que a investigação do homicídio "continuava".

O processo foi aberto pelo escritório de Barry Scheck e uma advogada de Kansas City chamada Cheryl Pilate. Mark Barrett iria se juntar à equipe mais adiante, depois de deixar o Sistema de Defesa Dativa e ingressar na advocacia particular.

AS AÇÕES CIVIS por condenações injustas são extremamente difíceis de se ganhar, e a maioria dos absolvidos é banida do tribunal. Ser condenado injustamente não dá automaticamente à pessoa o direito de abrir um processo.

Um querelante em potencial deve alegar e provar que seus direitos civis e constitucionais foram violados e que isso resultou numa condenação injusta. Em seguida, vem a parte difícil: em tese, todo mundo envolvido no processo legal que levou à condenação equivocada é protegido pela imunidade. Um juiz é imune a uma condenação injusta independentemente de ter conduzido mal o julgamento. Um promotor é imune desde que faça seu trabalho, isto é, desde que acuse. Mas se ele se envolver demais na investigação pode se tornar responsável. E um policial é imune a não ser que possa ser demonstrado que seus atos foram tão errados que qualquer autoridade policial razoável saberia que ele estava violando a Constituição.

Esses processos são tremendamente caros de ser mantidos, com os advogados do querelante obrigados a adiantar dezenas, até mesmo centenas de milhares de dólares em custas. E são quase arriscados demais porque a indenização é uma probabilidade muito remota.

A maioria das pessoas condenadas injustamente, como Greg Wilhoit, jamais recebe um tostão.

A PARADA SEGUINTE de Ron, em julho de 2001, foi no abrigo temporário em Norman, uma instituição bem estabelecida que oferecia um ambiente estruturado, terapia e formação para homens. Seu objetivo era reabilitar os pacientes ao ponto de permitir que vivessem por conta própria, com a supervisão de terapeutas. O objetivo definitivo era a reinserção deles na sociedade como cidadãos produtivos e estáveis.

A fase um era um programa de doze meses em que os homens viviam em alojamentos com colegas de quartos e muitas regras. Um dos primeiros exercícios era ensiná-los a andar de ônibus e a circular pela cidade. Cozinhar, fazer faxina e cuidar da higiene pessoal também eram atividades ensinadas e ressaltadas. Ron conseguia preparar ovos mexidos e fazer um sanduíche de manteiga de amendoim.

Ele preferia ficar no quarto e só se aventurava do lado de fora para fumar. Depois de quatro meses, não tinha aprendido a usar o sistema de ônibus.

A namorada de juventude de Ron era uma garota chamada Debbie Keith. Seu pai era um pastor que queria que a filha se casasse com um pastor também, e Ron não chegava nem perto disso. O irmão dela, Mickey Keith, seguiu o caminho do pai e era o pastor do Templo Evangelista, a nova igreja de Annette em Ada. A pedido de Ron e por insistência de Annette, o reverendo Keith foi de carro até Norman, à Casa de Transição.

Ron falou sério sobre voltar para a igreja e dar um jeito em sua vida. No fundo ele tinha uma crença profunda em Deus e em Jesus Cristo. Jamais se esqueceria das Escrituras que tinha decorado na infância nem dos hinos evangélicos que amava. Apesar dos erros e defeitos, estava desesperado para voltar às raízes. Carregava um incômodo sentimento de culpa pelo modo como tinha vivido, mas acreditava na promessa de Jesus, de um perdão divino, eterno e completo.

O reverendo Keith conversou e rezou com Ron, além de falar sobre a papelada na qual precisava dar entrada. Explicou que, se Ron queria mesmo entrar para a igreja, precisava preencher uma ficha de inscrição declarando que era um cristão renascido, que ajudaria à igreja com o dízimo e com sua presença quando pudesse e que jamais causaria reprovação à igreja. Ron foi rápido em preencher e assinar o formulário, que foi levado ao conselho da igreja, discutido e aprovado.

Durante alguns meses ele ficou bastante contente. Estava limpo e sóbrio, decidido a abandonar o vício com a ajuda de Deus. Entrou para os Alcoólicos Anônimos e raramente perdia uma reunião. Seus medicamentos estavam equilibrados e a família e os amigos gostavam de sua companhia. Ele era engraçado e barulhento, sempre pronto com uma resposta rápida ou uma história divertida. Para espantar os estranhos, gostava de começar uma narrativa com "Na época em que eu estava no corredor da morte...". A família permanecia o mais próximo possível e frequentemente ficava pasma com sua capacidade de lembrar detalhes minúsculos de eventos ocorridos quando ele estava literalmente fora de si.

A Casa de Transição ficava perto do centro de Norman, uma caminhada tranquila até o escritório de Mark Barrett, e Ron passava lá frequentemente. O advogado e o cliente tomavam café, falavam de música e discutiam o processo. O principal interesse de Ron no processo, como era de se esperar, era saber quando tudo provavelmente seria resolvido e quanto dinheiro ele poderia ganhar. Mark convidou Ron a frequentar sua igreja, uma congregação dos Discípulos de Cristo em Norman. Ron entrou numa turma da escola dominical com a mulher de Mark e ficou fascinado pelas discussões abertas e liberais sobre a Bíblia e o cristianismo. Qualquer coisa podia ser questionada, ao contrário das igrejas pentecostais, onde a Palavra era exata e infalível e os pontos de vista contrários eram reprimidos.

Ron passava a maior parte do tempo com sua música, ensaiando uma canção de Bob Dylan ou de Eric Clapton até conseguir imitar bastante bem. E foi contratado. Fazia apresentações em restaurantes de Norman e Oklahoma City, tocando em troca de gorjetas e atendendo a pedidos dos públicos pequenos. Não sentia medo. Seu alcance vocal era limitado, mas ele não se importava. Tentava cantar qualquer música.

A Coalizão de Oklahoma em Prol da Abolição da Pena de Morte convidou-o a cantar e falar num evento para angariar fundos realizado no Firehouse, um local popular perto do campus da Universidade de Oklahoma. Diante de duzentas pessoas, uma plateia normalmente muito maior do que ele estava acostumado a ver, Ron se intimidou e ficou longe demais do microfone. Quase não foi ouvido, mas mesmo assim gostaram dele. Durante o evento, conheceu a Dra. Susan Sharp, professora de criminologia na Universidade de Oklahoma e ativa defensora da abolição da pena de morte. Ela o convidou a visitar sua turma e ele aceitou imediatamente.

Os dois ficaram amigos, embora logo Ron tenha considerado que a Dra. Sharp era sua namorada. Ela se esforçou para manter as coisas num nível amigável, profissional. Via um homem profundamente ferido e estava decidida a ajudá-lo. O romance não era uma opção e ele não era agressivo.

Ron progrediu pela fase um da Casa de Transição, depois passou para a segunda fase: seu próprio apartamento. Annette e Renee rezavam com fervor para que ele conseguisse viver sozinho. Tentavam não pensar num futuro em asilos, casas de recuperação e hospitais psiquiátricos. Se ele conseguisse sobreviver à segunda fase, o próximo passo seria arranjar um emprego.

Ele manteve a situação sob controle durante cerca de um mês, depois desmoronou lentamente. Longe da organização e da supervisão, começou a negligenciar os medicamentos. Queria mesmo uma cerveja gelada. Seu local predileto era um bar do campus chamado Deli, o tipo de lugar que atraía gente que bebia muito e jovens da contracultura.

Ron se tornou frequentador e, como sempre, não era um bêbado agradável.

EM 29 DE outubro de 2001, Ron depôs no processo. A sala do estenógrafo em Oklahoma City estava apinhada de advogados, todos esperando para interrogar o homem que se tornara celebridade na região.

Depois de algumas perguntas preliminares, o primeiro advogado de defesa perguntou a Ron:

– O senhor está tomando algum tipo de medicação?

– Sim, estou.

– E se trata de uma medicação que um médico receitou ou o orientou a tomar?

– Um psiquiatra, sim.

– O senhor tem uma lista, ou alguma informação sobre que medicação está tomando hoje?

– Sei o que estou tomando.

– E o que é?

– Estou tomando valproato de sódio, 250 miligramas, quatro vezes por dia; olanzapina, à noite, uma vez por dia; e bupropiona uma vez por dia.

– Para que o senhor acha que é essa medicação?

– Bom, valproato de sódio é para mudanças de humor, bupropiona para depressão e olanzapina é para vozes e alucinações.

– Está bem. Uma das coisas em que estamos interessados hoje é o efeito que a medicação pode ter sobre sua capacidade de se lembrar das coisas. Ela tem algum efeito?

– Bom, não sei. O senhor ainda não pediu que eu me lembrasse de nada.

O depoimento continuou por várias horas e o deixou exausto.

BILL PETERSON, ENQUANTO réu, apresentou um pedido de tutela antecipada, uma manobra jurídica comum com o intuito de conseguir ser retirado do processo.

Os querelantes declararam que a imunidade de Peterson fora dissolvida quando ele se afastou de seu papel como promotor e começou a comandar a investigação do assassinato de Debbie Carter. Eles alegaram que havia dois exemplos claros de falsificação de provas por parte de Peterson.

O primeiro vinha do depoimento de Glen Gore, preparado para ser usado no processo civil, em que Gore declarava que Bill Peterson foi à sua cela na cadeia do condado de Pontotoc e o ameaçou caso ele não testemunhasse contra Ron Williamson. De acordo com o depoimento, Peterson disse que Gore teria mais esperanças se suas digitais "não aparecessem no apartamento de Debbie Carter" e que "poderia resolver ir atrás dele".

A segunda esfera em que uma prova havia sido forjada, também de acordo com os querelantes, tinha a ver com a reconstituição da palma da mão de Debbie Carter. Peterson admitiu que se encontrou com Jerry Peters, Larry Mullins e os investigadores de Ada em janeiro de 1987 para falar sobre essa impressão palmar. Peterson expressou a opinião de que sua paciência com relação à investigação estava no limite. Sugeriu que uma impressão melhor poderia ser obtida cerca de quatro anos e meio depois do enterro, e pediu que Mullins e Peters dessem uma segunda olhada. Então o corpo foi exumado, a impressão palmar foi reconstituída, e de repente os especialistas tinham novos pareceres.

(Os advogados de Ron e Dennis contrataram seu próprio perito em digitais, um tal de Sr. Bill Bailey, que determinou que Mullins e Peters chegaram às novas conclusões analisando diferentes áreas da impressão palmar. Bailey concluiu sua análise declarando que a fonte da impressão na parede não era Debbie Carter.)

O juiz federal negou o pedido de Peterson para tutela antecipada, dizendo: "Existe uma legítima questão de fato, no que tange saber se Peterson, Peters e Mullins, além de outros, se envolveram num padrão sistemático de falsificação para obter a condenação de Williamson e Fritz."

O juiz prosseguiu:

Nesse caso, a prova circunstancial indica um padrão orquestrado por vários investigadores e por Peterson para privar os querelantes de um ou mais direitos constitucionais. A repetida omissão de provas absolutórias por parte dos investigadores ao mesmo tempo que eles incluíam provas acusatórias, a inclusão de provas evidentemente forjadas, a incapacidade de seguir linhas claras e óbvias e que implicavam outros indivíduos, e o uso de pareceres forenses questionáveis sugerem que os réus envolvidos estavam agindo deliberadamente para implicar Williamson e Fritz, a despeito dos sinais de alerta no caminho de que seu objetivo final era injusto e não sustentado pelos fatos da investigação.

A decisão, que veio em 7 de fevereiro de 2002, foi um enorme golpe contra a defesa e mudou os rumos do processo.

DURANTE ANOS RENEE tinha tentado convencer Annette de que ela deveria sair de Ada. As pessoas sempre suspeitariam de Ron e falariam mal da irmã dele. A igreja que frequentavam os havia rejeitado. Processar a cidade e o condado criaria ainda mais ressentimento.

Annette resistiu, porque Ada era sua cidade. Seu irmão era inocente. Ela aprendera a ignorar as fofocas e os olhares, e continuaria a seguir firme.

Mas o processo a preocupava. Depois de quase dois anos de intensos debates anteriores ao julgamento, Mark Barrett e Barry Scheck sentiram que a maré estava virando a seu favor. As negociações em direção a um acordo pareciam ir e voltar, mas entre os advogados de ambos os lados havia um sentimento geral de que o caso não iria a julgamento.

Talvez fosse uma hora boa para mudanças. Em abril de 2002, depois de sessenta anos, Annette saiu de Ada. Mudou-se para Tulsa, onde tinha parentes, e logo depois seu irmão chegou para morar com ela.

Ela estava ansiosa para tirá-lo de Norman. Ron estava bebendo de novo, e quando ficava bêbado não conseguia manter a boca fechada. Falava de modo fanfarrão sobre o processo, seus muitos advogados, os milhões que arrancaria daqueles que o tinham mandado injustamente para o corredor da morte e assim por diante. Frequentava o Deli e outros bares, atraindo a atenção do tipo de pessoas que rapidamente se tornariam seus melhores amigos quando o dinheiro chegasse.

Ron foi morar com Annette, e logo ficou sabendo que a casa nova em Tulsa tinha as mesmas regras da antiga em Ada: nada de bebida. Ficou sóbrio, passou a frequentar a igreja dela e se tornou amigo do pastor. Havia um grupo de estudos da Bíblia para homens, chamado Luz para os Perdidos, que coletava dinheiro para viagens de missões em países pobres. O evento predileto para arrecadação de verbas era um jantar mensal de bife com batatas, e Ron se juntava ao pessoal da cozinha. Sua tarefa era embrulhar as batatas em papel-alumínio antes de assar, um serviço do qual ele gostava.

NO OUTONO DE 2002, o processo "frívolo" foi encerrado com um acordo de muitos milhões de dólares. Com carreiras e egos a proteger, os numerosos réus insistiram num acordo confidencial em que eles e suas seguradoras entregariam grandes quantias de dinheiro sem admitir que tinham feito nada de errado. O acordo secreto foi enterrado num arquivo trancado e protegido por determinação judicial.

Mas logo os detalhes começaram a ser dissecados nos restaurantes de Ada, onde o conselho municipal foi obrigado a revelar que retirara mais de 500 mil dólares de uma reserva de emergência para pagar sua parte no acordo. Conforme as fofocas corriam soltas pela cidade, as quantias variavam de lugar para lugar, mas a crença geral era de que estava na casa dos 5 milhões. O *Ada Evening News*, usando fontes anônimas, publicou essa quantia.

Como Ron e Dennis não tinham sido descartados como suspeitos, grande parte das pessoas de bem de Ada ainda acreditava que eles estavam envolvidos no assassinato. O fato de agora estarem lucrando tanto com o crime provocou mais ressentimento ainda.

Mark Barrett e Barry Scheck insistiram que seus clientes recebessem uma quantia inicial, seguida de pagamento mensais, para proteger o acordo.

Dennis comprou uma casa nova num subúrbio de Kansas City. Ajudou a mãe e Elizabeth, e guardou o resto no banco.

Ron não foi tão prudente.

Ele convenceu Annette a ajudá-lo a comprar um apartamento perto da casa dela e da igreja. Gastaram 60 mil dólares numa bela unidade de dois quartos, e mais uma vez Ron foi morar sozinho. Permaneceu estável durante algumas semanas. Se por algum motivo Annette não podia levá-lo de carro, Ron ia animadamente a pé à igreja.

Mas Tulsa era terreno conhecido, e logo ele estava de volta às boates de striptease e aos bares, onde pagava bebidas para todo mundo e dava gorjetas de milhares de dólares às dançarinas. O dinheiro, junto com sua boca grande, atraía todo tipo de amigos, novos e antigos, muitos dos quais se aproveitavam dele. Ron era extremamente generoso e completamente sem noção em relação a como administrar a nova fortuna. Cinquenta mil dólares evaporaram antes que Annette pudesse puxar suas rédeas.

Perto de seu apartamento havia um bar chamado Bounty, um lugarzinho discreto que Guy Wilhoit, pai de Greg, frequentava. Eles se conheceram, viraram amigos de bebedeira e passavam horas falando animadamente sobre Greg e os antigos fantasmas do corredor da morte. Guy contou aos garçons e ao dono do Bounty que Ron era um amigo especial dele e de Greg, e que se algum dia ele se metesse em encrenca, como era costume, que ligassem para Guy, não para a polícia. Eles prometeram proteger Ron.

Mas Ron não conseguia ficar longe das boates de striptease. Sua predileta era a Lady Godiva's, e lá ele se apaixonou por uma dançarina, mas descobriu que ela já era comprometida. Não importava. Ao saber que ela tinha família e não tinha onde morar, convidou-a para seu apartamento e ofereceu o quarto extra, no andar de cima. A stripper, seus dois filhos e o suposto pai se mudaram para o novo e belo apartamento do Sr. Williamson. Mas não havia o que comer. Ron ligou para Annette com uma extensa lista de necessidades e ela, relutante, foi comprar. Quando foi entregar, Ron não estava em casa. No andar de cima, a stripper e sua família estavam trancados no quarto, escondidas da irmã de Ron, e não queriam sair. Annette deu o ultimato, gritando do lado de fora, e ameaçou entrar com um processo se eles não fossem embora imediatamente. Eles desapareceram, e Ron sentiu muita falta deles.

As aventuras continuaram até que Annette, enquanto tutora, finalmente interveio, com uma ordem judicial. Mais uma vez eles brigaram por causa do dinheiro, mas Ron sabia o que era melhor. O apartamento foi vendido e Ron foi para outra casa de repouso.

Os amigos de verdade não o abandonaram. Dennis Fritz sabia que Ron estava lutando para manter uma rotina estável. Sugeriu que Ron fosse para Kansas City, morar com ele. Dennis tomaria conta da medicação e da dieta de Ron, e o obrigaria a cortar a bebida e o cigarro. Tinha descoberto os alimentos saudáveis, as vitaminas, os suplementos, os chás de ervas e coisas do tipo, e estava ansioso para experimentar alguns deles com o amigo. Os dois conversaram durante meses sobre a mudança, mas Annette acabou por vetá-la.

Greg Wilhoit, agora um legítimo californiano e feroz ativista contra a pena de morte, implorou para que Ronnie se mudasse para Sacramento, onde a vida era fácil e tranquila e o passado podia ser realmente esquecido. Ron adorou a ideia, mas era mais divertido falar do que fazer.

Bruce Leba encontrou Ron e lhe ofereceu um quarto, algo que tinha feito muitas vezes no passado. Annette deu o aval, e Ron foi morar com Bruce, que na época era caminhoneiro. Ron viajava no banco do carona e adorava a liberdade das estradas.

Annette previu que o arranjo não duraria mais do que três meses, a média de Ron. Toda rotina e todo lugar logo o entediavam, e três meses depois ele e Bruce discutiram por causa de algo que nenhum dos dois conseguia lembrar. Ron voltou para Tulsa, ficou algumas semanas com Annette e depois alugou uma pequena suíte de hotel por três meses.

* * *

EM 2001, DOIS anos depois da libertação de Dennis e Ron e quase dezenove anos depois do assassinato, a polícia de Ada concluiu a investigação. Então se passaram mais dois anos até que Glen Gore fosse transferido da prisão em Lexington e levado a julgamento.

Por uma infinidade de motivos, Bill Peterson não foi o promotor do caso. Ficar diante do júri, apontar para o réu e dizer algo do tipo "Glen Gore, você merece morrer pelo que fez com Debbie Carter" seria pouco convincente, já que ele havia apontado para outros dois homens e feito a mesma acusação. Peterson declarou conflito de interesses, mas enviou seu assistente Chris Ross para sentar-se à mesa da acusação e tomar notas.

Um promotor especial, Richard Wintory, foi mandado de Oklahoma City. Com os resultados dos testes de DNA, Wintory conseguiu facilmente a condenação. Depois de ouvir os detalhes da longa e violenta ficha criminal de Gore, o júri não teve dificuldade para recomendar a pena de morte.

Dennis se recusou a acompanhar o julgamento, mas Ron não conseguiu ignorá-lo. Ligava todo dia para o juiz Landrith e dizia: "Tommy, você precisa pegar Ricky Joe Simmons. Tommy, esqueça o Gore! Ricky Joe Simmons é o verdadeiro assassino."

UMA CASA DE repouso levava a outra. Assim que ele ficava entediado com um novo lugar, começavam os telefonemas, e Annette tinha que se virar para encontrar outra instituição disposta a cuidar de Ron. Em seguida, arrumava as malas dele e fazia a mudança. Algumas casas fediam a desinfetante e morte iminente, enquanto outras eram calorosas e receptivas.

Ele estava numa instituição agradável da cidade de Howe quando a Dra. Susan Sharp fez uma visita. Ron estava sóbrio havia semanas e se sentiu ótimo. Os dois foram de carro até um parque à beira do lago perto da cidade e caminharam. O dia estava sem nuvens, o ar fresco e límpido.

"Ele parecia um menininho feliz por estar aproveitando o sol num dia lindo", contou a Dra. Sharp.

Quando Ron estava sóbrio e medicado, sua companhia era um prazer. Naquela noite, os dois tiveram um "encontro", um jantar num restaurante próximo. Ron se sentiu orgulhoso, porque estava levando uma mulher distinta para comer um bife.

17

As dores fortes no estômago começaram no início do outono de 2004. Ron se sentia inchado, e era desconfortável ficar sentado ou deitado. Andar ajudava um pouco, mas a dor estava aumentando. Ele vivia exausto e não conseguia dormir. Andava pelos corredores de sua mais recente casa de repouso a qualquer hora da noite, tentando encontrar alívio para a pressão que aumentava na barriga.

Annette estava morando a duas horas dali e fazia um mês que não o via, apesar de ter ouvido as reclamações dele pelo telefone. Quando foi buscá-lo para uma ida ao dentista, ficou chocada com o tamanho da sua barriga. "Ele parecia grávido de dez meses", disse. Cancelaram o dentista e foram direto a uma unidade de emergência hospitalar em Seminole. Dali foram mandados para um hospital em Tulsa, onde, no dia seguinte, Ron foi diagnosticado com cirrose hepática. Não podia ser operado ou tratado, nem havia chance de transplante. Era mais uma pena de morte, e dessa vez dolorosa. Uma previsão otimista lhe dava seis meses.

Tinha vivido 45 anos, e pelo menos catorze tinham sido atrás das grades sem oportunidade para beber. Desde a soltura, cinco anos antes, ele sem dúvida havia mergulhado no álcool, mas também tinha havido longos períodos de sobriedade completa enquanto lutava contra o alcoolismo.

A cirrose parecia um tanto prematura. Annette fez as perguntas difíceis, e as respostas não foram fáceis. Além de toda a bebida, havia um histórico de uso de drogas ilícitas, ainda que muito pouco desde a liberdade. Uma contribuição provável era o histórico de medicações. Durante pelo menos metade da vida Ron tinha ingerido, em ocasiões e quantidades diversas, grandes doses de psicotrópicos muito fortes.

Talvez ele tivesse um fígado fraco, desde sempre. Mas isso não importava agora. Mais uma vez, Annette ligou para Renee com notícias difíceis de acreditar.

Os médicos drenaram vários litros de líquido, e o hospital pediu que Annette encontrasse outro lugar para interná-lo. Sete instituições o recusaram antes de ela conseguir um quarto na casa de repouso Broken Arrow. Lá, as enfermeiras e os funcionários receberam Ronnie como um ente querido.

LOGO FICOU CLARO para Annette e Renee que seis meses era uma previsão pouco realista. Ron piorou rapidamente. Com exceção do enorme inchaço na região da cintura, o resto do corpo murchou e encolheu. Ele não tinha apetite, e acabou por parar de fumar e beber. Conforme o fígado rapidamente entrava em falência, a dor se tornou insuportável. Ele estava sempre desconfortável e passava horas andando em passos lentos pelo quarto e pelos corredores da casa de repouso.

A família se uniu e passava o máximo de tempo possível com ele. Annette estava por perto, mas Renee, Gary e os filhos moravam nos arredores de Dallas. Eles faziam a viagem de cinco horas de carro com o máximo de frequência possível.

Mark Barrett visitou o cliente várias vezes. Era um advogado ocupado, mas Ron sempre tivera prioridade. Os dois conversaram sobre a morte e a vida depois dela, sobre Deus e a promessa de salvação através de Cristo. Ron estava encarando a morte com uma alegria quase perfeita. Era algo pelo qual ansiava, e que havia ansiado durante anos. Não tinha medo de morrer. Não estava amargo. Lamentava muitas coisas que tinha feito, os erros que havia cometido, a dor que tinha causado, mas havia pedido perdão a Deus com sinceridade, e o perdão lhe fora dado.

Não guardava ressentimentos, ainda que falasse de Bill Peterson e Ricky Joe Simmons quase até os últimos dias. Por fim, perdoou os dois também.

Na visita seguinte Mark puxou assunto sobre música, e Ron falou durante horas sobre sua nova carreira e sobre como iria se divertir quando saísse da casa de repouso. A doença não foi mencionada, nem a parte sobre morrer.

Annette levou o violão, mas ele tinha dificuldade de tocar. Em vez disso, pediu que ela cantasse os hinos preferidos deles. A última apresentação de Ron foi na casa de repouso, durante uma sessão de caraoquê. De algum modo ele encontrou forças para cantar. As enfermeiras e muitos dos outros pacientes conheciam sua história e o aplaudiram. Depois, com a gravação tocando ao fundo, ele dançou com as duas irmãs.

Ao contrário de muitos pacientes que tinham tempo para pensar e planejar, Ron não pediu que um pastor fosse segurar sua mão e ouvir suas últimas confissões e orações. Conhecia as Escrituras tão bem quanto qualquer reverendo. Seu alicerce no evangelho era sólido. Talvez tivesse se desviado mais do que a maioria, mas estava arrependido disso, e foi perdoado.

Estava pronto.

Tinha havido alguns momentos bons nos cinco anos de liberdade, mas em geral o tempo tinha sido desagradável. Ele havia se mudado dezessete vezes e deixado claro em várias ocasiões que não conseguia viver sozinho. Que futuro ele tinha? Era um fardo para Annette e Renee. Havia sido um fardo para alguém durante a maior parte da vida, e estava cansado.

Desde o corredor da morte, tinha dito muitas vezes a Annette que desejava não ter nascido e simplesmente queria morrer. Sentia vergonha do sofrimento que havia causado, especialmente aos pais, e queria ir vê-los, dizer que sentia muito, ficar com eles para sempre. Um dia, logo depois de ser solto, ela o havia encontrado em pé na sua cozinha, como num transe, olhando pela janela. Ele segurou sua mão e disse: "Reze comigo, Annette. Reze para que o Senhor me leve para casa, agora mesmo."

Foi uma oração que ela não pôde acompanhar.

Quando Greg Wilhoit chegou para o feriado de Ação de Graças, passou dez dias seguidos com Ronnie. Ainda que Ron estivesse se esvaindo rapidamente e permanecesse bastante sedado de morfina, os dois conversaram por horas sobre a vida no Corredor, horrível como sempre, mas agora era fonte de algum humor tardio.

Em novembro de 2004, Oklahoma estava executando condenados num ritmo recorde, e muitos de seus antigos vizinhos finalmente haviam tido descanso. Ron sabia que uns poucos estariam no céu quando ele chegasse. A maioria, não.

Disse a Greg que tinha visto o melhor e o pior da vida. Não havia mais nada que quisesse ver, e estava pronto para ir embora. "Ele estava completamente em paz com o Senhor", disse Greg. "Não sentia medo da morte. Só queria acabar logo com aquilo."

Quando Greg se despediu, Ron estava quase inconsciente. A morfina era usada em abundância e a morte estava apenas alguns dias adiante.

O falecimento rápido de Ron pegou muitos de seus amigos desprevenidos. Dennis Fritz passou por Tulsa, mas não encontrou a casa de repouso. Planejava voltar em pouco para uma visita, mas não teve tempo. Bruce Leba estava trabalhando fora do estado e tinha perdido contato temporariamente.

Quase no último minuto, Barry Scheck fez contato por telefone. Dan Clark, um investigador que tinha trabalhado no processo civil, conseguiu um viva-voz, e a voz de Barry preencheu todo o quarto. Foi uma conversa unilateral; Ron estava muito medicado e quase morto. Barry prometeu ir até lá em breve, colocar as fofocas em dia e assim por diante. Conseguiu um sorriso de Ron e uma gargalhada dos outros quando disse: "E, Ronnie, se você não conseguir, prometo que vou acabar pegando o Ricky Joe Simmons."

Quando a ligação terminou, a família foi chamada.

TRÊS ANOS ANTES, Taryn Simon, uma importante fotógrafa, viajou pelo país fazendo o perfil de pessoas inocentadas para um livro que planejava publicar. Tirou fotos de Ron e Dennis e incluiu um curto resumo do caso deles. Pediu que cada um escrevesse ou dissesse algumas palavras para acompanhar a foto.

Ron disse:

Espero não ir para o céu nem para o inferno. Quero que na ocasião da minha morte eu possa dormir, não acordar mais e jamais ter pesadelos. Descanso eterno, como a gente vê escrito nas lápides, é o que eu espero. Porque não quero passar pelo Juízo Final. Não quero ninguém me julgando de novo. Quando estava no corredor da morte, perguntei a mim mesmo qual seria o motivo do meu nascimento, se eu tinha de passar por tudo aquilo. Quase praguejei contra minha mãe e meu pai – de tão mal que estava – por terem me colocado nessa Terra. Se fosse para passar por tudo aquilo de novo, ia preferir não ter nascido. – Trecho de *The Innocents* (Umbrage, 2003)

Mas, diante da morte, Ron recuou ligeiramente. Queria muito passar a eternidade no céu.

Em 4 de dezembro, Annette, Renee e suas famílias se reuniram em volta da cama de Ron pela última vez e se despediram.

Três dias depois uma multidão se reuniu na funerária Hayhurst, em Broken Arrow, para um memorial. O pastor de Ron, reverendo Ted Heaston, oficiou a "celebração" da vida dele. Charles Story, capelão de Ron na prisão, lembrou em sua fala de algumas situações calorosas do tempo que passaram juntos em McAlester. Mark Barrett fez um discurso comovente sobre a amizade especial dos dois. Cheryl Pilate leu uma carta enviada por Barry Scheck, que estava ocupado com não apenas um, mas dois processos de inocência em outro lugar.

O caixão estava aberto, com um homem pálido de cabelos grisalhos descansando em paz. Sua jaqueta de beisebol, junto com o bastão e a luva, foram arrumados no caixão, e ao lado estava o violão.

Dentre outras músicas foram cantados dois clássicos evangélicos, "I'll Fly Away" e "He Set Me Free", hinos que Ron aprendeu na infância e cantou durante a vida inteira, em reavivamentos e acampamentos da igreja, no enterro da mãe, com correntes nos tornozelos, nos dias mais sombrios dentro do corredor da morte, na casa de Annette na noite em que foi libertado. Músicas ritmadas que fizeram todos os presentes relaxar e sorrir.

O velório foi triste, por razões óbvias, mas havia um forte sentimento de alívio. Uma vida trágica havia acabado, e aquele que a vivera tinha partido para coisas melhores. Era por isso que Ronnie havia rezado. Finalmente estava livre.

NAQUELA TARDE OS enlutados se reuniram novamente em Ada, para o enterro. Um número considerável de amigos da família na cidade apareceu para homenageá-lo. Por respeito à família Carter, Annette escolheu um cemitério diferente daquele onde Debbie estava enterrada.

Era um dia frio e com vento, 7 de dezembro de 2004, exatamente 22 anos desde que Debbie fora vista com vida pela última vez.

O caixão foi carregado por um grupo que incluía Bruce Leba e Dennis Fritz. Depois de algumas palavras finais ditas por um pastor da cidade, de uma oração e mais algumas lágrimas, foi dado o último adeus.

Permanentemente gravadas em sua lápide estão as palavras:

RONALD KEITH WILLIAMSON

Nascido em 3 de fevereiro de 1953　　　Falecido em 4 de dezembro de 2004

Sobrevivente Incansável

Condenado Injustamente em 1988

Inocentado em 15 de abril de 1999

Nota do autor

Dois dias depois de Ron Williamson ser enterrado, eu estava folheando o *New York Times* quando vi seu obituário. A manchete – "Ronald Williamson, libertado do corredor da morte, morre aos 51 anos" – era muito instigante, mas o extenso obituário, escrito por Jim Dwyer, tinha os indícios claros de uma história mais longa ainda. Havia uma foto impressionante de Ron de pé no tribunal, no dia em que foi inocentado, parecendo meio perplexo, aliviado e talvez até um pouco presunçoso.

Por algum motivo eu não acompanhara a história de sua libertação em 1999, e nunca tinha ouvido falar de Ron Williamson ou Dennis Fritz.

Li outra vez. Nem em meu momento mais criativo eu poderia conceber uma história tão rica como a de Ron. E, como logo ficaria sabendo, o obituário não era nem o começo. Em poucas horas eu tinha falado com as irmãs dele, Annette e Renee, e de repente estava com um livro nas mãos.

Escrever não ficção raramente me passava pela cabeça – me divertia demais com os romances –, e não fazia ideia de onde estava pisando. A história, a pesquisa e a escrita consumiram os dezoito meses seguintes. Levaram-me a Ada muitas vezes, ao tribunal, à cadeia e aos restaurantes da cidade, ao antigo corredor da morte e ao novo em McAlester, a Asher, onde conversei sobre beisebol na arquibancada durante duas horas com Murl Bowen, à sede do Innocence Project em Nova York, a Seminole, onde almocei com o juiz Frank Seay, ao Yankee Stadium, à prisão em Lexington onde passei tempo com Tommy Ward, e a Norman, minha base, onde conversei com Mark Barrett por horas sobre a história. Conheci Dennis Fritz em Kansas City, Annette e Renee em Tulsa, e quando consegui convencer Greg Wilhoit a sair da Califórnia, percorremos a Big Mac, onde ele viu sua antiga cela pela primeira vez desde que a havia deixado, quinze anos antes.

A cada visita e cada conversa a história sofria uma reviravolta diferente. Eu poderia ter escrito cinco mil páginas.

A jornada também me expôs ao mundo das condenações errôneas, algo em que eu, mesmo como ex-advogado, nunca tinha pensado muito. Esse não é um problema exclusivo de Oklahoma. Condenações errôneas ocorrem todo mês no país todo, e os motivos são muitos, mas sempre os mesmos: trabalho policial ruim, perícia malfeita, identificações equivocadas de testemunhas, advogados ruins, promotores preguiçosos ou arrogantes.

Nas cidades grandes a carga de trabalho dos criminologistas é espantosa e frequentemente dá origem a procedimentos e condutas pouco profissionais. E, nas pequenas, os policiais costumam ser mal treinados e agir sem supervisão. Assassinatos e estupros ainda são acontecimentos chocantes e as pessoas querem justiça, e depressa. Cidadãos e jurados confiam que as autoridades vão se comportar de modo correto. Quando isso não acontece, o resultado é Ron Williamson e Dennis Fritz.

E Tommy Ward e Karl Fontenot. Ambos cumprem pena de prisão perpétua. Um dia Tommy poderá pleitear a liberdade condicional, mas, devido a uma peculiaridade processual, Karl jamais terá essa oportunidade. Eles não podem ser salvos pelo DNA, porque não existe evidência genética. O assassino, ou assassinos, de Denice Haraway jamais serão encontrados. Para saber mais sobre a história deles, visite o site www.wardandfontenot.com.

Enquanto pesquisava para este livro me deparei com duas outras questões, ambas relevantes para Ada. Em 1983, um homem chamado Calvin Lee Scott foi julgado por estupro no tribunal do condado de Pontotoc. A vítima era uma jovem viúva atacada na cama enquanto dormia, e, como o estuprador manteve um travesseiro em cima do seu rosto, ela não pôde identificá-lo. Um especialista em cabelo e pelos do DIEO testemunhou que dois pelos pubianos encontrados na cena do crime eram "microscopicamente compatíveis" com amostras tiradas de Calvin Lee Scott, que negou veementemente qualquer culpa. O júri concluiu o contrário, e ele foi condenado a 25 anos na prisão. Cumpriu vinte e foi solto. Estava fora da cadeia quando testes de DNA o inocentaram, em 2003.

O caso foi investigado por Dennis Smith. Bill Peterson foi o promotor.

Também em 2001, o ex-subcomissário de polícia Dennis Corvin se declarou culpado das acusações de fabricar e distribuir metanfetamina e foi condenado a seis anos de prisão. Corvin, como talvez você lembre, foi o policial de Ada mencionado por Glen Gore na declaração assinada cerca de vinte anos depois do seu suposto envolvimento com tráfico de drogas.

Ada é uma bela cidade, e a pergunta óbvia é: quando os mocinhos vão limpar a casa?

Talvez quando se cansarem de pagar por processos ruins. Duas vezes nos últimos dois anos Ada aumentou os impostos sobre propriedades para repor as reservas usadas no pagamento dos processos abertos por Ron e Dennis. De forma cruel, esses impostos são pagos por todos os proprietários de imóveis, inclusive muitos membros da família de Debbie Carter.

É impossível calcular a quantidade de dinheiro desperdiçada. Oklahoma gasta cerca de 20 mil dólares por ano para manter um prisioneiro. Ignorando o custo adicional do corredor da morte e dos tratamentos em hospitais psiquiátricos do estado, a conta de Ron chegou a pelo menos 250 mil dólares. O mesmo para Dennis. Acrescente a isso as quantias que eles receberam no processo e não é difícil fazer as contas. É seguro dizer que vários milhões de dólares foram desperdiçados devido aos casos deles.

Essas quantias nem de longe contemplam os milhares de horas gastos pelos defensores que trabalharam com tanta diligência para libertar os homens, nem o tempo perdido pelos promotores tentando executá-los. Cada dólar gasto para processá-los e defendê-los foi pago pelos contribuintes.

Mas houve algumas economias. Barney Ward recebeu a exorbitante quantia de 3.600 dólares para defender Ron, e, como você lembra, o juiz Jones negou o pedido de verba feito por Barney para contratar um perito forense que analisasse as provas fornecidas pelo Estado. Greg Saunders recebeu os mesmos honorários: 3.600 dólares. A ele também foi negado o acesso a um perito. Os contribuintes precisavam ser protegidos.

O desperdício de dinheiro foi bem frustrante, mas o custo humano foi muito mais danoso. Sem dúvida, os problemas mentais de Ron foram extremamente agravados pela condenação injusta, e depois de libertado ele jamais se recuperou. A maioria dos absolvidos desse modo não se recupera.

Dennis Fritz é um felizardo. Ele teve a coragem, a inteligência e o dinheiro necessários para reorganizar a vida. Leva uma vida calma, normal e próspera em Kansas City, e no ano passado se tornou avô.

Dos outros personagens, Bill Peterson ainda é promotor em Ada. Dois de seus assistentes são Nancy Shew e Chris Ross. Um dos seus investigadores é Gary Rogers. Dennis Smith se aposentou do Departamento de Polícia de Ada em 1987 e morreu subitamente em 30 de junho de 2006. Barney Ward morreu no verão de 2005, enquanto eu estava escrevendo o livro, e não tive a chance de entrevistá-lo. O juiz Ron Jones perdeu a reeleição para o cargo em 1990 e saiu da região de Ada.

Glen Gore ainda está preso na Unidade H na penitenciária de McAlester. Em julho de 2005 sua condenação foi derrubada pelo Tribunal de Apelações de Oklahoma e foi determinado um novo julgamento. O tribunal decidiu que Gore não tinha recebido um julgamento justo porque o juiz Landrith não permitiu que seu advogado de defesa apresentasse a prova de que dois outros homens já haviam sido condenados pelo assassinato.

Em 21 de junho de 2006, Gore foi considerado culpado outra vez. O júri chegou a um impasse com relação à pena de morte e o juiz Landrith, como exige a lei, condenou Gore à prisão perpétua sem direito a condicional.

Eu devo muito às pessoas que me ajudaram a escrever este livro. Annette, Renee e suas famílias me deram acesso completo a todos os aspectos da vida de Ron. Mark Barrett passou incontáveis horas passeando comigo de carro por Oklahoma, contando histórias difíceis de acreditar, remexendo arquivos antigos e acionando sua rede de contatos. Sua assistente, Melissa Harris, copiou um milhão de documentos e manteve tudo em ordem.

Dennis Fritz revisitou sua história dolorosa com entusiasmo notável e respondeu a todas as minhas perguntas. Greg Wilhoit fez o mesmo.

Brenda Toller, do *Ada Evening News*, revirou os arquivos e produziu magicamente cópias da ampla história dos dois assassinatos publicada no jornal. Ann Kelley Weaver, agora no *The Oklahoman*, foi rápida em lembrar muitas histórias relacionadas à absolvição.

A princípio o juiz Frank Seay se mostrou relutante em falar sobre um dos seus casos. Ele ainda mantém a ideia antiquada de que juízes devem ser ouvidos, não vistos, mas por fim cedeu. Numa de nossas conversas por telefone, insinuei que ele era um "herói", definição que ele recusou imediatamente. Fui indeferido a 2 mil quilômetros de distância. Vicky Hildebrand ainda trabalha para ele e se lembra nitidamente da primeira vez que leu o pedido de habeas corpus de Ron.

Jim Payne se tornou também juiz federal e, apesar de cooperativo, demonstrou pouco interesse em receber crédito por salvar a vida de Ron. Mas é um herói. Sua leitura atenta da súmula de Janet Chesley, em casa, tarde da noite, lhe causou preocupação suficiente para abordar o juiz Seay e recomendar a suspensão da execução em cima da hora.

Apesar de ter entrado na história num capítulo tardio, o juiz Tom Landrith teve o prazer especial de presidir a audiência de absolvição em abril de 1999. Visitar sua sala no tribunal de Ada era sempre um prazer. As histórias, muitas delas provavelmente verdadeiras, fluíam com grande facilidade.

Barry Scheck e os guerreiros do Innocence Project foram generosos e solícitos. Até agora eles libertaram 180 prisioneiros graças a testes de DNA e inspiraram pelo menos trinta outros projetos semelhantes pelos Estados Unidos. Para um olhar mais próximo, visite o site www.innocenceproject.org.

Tommy Ward passou três anos e nove meses no corredor da morte, na antiga Ala F, antes de ser exilado permanentemente na prisão em Lexington. Trocamos muitas cartas. Algumas das suas histórias eram sobre Ron, e ele permitiu que eu as usasse nestas páginas.

Sobre seu pesadelo, aproveitei bastante *The Dreams of Ada*, de Robert Mayer. É um livro fascinante, um exemplo maravilhoso de escrita sobre um crime real. O Sr. Mayer me ajudou muito durante minha pesquisa.

Obrigado aos advogados e ao pessoal do Sistema de Defesa Dativa de Oklahoma: Janet Chesley, Bill Luker e Kim Marks. E a Bruce Leba, Murl Bowen, Christy Shepherd, Leslie Delk, o Dr. Keith Hume, Nancy Vollertsen, a Dra. Susan Sharp, Michael Salem, Gail Seward, Lee Mann, David Morris e Bert Colley. John Sherman, um estudante de Direito do terceiro ano na Universidade da Virgínia, passou um ano e meio debruçado sobre as caixas com o material de pesquisa que reunimos, conseguindo manter tudo organizado.

Tive a sorte de contar com testemunhos em juízo da maioria dos envolvidos nesta história. Outras entrevistas não foram necessárias. Algumas não foram dadas. Só os nomes das supostas vítimas de estupro foram alterados.

John Grisham
1º de julho de 2006

CONHEÇA OS LIVROS DE JOHN GRISHAM

Justiça a qualquer preço

O homem inocente

A firma

Cartada final

O Dossiê Pelicano

Acerto de contas

Tempo de matar

Tempo de perdoar

O júri

A lista do juiz

Para saber mais sobre os títulos e autores da Editora Arqueiro,
visite o nosso site e siga as nossas redes sociais.
Além de informações sobre os próximos lançamentos,
você terá acesso a conteúdos exclusivos
e poderá participar de promoções e sorteios.

editoraarqueiro.com.br